Hermes

赫耳墨斯

Arlene Allan

［加］阿琳·艾伦 著　黄瑞成 译

西北大学出版社
·西安·

项目支持

中央高校基本科研业务费项目

(No. 2023CDJSKJC05)

重庆大学"双一流"学科重点建设项目

"外国语言文学一级学科水平提升计划"

丛书中文版序

"去梦想不可能的梦想……"

什么是神？传说，出生于古希腊凯奥斯岛（Ceos）的诗人西摩尼德斯（Simonides），曾在公元前 6 世纪受命回答过这个问题。据说，一开始，他认为这个问题很好回答，可思考越久，他越觉得难以回答。若当初果真有人问过他这个问题，我也不相信他曾经给出了令人满意的答案。当然，这个传说很可能是后人杜撰的。但是，关于西摩尼德斯及其探求规定神性构成要素的传说，可追溯至古代，表明关于定义"神-性"有多难甚或不可能，古人早就心知肚明。

本丛书试图处理的正是西摩尼德斯面对的问题。丛书采取的视角不是作为宽泛概念的"神"或"神性"，而是专注于作为个体的神圣形象；对于这些神祇和其他存在者，丛书将其置于"诸神"和"英雄"的总体名目之下。

丛书始于一个梦——这个梦符合一位对难以捉摸的超自然

存在者感兴趣的人。做这个梦的人,就是劳特里奇出版社前编辑凯瑟琳(Catherine Bousfield),她在 2000 年前后的一个夜里做了这个梦。凯瑟琳梦见她正在看一套丛书,每本书的研究主题是一位"奥林波斯"神,作者是研究这位神祇的专家。醒来后她确信,世上一定已经有了这样一套丛书——她肯定在哪里见过这些书,或在某家书店的橱窗里,或在某家出版社的书单上。但在查询书单和询问同事后,她才逐渐意识到,这套丛书并不存在,而只存在于她的梦中。

当凯瑟琳与其他人,包括主编理查德(Richard Stoneman)分享她的梦时,得到的回应都一样:这套书应该已经有了。理查德和凯瑟琳朝着实现这个梦前进了一步,他们问我是否有兴趣主编这样一套丛书。我"毫不迟疑"地接受了邀请,因为当时我正在研究一位特殊的古代神祇雅典娜,以其作为探索古代文化、社会、宗教和历史的工具。我欣然承担了此项任务,并开始为拟定的书目联络资深作者。我的邀请得到的回复都是满满的热情和"我愿意"(yesses),他们都表示有兴趣撰写某一本书,然而——尽管所有人都确信这套丛书是"好事",可将诸神和英雄作为独特对象来研究的做法,在学术界到底已经过时了。

当时学者的兴趣,大多在于古人在宗教事务上的作为——譬如,他们举行仪式时,以及在献祭活动中的做法——对这种崇拜的接受者，他们都没有多大兴趣。在为更"普通的"读者撰写的文学作品中，情况则全然不同，有些极好的"畅销书"和"咖啡桌边书"，展现了个别神祇与众不同的特点。我主编这套书的目的，就是要将处在学术边缘的诸神引入中心。

诸神在学者中失宠有一个原因，就是认为独特实体不是学术研究的可行主题，因为——尽管"畅销的"文学作品可以传达此主题——毕竟世上没有一样事物就是某一位神或英雄的某种"曾经之所是"。无本质要素，无连贯文献，无一致性格。相反，在艺术家和著作家笔下，任何一位神都呈现出千姿百态。每个群体都以截然不同的方式构想诸神，连每个家庭也是如此。的确，每个人都能与一位特殊的神建立属己的联系，并按照其特殊生活经验来塑造他。

在更早期阶段，学术界以一个假设作为出发点：每个神都具有其自己的本质和历史——对他们的宗教崇拜，的确千变万化、捉摸不定，尽管古代的多神教并不就是真正的多神教，在任何意义上也不存在多不胜数的神祇。古代宗教好像是由一组一神教构成的——这些一神教平行而不以任何有意义的方式相互重叠，就像对于古希腊人而言，有一个"宙斯宗教"，有一个"雅典娜宗教"，有一个"阿芙洛狄忒宗教"，如此等等；地中海和古代近东的其他文明中的宗教也是如此。譬如，对于罗马人而言，可以有一个"朱诺宗教"，也有一个"马尔斯宗教",如此等等;在苏美尔人(Sumerians)当中,有一个"伊南娜宗教"(Inanna religion),有一个"恩基宗教"(Enki religion),有一个"马耳杜克宗教"(Marduk religion),如此等等。

这套丛书并不试图回到这种过于单一地理解古代诸神的方式。这种观点出自一种一神教,这是犹太-基督教看待古代宗教的方式。相反,这套丛书试图迎接挑战,探究一种宗教观念模式,其中诸神内在于世界,诸神可以无处不在处处在,而且往往不可见,有时候也会现出真容。

丛书传达了如何描述诸神才对人类有益的方式,他们描述诸神的典型方式就是将其描述得像人类一样——拟人化,具有人类的形象和行为方式。或者,如丛书所记录的那样,人们也会以非人类的动物形象或自然现象来设想诸神。譬如,阿芙洛狄忒,她常被描绘为伪装成一个女人,有理想的体形,带有一种特别令人渴望的女性美,但也以石头的形象受到崇拜;或如雅典娜,她能够显现为一个披甲的女人,或显现为一只猫头鹰,或显现在橄榄树闪烁的微光中,或显现出一道犀利的凝视,作为 glaukopis [格劳考皮斯]:意为"眼神犀利的",或"眼神闪耀的",或"灰眼的",或"蓝绿眼的",或"猫头鹰眼的",或就是"橄榄色眼的"。可能的译法之广泛本身就表明,有不同方式来传达古代表现任何神圣事物的某种特点。

总之，诸神能够无处不在，也被认为变化多端，但仍然能够清晰地被描述。丛书的另一个目标，就是要把他们当成截然不同的实体来把握，而且任何对显而易见的连贯性的观察，都需要以违背分类一致原则的宗教实体为背景。这也正是他们何以是诸神的原因：这些存在者能够具有表象，也能够活动在人类的世界中，但他们却是具有力量和魔力的实体，他们能显现，也能消失不见。

尽管现代西方人将诸神——或上帝——理解为超验全知和道德正直，他们也常常为诸神故事中所记述的行为震惊：他们会背叛其他神，会虐待其他神，也会表现出妒忌，甚或有杀婴和弑亲这样的恐怖行为。

古代诸神只是看似为现代西方人所熟悉。由于基督教扎根之后所发生的事情，古代诸神不再受到崇拜。在全然不同的宗教观念模式下，那些形象能够安插进基督教化了的德性观念之中，继续发挥重要作用。

与此同时，他们不再被视为真实的存在者，这些形象中很多变成了文化作品的主流——譬如，在艺术中，在"高级"和"低级"文学作品中，还有在音乐中，从古典音乐伟大时代的歌剧，到摇滚乐队"安提戈涅放飞"（Antigone Rising），再到流行艺术家嘎嘎小姐（Lady Gaga）以维纳斯的形象出场；几年前，还有一位流行歌星米诺（Kylie Minogue），扮作维纳斯的希腊对应者阿芙洛狄忒。或者，从美国（嘎嘎）或澳大利亚（米诺）的西方流行音乐，到韩国流行音乐（K-pop），也都是如此：2019年，韩国"防弹少年团"（Korean boy band BTS）成员，各自戴着某个古代神祇的面具（金硕珍扮成了雅典娜，闵玧其扮成了赫菲斯托斯，郑号锡扮成了宙斯。接下来，金南俊是狄奥尼索斯，金泰亨是阿波罗，朴智旻是阿耳忒弥斯——最后——田柾国扮成了波塞冬）。

与此同时，对于一代年轻人来说，赖尔登（Rick Riordan）的佩西·杰克逊小说系列（Percy Jackson novels），创造了一个希腊诸神曾经存在过的世界，他们以伪装和被遗忘的方式活过了数世纪。

诸神和英雄仍然是现代的组成部分，西方文化受益于数世纪的古典传统，现代人能够感觉到与他们熟稔。丛书的另一目标是记录这些世纪的复制和挪用——正是这个过程，使古代的阿芙洛狄忒们、维纳斯们等，被误认为堪比曾生活在凡人中间的存在者——甚至连佩西·杰克逊小说系列，也依赖于一种理解：每个神都是一个连贯的实体。

丛书中文版的新读者，也许恰恰能以从前的读者所不具备的方式来理解丛书中的诸神和英雄。新读者也许更能理解一个诸神内在于其中的世界——在这个世界中，对于古希腊哲人泰勒斯（Thales）而言，诸神"内在于万物"。古代诸神——尽管对于现代西方人如此不寻常——能够进入每个人的梦。可以认为他们寓居于自然之境，或寓居于他们自己的雕像中，或居住在他们自己的神殿中。可以视其为人类的祖先，甚或视其为获得了神性的人类。

古代地中海和近东的诸神与中国诸神的亲缘关系，更甚于其与当代西方人的关系，当代西方人虽然继续在刻画他们，却不认为他们是这个世界所固有的诸神。

中国诸神，与希腊、罗马、巴比伦等文明中的诸神一样，数量众多；他们的确可谓不计其数。中国诸神与古典古代的众神相像，却与后来犹太-基督教西方的一神教体系不同，中国诸神可以是男神或女神。每个神，都像古代西方人的诸神那样，活动在很多领域之中。譬如，丛书中文版的读者所理解的赫耳墨斯，可能就像中国的牛头（Ox-head）和马面（Horse-Face），他是护送刚死的人到哈得斯神领地的神；作为下界的统治者，哈得斯——丛书未来规划中一本书的主题——堪比中国神话中的阎王（Yanwang）；赫拉作为天界至高无上的女性统治者，其地位可以联系天后斗姆（Doumu）来理解。万神殿中的诸神，也是人类的祖宗。希腊神宙斯，尤其可以当"诸神和人类的父亲"来设想。其他诸神如赫拉克勒斯（Herakles / Ἡρακλῆς），这位声名卓著的神——也可能从前就是人类。

我很荣幸能给大家介绍一系列古代形象——女性的、男性的、跨性别的、善良的、恐怖的——这些形象无一例外耐人寻味，扎根于崇拜他们、讲述他们故事的人民的文化中。

丛书中的每一本书，开篇都首先提出值得以一本书的篇幅来研究这个对象的原因。这个"为什么"章节之后的部分是全书的核心，探究古代刻画和崇拜这个对象的"关键主题"。丛书最后一章总结每个研究对象在后古典时代的"效应"（afterlife），有时候篇幅相对较短，如在《伊诗塔》（*Ishtar*）中；有时候则篇幅较长，尤其在《赫拉克勒斯》中，这是因为古代以降对研究对象的描述十分宽广。每本书带有注解的"参考文献"，为读者指引深入研究的学术领域。

一言以蔽之，欢迎中国读者阅读"古代世界的诸神与英雄"丛书——欢迎你们来到一个由著作构成的万神殿。这些著作的主题是非凡而又多面的存在者，每位作者所要表现的就是他们的独特之处。此外，每位作者又都是其主题研究领域的专家，正如凯瑟琳所梦想的那样。

苏珊·迪西（Susan Deacy）
于伦敦
2023 年 1 月
（黄瑞成 译）

目 录

丛书前言：为什么要研究古代世界的诸神与英雄	001
致谢	008
插图目录	010
古代著作家列表	013
缩略语与凡例	015
地图：伯罗奔半岛与科林多地峡	019
赫耳墨斯神族谱系	021
为什么是赫耳墨斯？	001
介绍赫耳墨斯	008
起源与名字	012
形象	019
神话	025
崇拜	034
制造联系，建立关系	041
小结	045

关键主题 *047*

一、天赋 *049*
  墨提斯 *049*
  隐秘 *053*
  创造性 *055*
  机智 *067*
  得体 *073*
  小结 *080*

二、传达 *082*
  诸神的信使，宙斯的传令官 *082*
  梦的指引者 *095*
  HERMÊNEUS 或 HERMÊNEUTÊS *098*
  教师 *102*
  修辞家（演说家） *106*
  小结 *110*

三、转变 *112*
  神圣的向导 *113*
  人的保护者 *119*
  地方保护者 *122*
  财产保护者 *129*
  成年 *134*
  小结 *145*

四、交易 — 147

DÔTÔR EAÔN：善物给予者 — 148

赫耳墨斯·阿格莱奥斯 — 166

赫耳墨斯·佩莱特斯 — 175

小结 — 182

五、转移 — 184

小偷 — 185

骗子 — 189

言语欺骗 — 194

视觉欺骗 — 199

无礼与过分 — 205

骗子受骗 — 211

玩家和游戏者 — 213

小结 — 217

六、超越 — 219

宙斯的立柱 — 226

宙斯的代言人 — 232

宙斯的取悦者 — 240

宙斯的沟通者 — 244

宙斯的人道面貌 — 254

小结 — 256

七、转译 — 258

赫耳墨斯西行 — 259

罗马的墨丘利	*264*
文学中的墨丘利	*269*
参与政治的墨丘利	*278*
"罗马式解释"	*283*
赫耳墨斯东行	*287*
美索不达米亚 / 巴比伦的"赫耳墨斯"	*288*
埃及的赫耳墨斯	*290*
小结	*299*

赫耳墨斯效应   *301*

八、变形 I：其他墨丘利   *303*

寓言中的赫耳墨斯 / 墨丘利	*305*
占星术中的墨丘利	*321*
魔法墨丘利	*332*
炼金术的赫耳墨斯 / 墨丘利	*336*
小结	*345*

九、变形 II：从高级文化到流行文化   *347*

图像化的赫耳墨斯	*347*
漫画和动画	*356*
舞台和荧幕	*362*
诗歌与散文	*367*
挪用	*372*

拓展阅读	*390*
参考文献	*400*
索引	*466*

附录一：古代世界的诸神与英雄译名表	*486*
附录二：去梦想不可能的梦想……	*501*
跋"古代世界的诸神与英雄"	*509*

丛书前言：为什么要研究古代世界的诸神与英雄[*]

正当的做法，

对于开启任何严肃谈话和任务的人而言，

就是以诸神为起点。

——德摩斯泰尼《书简》（Demosthenes, *Epistula*, 1.1）

古代世界的诸神和英雄是很多现代文化形态的构成部分，例如，成为诗人、小说家、艺术家、作曲家和设计师创作的灵感源泉。与此同时，古希腊悲剧的持久感染力保证了人们对其主人公的熟稔，甚至连管理"界"也用古代诸神作为不同管理风格的代表。譬如，宙斯（Zeus）与"俱乐部"（club）文化，阿波罗（Apollo）与"角色"（role）文化：参见汉迪（C. Handy）

---

[*] 2005年6月，英文版主编苏珊（Susan Deacy）教授撰写了《丛书前言：为何要研究诸神与英雄？》。2017年1月，她修订了"丛书前言"，并保留原题名。2021年11月，她再次修订"丛书前言"，并删去题名。中文版采用最新修订的"丛书前言"并保留题名，酌加定语"古代世界的"，以示醒目。——中文版编者按

《管理之神：他们是谁，他们如何发挥作用，他们为什么失败》（*The Gods of Management: Who they are, how they work and why they fail*, London, 1978）。

这套丛书的关注点在于：古代世界的诸神和英雄如何又为何能够具有持久感染力。但还有另一个目的，那就是探究他们的奇特之处：相对于今人的奇特之处，以及古人感知和经验神圣事物的奇特之处。对主题的熟稔也有风险，会模糊其现代与古代意义和目的之重大区分。除某些例外，今人不再崇拜他们，但对于古人而言，他们是作为万神殿的一个构成部分而受到崇拜的，这简直是一个由成百上千种神力构成的万神殿：从主神到英雄，再到尽管具有重叠形象的（总是希望重叠！）精灵和仙女——每位主神都按照其专有装束受到崇拜，英雄有时会被当成与本地社群有关的已故个体。景观中布满了圣所，山川树木也被认为有神明居于其间。研究这些事物、力量、实体或角色——为其找到正确术语本身就是学术挑战的一部分——这涉及找到策略来理解一个世界，其中的任何事物都有可能是神。用古希腊哲人泰勒斯（Thales）的话说，亦如亚里士多德所引述的那样，这个世界"充满了诸神"（《论灵魂》[*On the Soul*, 411 a8]）。

为了把握这个世界，有帮助的做法可能就是试着抛开关于神圣之物的现代偏见，后者主要是由基督教关于一位超验、全能、道德正直的上帝的观念所塑造的。古人的崇拜对象数不胜数，他们的外貌、行为和遭遇与人类无异，只是不会受人类处境束缚，也不局限于人类的形象。他们远非全能，各自能力有限：连宙斯，这位古希腊众神中至高无上的主权者，也可能要与他的两个兄弟波塞冬（Poseidon）和哈得斯（Hades）分治世界。此外，古代多神教向不断重新解释保持开放，所以，要寻求具有统一本质的形象，很可能会徒劳无功，尽管这也是人们惯常的做法。通常着手解说众神的做法是列举主神及其突出职能：赫菲斯托斯／福尔肯［Hephaistos/Vulcan］，手工艺；阿芙洛狄忒／维纳斯［Aphrodite/Venus］，爱；阿耳忒弥斯／狄安娜［Artemis/Diana］，狩猎；如此等等。但很少有神的职能如此单一。譬如，阿芙洛狄忒，她远不止是爱神，尽管此项功能至为关键。譬如，这位神也是 hetaira（"交际花"）和 porne（"娼妓"），但还有其他绰号和别名表明，她还伪装成共同体的保护神（pandemos："保护全体公民"），也是航海业的保护神（euploia［欧普劳娅］，pontia［庞提娅］，limenia［丽美尼娅］）①。

正是有鉴于这种多样性，本丛书各卷书不包括每位神或英

---

① 在希腊语中，euploia 意为"安全航海女神"，pontia 意为"海中女神"，limenia 意为"海港女神"。——译注

雄的生平传记——虽然曾有此打算，而是探究其在古代多神教复杂综合体中的多重面相。如此规划进路，部分是为了回应下述关于古代神圣实体的学术研究的种种进展。

在韦尔南（Jean-Pierre Vernant）和其他学者建立的"巴黎学派"（Paris School）影响下，20世纪下半期，出现了由专门研究诸神和英雄，向探究其作为部分的神圣体制的转变。这种转变受一种信念推动：若单独研究诸神，就不可能公正对待古代宗教的机制；与此相反，众神开始被设想为一个合乎逻辑的关联网络，各种神力在其中以系统方式彼此对立。譬如，在韦尔南的一项经典研究中，希腊的空间概念通过赫斯提亚（Hestia，灶神——固定空间）与赫耳墨斯（Hermes，信使和旅者之神——移动空间）的对立而神圣化：韦尔南《希腊人的神话与思想》（*Myth and Thought Among the Greeks, London*, 1983, 127—175）。但诸神作为分离的实体也并未遭忽视，韦尔南的研究堪为典范，还有他经常合作的伙伴德蒂安（Marcel Detienne），后者专研阿耳忒弥斯、狄奥尼索斯和阿波罗：譬如，德蒂安的《阿波罗，手中的刀：研究希腊多神教的实验进路》（*Apollon, le couteau en main: une approche expérimentale du polythéisme grec*, Paris, 1998）。"古代世界的诸神与英雄"丛书首批图书自2005年出版以来，在上文概括的研究立场之间开辟出了一个中间地带。

虽然研究进路是以唯一又有所变化的个体为主题,作者们对诸神和英雄的关注,却是将其作为内在于一个宗教网络中的力量来看待的。

本丛书起初各卷中的"世界",主要倾向于"古典"世界,尤其是古希腊的"古典"世界。然而,"古代世界",更确切地说"古代诸世界",已然扩展了,这是随着以伊诗塔(Ishtar)和吉尔伽美什(Gilgamesh)为主题的各卷出版,还有期待中以摩西(Moses)和耶稣(Jesus)为主题,以及古希腊的安提戈涅(Antigone)和赫斯提亚(Hestia)主题、古罗马狄安娜(Diana)主题的书目。

丛书每卷书都有三大部分,对其研究的主题对象作出了具权威性、易于理解和令人耳目一新的解说。"引子"部分提出关于这个神或英雄要研究什么,值得特别关注。接着是本卷书的核心部分,介绍"关键主题"和观念,在不同程度上包括神话、崇拜、可能起源和在文学与艺术中的表现。本丛书启动以来,后古典时代的接受日益进入古典研究和教育的主流。这一接受上的"革命"让我确信,每卷书包括一个放在最后的第三部分,用来探究每个主题的"效应"(afterlives),极为重要。这样的"效应"部分有可能相对较短,譬如,《伊诗塔》一卷中的"后续效应"(Afterwards)一节——或较长,譬如,在《赫拉克勒斯》

（*Herakles*）中。各卷书都包括关于某个神或英雄的插图，并在合适的位置插入时序图、家谱和地图。还有一个带有注释的"参考文献"，指引读者作更进一步的学术研究。

关于术语需要进一步作出说明。"诸神与英雄"（gods and heroes）：丛书题名采用了这些阳性术语——尽管如希腊词 theos（god）也能用于女神，如此选择一定程度上也反映了古代的用法。至于"英雄"（hero），随着 MeToo 运动兴起，如今已成为一个性别中立的术语。关于纪元：我总是建议作者最好选择 BC/AD 而非 BCE/CE，但并不强求如此。关于拼写：本丛书中古希腊专名采用古希腊语拼写法，广为接受的拉丁语拼写法除外。

如我在 2017 年第二次修订这个"前言"时说过的那样，我要再次感谢凯瑟琳（Catherine Bousfield），她担任编辑助理直到 2004 年，正是她梦（取其字面意思……）到了一套关于主要的古代诸神和英雄的丛书，时间是 21 世纪初期的一个夜晚。她的积极主动和远见卓识，助力丛书直至接近发行。劳特里奇出版社的前古典学出版人理查德（Richard Stoneman），在丛书委托和与作者合作的早期阶段，自始至终提供支持和专家意见。我很荣幸能与继任编辑吉朋斯（Matthew Gibbons）在丛书早期阶段共事。艾米（Amy Davis-Poynter）和利奇（Lizzi Risch）

是我近年极好的同事。当我为2022年以后的丛书修订"前言"时，我要感谢利奇的继任者玛西亚（Marcia Adams）。我也要感谢丛书的诸位作者，正是他们帮助建构了理解每个神或英雄的方式，同时为促进关于古代宗教、文化和世界的学术研究作出了贡献。

苏珊·迪西（Susan Deacy）

伦敦罗汉普顿大学（Roehampton University, London）

2021年11月

（黄瑞成 译）

致　谢

首先并且最重要的是，我要感谢丛书主编苏珊·迪西，是她邀请我承担了此项以赫耳墨斯为主题的任务，还有编辑助理里希（Elizabeth Risch），感谢她的耐心和理解，由于几起事件拖延了本研究的完成。苏珊的意见对于成就目前的章节帮助最大。我还要感谢奥塔哥大学（University of Otago）2015年给予我一段研究休假，其间我方能让手稿各部分有重大推进，并且（分两期）各资助一位研究助理，首先是特纳（Gordon Turner），接着是布瑞（Chloe Bray），两人的工作支持让我有时间专注于完成这项研究的其他事项。我也受惠于我们奥塔哥大学图书馆出色的员工，尤其是借阅部，在本项目早期阶段，员工们几乎每周都要处理多个馆际互借申请。我也感激我们古典学系的同事过去四年的耐心，他们在我们的古典学研讨会上听取我主要处理赫耳墨斯主题的论文并提出意见，尤其是麦金泰尔（Gwynaeth McIntyre）对最后三章的评论。还必须特别感谢艺术资料特许部的墨丘利（Liz Kurtulik Mercuri）——真是巧合，她也姓"墨丘利"——她耐心地帮助我获得了为本书选取的图片。

我与赫耳墨斯结缘要追溯到很久以前,我首次严肃研究古希腊悲剧中的这位神,是我在斯托雷(Ian C. Storey)指导下读硕士期间,我要向他表达我最深的感激。我同样感谢西福德(Richard Seaford),读博士期间是他指导我继续在悲剧之外研究赫耳墨斯。两段研究期间所获洞见,为在本书中表现这位神奠定了基础。

最后,若不向我在DCBC的朋友们和同侪表达我由衷的感谢,那就太失礼了,正是他们自始至终鼓励和支持我度过了这些快乐时光和更具挑战的岁月。

σας ευχαριστώ όλους

我感谢你们所有人

艾伦,2017

插图目录

（页码指原书页码）

地图：伯罗奔半岛与科林多地峡（页 xvi）

赫耳墨斯神族谱系（页 xvii）

图 0.1：赫耳墨斯与小祭坛，纪元前 5 世纪早期（页 8）

图 0.2：赫耳墨斯与公羊，出自土耳其以弗所的浮雕（页 15）

图 1.1："赫耳墨斯·普罗庇莱奥斯"，约纪元前 100 年的希腊赫姆石柱，阿尔喀美奈斯风格（页 27）

图 1.2："潘，赫耳墨斯之子"，纪元前 2 世纪的大理石雕像（页 32）

图 2.1："赫耳墨斯、宙斯和伊里斯"，柏林画匠，纪元前 5 世纪早期（页 40）

图 3.1："帕里斯的评判"，柏林画匠，纪元前 5 世纪中期（页 54）

图 4.1："赫耳墨斯与西勒诺斯携七弦竖琴和双耳高足杯"，

柏林画匠，纪元前5世纪早期（页70）

图4.2："赫耳墨斯在猎人当中"，阿玛西斯画匠，纪元前6世纪早期第三季，黑彩瓶画（Inv. F 1688）B面（页76）

图4.3："赫耳墨斯持权杖与钱袋"，青铜像，纪元前4世纪（页79）

图5.1："赫耳墨斯杀死百眼巨人阿耳戈斯，伊娥的监守人"，佩因特，纪元前5世纪（页93）

图6.1："赫耳墨斯持抱着狄奥尼索斯"，大理石复制品，原件作于纪元前4世纪中期（页111）

图6.2：灵魂素描：作者描绘的细节出自阿提卡白底细颈有柄长油瓶，归于阿喀琉斯，约纪元前440年（页114）

图6.3："赫耳墨斯衡量灵魂"，画匠尼空，纪元前5世纪早期（页116）

图6.4："佩耳塞福涅从下界还阳"，画匠佩耳塞福涅，纪元前440年（页117）

图7.1：拉斐尔（1483—1520）："墨丘利为普绪克递上不朽之杯"，普绪克长廊诸神大会天花板壁画，约1517年（页127）

图7.2：埃及朱鹮头的托特，《亡灵书》，底比斯，约纪元前1275年（页135）

图 7.3:"赫耳玛努比斯",青铜小像,纪元 1 至 2 世纪(页 136)

图 7.4:"赫耳墨斯与孩童在福地",壁画,纪元 3 世纪,罗马(页 137)

图 8.1:"墨丘利引导普绪克到奥林波斯",马尔达雷利(1826—1893)(页 148)

图 8.2:炼金术插图,出自迈尔《逃遁的阿塔兰忒》,1618 年(页 158)

图 8.3:大理石步道上的赫耳墨斯·特瑞思默吉斯托斯的细节,1488 年,乔万尼设计(页 160)

图 9.1:墨丘利(行星)的属性,1531 年的徽章(页 167)

图 9.2:"艺术的属性及其奖赏",夏尔丹,1766 年(页 168)

图 9.3:"墨丘利敦促埃涅阿斯离开", 蒂耶波洛(页 169)

图 9.4:"电话。未来之乐(并非后瓦格纳)。献给地球母亲的小夜曲",1877 年(页 184)

古代著作家列表

尽管史诗作家如荷马(Homer)和维吉尔(Virgil),剧作家如欧里庇得斯(Euripides)和普劳图斯(Plautus),哲学家如柏拉图(Plato)和塞涅卡(Seneca),都是众所周知,但还有很多较不为人所知的著作家也经常评说赫耳墨斯,这些评论正是本书研究的兴趣所在。这里罗列的名字都是较不常见的著作家,以年代顺序排列,随附其著述的主要文类。他们的大部分著述均可见于洛布古典丛书(Loeb Classical Library)。

古希腊著作家	时期	文类
希波纳克斯(Hipponax)	纪元前 6 世纪	短长格诗(攻讦)
佩里居德斯(Pherekydes)	纪元前 6 世纪	诗
泰奥弗拉斯托(Theophrastos)	纪元前 4 至前 3 世纪	哲学
卡利马霍斯(Callimachus)	纪元前 3 世纪	诗
吕考弗戎(Lycophron)	纪元前 3 世纪	诗
埃利安(Aelian)	纪元前 2 至 3 世纪	自然史和修辞学
泰奥克里托斯(Theokritos)	纪元前 2 至 3 世纪	牧歌体诗

(续表)

古希腊著作家	时期	文类
帕泰尼奥斯（Parthenios）	纪元前1世纪	传奇/神话
希库鲁斯（Diodorus Siculus）	纪元前1世纪	历史
安托尼奥斯（Antonius Liberalis）	纪元2世纪	神话
斐洛斯特拉图（Philostratus）	纪元2世纪	传记
阿特奈乌斯（Athenaeus）	纪元3世纪	修辞学
老斐洛斯特拉图（Philostratus）	纪元3世纪	修辞学
瑙诺斯（Nonnos）	纪元5世纪	史诗
特吕费奥多里斯（Tryphiodoris）	纪元5世纪	史诗

拉丁语著作家	时期	文类
恩尼乌斯（Ennius）	纪元前3至前2世纪	诗
普罗佩提乌斯（Propertius）	纪元前1世纪	诉歌
弗拉库斯（Valerius Flaccus）	纪元1世纪	史诗
斯塔提乌斯（Statius）	纪元1世纪	史诗和诗
许吉努斯（Hyginus）	纪元2世纪	神话
塞维乌斯（Servius）	纪元5世纪	评注

缩略语与凡例

我们有大量关于古代诸神的证据,源自以原初语言写就的各种形式的文献,包括铭文。当个别文献是讨论的主题时,古代著作家的名字和著作题名会在正文中完整提供。涉及铭文的地方,将包括目录的标准缩写,紧接其目录卷号。涉及现代作家的地方,将给出著作家的姓氏和出版日期。关于艺术品,将给出艺术家的名字(如果已知)和其他细节,诸如创作日期、材质和风格,以及藏馆名称。

CIL   Corpus Inscriptionum Latinarum, 1863—

FGrH   Jacoby, F. (ed., 1923—1958) *Die Fragmente der Griechischen Historiker*, Leiden

直至晚近,后一种文献一直是任何有兴趣参考古希腊历史铭文者"必备的"文献;可是,2006年以来,已有了一个完整网络版,包括每则铭文英译、评注和进阶阅读文献,购买了网站许可的图书馆都可以获得。

FHG   *Fragmenta Historicum Graecum*, C. Müller (ed.), 1841—1870

IC   Guarducci, M. (ed., 1935—1950) *Inscriptiones Creticae*, 4 Vols. Roma

IG   *Inscriptiones Graecae*, 1873—

LIMC   *Lexicon Iconographicum Mythologiae Classicae*, 1981—1999, Zurich and Munich

LSAM   Sololowski, F. (ed., 1955) *Lois sacrées de l'Asie Mineure*, Paris

LSCG   Sololowski, F. (ed., 1969) *Lois sacrées des cites grecques*, Paris

LSS   Sololowski, F. (ed., 1962) *Lois sacrées des cites grecques*: Supplément, Paris

PGM   Preisendanz, K. et al. (eds., 1932) *Papyri Graecae Magicae: Die griechischen Zauberpaypri*, 2 Vols. 2nd ed.

RE   A. Pauly, G. Wissowa and W. Kroll (eds., 1893—) *Real-Encyclopädie d. klassischen Altertumswissenschft*, Munchen

SEG   *Supplementum Epigraphicum Graecum* (1923—) Leiden

SIG   von Gaertringen, F. (ed., 1960) S*ylloge Inscriptionum Graecarum*, 4 Vols. Hildesheim

希腊专名拼写

在大多数情况下，与所讨论的材料有关的专名和名号的拉丁语和希腊语拼写都保持区分：希腊语拼写用于以希腊语写作的著作家；拉丁语拼写用于以拉丁语写作的著作家。这导致保留希腊语的 ai 对应拉丁语的 ae，保留希腊语的 k 对应拉丁语的 c，保留希腊语的 os 对应拉丁语的 us。故有如下拼写形式：

Greek	*Latin*
Kerberos	Cerberus
Moirai	Moirae
Phaidra	Phaedra

在希腊语专名与其后来对应的拉丁语拼写有显著不同之处，还有必要保留希腊语拼写。故有如下拼写形式：

Greek	*Latin*
Herakles	Hercules
Hermes	Mercury
Zeus	Jupiter
Hera	Juno

正文中涉及的现代作家，只标注姓氏；例外是姓氏和出版日期一样的情形：这种情况下，同时标注名的首字母。注释和正文中论及的所有著作家，都能在紧接"进阶阅读"部分的"参考文献"中找到。

除非另有说明，所有译文都是我的手笔。

地图：伯罗奔半岛与科林多地峡

地名注释：

雅典（Athens）、科林多（Corinth）、德尔斐（Delphi）、居勒涅山（Mt Kyllene）、奥林波斯山（Mt Olympos）、奥林匹亚（Olympia）、昂凯斯托（Onchestos）、斯巴达（Sparta）

赫耳墨斯神族谱系

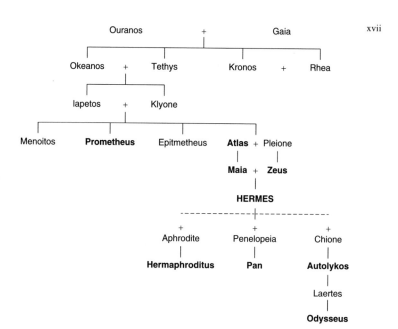

神名注释：

阿芙洛狄忒（Aphrodite）、阿特拉斯（Atlas）、奥托吕科斯（Autolykos）、开奥涅（Chione）、厄庇墨透斯（Epimetheus）、盖娅（Gaia）、赫耳墨阿芙洛狄托斯（Hermaphroditus）、克吕奥涅（Klyone）、克洛诺斯（Kronos）、拉埃尔忒斯（Laertes）、拉佩托斯（Lapetos）、迈娅（Maia）、麦诺伊托斯（Menoitos）、奥德修斯（Odysseus）、奥凯阿诺斯（Okeanos）、乌拉诺斯（Ouranos）、潘（Pan）、佩涅洛佩娅（Penelopeia）、普罗米修斯（Prometheus）、瑞娅（Rhea）、忒堤斯（Tethys）、宙斯（Zeus）

为什么是赫耳墨斯?

Why Hermes?

赫耳墨斯似乎是一位拒绝明确规定的令人迷醉的神。他的活动，若非绝大多数能够确认，那也有多数能够确认，但要称其为"某某之神"，则会排除他在奥林匹亚神族和古希腊社会中所承担的其他太多的角色。所以，譬如，很多人熟知赫耳墨斯是奥林匹亚众神的神圣信使。作为他父亲宙斯的官方传令官，赫耳墨斯一字不差地将众神中的主神的明确意愿传达给了那些执行者，既有有死者，也有不死者。因此，我们可以认为他是一位相当单纯的神，相对于其他奥林匹亚神，他似乎是一位次要的神，如相较于阿波罗，后者是为有死者揭示未来的神，或相较于德墨忒耳——她是谷物女神。但要是我们这样想问题，那就错了。

证据显示，在纪元前 5 世纪末，赫耳墨斯获得了如此多崇拜名号和崇拜活动，以至于雅典喜剧作家阿里斯托芬（Aristophanes）能够有信心通过围绕其通才全能营造出一个整体场景来引人发笑：在他的剧作《财神》（*Wealth*, 388 BC）中，当奥林匹亚诸神为财神的统治取代时,赫耳墨斯造访是为了在新政权中为自己赢得一个体面的位置。当他以崇拜头衔**斯特罗佩奥斯/门枢之神**(*Strophaios*/Στροφαῖος)、**埃门博莱奥斯/小贩之神**(*Empolaios*/Ἐμπολαῖος)、**多利奥斯/骗子之神**(*Dolios*/Δόλιος)、**赫盖摩尼奥斯/霸主之神**(*Hegemonios*/Ἡγεμόνιος)和**埃纳高尼奥斯/赛会主持之神**(*Enagonios*/Ἐναγώνιος)奉上其服务时,他的对话者不得不慨叹:"有这么多名号真是太有用了!"(《财神》,行1164)

他的关联数目和种类惊人。他是一位早熟的神子,秘密出生,伴随黑夜;他是一个隐秘的小偷,一个顽皮的恶作剧者和挑拨离间者,荷马还称其为"待人最友好的神",或者换一种译法,"最乐于与人做伴的神"(σοὶ γάρ τε μάλιστά γε φίλτατόν ἐστιν / ἀνδρὶ ἑταιρίσσαι, *Iliad*, 24.334—335)。他是一位创新的匠人,一位牧者,一位贩子,一位既能操控话语又能操控实物的大师;他是风行者,带来好运者,梦的指引者,强记者:难以理解,难以捉摸,却又能言善辩;他既是竞争者又是调停者,宙斯有意生他以完成其秩序。所有这些,且远不止此,都是这位以赫耳墨斯的神圣之名(*theonym*/god-name)受到崇拜的神的特点和活动。

与希腊人相像,罗马人也认为有必要崇敬这位神,并将其纳入万神殿，给他起名墨丘利；可是，对于将其活动降至可控水平的罗马人而言，他远非一位通才全能的神。尽管如此，关于赫耳墨斯的其他活动的知识仍然鲜活，通过重述和改编希腊人曾经讲述的故事。而且，和罗马人一样，因为这些故事中有很多仍对如今的我们有吸引力，它们继续通过各种媒介而重现：墨丘利（也就是赫耳墨斯），见于漫画书、卡通片、产品广告和电视宣传、为大小银幕制作的电影、小说和舞台制作。换句话说，关于赫耳墨斯的观念流传，靠的就是这些对这位神的再想象，通过回顾、强化，甚或改变其古老特征以适合我们现代的感受性。可是，我们的赫耳墨斯形象，并非直接由希腊人和罗马人抵达我们：我们如今怎样想象这位神，已受到其在中世纪和文艺复兴时期的文学艺术中的表现的重大影响。

尽管赫耳墨斯的吸引力在持续，却不像其有些奥林波斯兄弟姐妹，诸如狄奥尼索斯和雅典娜，后两位神近年引发了巨大兴趣，而赫耳墨斯相对而言不受重视。自从布朗（Brown）的《赫耳墨斯：贼》（*Hermes the Thief*, 1947, reprinted in 1969）问世以来，再无一本研究他的英语专著，而布朗这本书的研究只关注古希腊的赫耳墨斯神。① 与之相比，本书的研究，除了采用与以往不同的思考方式来重估赫耳墨斯在古希腊世界中的地位，读者还将看到，这是第一次在一本书中集合了从希腊化时期至今希腊和罗马以外的文化接受这位神的概况。我们的研究始于一项对赫耳墨斯的较为全面的介绍，以及要理解他所面临的挑战。后续一系列相关章节，根据其名号（诗学和崇拜所使用的形容词）、肖像、关于赫耳墨斯的描述和故事，关联其神性的六大方面：天赋（章一）、传达（章二）、转变（章三）、交易（章四）、转移（章五）和超越（章六）。再接着一章题为转译（章七），研究赫耳墨斯在罗马的接受，及其与希腊东部和罗马西部所崇拜的众神中的某些神的可能的相似之处。本书完结部分研究赫

---

① 研究赫耳墨斯的主要专著，都写于 20 世纪初至中期，连同两部关于这位神的较新的著作（Zanker 1965；Kahn 1978），仍未由其原文翻译成英语。包括最近致力于研究这位神的雅亚尔（Dominique Jaillard 2007a）的法语著作，也没有翻译成英语。任何对解读赫耳墨斯有兴趣的人，都可以在关于古希腊诸神的著作中（譬如，Otto 1954）找到一个参考章节，或参考更普遍地研究古希腊宗教的著作（譬如，Burkert 1985），但这些早期研究所使用的进路往往已遭到挑战，或者换句话说，它们的研究所处的语境有完全不同的关注点，诸如那些致力于荷马颂诗（譬如，Sowa 1984；Clay 1989）、荣格的（Jungian）骗子原型（譬如，Kerényi 1996；Hyde 1999）、古代崇拜（譬如，Johnston 1999；Larson 2007）或某一特殊地理分布（譬如，Jost 1985）研究。此外，还有大量研究赫耳墨斯的论文和著作章节，写于 20 世纪后半期；这些著述，还有前面提到的这些著述，见本书参考文献。

耳墨斯效应,分为两章:其一(章八),研究大致在纪元前300年与文艺复兴末期之间赫耳墨斯有何变化;其二(章九),关注点转向从文艺复兴直至当今对他的更具现代特色的接受。

介绍赫耳墨斯

我想以一则故事来开始我们关于赫耳墨斯的导言，故事与研究这位神并无直接关联。这是赫西俄德（Hesiod）在其《神谱》（535—557）中讲述的一个传说，关于另一个神明及其与宙斯和其他即将成就的奥林波斯诸神的冲突，当时人类正聚在一起与诸神争执。这里的确并不完全清楚，过去的惯例是要求在诸神和有死者之间分发动物肢体，还是完全烧毁动物献给诸神。无论如何，赫西俄德告诉我们，普罗米修斯，是前代神中的一位提坦神的儿子，也是六位奥林波斯兄弟姐妹神的同代神，欲与宙斯"斗智"（534），所以，当有死者随后与诸神聚集开会时，他以下述方式来分配牺牲：将可食用的最有营养的肉连同内脏包在倒胃口的牛胃里，而将不能吃的铮铮白骨包进香美可口的脂肪里。然后，他将这两部分上呈宙斯，要他选择诸神取哪部分，哪部分留给有死者。①

这段描述接着说，宙斯佯装不知，尽管他已识透了其诡计，并且选择了最悦人眼目的那部分——卷在脂肪中的骨头。此后，宙斯以发怒回应，好像他被欺骗了，因此，他藏起火让人类得不到，他们烹煮可食用的那部分牲肉需要火，这导致普罗米修斯后来为人类偷取属于诸神的神圣火种。普罗米修斯的干涉不仅引起了他自己与宙斯的冲突，更为重要的是还引起了有死者与诸神的关系断绝。赫西俄德没有提供细节，他只是以这样的观察结束了他的描述："从（此）以后，向不死者献祭，大地上的种族都在香气缭绕的祭坛上烧白骨"（556—557）。这样一来，尽管有死者任何时候坐下来吃新鲜出炉的烤肉，都会以此方式邀诸神同享，实则在深切纪念有死者与诸神聚在一起燃起篝火享用美餐的更亲密关系的终结。

通过这些诗行描述有死者与诸神的直接共享（和交流）关系遭到严重破坏（如果还不算完全破裂），就提出了一个问题：

---

① 关于普罗米修斯的研究，参见 Dougherty 2006。按照其他说法，诸如埃斯库罗斯（Aeschylus）前5世纪的雅典悲剧《被缚的普罗米修斯》（*Prometheus Bound*），这位提坦神被表现为有死者的朋友，也正因为如此，他想让有死者比奥林波斯神有优势（从而好像如此操作就算胜过了宙斯本人）。关于墨科涅（Mekone）发生的事件和普罗米修斯图谋诡计的本质的讨论，参见 Wirshbo 1982；Lloyd-Jones 2003。

如果宙斯自己和其他诸神不再愿意与有死者面对面，这种新造成的他们之间的关系破裂有否可能弥合？如何弥合？靠谁弥合？宙斯，他当然知道必须做什么，他也花了大量时间来保证此事会发生。至少，这正是《荷马颂诗：致赫耳墨斯》（*Homeric Hymn to Hermes*）要我们明了的内容，它歌唱这位神来到世上和到达奥林波斯成为宙斯的官方传令官，他出使哈得斯（Hades）（具体细节，参见章三）。然而，在此部分回答的与我们开头的问题略有不同的问题"为什么是赫耳墨斯？"。要全面回答这个问题并不简单，或者说并不容易，但回答无论如何是非常值得的。

任何试图理解这位神的人所碰到的第一个难题，要直接归于他的活动的千变万化。它们如此多变，以至于现代学者无法就什么品质和概念能将其统一起来达成共识，有人甚至认为根本找不到这样的统一特点。我们最接近确认赫耳墨斯任何"核心"的做法，根据帕克（Parker），是将他的活动组织进一个三合关系"转变/交流/交换"（transition/ communication/ exchange, 2005：391）。也许很有可能，再如帕克所指出的那样，赫耳墨斯活动多样性的由来，"并非基于一个核心的内在逻辑"，而是出于他所谓"'一事物导致另一事物'……的原理"。所以，譬如，因为骑兵恰好在雅典某地集合，这里竖立了很多赫耳墨斯标志性崇拜雕像，赫耳墨斯就被授予头衔"领袖"（*Hegemonios*/Leader），成为雅典骑兵将军们的保护神。看来，接近赫耳墨斯的某个固定崇拜地是造成原理"一事物引起另一事物"的真正因素（Parker 2005：392）。没有其他城邦，就我们所知，为这位神采用这个崇拜头衔。而雅典并非唯一出现此崇拜头衔的地方：有证据出自多个地点，表明赫耳墨斯的很多职责和头衔都地方化了，只见于一地而非多地。

这种演变出高度地方化的趋势非赫耳墨斯独有。希腊众神中的很多神都表现出这种头衔上的多样性。然而，希腊人能够接受这些不同称谓都是同一位神明的表现。因为，他们理解其世界的术语与我们殊为不同，他们感知到的关系与我们21世纪的"真实"经验完全有异。就赫耳墨斯而言，在倾向于看到明显无逻辑甚至存在矛盾的特征和活动之处，希腊人看到的是单独一个神，其与人类的互动有意义要看（诸）需要，他们相信他会在宇宙治理中实现这些需要。如果我们能够确认赫耳墨斯的活动所对应的（诸）需要，就能够更好地回答这个问题："为什么是赫耳墨斯？"既根据古希腊人对这位神的崇敬，也根据他对现代想象的持续吸引力。要这么做，就必须首先思考不同类型的证据，对这位神的任何探究都必须以此为根据。然而，有一个难题，我们需要警醒：关于赫耳墨斯的特质或活动的很多细节都出自唯一的著作家,其著述可能完全外在于希腊古风和古典时期,但我们更偏爱基于这些时期来理解古希腊的人关于这位神的观念。譬如,奥维德(Ovid)最早提及赫耳墨斯参与了**巨人之战**(*Gigantomachy*)。由于时间晚近,我们不能肯定此细节是对其面相和职责的新补充,而非一个幸存下来的没有更早文献来源的细节。因此,本书研究赫耳墨斯在希腊众神中的各种头衔和角色,仅当其所提供的信息符合我们更早期的证据时,才会使用一项较晚近的证据。否则,这些晚近的著作家将被认为提供了对赫耳墨斯的理解发生了变化的信息,这符合关于诸神的观点与时俱进之情形。①

起源与名字

证据显示,赫耳墨斯位列古希腊众神中最古老的神祇之一,他首次出现是作为供品的接收者,见于有铭文的石碑上,属青铜时代晚期的三处遗址。这三处遗址的分布超出了迈锡尼文明的希腊领地——一处在伯罗奔半岛(皮洛斯[Pylos]),

---

① 这对于希腊化晚期和古罗马时期的拉丁语和希腊语神话作家和小说作家尤其是难题,诸如托名阿波罗多洛斯(Pseudo-Apollodoros)、托名许吉努斯(Pseudo-Hyginus)、利波拉里斯(Antoninus Liberalis)。

一处在希腊本土（忒拜[Thebes]），另一处在克里特岛（克诺索斯[Knossos]）——表明至少在迈锡尼文明晚期（约前1100），这位神获得了广泛接纳。尽管分布如此，我们还不能肯定赫耳墨斯原初就是一位希腊的神祇。主要根据现代学者所认为的这位神的名字和已知其最早的形象之间缺乏联系，他完全有可能原初是这些地区的原住民所崇拜的神，我们所知的希腊人进入这些地区，将其接纳进了他们自己的万神殿中。如果确实如此，就可以假定有两种接受他的可能原因。第一，可以认为外来的希腊人在这位不熟悉的神那里认识到某种特点，可以解决他们自己的某一位神无法实现的需要；这种情形是有可能出现的，如果他们发现希腊的生存条件不同于他们所由来的地方。第二种可能性也许是，这位神根基太深，对原住民太重要了，以至于无法完全包含在新到者的某个神名下。这位神对于原住民和早期希腊人象征着什么，无法确定：最好的学者所能做的就是基于幸存的证据来思考问题。如赫特（Herter 1976: 198—199）所言：

不管赫耳墨斯是源出于前希腊时代而后有了一个希腊名字，或是他来到了希腊人的家园，或者是源出于新家园中的希腊人，这些不是我们这里需要关注的问题；他的起源的确切年代……

对于认识他的本质并不具有决定性。

从石碑上获知的关于赫耳墨斯的唯一信息就是：他与三位女神一道受到崇拜，她们被认为就是早期等同于赫拉（Hera）、阿芙洛狄忒（Aphrodite）和可能是雅典娜（Athena）——或阿耳忒弥斯（Artemis）——一样的神祇。①

另一条尝试确定赫耳墨斯起源的进路是词源学进路。一旦发现希腊语是一个大得多的语族的一支，它们都由一种非常

---

① 赫耳墨斯的名字写在下面这些碑上：Py 172 (= Kn 02 = Tn 316); Py Xn l357, TH Of 31 and Kn D41。更多碑上的信息参见文垂思和查德威克（Ventris and Chadwick 1956）；帕尔默（Palmer 1998）。威特金斯（Watkins 1970：345—350）和阿塔纳萨尔德斯（Athanassalds 1989：46）支持可能的印欧渊源；奥尔高高佐（Orgogozo 1949）不接受这种可能性。法内尔（Farnell V 1909 1ff.）只是说他是前希腊的神；齐腾登（Chittenden 1947a: 110, 1948: 24）认为赫耳墨斯有可能源于米诺斯文明（Minoan）；韦伯斯特（Webster 1975：92，n.6）说源于迈锡尼文明（Mycenaean）；迪特里希（Dietrich 1983：85）怀疑有前迈锡尼的渊源，但未指明文献；古里齐奥（Gulizio 2000）试图追溯从青铜时代（the Bronze Age）直至历史时期对他的崇拜。弗洛兴汉姆（Frothingham 1916）相信赫耳墨斯有巴比伦渊源（Babylonian）；但彭拉斯（Penglase 1994：180—185）否认早期美索不达米亚文明（Mesopotamian）与我们所知的赫耳墨斯的关联。最近在确认大部分希腊神起源时对所涉及的困难的概观，参见洛佩兹-瑞兹（López-Ruiz 2015）。关于希腊人接受赫耳墨斯，参见赫尔特（Herter 1976：198，n.21）。

古老的方言演变而来，现代学者给它们的名字是原始－印欧语（Proto-Inda-European）（假定的源始语言），可以发现源自不同语族的几位神的名字联系在一起。遗憾的是，就赫耳墨斯而言，这样的尝试产生了混杂的结果。赫耳墨斯不像众神中他的伙伴神，他的名字无法确定由某种可以辨认的原始－印欧语词干派生而来；与此类似，在由这个原始母语演变而来的各种语群的古代众神中，也没有其他哪个神与赫耳墨斯在词源上有关联。这个难题因下述情形而越发复杂：赫耳墨斯似乎由以得名的原原本本的希腊词是"*herm*/ἕρμ"（或"*herma*/ἕρμα"），这个词在荷马和后来的著作家那里表示用作"支撑物""支柱""支持"或"支撑"的事物。譬如，在《伊利亚特》（*Iliad*, 1.486）中，希腊人将大量支柱放在船下以防止其在沙滩上侧翻。如果这是赫耳墨斯这个名字的基本含义，我们或许期待在此含义与希腊众神中的这位神的各种活动之间有一种更为明显的关联，但这并非如何已然解释了这种关系；尽管他的名字由 *herma*/ἕρμα 派生而来是所有解释中最广为接受的说法，但对赫耳墨斯在希腊众神中的地位和作用的解释，是通过石堆在希腊文化中的重要性，而非通过 *herma*/ἕρμα 的含义与这位神的活动的任何可能关联。①

如果"赫耳墨斯"这个名字的起源和重要性仍不确定,那么,这位神命名的其他重要方面可以将问题说得更清楚一点。这些方面就是他在诗作中的绰号和崇拜他的**外号**(*epikleses*/ἐπικλήσες),这些加于这位神的名字之上的形容词,表达了与之相关的特殊品质、活动或特征。如阿里斯托芬在其传世最后一部喜剧《财神》中的评说所表明的那样,赫耳墨斯被认为有特别大数目的此类**外号**式"名字"。其中有些,诸如**居勒涅奥斯**(*Kyllenios*/Κυλλήνιος)和**考吕吉奥特斯**(*Coryciotes*),表示地理,将这位神与特殊的地方联系在一起。有几个名字,如**伊姆布拉莫斯**(*Imbramos*/Ἴμβραμος),表示系谱,将赫耳墨斯与一位特别重要的祖先联系在一起,通常认为属于古代王族世系。在这种情况下,名字的使用仍然完全是地方性的,对这

---

① 尽管几位19世纪的学者表示,这与《吠陀经》中的Sarameya或Sarama有关。参见莫利(Maury 1857, v.1, 270ff.);普雷乐和罗伯特(Preller and Robert 1894, v.l, 4th ed., 385ff.);凡·温德肯斯(van Windekens 1961, 1962)对赫耳墨斯及其名字的来源提供了更为完整的评估;赫尔特(Herter 1976:196—197)完全反对这种关联。其他对可以作为赫耳墨斯名字来源的希腊词语的建议:莫利(Maury 1857: 437ff.)提出是 *heruma*/ἔρυμα("庇护所"),源于动词 *heruô*/ἐρύω("保护");威尔克(Welcker 1957: 342)认为是 *hormê*/ὁρμή("运动"),源于动词 *hormaô*/ὁρμαῶ("调动");高德曼(Goldman 1942)辩称赫耳墨斯的石柱源自狄奥尼索斯的石柱。

位神所示甚少,除了他尤其在某一特定地区或为某一重要家族所崇敬。还有其他名字成为对赫耳墨斯的标准诗化描述:习惯用语"**迈娅之子**"(Maiados huios /Μαιάδος Υἱός),唯属赫耳墨斯,因其为迈娅唯一的后代。与此类似,尽管奥林波斯诸神都有权杖,而且常常是金子的,赫耳墨斯也被称为"**克吕索拉庇斯**"(Chrysorrhapis/χρυσόρραπις),意为"有金杖的",因为这金杖对于赫耳墨斯的活动有独一无二的重要性。此外,赫耳墨斯还与其他神分有几个有同一类属性的诗化绰号,包括形容词如"荣耀的""最有荣耀的""辉煌的"和"强劲的",纯粹由于其神圣因而超绝于有死者。①

其他绰号和**外号**更有启发性,因其不仅表达了这位神的活动或品质,还表达了人类对他的看法。其中多数见于关系涉及

---

① 诗化头衔与崇拜头衔的区别,并非如人们所希望的那样截然分明;譬如,这首《荷马颂诗:致赫耳墨斯》,普遍被认为就是崇拜这位神的一首正式的"歌",其中包括很多"诗化"绰号也见于荷马和赫西俄德的六音步诗。参见沙赫特(Schachter 2000)关于绰号和运用的多样性的论述。这也许表明,这种"诗化"绰号,甚至为几个神共用的绰号,都适合个人在私下向赫耳墨斯神祈祷时使用。道第(Doty 1978)搜集了荷马直至中世纪的文献中附属于这位神的名字的两类形容词(绰号和名号):超过350个!关于荷马史诗中所有赫耳墨斯的绰号,参见迪(Dee 1994);关于悲剧中赫耳墨斯的绰号,参见希伯特(Siebert 2005:263—269)。提供了大量关于第四首《荷马颂诗》中赫耳墨斯绰号的研究,参见格林尼(Greene 2005)。

赫耳墨斯的特殊崇拜的故事和神圣传说，有些再现的频率高于其他，表明它们是著名和广为接受的对这位神的描述语。涉及其活动的头衔包括"**阿格莱奥斯**"（*Agoraios*/Ἀγοραῖος，"市场之神"）和"**埃庇迈里奥斯**"（*Epimêlios*/Ἐπιμηλίος，"牧羊神"），而反映人类对这位神的介入的评价的那些头衔，可以松散地划分为肯定和否定两大类。绰号如"**道特·艾阿翁**"（*Dôter Eaôn*/Δῶτορ Ἑάων，"善物的给予者"）和"**埃里乌内斯**"（*Eriounês*/Ἐριούνης，"疾行者"或"行善者"），表示其与有死者的互动深受称赞，而"**克莱普西弗戎**"（*Klepsiphrôn*/Κλεψιφρῶν，"欺骗者"）和"**麦卡尼奥特斯**"（*Mêchaniôtes*/Μηχανιώτης，"魔术师""诡辩师"）表明的品质和活动，通常被认为不吉利，因为它们暗示他的介入会导致意想不到的负面结果。结果否定性名号远少于肯定性名号，那些具有否定内涵的名号都涉及人类没有能力正确估价赫耳墨斯介入的长远结果。

还有另外两个诗化绰号唯独用来指赫耳墨斯，事实上它们与其关联如此密切，以至于单独使用（就是不需要再说他的神名）就能辨认出是他，在荷马、赫西俄德和颂诗中都是如此。这两个绰号都显得非常古老，并且引发了大量关于其含义的讨论。第一个绰号是"**阿尔盖朋忒斯**"（*Argeiphontes*/Ἀργειφόντης），被认为意为"阿耳戈斯弑杀者"或"在阿耳戈斯弑杀者",指赫耳墨斯为宙斯屠杀了一位牛群(或特指一头牛)牧人/看守。第二个绰号是**"狄阿克托罗斯"**(Diaktoros/Διάκτορος)。有合理根据认为这个术语有"向导"之语义,其他貌似更为合理的根据证明,它的意思也许只是指"仆人",还有人辩称"信使"才是其主要含义。就此而言,赫耳墨斯涉及的活动使得所提出的这些含义都有其可能。这些只是他的诸多绰号和名号中的一小部分,我们将在与这位神相关的"关键主题"章节中更为详尽地探讨。[1]

形象

除了他的绰号和名号,在这位神的各种艺术表现形式中,还有关于赫耳墨斯的另一信息来源。赫耳墨斯的名字与石堆的关联,从古风时代晚期以降这位神的表现形式中可以得到支持,通常将他描画为一个木桩,偶尔是勃起的阴茎,被一圈石头围

---

[1] 卡朋特(Carpenter 1950)辩称,这个名字的argei-部分,源于早期表示狗(argos)的术语,其字面意思是杀狗者;戴维斯(Davis 1953)表示,赫耳墨斯杀死的造物,原本是蛇或龙;布尔克特(Burkert 1983:161—168)认为阿耳戈斯(Argus)是一位牧牛人;现在可参见卡拉姆(Calame 2011:338),他认为这是一个"非希腊的"名字,有可能有亚洲起源。这些看法有很强的技术性:它们在齐腾登(Chittenden 1947b)的英语著作中易于进入,尽管对希腊语未作翻译。

住。在前6世纪晚期的雅典，希帕库斯（Hipparchos），僭主庇西斯特拉图（Pisistratos）之子，被认为引进了一尊石雕形式的赫耳墨斯，希罗多德（Herodotos）告诉我们（2.51），他是从佩拉斯吉人（Pelasgians，半神话的希腊本土"首个民族"）的萨摩特拉克（Samothracian）密教借来的。这尊雕像的形式，叫作 *herma*/ἕρμα[**立柱**]（或英语中更常见的 *herm*），迅速成为这位神的肖像，不止在雅典，而是遍及整个希腊世界。它构成一方四棱石柱，顶上是一个人形的头，通常成年且有胡须，再往下，石柱正面中段是人形的另一特点：一根勃起的男性生殖器（见图0.1）。

通过诉诸佩拉斯吉人为其形象来源，这位神的阴茎勃起特点十分古老；可是，赫耳墨斯与阳物崇拜的关系之古老及其重要性，尽管一度得到承认，如今却有争议，因为在其前6世纪晚期的肖像中没有证据显示有此要素。①

---

① 在对话《希帕库斯》（*Hipparchos*，228d—229b）中，论及希帕库斯将半肖像式的赫耳墨石柱引入了雅典，这篇对话被归于柏拉图（Plato），但作者尚有疑问：参见拉威尔（Lavelle 1985）。齐腾登（Chittenden 1947b: 103）反对勃起阴茎形式的时期先于前6世纪；赫姆石柱是后来才补充给赫耳墨斯的特征的说法为弗斯内尔（Versnel 2011: 337）所接受。关于全部赫耳墨斯的赫姆石柱形象，参见希伯特（Siebert V.5.2 1990: 199—216）；关于瓶画上的赫姆石柱，参见赞可（Zanker 1965: 91—103）；关于概要式讨论，参见帕克（Parker 1996: 81—83）。

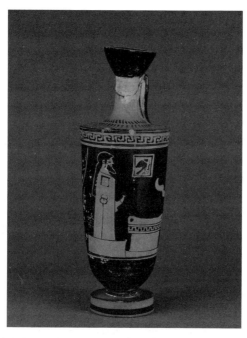

图 0.1：赫耳墨斯与小祭坛，纪元前 5 世纪早期，法国巴黎卢浮宫（Louver, Paris, France；Hermes and small altar, early fifth century Bce, Louvre, Paris, France; Erich Lessing / Art Resource, NY）

希帕库斯将这种新的赫耳墨斯形象引入雅典后，将这些赫姆石柱（Herms）竖立在阿提卡部族（Attic demes，城市和乡村构成的社区）的交界处，并且在雅典市场（"公民大会所在地"，常为"市场所在地"）设立了十二位主神的祭坛。每一根赫姆石柱上都铭刻着三条信息：到祭坛的距离，希帕库斯的名字（作为奉献者），还有一条格言，诸如，"不要欺骗朋友"。在我们等同于肩部的石柱区域，两边凸出粗壮的木棍，显然是用于接收过路人奉献的花环和其他诸如此类的礼物，或许，如有些人所认为的那样，也是为了挂住可以奉献给这位神的服饰。在石柱的另一面，常在木棍下方雕刻有所谓**传令权杖**（*kerykion*/κηρύκειον，拉丁语：*caduceus*），清楚表明赫耳墨斯就是赫姆石柱所代表的神。[①]

传令权杖的设置受了这位神的故事启发，也采用了陶瓷制品上这位神的表现形式。这独特的权杖，看上去由两条蛇缠绕，形成了一个未闭合的八字形，成为造型艺术中这位神的一个肖像特征。它作为这位神的权杖，我们在荷马《奥德修纪》（*Odyssey*）中已然见到由这位神持有，叙述者说，"（赫耳墨斯）手持权杖，可以用它催眠人的双眼，如果他想，又可以用它将人从睡眠中唤醒"（5.47—48）。另一同样常见的象征是赫耳墨斯的金靴（*pedila*），给了他如此快的飞行速度，常常表现为在这位神

---

① 就早期部分无肖像（只有部分人形）式的对六位女神的表现，还有就普遍运用部分或全部无肖像形式，关于赫耳墨斯的评论，参见米拉尔（Millar 1974）、施泰纳（Steiner 2001：82—83）。考古证据和文献描述显示，无肖像式的石柱被用于表现各种神祇，但它们在类型上与赫耳墨斯的赫姆石柱多有不同。但是，因为鲍萨尼阿斯和其他人认为这种对其他某些神的表现"属于赫耳墨斯类型"，或径直称其为一个"赫姆石柱"，我在正文中将术语Herm(s)首字母大写，以表示所说的是赫耳墨斯。

的脚踝上或脚踝旁饰有小飞翼。这些也都是出现在两部荷马史诗中的这位神的一个属性，表明**传令权杖**和附属飞翼都是赫耳墨斯作为宙斯的官方传令官身份的构成部分。我们看到，这些方面在《奥德修纪》（5.44—46）同一卷书中都有表现，当时赫耳墨斯按照宙斯的指令为卡吕普索（Kalypso）传信说："二话不说，他的脚下系着一双美丽的靴子 / 这不朽的金靴载他越过大水和无尽的大地，如一阵清风。"与**传令权杖**一道，赫耳墨斯有翼的金靴成为这位神的表现的一个构成部分，无论在书面描述还是图像刻画中都是如此，直至现代。譬如，他的肖像的一部分就是有翼的靴子，所以，阿普莱乌斯（Apuleius）这位纪元 2 世纪的拉丁语著作家特别提到它们是扮演赫耳墨斯的演员的装束之一部分（《变形记》[*Metamorphorses*]，英语更常见的替代书名是《金驴记》[*The Golden Ass*, 10.30—31]）。甚至瑙诺斯（Nonnos）这位纪元 5 世纪的希腊语著作家，在他的史诗体故事《狄奥尼索斯传奇》（*Dionsyiaca*，譬如 3.373—374）中也没法不提到它们。这些飞翼也被装饰在阔边旅行帽（*petasos*/πέτασος）或皮帽或头盔上（很多人认为这是"隐身帽"的象征），这是对脚踝上的飞翼的取代或补充。另一样服饰，**短大衣**（*Chlamys*/χλαμύς）或"斗篷"，也与旅行者有关，成为这位神的肖像特征，表示旅行者的钱包或钱袋掌握在这位神的手中。①

在最早期对赫耳墨斯的描述中,他表现为一个年迈蓄须的男性,是一群追随他的人的头。但到了前6世纪晚期,在花瓶装饰画和人形雕像上,他开始失去胡须,样子变得更年轻,通常前额盖着卷曲刘海,并且披着长发。这年轻模样的赫耳墨斯最终成为平面和雕刻艺术中的惯例:尽管这已成风尚,但在他的肖像石柱顶上,年迈蓄须仍然是这位神的主导形象。②

如此一来,到了前6世纪末,有两种并存的表现这位神的方式。一种描述了一个动态的年轻形象,他的能力是疾行(由脚踝上或脚踝旁的飞翼表现),而且常常在传信(由他的**传令权杖**来表现),有时候迅疾如风,以至于他经过而不为人察觉(也许由风帽来表现);另一种是一个静态的年迈形象(既无肢体亦无飞翼),却充满了生命力(由他勃起的阴茎凸起来表现)。这个更为成熟的赫耳墨斯也在执行任务,因为,他也带着**传令权杖**;可是,这个赫耳墨斯站在他的地盘上等待人类到来,以

---

① 关于权杖(sceptre/staff)的重要性的总体研究,参见布内尔(Burnell 1948);关于与某种棒和杖有关的"魔法"性质,参见德瓦勒(De Waele 1927);关于权杖之于荷马史诗中的持权杖者及其运用处境,参见伊斯特林(Easterling 1989)和孔贝拉克(Combellack 1945)。
② 斯图尔特(Stewart 2003a, b)讨论了雕塑家菲迪亚斯(Pheidias)的弟子阿尔喀美奈斯(Alkamenes)雕刻的穿过赫耳墨斯额头的三缕鬈发,这是典型的5世纪中叶的风格。

便在完成他的使命过程中对抗人类。年轻的赫耳墨斯最常见于陶器，场景出自长篇故事；成熟的赫耳墨斯出现的场景描述了对他的崇拜。但这种区分并非一成不变，因为，赫耳墨斯扮演角色的故事，往往密不可分地关联着对他的崇拜。两种形象类型是同等有效的表达方式，据信这就是赫耳墨斯在宇宙中扮演角色时与人类发生关联的方式。

神话

大部分赫耳墨斯的肖像特征，都能在谈论他的故事中见到，正如诸神之情形，荷马和赫西俄德也是我们关于赫耳墨斯最早的信息来源。这两位诗人曾经对于希腊人也具有极端重要性，因为，正如前5世纪史家希罗多德告诉一位同时代的希腊人，也让我们知道"荷马和赫西俄德……是他们为希腊世界创造了诸神的谱系树，给予他们名字，赋予荣耀和专事领域，并且告诉我们他们的样子"（《历史》2.53.2）。如今人们普遍认为，这两位诗人的创作都接近我们如今所谓"口传"时代末期；也就是说，他们所利用的材料远比他们自己古老得多，这些材料传世是靠世代口头相传。古风时代晚期和古典时代的希腊人认为，两位诗人在他们的时代之前活跃了数代人，而且他们讲述的都是真相，因为他们接受了缪斯（Muses）的神圣襄助。

在荷马的《伊利亚特》中，赫耳墨斯被提到六回。这部史诗末卷，即卷24，包括两个最大的场景，他都是直接介入其中的角色（行331—468, 677—694），同一卷中此前还有几处涉及这位神（行22—24, 153—155, 181—183）。赫耳墨斯作为主动角色，另外只有一处场景（21.497—502），其中他与阿波罗（Apollo）的母亲勒托（Leto）对抗，当时支持特洛亚战争（Trojan War）双方的神要打起来了。除了直接出现的这两处场景，涉及赫耳墨斯另有四处，或描述了他在遥远的过去某个时候的活动（2.104—105, 5.388—390），或评论了他与某位战士的关系，后者是叙述的对象（14.490—491, 16.181—187）。在荷马伴诗《奥德修纪》中，赫耳墨斯又出现了两次：第一次作为宙斯命令的传送者向卡吕普索传信，要她释放奥德修斯（5.28），后在卷10（274—308）中，他又教导奥德修斯使用诸神所知的"魔草"抵挡基尔克（Kirke）的变形魔法。但正如在《伊利亚特》中那样，涉及赫耳墨斯的大多数情况下同样都是告知信息。

赫耳墨斯出现在赫西俄德那里的情形极少，仅有三次：两次在《神谱》（*Theogony*）中，一次在《劳作与时日》（*Works and Days*）中。但是，赫西俄德三次涉及赫耳墨斯，对于我们理解这位神的重要性，绝不亚于在荷马涉及这位神的情形。在

《神谱》中，赫耳墨斯被恰当地称为宙斯的一个后裔（937—939），他在此被确认为不死者的传令官（kêryx/κῆρυξ）。可是，诗人在讲到赫耳墨斯的出生前，就已经提及赫耳墨斯与女神赫卡忒（Hekate）的关联，这与他们对动物种群有共同兴趣有关。根据这位诗人，赫耳墨斯和赫卡忒合作确保羊圈中的绵羊数目增长（《神谱》444）。在赫西俄德另一部诗作《劳作与时日》中，介绍赫耳墨斯是一位致力于创造第一个女人潘多拉（Pandora）的神，并且由其父亲指导向所有人宣告她的名字，并要他们将这个新的造物当成给有死者的礼物。合起来看，在荷马和赫西俄德那里所有涉及赫耳墨斯的事件，还有那些只是顺便提及他的某种活动的段落，都提供了关于他的能力、特性和众神中的角色的大量信息；所有这些内容将在后续章节中详加考察。

按照赫耳墨斯的肖像特征，如前文所指出的那样，它们为荷马所熟知：譬如，在《伊利亚特》（24.340—344）中我们看到，这位神在迅速离开去执行他的父亲宙斯要求他为诸神去凡间完成任务之前，穿上他有翼的靴子和捡起了他的金质**传令权杖**。当时，他恰好在城门外碰到年迈的特洛亚国王普里阿摩斯（Priam of Troy），他以一位近乎成年的年轻人的形象向他显现（《伊利亚特》，24.34—37），穿着典型的旅行者的装束，而这在其他故事中往往是为了与某个有死者面对面而必须披上的伪装。

他采用年轻人的模样与人直接接触，也许反映了赫西俄德将赫耳墨斯表现为宙斯最年轻的后裔（《神谱》，937—939）。在赫耳墨斯出现的故事中，他极少数是其中年迈或年纪最大的神：青春年少通常是神话对他的刻画。

这正是另一首诗中的情形，赫耳墨斯是其中的主要角色：这就是《荷马颂诗：致赫耳墨斯》（*Hymn to Hermes*）。这首颂诗集中叙述这位神的诞生，致力于歌颂这位神，承认他在宇宙中有各种职能和头衔。正如在荷马和赫西俄德的叙述中，相称的 *timê*/τίμη（荣誉）为每个有死者和神所期待获得，在《荷马颂诗：致赫耳墨斯》中，这位新神尤其关切在他父亲的治理下确立他自己的"荣誉"。①

---

① 还有其他几首献给赫耳墨斯的颂诗，除了最著名的第4首《荷马颂诗》，以及涉及赫耳墨斯的献给其他神的颂诗；譬如，短得多的第18首《荷马颂诗》，还有纪元前6世纪中叶的诗人阿尔凯奥斯（Alkaios）的颂诗残篇。赫耳墨斯在第24和29首《荷马颂诗》中，与赫斯提娅（Hestia）一道受到赞颂，并且在第19首《荷马颂诗》中作为潘（Pan）的父亲受到赞颂，与此同时，他的行动在第2和第5首《荷马颂诗》中讲述德墨忒耳（Demeter）和阿芙洛狄忒（Aphrodite）的故事时都分别有报告。与其他抽象概念如 aretê/ἀρετή（"出类拔萃""男子气概"）、kleos/κλέος（"名望""名誉"）和 dikê/δική（"正当""正义""判断"）相比，timê/τιμή 在古风和古典时代都被给予观念上的重要性，通过其与某些类型的对象和行为模范的联系，它们受到的评价要高过其他对象和模范。

所以，根据这首颂诗，赫耳墨斯诞生于阿卡迪亚（Akadia）地区，居勒涅山（Mount Kyllene）上的一个山洞里，为宙斯和一位女神迈娅所生，她是被称为普莱阿德斯（Pleiades）的七姐妹之一，她们是提坦神阿特拉斯（Atlas，普罗米修斯的兄弟，后者企图欺骗宙斯，并让诸神与人类的交融破裂）的女儿。在他生命的头24小时中，赫耳墨斯将一只龟变成了一架七弦竖琴；他撰写了第一首颂诗赞美一位神（他自己！）的诞生；他找到并带走了所有阿波罗的牛；他设立了首个 *Theoxenia*/θεοξένια**（诸神的筵席）**或首个"太平盛宴"；除此之外，他还发明了火柴棍，从而确定他固有的智能和创造性。他的品质的这些方面随着颂诗的推进不断展现，在下一个24小时中，他撰写了第一部神谱，发明了牧笛，首次实施正式谈判以交换货物，并主持了由诸神仲裁的首次审判。说赫耳墨斯是极度早熟的孩子，或许是一种过于轻描淡写的说法，但正是通过这些创新活动，赫耳墨斯为自己在奥林波斯家族中赢得了一个位置，这包括：神圣传令官之职责；所有群居的野生和家养的牛羊等动物的保护神，也是照料它们的那些有死者的保护神；所有交换活动的主人，包括偷窃活动；也是蜜蜂少女神谕（the Bee Maidens oracle）的代言人，所代表的预言通过观察和解释自然和抽签来作出；也在完成由阿波罗预言的宙斯的意愿过程中发挥一种作用。尽管未明言，这首颂诗两番暗指赫耳墨斯负责的知识为 *psychopompos*/ψυχοπομπός（**灵魂的向导**），当阿波罗威胁将他与下界的"小人"联系起来时，而且在结尾几行诗中，报告说赫耳墨斯收到了来自哈得斯的礼物，这常被解释为意指著名的隐身帽。①

赫耳墨斯由迈娅生在阿卡迪亚的居勒涅山上，是迄今最常见的故事版本，《荷马颂诗：致赫耳墨斯》中可见其缩略形式（18），甚至也为赫西俄德《天象》（*Astronomy*，时期完全有可能先于第四首《荷马颂诗》）顺便提及。它仍然是后世神话作家［托名］阿波罗多洛斯（［Ps］-Apollodoros, *Bibliotheca*, 3.112）、罗马著作家奥维德（*Metamorphoses*, 1.583）和维吉尔（*Aeneid*, 8.134—135）奉为权威的故事版本；可是，它并非唯一流传的关于其诞生的说法。鲍萨尼阿斯（Pausanias）

---

① 在希腊至少有三种不同的城邦，它们声称是赫耳墨斯的出生地，关于其诞生的神话也有几种版本同时流传；但是，最终占主导地位的是第四首《荷马颂诗》中的版本。所以，我们发现托名阿波罗多洛斯（*Bibliotheka*, 3.112）那里有希腊式说法，将赫耳墨斯的出生地放在居勒涅山，为迈娅所生，还有拉丁语著作，诸如罗马著作家托名许吉努斯（*Fabulae*, 225）和维吉尔（*Aeneid*, 8.134—136）。可是，老斐洛斯特拉图（The Elder Philostratos, *Imagines*, 1.26）描述过一幅画，将赫耳墨斯表现为出生在帖萨利（Thessaly）的奥林波斯山上。克莱尔（Clay 1989：121—127），后续有弗斯内尔（Versnel 2011：368—370），偏向于认为赫耳墨斯的"餐会"是人类的首个"太平盛宴"。

也有一种竞争性的诞生叙述,这是由波奥提亚的(Boiotian)塔纳格拉(Tanagra)城的人民讲述的。按照他们的说法,赫耳墨斯由迈娅生在一座名为居勒涅的山上,地处他们所在的希腊本土(9.20.3),而不在伯罗奔半岛的阿卡迪亚。①

所以,尽管有关于赫耳墨斯诞生地和其他版本的关于其诞生故事的竞争性主张,第四首《荷马颂诗》不仅是我们最长的文献,也是信息最为丰富的文献。可是,它确实提出了其他某些难题:关于其来源,即使有也不可能有权威性的说法。我们既不知道其编写日期,也不知道其展示的背景,与此同时,关于其最有可能的作者身份的争议仍在持续。早期学者认为,这位诗人和展示背景在埃利斯(Elian)或阿卡迪亚,这个位置为扎内托(Zanetto 1996)和约翰斯顿(S. Johnston 2002)再次采信。20世纪中叶的几位学者提议其作者和展示的背景在阿提卡(Attic)(Brown 1969, Grafe 1973),这个位置晚近也获得了约翰斯顿和马尔罗伊(Mulroy 2009)等学者非常有效的论证。其他几位学者倾向于接受这个是一位波奥提亚诗人,颂诗展示的背景是在德尔斐(譬如,Janka 1982, Clay 1989)。颂诗编写

---

① 尽管赫西俄德本人是波奥提亚人,也有两个波奥提亚城邦声称是赫耳墨斯的出生地,但他只报告是居勒涅山;在其《神谱》(938—939)中,他记述了赫耳墨斯的父母,但未涉及赫耳墨斯的诞生地。

的大概时期,从前认为是与荷马或赫西俄德的著述同时(差不多在纪元前7世纪与前6世纪早期之间),如今普遍认为要晚得多,有时候认为在前6世纪后三分之一到前5世纪头十年。①

在《荷马颂诗》之外,少有赫耳墨斯在其中扮演主导角色的神话。尽管如此,他也出现在大量关于其他神和英雄的故事当中,他出现于其中的处境和在此处境中从事的活动,揭示了更多希腊人关于他的信仰。其中大量内容表明赫耳墨斯都是作为宙斯的代表介入,要么向他人传达宙斯的命令和执行其指令,要么协助他的父亲达到目的。譬如,在讲述宙斯与伊纳霍斯(Inachos)的女儿伊娥(Io)的情事的故事中,赫耳墨斯受宙斯差遣将伊娥带离看守,这位看守是宙斯好嫉妒的妻子赫拉派来监视她的。宙斯的意图是与伊娥生一个儿子,他将成为一个大族达那奥斯人(the Danaids)的祖先。赫拉的行动阻碍了宙

---

① 谢尔默丁(Shelmerdine 1981)也主张是前6世纪晚期,而理查德森(Richardson 2010)较不确定,并接受其撰写时期在前6世纪。就时间范围之首尾,冯·艾特莱姆(von Eitrem 1906)倾向于前5世纪早期,与高尔格曼斯(Görgemanns 1976)相左,后者认为是在前5世纪晚期;塔尔曼(Thalmann 1984)认为撰写日期先于前6世纪的可能性最大。关于古希腊口述传统的更多内容,参见巴克尔(Bakker 2005)、纳吉(Nagy 2004)、佛莱(Foley 1999)和莫里斯和鲍威尔(Morris and Powell 1997)著作中的有关章节。关于缪斯激发荷马和赫西俄德诗作灵感的作用,参见科尔(J. Cole 1997)著作中的有关讨论。

斯计划的实现，要求一位神介入，其必要的能力是解决多眼的看守阿耳戈斯（Argos），以便让伊娥获得自由并与宙斯会面。对这个故事的几个细节，不同的诗人有不同的处理，但赫耳墨斯在其中的地位不变：他总是那位介入以协助宙斯的神。

与此类似，赫耳墨斯常常被招来作为宙斯的信使，在宙斯的宇宙三界中传递这个或那个信息。譬如，在《伊利亚特》卷二中（100—107），在他父亲的指导下，赫耳墨斯将这个神圣的权杖传给了阿伽门农（Agamenmnon）家族谱系中的族长。在补充性脉络中，赫耳墨斯的作用是那些宙斯希望其安全抵达某个遥远目的地的人的领导者和向导。所以，正是宙斯要求赫耳墨斯引导三位女神（赫拉、雅典娜、阿芙洛狄忒）到一个人那里去，宙斯选择此人来判定声名狼藉的"选美比赛"（Apollodoros, *Bibliotheka*, 3.2）。在几则传奇中，可以发现赫耳墨斯在途中充当婴幼儿的临时看护，带其到宙斯选择充当代理父母的人那里去。这正是一个关于婴儿狄奥尼索斯的故事中他所从事的活动（Apollodoros, *Bibliotheka*, 3.28—29），也是几则知名度较低的传奇中他所从事的活动，诸如由鲍萨尼阿斯所记述的那些传奇：狄奥斯库洛（Dioskouroi），宙斯的孪生子（3.26.2）；阿斯科莱庇奥斯（Asklepios），阿波罗之子（2.26.6）；还有阿尔卡斯（Arkas），宙斯和女神卡里斯托（Klallisto）之子，他是阿

13

卡迪亚人由以命名的英雄（8.9.8），他们都由赫耳墨斯送到其监护人那里去了。

在几则神话中，赫耳墨斯表现出有自主行动的权威，但其中大部分都与他与神界和凡间女子生孩子有关。除此之外，他的行动往往要么涉及恩赐那些公正地崇敬他（或宙斯）的人，要么涉及惩罚那些未向他（或宙斯）表现出应有崇敬的有死者。这些传奇与人们普遍拥有的宗教信仰一致：诸神会佑护那些崇敬他们的人，而不喜欢那些不崇敬他们的人。可是，甚至当他的行动是按照宙斯的指令去完成某种任务时，赫耳墨斯通常也有自由以适合处境及其天赋的最佳方式行事。

我们将有机会考察这里提及的几个传奇和其他故事，当我们在研究这位神时转而考察关键主题时，将更为详尽地考察它们所关注的问题。但是首先，还有最后一个关于赫耳墨斯的证据之领域有待考察，这个领域关注他在何处并且如何受到崇拜。

崇拜

第四首《荷马颂诗：致赫耳墨斯》不仅为我们提供了关于这位神的方方面面，也堪为崇拜他的一种形式之例证。如"颂诗"这个术语所显示的那样，它是一种崇拜形式，是一首荣耀一位神的赞歌，撰写符合一种可以识别的见于所有这类古代颂歌的模式。它以一个向某个外在权威发出的祈使语气开启，在这首颂歌中是向单独一个缪斯，祈使她"歌唱"这位神，然后是他的称谓，首先按照其与宙斯的系谱关系，接着又以一个特殊的崇拜**名号**。第一个崇拜头衔和之后的其他头衔（包括诗化绰号），这位唱赞歌的人相信它们最适合他的听者（人类和神界），这首颂歌的表演对象就是这些听众。颂歌进而叙述赫耳墨斯诞生的故事和他从事的活动，这位年轻的神由此确立了他在奥林波斯众神中的地位。最后，颂诗以崇敬这位神的典型表达作结，以祈使意味的"请充满喜悦"和"请赐予恩惠"唱出，向这位神直接表达，伴以在另一首歌中纪念这位神的承诺。通过将这些赞歌献给这位神，这位歌者和他的听者希望这位神随后会以肯定的方式介入他们的生活。[1]

在第四首《荷马颂诗》中，用于赫耳墨斯的诗化绰号和崇拜头衔不下 40 个。既然这首颂诗中赋予他的职责如此之多样，我们会期待这位神有同样多崇敬他的泛希腊的节庆。但事实并非如此。尽管鲍萨尼阿斯（5.1.7）可以告诉我们，根据埃利斯

---

[1] 关于颂诗作为向诸神的宝贵奉献，参见卡拉梅（Calame 2011）。关于古希腊颂诗的形式特点，参见布雷默（Bremer 1998）和福尔莱与布雷默（Furley and Bremer 2001）关于以往学术成果的参考；关于《荷马颂诗》的专门研究，参见福克纳（Faulkner 2011）的有关章节。

人（Elis）的说法，第一个建造神殿崇拜赫耳墨斯的人是伯罗普斯（Pelops），单独献给他的神殿和圣所相对较少，而且已知只有一个崇拜他的民间节庆遍及希腊世界——**赫耳墨亚赛会**（*Hermaia*/ Ἕρμαια），一个18岁以下男孩的竞技（可能也是音乐）节庆。或许，最著名的赫耳墨亚赛会的竞赛在亚该亚（Achaia）的佩勒涅（Pellene）镇举行（在伯罗奔半岛最北部），在前5世纪末吸引力遍及希腊世界的竞技者，他们奋力争夺的优胜者奖品是一件温暖的羊毛斗篷。尽管专门崇拜他的节庆匮乏，赫耳墨斯仍然是很多民间万神殿中的重要成员，我们的确听说，在几个与一个或多个城邦神祇关联的公共节庆上有对他的崇拜。譬如，鲍萨尼阿斯指出，麦西涅（Messene）人民有一个地方叫"祭坛"（Altar of Sacrifice），在它的旁边或上面有希腊人信仰的所有神的雕像。在阿提卡，雅典人有一个年度三天节庆称为安泰斯特里亚节（Anthesteria），主要崇拜狄奥尼索斯，但在这个节庆的第三天要崇拜赫耳墨斯。与此类似，雅典厄耳基亚（Erchia）部族的节庆日历显示，赫耳墨斯与宁芙（Nymphs）、地母神、一位被称为"帕泰诺斯"（Parthenos）的女神（很可能就是雅典娜）和河神阿盖鲁斯（Acheloös）一道，在伯德洛米翁（Boedromion）月第二十七天受到崇拜，还说他与赫拉克勒斯（Herakles）、阿芙洛狄忒和爱若斯（Eros）分享一个节日，在赫卡托姆拜翁（Hekatombaion）月第四天举行。其实，在遍及希腊的很多城镇，每月第四天都可以见到对赫耳墨斯的奉献，因为，根据第四首《荷马颂诗》（19），他诞生于当月第四天。我们也有考古和碑铭证据证明，在克里特（Crete）的喀陶苏密（Kato Syme）有一个圣所属于赫耳墨斯和阿芙洛狄忒，此地与男性青少年儿童的教养有密切关联。这与出自雅典和希腊各地其他中心的证据吻合，我们发现赫耳墨斯在这里作为体操馆和 *palaistra*/παλαίστρα（"**格斗场**"）的保护神之一，与赫拉克勒斯一道受到崇拜（譬如，在雅典：Pausanias 1.30.2；在麦西纳［Messina］：Pausanias 4.32.1），显示他是一位密切关联男性儿童身体和理智成熟的神，从少年直至其成年。①

赫耳墨斯也在希腊世界的不同地区作为几个家族的创始人受到崇拜。譬如，希罗多德（5.7）指出，特拉克（Thrace）贵族特别将赫耳墨斯作为他们神圣的祖先来崇拜。尽管此崇拜的证据相当晚近——希腊化时期的特拉克钱币上有对他的刻画——希罗多德的说法表明，特拉克贵族至少在前5世纪中叶

---

① 关于献给赫耳墨斯的神殿较其他神相对稀少，参见赫塞（Hussey 1890）。相对较晚的拉丁语著作家托名许吉努斯写道，"佩拉斯高（Pelasgus）之子吕卡翁（Lycaon）在阿卡迪亚为居勒涅的墨丘利建造了这座神殿"（*Fabulae*, 225），意指这是为这位神建造的首座神殿。关于赫耳墨斯及其节庆赫耳墨亚赛会的研究，参见约翰斯顿（Johnston 2002）。

就接受了赫耳墨斯神。再往东，在阿卡迪亚，泰格亚（Tegea）镇（Pausanias 8.47.4）建有一座赫耳墨斯的一个儿子埃居托斯（Hermes Aigytos）的神殿，这个阿卡迪亚人的祖先十分重要，荷马认为他的埋葬地就在库勒涅附近（*Iliad*，2.604）。

我们也听说过其他地方有这位神的民间节庆，更直接地承认他在货物交换中扮演的角色，尤其是那些偷盗来的货物。普鲁塔克（Plutarch）报告说，萨摩斯（Samos）居民举行年度节庆崇拜赫耳墨斯，其间容许，甚至期望每个人都从他们邻居那里盗取某种财物（*Greek Questions*，55）。在克里特的高尔屯（Gortyn）有一个类似的以他的名义举行的节庆。但是，或许并不令人惊奇的是，在阿卡迪亚，居勒涅山所在地和第四首《荷马颂诗》中赫耳墨斯的诞生地，我们发现有最大数量的这位神的圣所和地方节庆。这个证据显示，他的崇拜形式变化多端，有些地方将圣殿献给这位神，其他地方则只是奉献崇敬一个赫姆石柱（见图 0.2）。

鲍萨尼阿斯报告说，他没能在居勒涅山上发现有崇拜活动迹象的山洞，与这首颂诗中描述的这位神的诞生地相似；可是，他确实发现山洞上有一个圣殿的遗址，其中有一个杜松木崇拜雕像（8.17.1—2），而在他穿越这个地区旅行所及其他地方，他都能注意到沿途特定地点都有赫姆石柱。

图 0.2：赫耳墨斯与公羊，出自土耳其以弗所的浮雕（Hermes with ram, relief from Ephesus, Turkey Sites & Photos / Art Resource, NY）

为免人们认为这位神如此卑微的表现绝对配不上神殿和大理石雕像的重要性，也许值得重新考察出自雅典的证据。修昔底德（Thoukydides）报告了雅典人对纪元前 415 年发生在城邦中的一个事件的反应，这可以让我们对赫耳墨斯之于雅典人的安全感和福祉的重要性作出判断。按照这位历史学家的说法，正当雅典人准备起航对西西里（Sicily）发动进攻之际，一夜之间有一伙劫掠者亵渎了城中所有的赫姆石柱。雅典人对此渎神行径感到恐惧，害怕这位神会收回给他们的恩惠，于是马上行动寻找和惩罚肇事者。因为，他们不仅相信远征的成功受到威胁，还将对城中赫姆石柱的攻击解释为密谋者的行径，这些人意在颠覆城邦的民主政治。赫耳墨斯显然被认为是一位在城邦事务中十分重要的神，他的恩惠对于共同体的福祉十分重要。

在受到城邦全体人民崇拜的同时，在个人、家族和邻里崇拜的层面上，如那种用于这位神在家庭中的私人崇拜的雕像，或属于某一地方部族的赫姆石柱，这是赫耳墨斯崇拜的大部分内容。正如雅典市场竖起赫姆石柱以标示其周界，似乎地方部族也竖立赫姆石柱以划分其在公民大会上的相邻位置。在每个月的第四天，这些赫姆石柱会收到奉献的食物，诸如小蜜糕或水果，因为第四天作为其生日，是每月专用于赫耳墨斯的一天，每年只有一个月。很有可能，部族选出一位代表负责确保每月向赫耳墨斯献祭。但个人也可以在这一天，或在他们感到需要这位神襄助的任何一天，向这位神献祭，或因收到帮助而向他表示感谢。

就此而言，赫耳墨斯与希腊众神中的其他神差别不大，他们都会襄助那些崇拜他们的人。但如荷马所指出的那样，赫耳墨斯是对人最友好的神（或最喜欢人陪伴：*Iliad*，24.334—235），他也是掌握宙斯耳朵的神，所以，有死者会通过他吁求宙斯，以便在不受赫耳墨斯的权威直接管辖的领域获取好处。

制造联系，建立关系

心里装着这位神的这些面向，我们回到引言第二段中提出的问题。本研究认为，至少第一个关于赫耳墨斯的各种特征和活动之关系问题的部分答案，在《荷马颂诗：致赫耳墨斯》中提出了两次。在行 10—11 中，我们获知赫耳墨斯的降生让他的父亲达到了目的；换句话说，宙斯的宇宙计划得以完成并体现在这个孩子身上。很久以后，当赫耳墨斯从阿波罗那里获得金杖时，我们获知他要用它来兑现他父亲的每一句话。然后，赫耳墨斯在这首颂诗中表现为所有事情的动因和完成者。从有死者的视角来看，他是让事情发生的神。但不是所有事情，而只是那些宙斯命令的事情。

这又引起了先前提出的另一个问题：为什么要将宙斯描述为需要鼓动另一个神到他所命定的凡人世间去完成这些事情？

答案，我以为有两重：第一，宙斯自己具有一种严厉而又疏远的本性，第二，这种本性因普罗米修斯的行动变得更为严厉。所以，尽管他被崇拜为至高的神，一位公正安排和统治宇宙的神，宙斯却不是具体使事情达成其命定结果的人。为了使他的目的实现，他需要一个儿子能够在他的宇宙各领域及其居民之间迅速活动，行使他的父亲赋予他的实际权力。或者，更准确地说，希腊人感到在他们与宙斯之间需要另有一个神，致力于实现他们的主神的意志。①

此外，对于相信有死者被赋予了一份生命的一个民族而言，既然这部分生命不仅包括其生命时日的数量，也包括财富的数量，他就需要力量和优势，这位在他们当中行使宙斯的统治权的神，必须无所不能，他的活动和联系必须极为广泛，以便与人类互动，在其生命份额得以实现的所有方面。这种需要的确由赫耳墨斯满足了，如本研究对他的概观所显示的那样，这位神是希腊众神中最多变的神。就此而言，对无所不能的需要也

---

① 只有两种情形会促进宙斯离开奥林波斯与有死者直接接触：第一，也是最为人所知的情形是，某个特别吸引他的人间女子抓住了他的眼球。他就会屈尊下凡去满足其极为私密的欲望；第二，当他决定要考验有死者对他制定的神圣规则的服从时，尤其是那些管理如何对待陌生人的规则。在此情况下，他不会独自来，但一贯伴随他的不是其他神，而正是赫耳墨斯（参见本书第四章）。

解释了赫耳墨斯的职责何以随着时间而不断增加，这是因为希腊社会的需要及其与世界的关系发生了巨大变化。然而，并不令人感到惊奇的是，发现赫耳墨斯与人类能够参与其中的所有最重要的行动联系在一起，从儿童诞生和成年的过程，到作为成人与他人交往，直至死亡和过渡到来世。

要在如此多的人类行动领域内活动，赫耳墨斯必须禀有特殊类型的能力。速度至关重要。但敏锐的智力和直觉的知识同样重要，有能力远观由 A 到 B、将 X 转变为 Y 的必要步骤，有能力从一开始就预见到结果，也有能力将人类对其他神的行动的回应定向到正确的结局。多数这类行动，可以由英语动词 *translate* [转译] 来很好地描述。虽然我们习惯上对这个词的运用与语言学主题有关，但它的语义范围远远超出了语言。根据《韦氏学院词典（第九版）》（*Webster's Ninth College Dictionary*），我们可以用"转译"（translate）这个词来表达下述含义：

1a：运送、移动或转变，由一地方、状态或面貌到另一地方、状态或面貌：转移，转型……a：转送到天上，或没有死亡的非时间性的处境……2a：转变为自己的语言或另一种语言；b：转移或转变，由一组符号到另一组：转写（i）为用不同术语来表达，尤其是用不同的词语：改写（ii）为用更好理解的术语来表达：解释，传译，使狂喜，以符合精确翻译。

在转译（translating）过程中，赫耳墨斯变成了神圣的关联者、疏导者和引导者，活动在宙斯的宇宙中，将发送方与接收方、开始与末尾连接起来，通过各种活动，这是他要行使的特权。他是使下述行动成为可能的神：传达（transmission）、转变（transition）、交易（transaction）、转型（transformation）甚或侵犯（transgression），还有其他很多可以由英语中以前缀 trans- 来描述的行动（本身是一个拉丁语前缀，意指"超出"［over］、"超越"［beyond］、"传过"［through］）。但赫耳墨斯之理念要比英语的"translate"和"translation"所表达的行动还要更深刻一点。通过观察赫耳墨斯介入时所实际完成的事情，就有可能看到赫耳墨斯是给予制造联系和建立关系的力量的名字。要确定地说情况总是如此则不可能；但考察纪元前8世纪以降的肖像、文献和实物证据就可以看到，赫耳墨斯确实被他的崇拜者理解为一位有意将人和事结合起来的神，无论这样做是好是坏，都总是符合宙斯的意志。

小结

赫耳墨斯涉入其中的极为多样的行动,使其成为一位非常难以解释的神。他的起源和他的名字(每举出一个)的含义都尚不确定。可是,对于希腊人而言,那个名字象征着一种值得崇拜的力量。所以,他遍及希腊世界都被承认是奥林波斯诸神中的一员,在任何地域都受到某种形式的民间崇拜,要么单独受到崇拜,要么与一个或更多的神一道受崇拜。与他分享崇拜的神十分重要:在他们所显示的领域,赫耳墨斯的崇拜者相信各方合作对于造就肯定的结果有其必要。与此类似,有他的圣坛、神龛和赫姆石柱竖立的地方,他的崇拜者相信最有可能在这里遇到这位神。他的肖像凸显了他的神性的几个重要方面:他的极度灵动、他的传令官权威,还有他与生命活力的关系。所有这些方面在他的神话叙事中都得到了强化和扩展。我们可以与帕克一道,按照三合关系"转变/交流/交换"来划分他涉入有死者生命的活动:他使个人和社会由无知转向有知(交流);由 A 点转向 B 点(转变);从愿望到满足(交换)。如前文所示,我们偏向于认为这三个总体领域可以归于一个有各种不同含义的词"translation"。尽管如此,赫耳墨斯之理念能够通过确认他的活动成就来进一步澄清。总体而言,证据指明赫耳墨斯是有目标的个人的和系统的运动背后 *kata moiran*/κατὰ μοῖραν("**符合命运**")的力量:他是制造联系和建立关系的力量。

关键主题

Key Themes

一、天赋

希腊众神中的每一位神,似乎都具有某种先天品质(或几种),诸如某种天赋或能力,这使其"天然"适合承担他们在宙斯的宇宙所拥有的职分。为了评价赫耳墨斯在众神中的种种角色,最好的办法就是从辨识他诞生以来所具有和展示的特殊天赋开始,如此我们方能更好地理解,每一种天赋是如何使其能够在他的父亲的领导下执行某些任务的。

墨提斯

首先,由其生命的最初时分就清楚可见,赫耳墨斯从他的父亲那里遗传了某种品质,方式与宙斯的其他任何后裔都远为不同,这就是一种心智品质,希腊人称其为 *mêtis*/μῆτις,通常译为"狡猾才智"(cunning intelligence)。根据赫西俄德,宙斯在吞下他的首个妻子之后,他自己也获得了这种令其十分渴望的心智能量，她的名字就叫 *Mêtis*/Μῆτις [**墨提斯**]，他吞下她是为了避免她生出一个儿子，预言说这个儿子将颠覆宙斯，亦如宙斯颠覆自己的父亲（*Theogony*，886—900）。当墨提斯被吞下时怀着的这个孩子，结果是一个女孩，后来从宙斯的头颅中出生，就是名为雅典娜的智慧女神；她的"狡猾才智"本身表现在聪敏和审慎的决定上。①

赫耳墨斯所遗传的 *mêtis*/μῆτις 通过一种殊为不同但并非不重要的方式表现出来：不是与智慧联系在一起，赫耳墨斯的"狡猾才智"更近乎我们所谓"机灵"（clever）、"精明"（shrewd）或"敏锐"（sharp）的思维和近乎自发的创造性。如这些形容词所表明的那样，确有迹象显示赫耳墨斯那种 *mêtis*/μῆτις 也许有某种偷偷摸摸或恶作剧的成分，这符合这个术语的定义中的"狡猾"一面。正是赫耳墨斯 *mêtis*/μῆτις 中的这一方面，传达出至少四种我们遇到的这位神的诗化绰号。其中两种强调了他无所不能，源于一个形容词，意思是"多变"或"多面"（*poikilo-*/

---

① 对此心智品质提供了有用信息的研究，参见德蒂安和韦尔南（Detienne and Vernant 1991）。雅典娜与赫耳墨斯分享心智敏锐，尽管她对它的运用殊为不同。《神谱》并未叙述雅典娜诞生于宙斯的头脑，或强调她有"狡猾才智"：关于雅典娜以及关于这位女神先前的学术研究，参见迪西（Deacy 2007），她认为雅典娜的狡猾才智更为密切地关联着一位"骗术师"的狡猾才智，而不认为这是一位有智慧和好意的女神，如布尔克特（Burkert 1985：141—142）所认为的那样。

ποικιλο-），还有一个意思是"很多"（poly-/πολυ-）；加在一个名词之上，就分别是**波伊基墨提斯**（poikilomêtis/ποικιλόμητις）意为"**狡猾多端**"，**波吕特洛珀斯**（polytropes/πολύτροπος）意为"多变的"或"多种手段的"。这些术语本身都没有负面内涵；可是，它们都能够暗示如此命名的实体具有某种程度的不可预测性，这一事实要求有某种程度的谨慎，尤其当这个实体是一位神时。

另外两个术语明确更具否定性，描述了赫耳墨斯的本性，考虑到它们出现的条件，也就没有什么好奇怪的了。两个术语首次出现在《荷马颂诗：致赫耳墨斯》中，一个是叙述者的说法（413），另一个出自阿波罗之口，这位神这么说的时候，同时让他的"小兄弟"感到迷惑和过分敬畏（436）。其中第一个术语是 klepsiphrôn/κλεψίφρων，有"**掩饰**"（dissembling）的意思，但这里的字面意思"欺骗或模糊（klepsi-/κλεψι-）某人的理解或思想（phron/φρων）"最为恰切：赫耳墨斯方才让阿波罗心惊，他让他的大兄长打算用来绑他的那些葡萄藤生了根，并且把那头牛缠住了；阿波罗对这奇妙的景象"感到惊奇"（thaumasen/θαύμασεν）（414）。显然，让谁的思想迷惑，不怎么可能是想在谁要求助的一位神那里看到的品质——当然，除非你乞求他在帮助你的过程中用这种特殊天赋攻击其他人！第二个绰号是

Mêkhaniôtês/Μηχανιώτης，意思是（除了别的还有）"发明者"（Contriver）或（阴谋）"设计者"（Maker of Designs），阿波罗一看到和听到赫耳墨斯新发明的竖琴就使用了这个名号。尤其正是这个绰号，适合翻译为"骗子"（Trickster），也更为密切地将赫耳墨斯与世界上的神话中的其他此类形象联系了起来，甚或暗示在某些人心中，他取代了普罗米修斯，即这位希腊最初的骗子形象。①

赫耳墨斯与机灵和骗术（craft）的关联，不限于诗化绰号和活动。据悉他还在 *Dolios*/Δόλιος 的头衔下受到崇拜，意为"有骗术的赫耳墨斯"或"有诡计的赫耳墨斯：诡计多端的赫耳墨斯"。我们知道此崇拜头衔来自鲍萨尼阿斯，他经过亚该亚到佩勒涅镇去，经过路边一处希帕库斯风格的赫姆石柱，当地人祈祷时称其为 *Dolios*/Δόλιος（意为"有骗术的"或"有诡计的"）。鲍萨尼阿斯进而指出，这个特殊的赫姆石柱头上刻着一顶帽子，被认为"用于传达人类的祈祷"（7.27.1）。这样一种崇拜头衔，也许为此特殊的赫姆石柱所独有，鲍萨尼阿斯和其他任何著作家都未曾提及在其他任何地方崇拜这位神时使用过这个神圣的

---

① 这首颂诗中表现的赫耳墨斯的某些活动，强化了下述印象：这位新生的神是宙斯的"新"骗子形象（取代普罗米修斯）。更为全面的讨论，参见本书第五章页 87—102。

外号。有人怀疑,这个赫姆石柱及其位置一定有一个故事,解释了他何以在此以此头衔受到崇拜;可是,鲍萨尼阿斯要么不知道这个故事,要么不打算把它告诉读者。对于我们的目的而言,这个唯一有此**外号**的赫耳墨斯的例子证明,对奥林波斯山上的诸神的崇拜,在古希腊从一地到另一地"同中有异":赫耳墨斯以不同方式将自己显现给了不同地区的不同人民,但他仍然是赫耳墨斯——宙斯和迈娅之子,居于统治地位的众神中的一员。

隐秘

除了心智敏捷,赫耳墨斯还有一种先天能力,可以达成目的而不引起对他的关注,不会导致那些他接触到的人的怀疑。当他解开襁褓溜出了家,躲过了他母亲的注意时,他展现出了这种特殊天赋。没过多久他溜回了襁褓,又离开了一回,仍未引起迈娅的注意。然后,他去了皮埃里亚(Pieria)找阿波罗的圣牛。一确定它们的位置,赫耳墨斯就轻而易举地避开了看守畜群的四眼猎犬,他偷走了他兄弟的全部 50 头牛(*Hymn to Hermes*,4.140ff.)。在将它们驱赶到他想要的目的地并完成了处理它们的计划后,赫耳墨斯将牛群藏在一个山洞里,自己返回家中，没有引起神或人或兽的注意。之后他自己溜进屋子时，"他侧转身子，通过门厅的锁孔 / 就像一缕夏末的凉风，甚至像一丝薄雾"（145—147）。

赫耳墨斯有能力以隐秘的方式穿越空间，同样十分明显地表现在其说话方式中。这一点几乎当他一离开屋子就展现出来了。当他出发去寻找阿波罗的牛群时，赫耳墨斯意外探得一头龟，并（密谋杀死它并把它做成一架竖琴）说服它陪他进门而没有引起任何怀疑（26—40）。后来，当他在昂凯斯托斯（Onchestos）附近，正在将牛群由皮埃里亚赶往阿尔佩奥斯河（River Alpheios）岸时，被一位老人看见，赫耳墨斯警告他不要告诉任何人他看见的事情，赫耳墨斯说的话让人费解，却在一种本身清清楚楚的有利诺言中包含着一种威胁（90—93）。次日早晨，阿波罗发现赫耳墨斯在家，就指控他是偷牛贼，这位年轻的神发誓赌咒企图误导他的兄长。他机灵的说话方式进一步展现出来，他将兄长引回奥林波斯，以便陈情于他们的父亲宙斯，而非争辩自己无辜，赫耳墨斯维护自己的方式是表明阿波罗对他提出指控是如何无理。[1]

按照颂诗中这不多的几则花絮，应该说毫不奇怪，用于

---

[1] 赫耳墨斯抢劫牛群，与现代希腊某些地区有些年轻人的体育项目有些有趣的相似之处。相关讨论参见哈夫特（Haft 1996）。

认可赫耳墨斯有狡猾才智的同一套绰号和崇拜头衔，同样适合于表明赫耳墨斯有此方面的天赋。但除此之外，颂诗给予赫耳墨斯的其他绰号，特别与其隐秘偷窃阿波罗的牛群有关。其中一个绰号只是一个词，意为"盗贼"（robber）（或"小偷"［thief］或"偷牛贼"［rustler］）——"**佩莱特斯**"（*Phêlêtês*/Φηλητής）；另一个绰号确认他是从事此类活动者的负责人：它将赫耳墨斯命名为"**阿尔考斯·佩莱特翁**"（*Arkhos Phêlêtêon*），意为"小偷的引领者"。或许，由于他针对阿波罗的两头牛的行动，赫耳墨斯也被称为"**布福诺斯**"（*Bouphonos*/Βουφόνος），意为"杀牛者"，尽管严格说来赫耳墨斯在这首颂诗中没有杀过任何一头牛。就我们所知，这些绰号中没有哪个变成崇拜中这位神的头衔；崇拜赫耳墨斯时最接近这些观念的绰号，如我们所见，就是**外号** *Dolios*/Δόλιος。

创造性

赫耳墨斯的骗术也展现在其他领域。按最直接的字面意思来把握他的创造潜力，赫耳墨斯确实在步他父亲的后尘，这从他对某个特别年轻迷人又长青的宁芙或"抓住他眼球"的凡间女子的反应可以见得。宙斯与赫耳墨斯是生育最多的神，就其占有某个女性的身体所生育的子孙后代而言,往往每一位神在一定程度上都是利用隐秘来达成其目的。尽管乍看上去这是一种对某个男人的所有物的侵犯,但有死者的家族有可能并且也确实以其有一个不死的祖先为傲,他们常常因这种神圣血脉而声称有某种特殊的统治权威。宙斯和他的兄弟波塞冬的后裔尤其如此;可是,在稍低程度上,其血统因宙斯自己神圣的儿子们的造访而得到加强的家族,有可能提出同样的主张。

赫耳墨斯据说是几个这种血统(有些对后文的讨论十分关键)的祖宗,遍布古希腊各地域,从帖萨利最北部到伯罗奔半岛南端,从波奥提亚东海岸至麦塞尼亚(Messenia)。赫耳墨斯的女儿们,除非在故事中扮演重要角色,相关文献很少详细讨论,除了女儿们,据记载赫耳墨斯还由希腊女人生育了超过20个儿子,并在"异族"土地上又生育了9个儿子。其中大部分男孩长大成人后,都当上了其所在地域或城邦的首领,尤其当他们的母亲是社会地位高的女性时。或许,其中最著名的是凯吕克斯(Keryx),他自称是阿格劳洛斯(Aglauros)之子,后者本身是雅典王凯克洛普斯(Kekrops)的女儿(根据Pausanias 1.38.3),凯吕克斯也是凯吕克斯世系的祖宗,这个世系传承着为厄琉西斯秘仪(Eleusinian Mysteries)提供火炬手和主持节庆祭祀的任务。可是,厄琉西斯人自己似乎有不同的赫耳墨斯与其人民关系的版本,将他当成厄琉西斯(Eleusis)之父,引入秘仪的城镇就是以其名字命名的。鲍萨尼阿斯(1.38.7)也记述了这个关系版本,这也是托名许吉努斯偏爱报告的版本(*Fabulae*,275)。还有在阿提卡地区的雅典城邦,根据《异闻录》(*Fabulae*,160),赫耳墨斯被誉为凯法洛斯(Kephalos)的父亲,他和克莱乌萨(Kreousa)生育了凯法洛斯,克莱乌萨是厄瑞克透斯的女儿,此人是雅典本土祖先的儿子。可是,尽管他有此血统,凯法洛斯似乎并没有开创出任何持久遗产。①

在波奥提亚,赫耳墨斯将自己的情感强加给了某个宁芙,从而生下一位伟大的猎人奥里翁(Orion);在毗邻的洛克里斯(Lokris)的土地上,他生了一个儿子,名叫阿波德洛斯(Abderos),据阿波罗多洛斯说,他后来成为赫拉克勒斯的密友(*Bibliotheke*,2.97)。波奥提亚东北部,在弗提亚(Phthia),赫耳墨斯生下的几个儿子,年轻时就加入了伊阿宋(Jason)寻找金羊毛(Golden Fleece)的著名航程并随其返归,从而让伊阿宋作为埃奥洛斯(Aeolus)的统治者重掌了他世袭的王位。通过弗提亚国王的

---

① 品达(Pindar,*Olympian*,8)将赫耳墨斯的一个女儿命名为安吉莉娅(Angelia)——正好是"信使"的阴性词形,而斐洛斯特拉图称帕莱斯特拉(Palaistra)是赫耳墨斯的女儿,因为她是发明摔跤的人(*Imagines*,2.32);可是,在《异闻录》(*Fabulae*,241)中,这位拉丁语著作家不怎么肯定,表示凯法洛斯的父亲要么是"墨丘利"(Mercurius),要么是"戴翁"(Deion)。

女儿欧珀莱美亚（Eupolemeia），赫耳墨斯生育了两个儿子——欧律托斯（Eurytos）和厄喀翁（Echion），另一位出身高贵的女孩，源出于阿罗佩（Alope），名叫安提阿奈利亚（Antianeria），她为赫耳墨斯生育了高贵的埃塔利德斯（Aithalides）。这三位都作为船员随伊阿宋航行，尽管托名许吉努斯（*Fabulae*，14）将埃塔利德斯归于欧珀莱美亚，他认为后者是密尔弥冬（Myrmidon）的女儿。《伊利亚特》（16.179—186）告诉我们，还有第四个儿子与阿喀琉斯（Achilleus）和他们密尔弥冬人并肩战斗，这个儿子叫欧多洛斯（Eudorus），由赫耳墨斯和珀律美勒（Polymele）结合所生，像他的父亲一样有快脚的名声。

在弗吉斯（Phokis），赫耳墨斯与喀俄涅（Chione）生有一个儿子，她是国王的女儿，这就是著名（或声名狼藉）的奥托吕科斯（Autolykos）。《奥德修纪》（*Odyssey*，19.392—399）中认为他已然因其机灵使用语言而闻名遐迩，尤其是立下"可以打破的"誓言。赫西俄德（fr. 62b Merkelbank-West）、阿波罗多洛斯（*Bibliotheka*，1.112）和鲍萨尼阿斯（8.4.6）都承认这个故事，但后者进一步声称，事实上某个戴代利翁（Daidailion）才是奥托吕科斯真正的父亲。另一方面，奥维德（*Metamorphoses*，13.146）采纳了赫耳墨斯的父亲身份，指出以居勒尼奥斯（Cyllenius，也就是赫耳墨斯）作为奥托吕科斯的父亲，奥德修斯就在母系和父系两方面都有了高贵的家世。①

图1.1："赫耳墨斯·普罗庇莱奥斯"，约纪元前100年的希腊赫姆石柱，阿尔喀美奈斯风格。考古博物馆，佩莱坞，希腊（"Hermes Propylaios": Greek Herm c. 100 BCE in style of Alkamenes Archaeological Museum, Piraeus, Greece: Sites & Photos / Art Resource, NY）

①关于赫耳墨斯作为誓言的主宰，参见Callaway（1993）和Fletcher（2008）。

在科林多城邦，鲍萨尼阿斯报告说（2.3.10），赫耳墨斯有一个儿子名叫布诺斯（Bounos），由阿尔基达美娅（Alkidameia）所生，后者本身贵为公主，这个小子后来成了这座城邦的王。在伯罗奔半岛上的阿耳戈斯城邦，鲍萨尼阿斯又提供信息说，赫耳墨斯在达那奥斯（Danaus）的一个女儿，名叫皮洛达美娅（Phylodameia），生了法里斯（Pharis）（4.30.2），他后来成为麦西涅的帕莱（Pharai）城邦的奠基者。此地以北，在埃里斯（Elis）地区，有一个迷人的女孩名叫泰奥布莱（Theobule），属意于赫耳墨斯，生下了密尔提洛斯（Myrtilos），他是奥伊诺玛奥斯（Oinomaos）著名的御者（Pausanias 8.14.10）（图1.1）。

在隔壁的阿卡迪亚，据说赫耳墨斯是此地两个男孩的父亲：一个是有死者欧安德洛斯（Euandros），与拉冬（Ladon）的一个女儿所生，只知道她的名字叫"宁芙"（Nymphe），说她有名是因为属于一座城邦的首批奠基者，有一天罗马将在此地兴起；另一个男孩是神，就是他的儿子潘（Pan），由荷马史诗中闻名的佩涅洛佩（Penelope）所生（Pseudo-Apollodoros, *Epitome*, 7.38），或据瑙诺斯说（*Dionsyiaca*, 17.87—94）由一位名叫索赛（Sose）的宁芙所生，称作潘·**阿格琉斯**（Pan *Agreus*/Ἀγρεὺς，"猎人"）（图1.2）。瑙诺斯也将另一个叫作潘·**诺弥奥斯**（Pan *Nomios*/Νόμιος，"羊倌"）的儿子归于赫耳墨斯，由宁芙佩涅洛佩娅（Pelelopeia）所生：这是罗马演说家西塞罗（Cicero）偏爱的版本（*De natura deorum*, 3.22.56）。①

赫耳墨斯与宁芙和其他年轻女子生育儿子的故事还移向了东方、西方和南方，越过爱琴海和第勒尼安海（Aegean and Tyrrhenian seas）诸岛屿，包括赛昂（Saon）——萨摩特拉克岛上的一位王（Diodoros Siculus 5.48）、居顿（Kydon）——克里特岛上的一位男性贵族（Pausanias 8.53.4；亦参见 Theokritos 注, 7.12c），还有利比斯（Libys）——古代阿纳托利亚（Anatolia）西海岸的吕底亚（Lydia）的一位王（Pseudo-Hyginus *Fabulae* 160），等等。他的后裔也见于埃及（Egypt）、利比亚（Libya）、西西里（Sicily）和拉提乌姆（Latium），后来变成了罗马的领土。此外，在帖萨利地区，多利斯（Doris）的一个女儿，名叫伊佩蒂美（Iphthime），吸引了这位神的眼球，她生了三个有角的儿子，称作萨提尔（satyrs）——佩莱思朋多斯（Pherespondos）、吕考斯（Lykos）和普洛诺莫斯（Pronomos）。根据瑙诺斯（*Dionysiaca*, 14.105—115），吕考斯和他父亲一样，成为整个萨提尔团队的传令官，普洛诺莫斯则以其理智著称（对佩莱思

---

① 有些难堪的是，所有这些涉及赫耳墨斯是潘的父亲的说法，均出自相对晚近的文献。在此纳入这些说法，是因为这种关系在后来的著作中被普遍接受了。

朋多斯未作评论）。

  与有死的女人生育后代，对于赫耳墨斯而言并非某种独一无二的创造性活动：所有男神至少有一个孩子出于这样的结合。可是，同样的狡猾才智给予赫耳墨斯敏锐心智和隐秘活动的能力，也是这位神的创造性的某种独特表现的原因。第四首《荷马颂诗》仍然是我们的第一手文献，它提供了赫耳墨斯天赋的创造性视野，也为达成想要的结果之所需提供了直觉。在他生命的头 24 个时辰中，赫耳墨斯使不少于五个事项得以产生，每一项都出自先前存在的质料。他有能力看到事物中的潜能，利用它们的可能性，全部或部分，以全新的方式。所以，他完成的第一个事项是，当他来到世间去控制阿波罗的牛群时，看到一只龟，就立即认识到可以用它的壳作为一件乐器的音箱，这件乐器就是竖琴。他能够将想法付诸行动之迅速，由唱赞歌者如此作了表达："当敏捷的思想穿过一个人的胸膛 /……或当灵光在眼中闪烁 / 光荣的赫耳墨斯就让思想和行动同时达成了。"（43—46）我们可以说，"这只用一眨眼的工夫"。就好像赫耳墨斯一看到还不存在的东西，他就立刻知道如何使它形成，并就这样做成了。①

但他的创造能力甚至超过了这一点：赫耳墨斯不仅能认识到事物中隐藏的潜能，还能认识到一事物是另一事物的"符号"（sign）。所以，赫耳墨斯将他"偶然"碰到这只龟解释为一个"符号"，显示他会碰到好运，在宙斯的统治集会上求得 timai/τιμαί（荣誉）。赫耳墨斯也进而给予这只龟的其他家族成员以同等可取的重要性：对于有死者而言，一只活龟可以作为一种辟邪的"符号"，"**抵御**（echma/ἔχμα）有害攻击"（37—38）。

事实上，这两例都显示了一种重要的天赋，使赫耳墨斯与其他神清楚地区别开来：他与符号和象征（symbols）及其解释的关联。颂歌标志这种关联时，使用"最显著"（12）的说法来描述赫耳墨斯的诞生；这个事件本身，若从字面上讲，就是事情要发生的一个"**强符号**"（ari-sēma/ ἀρί-σημα）。赫耳墨斯有先天能力在他父亲的宇宙中设定符号和象征并且赋予其意义，这由其对龟作为一个符号、一种"**有利象征**"（sumbolon/

---

① 关于赫耳墨斯创造竖琴的另一故事版本，参见 Pseudo-Apollodorus, *Bibliotheca*, 3.113; Pseudo-Hyginus, *Astronomia*, 2.7; 在斐洛斯特拉图那里（Philostratos, *Imagines*, 1.10），说话者的开场白是描述一幅画中的竖琴，简单提到它是由赫耳墨斯创造的。关于后来将赫耳墨斯作为发明者的例证，参见 Strabo（1.816）; Plutarch（*Symposion Questions*, 9.3.2）; Pseudo-Hyginus（*Fables*, 277）。

σύμβολον, 30）的"解读"可以得到证明。如瑞思（Reece 1997: 38—39）所论：

这里作为希腊语中最早出现这个词的文献之一，似乎已然传达了一种在后来的希腊语中常见的含义：一个符号断为两半，由彼此有契约或义务的两人携带。

除了成为商业交易中一种重要标志的**有利象征**，这将是赫耳墨斯在颂诗末尾被赋予主宰身份的领域。瑞思进而指出，这样一种**有利象征**也表示"心智的一种和谐"。这种说法预示着赫耳墨斯将要利用这种生物的复杂方式，也预示着它将与之建立联系的社会机构——所有这些机构，赫耳墨斯都要以某种重要方式建立或改善。①

看见这种生物，首先"象征"着他的好运，赫耳墨斯进而称这种生物是"**欢宴伙伴**"（daitos hetairê/δαιτὸς ἑταίρη），一个"**样子可爱的**（phuen eroessa/φυὴν ἐροέσσα）合唱中的**翩翩起舞者**（choroitupe/χοροίτυπε）"（31）。只用"一眨眼"，赫

---

① 纪元2世纪的拉丁语著作家，托名许吉努斯，将赫耳墨斯（罗马名字叫墨丘利）归入那些为字母表贡献字母的人，通过观察鹤的飞行（Fabulae, 277）。

耳墨斯不仅明了能用这只龟做什么，也能明了在哪里她（she）最得其所：这将是一个诸神再次与人类相聚欢宴（dais/δαίς）的场所，人类将待诸神为他们的宾客（xenioi/ξένιοι）。的确，这将是一场新的欢宴，有一种新的音乐相伴，这是赫耳墨斯生命头一天中的两样创造活动。①

但在他着手创造这新的欢宴之前，赫耳墨斯花时间彻底检验了他的新创造，让它伴自己唱了几首"暗含讥讽的恭维歌"，就像年轻人在节庆中所唱的那种（55—56），在他进而唱第一首完整的歌——这首歌庆祝他的诞生、他家的富有和侍女（都是宁芙）的美貌，服侍他和他母亲的就是她们；换句话说，赫耳墨斯"即兴"创作了这自古第一首献给一位神的颂诗。赫耳墨斯对他的发明和他的自赞歌感到满意，他再次出发去皮埃里亚攫取阿波罗的50头牛，将它们驱赶到一个地方，在此准备他

---

① 纳吉（Nagy 1990：38，n.110）指出了另一种文化中对舞者的表达，说他们是"将言语踩在脚下的人"。关于古希腊音乐和舞蹈，参见朗斯代尔（Lonsdale 1993）；关于赫耳墨斯在阿尔佩奥斯（Alpheus）旁的行动作为人类的宴会的模范，参见克莱（Clay 1987）。在荷马的叙事中，竖琴是宴请宾客时最常见的乐器（譬如，*Odyssey*，17.271；21.428—430），这似乎为古风和古典时代及以后的餐后宴会设定了模范。参见第四章的进一步讨论。马丁（Martin 2010：33）的评论是：相比与负有盛名的场合相关的齐特拉琴（Kithara），竖琴及其伴唱歌曲更适合于私人化的、非仪式化的、安慰性质的家庭氛围。

的新宴会，并将牛群隐藏在此。①

正是在此进程中，我们发现除了作为符号制造者，赫耳墨斯也是符号解读者：他知道牛群流行的小径会被他者当成"符号"，引导其来到牛群隐藏之地。他对自己的足迹也有同样的认识。为了给牛群的运动制造混乱的标记，赫耳墨斯就让它们转圈和倒行（76—78）；但为了隐藏自己的足迹，他设计了一种新奇的鞋子，由红柳和桃金娘交织而成，穿上它就会在地上留下非常大的迷惑人的印记（79—86）。如果赫耳墨斯不是第一位将大地视为一个可以将符号印于其上的表面的神，他也是第一位设想在它的表面故意刻下误导符号的神。

赫耳墨斯的轻靴此刻被发明出来，意在满足一种特定的情境之所需：一旦需要得到满足，就有可能（也可以）轻易将它们抛弃。赫耳墨斯的下一样发明，又是为了满足急需，是同样对人类具有重复使用价值的工具，因为它给了有死者重新打火的能力，而不一定要拿正在燃烧的明火来点燃另一堆火。赫耳墨斯的打火棒（108—111）是对普罗米修斯先前从赫菲斯托斯灶火中偷盗明火的改进（*Theogony*，565—567）：那火必须持续燃烧，因为有死者没法从奥林波斯再偷火种。

他的创造行动还不止此：后来，就是在将他的竖琴赠予阿

---

① 瑞思（Reece 1997：38）有同样的评论。

波罗后，赫耳墨斯为自己发明了一样新乐器——牧笛（511）。的确，赫耳墨斯设法在短短两天中完成了如此多的发明，以至于阿波罗称他为"大忙神"（*Poneumene*/πονεύμενε），还叫他"屠牛者"（*Bouphonos*/βουφόνος）、"发明者"和"欢宴伙伴"（436），后者其实是赫耳墨斯在将龟变成竖琴时给它起的名字。真正重要的是，唯独这两者（赫耳墨斯和竖琴/龟）有这一绰号，也因其与这最热烈的欢宴场合的联系而闻名。①

机智

所以，赫耳墨斯可以"横向思考"，这种先天的能力增强了他的创造能力，而且当与其隐秘相结合时，就可以让他在自然世界中完成很多事情而不被发现。我们要为前三种天赋加上"机智"（wit）。

按其原义，这个古老的英语词汇与"心智敏锐"（mental

---

① 托名阿波罗多洛斯报告了一种新颖的说法，关于赫耳墨斯赠给阿波罗竖琴后创造笛管；根据他所知道的故事，正是阿波罗想要笛管也想要竖琴，促使他向赫耳墨斯奉上金杖作为交换。赫耳墨斯不满足于此奉献，他要求附加预言技艺，这就是为何阿波罗要教他如何用鹅卵石占卜（*Bibliotheka*, 3.115）。瑞思（Reece 1997: 38）也注意到此头衔在六音步诗中专属于赫耳墨斯和龟。关于赫耳墨斯作为音乐之神或音乐之神之一，参见莫特（Motte 2008）和凯米奥（Kaimio 1974）。

acuity)相近,我们如今可以这样说某人"敏锐"(sharp);也就是说,可以很快领会一种理念,并能立即致力于实现它。按其更微妙的含义,它能表示某人"聪敏"(clever),后者暗示这样的人既"机敏"(quick-witted)又同样有点儿误导性。这样一来,就会引人将其作为赫耳墨斯的**狡猾才智**的另一种表达;可是,"机智"的意思远不止此:它是某人的一种心智品质,他有办法让他人发笑,利用转换有违期待的习语或姿势。赫耳墨斯在这首颂诗中和在其他地方,展示出了所有这些含义多变的"机智"。①

赫耳墨斯差不多一离开家,就首先揭示了机智与笑的关联。在他对碰巧在院门旁发现的这只龟开口说话前,赫耳墨斯先笑了(26—29)。这种自发迸出的不曾预料的欢快表达,就发生在突然看到两件未曾见识过的事情发生了关联的那些时刻。在此用于赫耳墨斯的绰号(eriounios/ἐριούνιος),引发了大量论争,因其含义仍不确定;可是,观点总围绕着"疾行者"(swift runner),与之相对的是其在语境上恰当但含义新奇的"最仁慈

---

① 巴恩伽德(Bungard 2011)提议,赫耳墨斯引入宙斯的有秩序的世界的这种笑,让听者意识到这个秩序中有未实现的"剩余潜能":事物必须有"潜能"才能变得不同于其本身——或者比所认为的它们更好。关于一般而言的笑的重要性,参见赫伊津哈(Huizinga 1971);关于希腊罗马神话中的笑,参见吉尔胡斯(Gilhus 1997)。

者"(most benenficent)。这很可能也是宇宙中首次迸发出笑声,在此(很不幸)要以牺牲龟为代价,但却是自我表达的一项重要创新。它肯定不会是最后一项。①

不久,赫耳墨斯自己恰恰成了他的指控者和最初的对手阿波罗的笑料(254—285)。搜家之后,阿波罗要求知道自己的牛群何在,威胁要将赫耳墨斯变成下界的永久居民,除非他说出牛群的隐藏之处。作为回应,赫耳墨斯否认知晓牛群之类的事情,甚至试图羞辱阿波罗,要他想一想,指控一个新生的孩子偷了他的牛,这在其他诸神面前显得该有多愚蠢。赫耳墨斯最后用他父亲的头发誓保证,对牛群、谁偷了牛群或它们的所在一无所知。可是,紧接着,赫耳墨斯露出了马脚,他故意并且明显在四处张望,还边吹着口哨。海登(Heiden 2010:419)认识到了这位年轻的神在此搞恶作剧的重要性:通过"扭动眉毛和吹口哨(278—280),他示意誓言无效(halion/ ἅλιον,230);形同求福"。这引起了阿波罗的"轻声微笑"(281),他给了自己的小兄弟一顿暗含讥讽的恭维,针对其搬弄是非的伎俩,以此表露他自己了解赫耳墨斯的确知道(却不准备告诉

---

① 在伊芙琳–怀特(Evelyn-White's 1914)对这首颂诗的翻译中,将这个术语通篇译为"带来好运者"(luck-bringer);最近威斯特(West)2003 年译本,采用"狩猎者"(courser)替代"疾行者"(swiftrunner)。关于赫耳墨斯的分配作为首次"太平盛宴"(equal feast),参见克莱(Clay 1987)。

他）牛群的所在。这一刻的笑声打破了紧张局面，尽管它并未解决难题；结果为进一步的唇枪舌剑创造了某种空间，直至赫耳墨斯采取主动，这才将阿波罗引回到奥林波斯和他们的父亲那里。①

站在至高的奥林波斯主宰面前，赫耳墨斯更是成了笑料。在阿波罗讲述了他对宙斯最小的儿子的控诉之后，赫耳墨斯提出了自己的辩护，他直接沿用了相似的扫视（或眨眼），就像先前表示否认时对阿波罗所做的那样。看到这些，宙斯笑了，不像阿波罗那样轻声，而是大笑（389）。诗人告诉了我们缘由，就是"由于看到他成心耍赖的狡猾（*kakomēdea*/κακομηδέα）儿子巧言否认偷牛"（389—440）。

或许是通过以反讽方式向希帕库斯的赫姆石柱和附有距离标记的简明格言致意，有位匿名诗人在刻于赫姆石柱侧面的一则铭文中让他的赫耳墨斯承认，他真没有多少可以提供给那

---

① 对此发誓对象的选择，肯定有幽默成分：作为众神中的主神，宙斯可以通过简单的点头来确认他自己的话。其他神不以宙斯的头起誓，而以斯泰克斯（Styx）起誓，它是阴间的死水（Hesiod, *Theogony*, 401），所以，任何起伪誓者将待一整年在下界，剥夺奥林波斯神的友谊，还有通常由诸神享用的神酒神食，然后还要在下界待九年，仍然剥夺奥林波斯神的友谊，但好像（尽管并未明确这么说）又能享用神酒神食（*Theogony*, 793—798）。参见克莱（Clay 1981—1982）关于诸神"不死和永远年轻"的表述的讨论。

些对他的石堆有贡献的人,除了他们还要走多久才能抵达羊泉(Goat fountain)(*Palatine Anthology*, 16, 254)。这也与大多数赫姆石柱形成了鲜明对比,它们邀请过路人在树荫下停留,消除自己的疲劳,一饮近旁的清洌泉水。①

在赫耳墨斯具有适度颠覆性的行动和言辞中,有某种程度的戏剧性;或许,这正是他何以成为雅典喜剧和萨提尔剧中最常见的神祇。在这些戏剧类型中,他常常以自己为代价激起观众会心的笑声。他在阿里斯托芬的喜剧《和平》(*Peace*)中就是这么做的:人们承诺,将举办很多崇拜他的节庆(从前都是献给其他神的),如果他帮助雅典人将和平女神从深渊中搭救出来(418—420),这时候赫耳墨斯急切地表示同意。而且,在同意帮助有死者完成他们的努力时,他将获得额外的利益——其他城邦将为他奉献牺牲,以一个新的名号 *Alexikokos*/Ἀλεξίκακος("禳解邪恶者",421—422)。这种场景是将赫耳墨斯对神圣认可的寻求(有死者的崇拜将与此一同到来),喜剧性地转换为一种无处不在的根深蒂固的渴望而永无餍足。在同意按这些条件提供帮助的情况下,阿里斯托芬的"赫耳墨斯"很快就证实了他的作用,当开始为成功祈祷时,向他奉献了一

---

① 赫耳墨斯有能力引起发笑,也许是我们何以发现"爱笑"的阿芙洛狄忒与这位神在希腊地区几个崇拜地成对出现的一个原因。

图 1.2："潘，赫耳墨斯之子"，纪元前 2 世纪的大理石雕像（"Pan, Son of Hermes", second century BCE marble. Hervé Lewandowski © RMN-Grand Palais / Art Resource, NY）

只**金碗**（*phialê*/φιάλη）用来奠酒，他回答说："咄！一见到金碗我的心就软了。"（*Peace*，425）[1]

赫耳墨斯是极爱开玩笑的神，然而，在第四首《荷马颂诗》中发笑，是基于赫耳墨斯先天知道"事情本来的样子"和"所认为的事物的样子"。从赫耳墨斯的观点来看，事物当前的样子，绝对不是它们应有的样子。

得体

在这首颂诗中，除了赫耳墨斯在诞生后48个时辰中所展现的先天品质，他的天性还有最后一个方面甚至更具重要性，按照赫耳墨斯的目标是为诸神的统治群体所接纳而言，这就是他对何谓得体的持久关注，尤其是与先前的良好秩序保持一致。表达这些观念的希腊术语是 *kosmos*/κόσμος（**秩序**）、*eutaxis*/

---

[1] 赫耳墨斯还出现在阿里斯提诺芬的另一部传世喜剧《财神》（*Wealth*）中，他也是克拉提诺斯（Kratinos' *Dionysalexandros*）和索福克勒斯的萨提尔剧（Sophokles' *Ichneutai*）中的角色，均以第四首《荷马颂诗》为依据；据信，他也是埃斯库罗斯萨提尔剧（Aischylos' *Psychostasis*）中的角色。关于萨提尔剧中的赫耳墨斯的更多论述，参见萨顿（Sutton 1980）。"禳解邪恶者"是赫拉克勒斯崇拜中的典型头衔。参见斯塔福德（Stafford 2012：176—177, 196）。这个词在此译为"软"（softy），有一个意思是"仁慈"或"怜悯"：关于诸神在向自己还是其他神献祭之难题，进一步研究参见巴顿（Patton 2009）。

εὐταξία（良序）和 *paradeigma*/παράδειγμα（范例）。这种关切听起来也许很奇怪，鉴于赫耳墨斯时不时变成贼以引起关注，作为宙斯之子值得在奥林波斯山上获得认可；可是，事实上，他凭直觉知道他的行动会产生反作用，这表明他对他诞生于其中的世界的理解远不止此：他知道如何利用已有规范来获取他想要的。为更为全面地评价赫耳墨斯对秩序和职分的关切，有必要稍稍叙述赫耳墨斯诞生前的故事，从不同角度看看赫耳墨斯的天赋有何根据。

在宇宙的历史中，有些时刻诸神的结合会生出怪物，尽管最终证明所有宙斯的后裔对奥林波斯诸神的态度都是仁慈的，但也许并未完全消除这种可能性：《神谱》中的模式也许会再次重演，通过一位天神（宙斯）和一位地神（迈娅）的结合而生雄性后裔。按此模式，神圣结合所生的最年轻的儿子，会起而反对他的父亲，并推翻他父亲从而控制宇宙。在每一起事件中，都有对这位父亲怀有怨恨的母亲帮助夺权。赫耳墨斯的父亲宙斯，他成为至高天神，也是攻击克洛诺斯（Kronos）和其他提坦神（Titans）的结果，他们支持克洛诺斯反对宙斯。赫耳墨斯的外祖父是阿特拉斯（Atlas），本身就是一位提坦神，也是普罗米修斯的兄弟和忒弥斯（Themis）的孙子，宙斯命令他用肩膀扛着天，永远让天与地分离，以惩罚他的反叛（*Theogony*,

509—511, 517—520）。阿特拉斯的女儿迈娅，似乎与"大地女神"盖娅关系密切，以至于她的名字意为"母亲"，可以用作"大地母亲"的另一称谓。所以，在迈娅与宙斯的结合中，我们发现了原来引发暴力继承的那种结合的回响。①

《神谱》也揭示，宙斯会遭受与他的祖先一样的命运，如果他没有吞下墨提斯，如先前所示，她注定要从他们的结合中生出他夺权的儿子（886—893）。尽管吞下墨提斯的行动意味着宙斯将永世作为至高的神来统治，却未排除这种可能性：他有可能生下一个儿子，将挑战他，或威胁其统治的稳定性。尽管有这种可能性，宙斯还是处心积虑地与迈娅生了一个孩子。确切地说，他似乎是铁了心要生下这个孩子，故而频繁造访，直至她最终怀孕。所以，我们可以说，宙斯的目的，如这首颂诗第十行所言，有两重：首先，他想确认，在打破暴力继承模

---

① 因为，勒托本身也许已然是早期的"大地女神"；这也许就是德洛斯岛在勒托怀着阿波罗的时候不愿意接受她的原因。因为，这座岛知道一个预言：宙斯的这位儿子将会傲慢又暴戾（《荷马颂诗·致阿波罗》，行67—78）。普雷乐和罗伯特（Preller and Robert 1894, Vol. 1: 390）指出了"迈娅"作为"地母神"的用法。请比较埃斯库罗斯（Aeschylus, *Choephori*, 414），其中歌队用迈娅之名吁求大地。《牛津古典学辞典》（*Oxford Classical Dictionary*）第三版涉及迈娅的地方，承认这种可能性："她也许从前是一位保姆（*kourotrophos*/κουροτρόφος）类型的女神，在崇拜中与牺牲和生育有关。"亦参见其中的 *kourotrophos*/κουροτρόφος 词条。

式上,他明显成功了;其次,在驱逐了普罗米修斯之后,他渴望创造一个神能够切实带来变化,却不会让他神圣的权威打折扣。①

看来从一开始,赫耳墨斯也许就一心想要重复旧的模式。他从他的洞穴中出来,决心偷走另一个神的财产,但这一盗窃行动因杀死他途中偶然碰到的第一个生物而延误了。尽管预期这龟壳竖琴将来能派上好用场,但创造它靠的却是暴力行动和欺骗,赫耳墨斯的祖宗所使用的正是一样的手段。进而言之,旧模式重现的可能性因此而更大了:诗人自己迟迟未解释赫耳墨斯的行动和激发它们的欲望,直至年轻的神开始实施他的计划。只是在他夜间出动归来被他的母亲撞见,我们才听出赫耳墨斯何以要如此行动(162—181)。②

原来,合理的荣誉分配和附属财物,才是这位新神内心的关切。当迈娅试图惩罚赫耳墨斯的偷窃活动时(154—161),他的回应像一个小大人,他让他的母亲知道,他不是什么天真

---

① 这里希腊语使用了一个动词后缀(叫作"反复动词词缀"[frequentative]),来描述宙斯与迈娅的结合,表示此活动反复出现:字面意思是"他持续造访,与之交合(*misgesketo*/μισγέσκετο)"。克莱(Clay 1989)辩称,赫耳墨斯的诞生将宙斯静态的宇宙变成了动态的宇宙,从而使其中的变化成为可能。

② 宙斯在攻击他的父亲之前,原本也隐藏在一个山洞里(*Theogony*,482—483)。赫耳墨斯对龟说的话在一定程度上具有欺骗性,在于他说在某人家里要比家外更安全,他意思是说他会在山洞中保护龟(31)。

的小孩子，而是决心要看到他们母子获得尊重和不死者祝福的青年，诸神应当给予他们这些：他将做这些尊重和祝福的提供者。尤有进者，赫耳墨斯自己在神界的位置，正是他作为神的身份，这是他最大的关切。既然是宙斯和迈娅所生，他自感有资格从他的父亲那里获得**荣誉**（170—175），而且还不只是**荣誉**：他尤其渴望分享他兄长的**荣誉**，他的行动是有意向宙斯施压，要他重新在两个儿子之间分配荣誉。

赫耳墨斯已然向自己（也无疑向他无所不见的父亲）证明，他能够成为盗贼的模范，如果他的父亲否认他在秩序中应有更受尊崇的地位（174—175）。但这并非他追求的荣誉：他渴望为他自己和他的母亲获取诸神的神圣友谊和有死者的祈祷和奉献（167—169）。所以，他要达成此目的的第一步，就是向宙斯证明，尽管他有骚扰奥林波斯诸神的先天能力（174—175），但他确实不会威胁宙斯的最高权威。从而，正确的说法或许是，赫耳墨斯在这首颂诗中的所作所为，都以为自己在神圣秩序中赢得一个位置为指向，即完全认可他的身份就是一位神。①

---

① 阿波罗后来申明，他将"在不死的诸神当中闻名，作为盗贼之主"（291—292）。阿波罗特别声称，赫耳墨斯将在不死者而非有死者当中拥有这个头衔。这重要吗？或许，正因为赫耳墨斯犯下偷窃不是为了反对人类，而是为了反对诸神。

作为符号和符号解读的主宰者,赫耳墨斯立即明白,牛群在诸神的荣誉系统中具有象征价值:哪怕夺取阿波罗一头牛,也会减损他的荣誉。这也就解释了阿波罗何以要如此急切地找回他的牛群。所以,通过有选择地将阿波罗的50头牛从分属于诸神的畜群中移开,赫耳墨斯证明了他有直觉能力以分辨事情和因时制宜。

他对正确分配的关切,以此方式得以清楚表达出来:他着手分配他的烤牛肉。首先他将它们切为12份,进而为每一份都另加一份 *geras*/γέρας(**荣誉份额**)。在凡间,如我们在荷马史诗中所见,**荣誉份额**是对唯一尊贵的宾客的典型奖赏,但在似乎要在此时此刻建立规范的赫耳墨斯看来,所有出席的宾客都配得一份额外荣誉,包括赫耳墨斯自己。[①]

这种对得体和荣誉分配的同等关切显而易见:当赫耳墨斯向阿波罗首次公开唱出他的神谱叙事时,他以缪斯(Muses)的母亲摩涅莫绪涅(Mnemosyne)为开端。如此,赫耳墨斯以记忆的掌控者开启了其神谱叙事,并且"授权"(*krainôn*/κραίνων)每位神在宙斯主宰的神圣秩序中按其诞生的次序拥有

---

① 参见巴克(Bakker 2013:38—42)关于餐食及其分配在凡间的重要性的论述。关于神圣餐食和赫耳墨斯是否将他自己也算作一位接收者,学者们仍有争议;关于各派学者所持有的观点的讨论,参见弗斯内尔(Versnel 2011:309—319)。

其位置，包括他自己。这只是齐弗普洛斯（Tzifopoulos 2000）认为赫耳墨斯是格言智慧（proverbial wisdom）的主宰的一个原因。

然后，赫耳墨斯又创造了另一个机会，以展示他对秩序和分配的关切，当他面对阿波罗并且被指控是一个贼时。当他的玩笑否认被理所当然地拒绝时，赫耳墨斯坚持在宙斯面前讨论此事，因为阿波罗早有预见，显然如其所愿，宙斯将把赫耳墨斯打入塔塔洛斯（Tartaros），使他在此成为下界居民（256—259），然后，赫耳墨斯将在不死诸神当中拥有"盗贼之主"的不光彩荣誉（290—291）。这后一个头衔，是赫耳墨斯自己说他要主张的头衔，如果他的父亲不承认他分享阿波罗的**荣誉**。所以，将事情闹到宙斯跟前就变得十分重要，从而让他能赏给赫耳墨斯他认为合适的**荣誉**。

从而，这些赫耳墨斯的天赋，每一样都分别或与另一样或另几样结合，为其在奥林波斯主神中获得职分作了独特准备。有鉴于此，的确值得进一步作出如下评论：在希腊万神殿中的诸神当中，赫耳墨斯这位神，根据荷马的说法，"他最喜爱与有死者为伴"；他介入人类事务的确最为频繁，远超居于统治地位的众神（们）中的其他任何一位。如弗斯内尔（Versnel 2011：319—327）所示，这也许因为他是由一位活得长久却终究是有死者的母亲所生，他比其他诸神更像人类，就他屈从于人类的需求和弱点而言。尽管从一种观点看来，这种倾向有损于他的神性，但这首颂诗暗示，这也是宙斯为他的小儿子所作规划的一部分：他需要一个神圣的后裔，可以理解和能够与有死者互动，并可以在如此行为过程中获得乐趣，而且不可能试图"使用计谋打败"他，就像普罗米修斯之所为。

小结

在前面的讨论中，赫耳墨斯神性的五个主要方面已得到确认，它们独一无二地使他在宙斯的宇宙中，在居于统治地位的众神当中，获得了一席之地。由他的父亲，赫耳墨斯遗传了一部分"狡猾才智"，即希腊人所谓的 *mêtis*/μῆτις，这让他成了一位具有异常敏锐的心智能力的神。这将允许他即刻达成一种局面，无论在诸神还是有死者之间，凭直觉发现介入的最有效途径，以便完成他的任务。通常，他的干涉需要在当事人不知情的情况下发生，因此，他天生的速度和隐秘活动的能力被证明是特别有用的优点。有时候，为了完成他的任务，赫耳墨斯需要有新的创造，在这方面，他看待事物的独特方式，以及他能预见既有物品的另一种用途的技能，使他在更直接介入凡间事物方面具有优势。当他的创造性力量与**狡猾才智**结合时,赫耳墨斯就变成了一位真正令人敬畏的神。

然而,还有两样天赋,使得赫耳墨斯成为远没有那么令人感到可怕的神。尽管他先天的机智能够持续用于对有死者和诸神开"庸俗的"玩笑,但只有按此方式行事才能完成宙斯的差遣——除非,也就是说,他父亲的目的是惩罚某个有死者对他父亲或其他某个神的冒犯。那么,他制造笑声的机智,可用于产生羞辱效果,尤其当与他的其他天赋结合起来时。

或许正因为赫耳墨斯生来关切秩序和分配,他的头四样天赋一般不用于破坏性目的。如果任由赫耳墨斯自行其是,我们也许会期待他变成一个永不停歇的"恶作剧者",他会抢劫一个盲人,仅仅是为了取乐;但这样一位神不是在他扮演角色的故事中碰到的那一位。在这些故事中,可以看到赫耳墨斯的行事符合宙斯赋予他的职责。

二、传达

"传达"(transmit)是"发送或传送"某种可以触摸或不可触摸的事物,从一地或一人到另一地或另一人。传达从而可能涉及简单的口头或书面的言辞或想法的移动,如图像从发出者到接收者,也涉及更具实体性的物理对象。在所有其不同形式中,赫耳墨斯是召唤来"传达"这些事物的神,包括在奥林波斯神界和有死者的尘世之内和之间。的确,赫耳墨斯作为"神圣的言辞传达者"的身份最广为人知,或许是靠他最常用的头衔——信使。但另有几个领域和活动,涉及在各派间传送命令、指导或物品,就像我们将要看到的那样,赫耳墨斯也参与其中。

诸神的信使,宙斯的传令官

赫耳墨斯是诸神的信息递送者,这一点毋庸置疑,因为,确认甚至称呼他的两个头衔都说明了这一点:他堪称**安盖罗**

斯·阿塔纳同（*Angelos Athanatôn*/Ἄνγελος Ἀθανάτων）（"不死者或不朽者的信使"，这里说的"不死者或不朽者"就是"永生者"，或更简洁地说，他们就"属于诸神"），或**安盖罗斯·玛卡龙**（*Angelos Makarôn*/Ἄνγελος Μακάρων）（"有福的信使"，这里说的"有福者"就是诸神）。事实上，第四首《荷马颂诗》开篇称呼他为**安盖罗斯·玛卡龙**（*angelos athanatôn eriounios*/ἄγγελος ἀθανάτων ἐριούνιος）——"诸神疾行的（或"仁慈的"）信使"（3）。差不多1200年后，诗人瑙诺斯在其《狄奥尼索斯传奇》（*Dionysiaca*，3.433）——一部48卷的伟大史诗——仍然能够称赫耳墨斯为**安盖罗斯·阿塔纳同**（*angelos athanatôn*/ἄγγελος ἀθανάτων），并且他的读者重视这个头衔。①

这个诗化绰号符合我们已然指出的赫耳墨斯的先天能力：如果说在《荷马颂诗：致赫耳墨斯》中关于这位神揭示了一点，那就是他对口头言辞的掌控。无论是说些让龟放松警惕的话，还是提供一个措辞谨慎的誓言，或是即兴创作一首关于他父母的爱情故事的歌，或是一首同样发自内心的颂诗来荣耀位列宙斯治下的诸神，赫耳墨斯都是一位对语言及其运用有先天理解

---

① 在此绰号前所使用的唯一标识，颂诗诗人称其为"牛羊成群的居勒涅和阿卡迪亚的主人"（2），显示歌者要讲述的这位赫耳墨斯的故事，与其他和这位神诞生在忒拜（Thebes）或塔纳格拉（Tanagra）有关的故事不同。

的神，这与他作为一个符号制作者和解读者的天赋是一致的。这的确一点也不让人惊奇，奥林波斯诸神，按宙斯的建议，接纳赫耳墨斯为他们的官方信使。荷马和几首《荷马颂诗》的编写者知道他在天神中拥有此荣誉，他甚至也以此能力服务下界诸神哈得斯和佩耳塞福涅（Persephone）。

所以，尽管在荷马《伊利亚特》中，的确是伊里斯充当了宙斯的信使，但也可以看到赫耳墨斯按照宙斯的目的以其他方式与有死者交往，在《奥德修纪》中，赫耳墨斯作为世界统治者的官方发言人的角色完全得到确立（图2.1）。所以，荷马

图2.1："赫耳墨斯、宙斯和伊里斯"，柏林画匠，纪元前5世纪早期（"Hermes, Zeus and Iris", Berlin painter, early fifth century BCE. Musée du Louvre, Paris, France / (Herve Lewandowski) © RMN-Grand Palais / Art Resource, NY）

的听者绝不会奇怪,游吟诗人会报告说,宙斯在诸神大会现场叫响他"亲爱的儿子"赫耳墨斯,一开始首先提醒他"有时候是我们的信使"(*angelos*/ἄγγελος, *Odyssey*, 5.29),宙斯进而要求他现在"发布"他的神圣指令——诸神一致同意此指令(5.30)——给女神卡吕普索(Kalypso),要她释放奥德修斯。赫西俄德在其《神谱》中使用诗化绰号"荣耀者"(*kudimos*/κύδιμος)来描述赫耳墨斯,他认为这位宙斯和迈娅之子还有一个官方头衔:"不朽诸神的传令官(*keryx*/κῆρυξ)。"(*Theogony*, 938—939)①

根据这两例,似乎术语"信使"和"传令官"只是命名同一职分和与之相关的活动的两种方式——确乎如此,这两种职分常常被混为一谈。然而,认识到它们之间的区分关系重大。简而言之,任何人都可以充当信使:全部要求只是个体有能力将某种信息由发出者传送给接收者。所以,在前5世纪的雅典悲剧中,我们看到"信使"角色由一众人物担任,从奴隶和牧羊人,到保姆和贵族。有时候,会要求这些形象递送一条特殊信息,通常情况下他们不过就是传递消息的人,用他们的话向不知情者提供关于已发事件的信息,很可能会对他们的听者的

---

① 由于区分史诗、抒情诗、悲剧和喜剧的格律要求,有时候必须使用 angelos 而非 keryx,即使承担宙斯官方发言人任务的是赫耳墨斯。相反的用法也称赫耳墨斯是 keryx,但显然不承担传达宙斯的"官方"信息传达任务。

生活产生或好或坏的影响。所以,当赫耳墨斯充当两个或多个神之间的信使时,他仅递送信息发出者想让他者知道的信息,而那位神(无论出于什么原因)不能亲自递送此信息。①

与此完全公开报道个体交流或某一重大事件形成对照,"传令官"这个术语是城邦官员头衔,赋权以城邦首脑名义说话,由官方派遣,一字不差地递送官方言辞。传令官的派出者的所有权威,都赋予了递送其言辞的传令官。这意味着,当赫耳墨斯抵达并按其作为宙斯传令官的权能讲话时,其听者要明白他们就是在听宙斯自己说话,并期待他们像回应宙斯那样作出回应。对赫耳墨斯与宙斯之间的这种关系,神话著作家托名阿波罗多洛斯有表述(*Bibliotheke*,3.115.7—8),他指出宙斯将赫耳墨斯确立为自己的(*eautou*/ ἑαυτοῦ)传令官和下界诸神的传令官。意思是赫耳墨斯是唯一受到认可,在上界和下界之间得以传送物事的神(*Hymn to Hermes*,4.57—63)。鲍萨尼阿斯也承认此职位的重要性,他记载说(8.32.4.11)赫耳墨斯是宙斯的"使节"(minister);换句话说,他是一位关切宙斯之关切的神。我们很难认为,有"外交大臣"头衔的政府官员是国家管理中

---

① 关于雅典悲剧中信使的更多内容,参见 Barrett 2002。伊里斯(这个术语也指虹)作为宙斯的信使与古代以色列对虹作为上帝的信息的理解之间的有趣对应——这是一种提醒:上帝不会再在地上发洪水。

一个不重要的人物，我们也不会认为，赫耳墨斯在他父亲的宇宙运作和维持中是一位低级的神祇。①

正因为他具有宙斯的官方代表之权能，赫耳墨斯才在《荷马颂诗：致德墨忒耳》中如此与哈得斯打交道：当其他神无法说服德墨忒耳释放她的愤怒，并放弃她阻止任何植物生长的计划时（332），宙斯派遣赫耳墨斯去"说服"下界之神释放德墨忒耳的女儿佩耳塞福涅，让她回归地上。赫耳墨斯当然按要求行事，随后又充当佩耳塞福涅的官方护卫，陪同她回到等待她的母亲跟前。为纪念赫耳墨斯在德墨忒耳的女儿返归过程中发挥的作用，赫耳墨斯和雅典王凯劳普斯（Kelaops）的一个女儿的儿子凯吕克斯的后裔，为实施厄琉西斯秘仪的一个非常重要的职位提供了人员。这个家族被称为凯吕克斯家族（Kerykes，意为"传令官"），再合适不过了。也正是凭借其作为宙斯传令官的权能，赫耳墨斯将神锻造的国王权杖，从宙斯手中递送到了有死者伯罗普斯手中（*Iliad*, 2.103—104），表明这个家族的领袖在地上的诸王中具有至上权威。赫耳墨斯的传令官地位，也受到纪元 2 世纪罗马讽刺作家路基阿诺斯（Lucian）的重视，他让赫耳墨斯在诸神大会上充当宙斯的传令官，赫耳墨斯受遣

---

① 在此值得强调，在具体说明宙斯和下界诸神时，排除了其他奥林波斯神：暗示没有其他奥林波斯神有此权威彼此发布无可置疑的命令。

召集诸神出席一次紧急大会，鉴于越来越多古老的异邦神祇乃至全新的神正在被引入希腊。路基阿诺斯还派遣赫耳墨斯作为宙斯的官方发言官，来接洽人格化的"哲学"（Philosophy），后者在《逃亡者》（*Runaways*）中对那些时髦的骗子哲人提出了指控。①

赫耳墨斯在人世的对应者，人类的传令官，侍奉其共同体的统治者（或诸统治者）的权能，与赫耳墨斯侍奉宙斯的权能类似，从荷马和赫西俄德记得的最早的时代开始就是如此，此后数世纪也是如此。我们看到荷马史诗中的传令官履行官方职责的两种特殊作用，在这一时期继续由出自讲希腊语的城邦各地区的传令官来发挥：这就是在公民大会上召集和监督发言，并发布开战和终战的命令。②

在荷马史诗中的公民大会的语境中，有权对某个人说话的正是传令官：每当有人在公民大会前起身想对他们讲话时，会由传令官递给他权杖。这种容许某人发言，与拒绝向他人发言来平衡，再合适不过了。但在任何人能够在这样的集会上起身发言之前，出席者必须保持静默，而提醒他们注意正是传

---

① 关于凯吕克斯在秘仪中的重要性，参见 Clinton 1974, 1979, 2004；关于厄琉西斯秘仪的形象化，参见 Leventi 2007 和 Harrison 2000。
② 并非唯此两种处境，一位传令官在其中代表统治者履行义务。传令官扮演重要角色的其他领域，将在考察赫耳墨斯与交易时讨论（第四章）。

令官的作用。在《伊利亚特》中我们看到，雅典娜假扮成传令官，并让吵闹的众人保持静默，使公民大会恢复秩序（2.279—282），因为她对此处境有既定的兴趣，并希望议程顺利推进。①

我们也发现人类的传令官出现在另一处境中，人类在此集会，不是为了作出决定，而是为了实施已作出的决定：当一支军队进入战场，双方之间会设立一个传令官作为代表出现在参战将士中间，准备好发布开战，也同样准备好决定何时败局已定。他们还有权宣布战斗结束，并请求允许从战场上收集己方的战死者。在和平时期和战时，传令官也充任利害关涉城邦双方官方谈判者的护卫，从而协助他们调节潜在冲突，或就解决现有冲突的条件达成协议。统治者及其共同体十分信任他们的官方传令官（们），因为他们为了共同体的利益履行责任，正是在神圣的传令官赫耳墨斯的佑护之下。如此一来，当他们履行职责时，他们的人格被认为神圣不可侵犯，承认他们在递送重要信息或执行公务方面有不可侵犯的地位。的确，这些充

---

① 在此，不是阿伽门农（Agamemnon）本人向众人发言，而是奥德修斯向众人发言。尽管如此，他的话与阿伽门农的话有同样的效力，因为奥德修斯持有他的权杖（skeptron），当他发出指令时（2.279）。这算是一例，孟迪（Mondi 1980: 208）指出有三例。王将他的权杖交给另一位发言人，只有当这位王本身的权威被置于发言人的话语中时，王传递权杖的其余两例，涉及传令官充当这位王的代理人和"正义（诸义中有一义是审判）的分配者"。

任官方传令官的人是如此神圣，以至于故意杀害他们要判处死刑。①

甚至当雅典人采用了民主制而非王政或寡头制后，他们也不能废除这种重要的传令官职位。当雅典传令官发话时，代表在公民大会上作出决议的公民们集体的声音。而且，尽管雅典人有一个首席大法官，传令官也不是"他的"代言人。宙斯与作为其官方发言者的赫耳墨斯的密切关系，没有被首席大法官继承。极为重要的是，虽然雅典拒绝一个人的统治而偏爱多数人的集体统治，但他们也未废除传令官的职务，而是保留他作为多数人的官方代言人。所以正确说来，对于前5世纪的雅典人而言，他们的传令官就是"雅典人的传令官"。

虽然对于雅典人来说事实确乎如此，但在希腊古风时代以六音步长短格创作的诗歌中，将赫耳墨斯称为"诸神的传令官"也是极为罕见的，但也不是没有听说过。的确，这样的称呼在赫西俄德那里只出现过两次，而在荷马那里根本没有出现过。不过，按照诗化的说法，称赫耳墨斯为"诸神的传令官"是有一定逻辑合理性的，因为宙斯的任何法令都需要其他奥林波斯神的合作：宙斯代表所有神讲话，而赫耳墨斯作为其传令官承

---

① 鲍萨尼阿斯（3.12.7）论及对杀了大流士王（King Darios）派遣的两位波斯传令官的那些人的惩罚；讨论参见 Sealey 1976。

担使命时像宙斯那样讲话。虽然如此，这个绰号与短语"所有诸神"一起使用的情形相对罕见，这表明人们希望尽可能避免这样配合使用，也强调了一个信使的形象与一位传令官的形象之间的概念差异。①

在其他诗体中，赫耳墨斯作为宙斯的神圣传令官，较其作为信使的地位更常得到认可。所以，我们发现有时候称其为"诸神的传令官"，如在品达《奥林匹亚颂歌》（*Olympian*，6.31—32）这首庆祝奥林匹亚赛会优胜的凯歌中。在此语境中涉及赫耳墨斯并不令人惊奇。无论是公民大会上的争辩、反击敌人的战斗，还是在体育竞赛中的艰苦获胜，赫耳墨斯通过其在有死者中的代表，都在一定程度上是作为宙斯的代表。有死者中的传令官是希腊体育竞赛中每次宣布获胜的人，因为据信，正如宙斯扶持政治舞台上的赢家，他在追求技巧、速度和力量的竞赛中亦复如此。在老斐洛斯特拉图描述一幅画上描绘的赫拉克勒斯在与安泰奥斯（Antaios）摔跤获胜时（*Imagines*，2.21），不惜笔墨指出，画中的赫耳墨斯形象赶到现场为优胜者赫拉克勒斯戴上桂冠：这符合要他获胜的神的意愿，而赫耳墨斯作为

---

① 根据一位被称为"训诂家"（scholiast）的人对品达《涅眉颂歌》（*Nemean Ode*，2.16）中一行诗的注释，赫西俄德在《天象》中称赫耳墨斯为"诸神的传令官"，这部史诗如今仅存残篇；在"残篇一"中可见到这则注释。

传令官，以其介入活动切实确认了这场胜利的合法性。①

尽管赫耳墨斯作为信使和传令官的职分很重要，在悲剧中两者均未受到广泛关注。譬如，在其传世剧作《乞援人》（*Supplices*，920）中，埃斯库罗斯让一个埃及传令官声称，赫耳墨斯是他的"保护人"（*proxenos*/πρόξενος），也就是他在外邦的官方保护人，大概因他们共享传令官地位，亦如欧里庇得斯，在其名为《祈愿妇女》（*Suppliants*）的剧作中，称赞赫耳墨斯为世上传令官的保护人（121）。涉及这位神在奥林波斯众神中的其他角色情形，就要常见得多。在阿提卡喜剧中，情况发生了反转：阿里斯托芬显然重视赫耳墨斯兼具诸神的官方传令官和更为一般的信使的地位，他在《和平》（前424）和二十多年后的《财神》（前388）中将其塑造为一个角色。甚至《奥耳弗斯颂诗28：致赫耳墨斯》（*Orphic Hymn* 28 *to Hermes* 1）的创作时间，可能早在纪元前3世纪或迟至纪元3世纪，创作它的诗人也保持了赫耳墨斯作为宙斯的一位信使的地位。这段时期稍晚（纪元1世纪），基督教护教士俄里根（Christian Apologist Origen）在嘲讽对奥林波斯诸神的信仰时，也能够假定他的听者

---

① 埃斯库罗斯一部失传的悲剧《波特尼亚的格劳孔》（*Glaucus of Potniai*）在一首由歌队献唱给这位神的颂诗中，称这位神是"宙斯的信使"（*Angleos of Zeus*）；参见 Henderson 2008：270—271。

熟悉赫耳墨斯作为宙斯的发言人的角色,他写道:"喜剧诗人在舞台剧中搞笑说,宙斯唤醒和派遣赫耳墨斯到雅典和斯巴达人那里去。"(*Against Celsus*, 6.78.6—8)这里,他嘲笑的真正对象是"异教"至高神,当战争在地上肆虐时,竟然还能睡得着觉。纪元2世纪的讽刺作家路基阿诺斯在他的六首讽刺作品中,幽默地使用了赫耳墨斯作为神的传令官的地位,甚至在其《诸神大会》(*Assembly of the Gods*)中用上了雅典传令官向公民发出邀请时的确切言辞。①

考虑到这种广泛而又长久地对赫耳墨斯作为神的传令官和信使的认识,英雄时代结束以后,再也没有过他给有死者带来信息的故事,就更令人惊讶。除了第四首《荷马颂诗》中赫耳墨斯与老人相遇,他也没在任何传奇故事中直接对有死者说过话。颂诗中叙述的这两次相遇,都发生在他被官方认可为神并融入统治家族之前。当他被接纳进入奥林波斯诸神之列,并且等英雄们全部逝去,赫耳墨斯与有死者的交往,似乎变得更

---

① 在《被缚的普罗米修斯》(*Prometheus Bound*)这部归于埃斯库罗斯的剧作中,赫耳墨斯作为宙斯的官方代表出现,带给主人公一项警告,要他温和一点,并且告诉宙斯他想知道什么,是否将受到更严厉的惩罚:普罗米修斯辱骂赫耳墨斯,称他不过是宙斯的"马屁精"(966)。关于路基阿诺斯的说法,亦参见 *Downward Journey*, 23; *Lives for Sales*, 1—2, 12; *Runaways*, 26; *Tragic Zeus*, 6; *Twice Accused*, 4。

为隐秘，通过解释符号和看似"巧合"的事件，显得只具有"事后"之特点。有鉴于此，要说我们没有证据可以证明赫耳墨斯作为一位**向有死者**传达神圣旨意的信使受到崇拜，就没有什么好奇怪的。可是，赫耳墨斯的确作为神圣的信使受到了崇拜，就像他在有死者中的代表，在每一次献祭中都有一分收获——动物的舌头！事实上，"传令官的舌头"这个说法，变成了一种司空见惯的表达，既可以指献给作为群体的神圣保护者的一份祭品，也可以指留给祭祀中专设的人类传令官的一份祭品。除此之外，赫耳墨斯似乎并未作为宙斯的传言者受到崇拜。①

我们确有赫耳墨斯与有死者"隐秘"和间接交往的一个例证，他因此在亚该亚的帕莱（Pharai in Achaia）受到崇拜（*Pausanias* 7.22.3—4）。在那个镇的市场（字面意思是"聚集地"）中间，有一个赫耳墨斯神示所，涉及相当奇特的预言传递方式，称为**随机言语占卜**（*klêdônomancy*）。这个地点不难找到，因为它以赫姆石柱型的赫耳墨斯雕像为标志，其崇拜头衔是告密者（*Psithyris*/ψίθυρος）。询问者傍晚时分到这位神这里来，在圣石上焚香，为灯装满油，点燃它们，并在神坛上放一枚钱

---

① 譬如，参见 Aeschylus, *Agamemnon*, 515; *Choephori*, 165; Aristophanes, *Peace*, 1060; *Birds*, 1705。"语言"奖赏的证据非常不清楚：参见 Kadletz 1981，他的一项论证否认将语言分配给了传令官和祭司，亦请比较 Gill 1991。

币，在这位神耳旁悄声说出他寻求的答案。然后，询问者立刻捂着耳朵离开市场，直到市场之外才把耳朵露出来。当他露出耳朵时听到的第一句话，就被认为是询问者的问题的答案。这差不多就像赫耳墨斯要求他的询问者成为像他自己那样的解释者——本来有意对另外某人说出的话，被询问者偶然听到，从而认为对说话者不认识的这位听者具有意义。①

梦的指引者

如若话语对不同的听者意味着不同的事情，我们就不应奇怪，我们在梦中见到的形象也要求某个解释者协助解答。《荷马颂诗：致赫耳墨斯》（4.14—15）清清楚楚地告诉我们，赫耳墨斯是"梦的指引者"也是"守夜人"，这很可能意指，赫耳墨斯涉及另一项预言事业，这超出了颂诗中他的兄长所承认的那些。在《伊菲革涅亚在陶洛人里》（*Iphigenia among the Taurians*，1234—1283）中，悲剧作家欧里庇得斯让他的一位角色叙述了一则传奇，涉及阿波罗对德尔斐神谕之地的恶意接

---

① 乌西纳（Usener 1904: 166）辩称，我们应将赫耳墨斯这里的头衔理解为"听耳语者"，似有鉴于小声说话的是询问者而非这位神。这种说法遭到驳斥，见 Brown 1969: 16。

管,特别指出,作为回应,盖娅开始通过从下界传梦来发布预言(1234—1283;亦参见 Odyssey,24.12)。阿波罗向宙斯抱怨,她侵犯了他的预言特权,他的父亲据说制止了盖娅的活动,可是,这就引出了一个问题:据说由赫耳墨斯指引的梦,如果不是来自盖娅,又是来自谁?或许,有一段时间,在阿波罗抱怨之前,赫耳墨斯以另一种方式协助获取对神意的洞见。同样,赫耳墨斯在梦的传送中发挥这样的作用也有一定的逻辑,因为他是唯一有官方授权,可以跨越上层生者的世界和下界之间的边界的神。或许,这正是佩阿克斯人(Phaiacians)的领袖为了他的人民,在睡觉前崇拜"目光锐利的阿耳戈斯弑杀者",将当夜最后一次奠酒奉献给赫耳墨斯的原因(Odyssey,7.136—138)。[①]

《奥德修纪》也告诉我们,下界有两道梦可以穿越的门:一道由象牙凿成,另一道由犄角刨成。从第一道门出来的梦毫无意义,但从第二道门穿出的是真实的梦,也会应验(19.562—567)。这里没有谈及对梦的引导,但佩涅洛佩重述这个神奇故事的语境,无须梦从 A 点到 B 点的机制来呈现:所强调的事实是,只有某些梦将应验。但如佩涅洛佩自己所表明的那样,确定某人的梦的真假并非易事,往往需要一位解梦者发挥作用。

让我们惊讶的是,纪元 2 世纪一位名叫阿耳忒弥多洛

[①] 对于赫耳墨斯与梦的关联的研究,参见 Brillante 1990。

斯（Artemidoros）的著作家写了一部五卷本文集，叫作 *Oneirokritika*/ονειροκριτικά（《论解梦》），让读者（或听者）知道梦中的不同要素可能意味着什么。在这部书中，当赫耳墨斯在梦中出现时，他不是梦的指引者，而是一个需要解释的形象。根据阿耳忒弥多洛斯，如果赫耳墨斯出现，对于某些职业而言，就是好兆头，正如对于那些研究雄辩术的人，或那些担任体育教练的人，还有对于那些旅行者（2.37.85—95）。如鲍萨尼阿斯报告的那样（10.32.3），当赫耳墨斯，还有赫拉克勒斯和阿波罗，出现在梦中时，对于地处弗基斯（Phocis）的城邦忒弥索尼昂（Themisonion）的行政长官而言最吉利，从而向他们表明，到哪里去找一个山洞，好让人民隐藏以躲避高卢人（Gauls）的入侵。所以，似乎可以得出合理的结论：尽管欧里庇得斯剧作中报告了预言性质的梦的终结，但仍然可以认为，夜间的异象有可能预示未来，也有人会认为，那些做了一场特别生动的梦的人，还是完全相信赫耳墨斯发挥了作用，并为他们引来的这个梦，即便这位神并没有出现在梦中。①

---

① 他对那些从事进出口和度量衡的人也是好兆头（参见本书第四章），但对病人是负面兆头（参见本书第五章）。

HERMÊNEUS 或 HERMÊNEUTÊS

尽管赫耳墨斯自己也许不是梦的解释者（一般而言，或在阿耳忒弥多洛斯的解梦指南中），但肯定要承认他是神圣的解释者，然而，只有在罕见情况下，赫耳墨斯才将宙斯的话直接告诉有死者，可当他这么做的时候，他还必须充当"翻译者"（translator）或"解释者"（interpreter），这是对希腊语术语 *hermêneus*/ἑρμηνεύς 或 *hermêneutês*/ἑρμηνευτής 之含义的两种理解。或许，普罗米修斯的诡计的一个负面影响是，由于人类语言的变化而失去与诸神交谈的能力：对于某些事情，诸神对有死者有不同说法。这一点在《奥德修纪》中有所揭示（10.305），说的是奥德修斯受赫耳墨斯指引，用了一种诸神称为"茉吕"（moly）的植物，可解女妖基尔克（Kirke）的魔力。如克莱注意到（1972：131），在荷马史诗中，至少有五个不为人所知的词语，这个证据"证明诸神拥有一种语言，要比有死者的言语更充实和更丰富，也清楚表明人神所能理解的事物之间界限分明"①。

---

① 参见克莱（Clay 1972）对诸神与有死者的语言之差异的讨论，她就神的话语给出了五个术语：**神酒**（*nectar*/νέκταρ）、**神食**（*ambrosia*/ἀμβρόσια）、**灵液**（*ichor*/ἰχώρ）、**漂石**（*Planktai*/Πλαγκταί）和**茉吕**（*moly*/μῶλυ）。

柏拉图，这位苏格拉底最著名的弟子，在一篇名为《克拉底鲁》（*Kratylos*）的对话中就"赫耳墨斯"这个名字开玩笑，试图解释名与实之间的关系。其中苏格拉底的说法是：

> 但我倒是认为"赫耳墨斯"这个名字关涉言辞，表示一位解释者（*hermêneus*/ἑρμηνεύς）、一位信使、一个在言辞上有欺骗性的人、一个贼一样的人，还有在市场上做生意的人，这样的职业活动都对言说方式有影响。所以，如我前面提到的那样，"*eirein*/εἰρεῖν"真正的意思是言辞的运用，甚至荷马也在很多地方提到"*emêsato*/ἐμήσατο"，意思是"他谋划"（he contrived）。那么，从这两个词出发，立法者规定了这位神的名字，是他为我们发明了语言和言辞——*eirein*/εἰρεῖν意思是"说话"（speak）；说的是"君子人啊，一个谋划言辞的人，就可以正确地称其为Eirhemes/Εἰρέμης"。如今我们设法美化了这个名字，叫他"赫耳墨斯"。
>
> （*Kratylos*，407e6—408a1）

当苏格拉底本人试图成为一位"解释者"来解读符号和创造神的时候，他就用他那套词源学关联来戏说，就像赫耳墨斯自己在第四首《荷马颂诗》中斜视和眨眼一样。这的确是最早也是唯一提及赫耳墨斯的身份是一位"解释者"的文献。我们必须等待一位注释家评注荷马的《伊利亚特》(5.385),在我们再次发现赫耳墨斯与此职分的直接相关之前,但在这一点上,这位评注家很可能会更多利用他对柏拉图《克拉底鲁》中苏格拉底的玩笑话的了解,而非关于赫耳墨斯作为此头衔拥有者的任何确定的知识。

但是,赫耳墨斯与制造和解释符号的密切关系,在第四首《荷马颂诗》中言之凿凿,也获得了阿波罗的肯定,所以阿波罗认为将较不重要的蜜蜂侍女(Bee-Maidens)的占卜活动交给其是合适的(552—567),她们的行为某种程度上模拟了鸟占,这是对他不能与其最小的兄弟分享德尔斐的预言之神头衔的一种(诚然很贫乏的)补偿方式。按此,也赋予赫耳墨斯鸟占的主宰权是非常有道理的,考虑到它们能为有死者提供符号,指示阿波罗将如实回应那些服从鸟占的人。我们也有疑惑,虽然诗人这里并未清楚表明,解读鸟占符号是不是阿波罗获得德尔斐神谕主宰权之前就在行使的部分预言技艺,但让赫耳墨斯来监督解释这些占卜符号的人,其实是让赫耳墨斯在与他的圣地有关的预言技艺上发挥作用。因为,按照阿伦和希克斯(Allen and Sikes 1936)猜测补充这里显而易见的文本空白,阿波罗也告诉赫耳墨斯,并非所有鸟类都可以充当神意的鸟占信使(544)。

毫不奇怪，雄鹰是宙斯的圣鸟，它的叫声和在宙斯两旁的活动，被认为传达了主神的隐晦信息。第四首《荷马颂诗》描绘了阿波罗正茫然不知该去何处找偷他的牛群的元凶，突然他看见一只"长着长翼的预兆之鸟"在飞翔，就认识到这是一个征兆：偷牛贼是宙斯的一个孩子（212—214）。他之所以能认识到这一点，是因为他知道这只长着长翼的鸟是一只鹰，是他父亲的鸟类"象征"。这种对"预兆之鸟"的失察，当然最适合一位自己变得"像鸟一样的"神，当他穿上他有翼的靴子，从奥林波斯山起飞时。但这尤其适合于一位作为符号的交流者和解释者的神。后来在这首颂诗中，当阿波罗和赫耳墨斯成了朋友之后，阿波罗将掌控充当某一位神的鸟类象征的鸟类的权力传给了赫耳墨斯。

一则非常晚近的出自纪元2世纪的传奇报告说，赫耳墨斯有能力将有死者变成鸟，让它们充当给其他有死者的预兆（Antonius Liberalis, *Metamorphoses*, 21），但涉及这则故事的文献仅有此一种，我们没法知道这是赫耳墨斯的权力后来的一项扩展，还是他一开始就有的权力。但要是认为赫耳墨斯掌控着鸟类本身，那就不对了；也就是说，他并不主导它们的叫声，而是掌控着那些任务是正确解释鸟类象征的人，那些预言家，他们的专门称谓是 *ornithomancers*："鸟占先知"。这种职分当然符合赫耳墨斯的先天能力，包括他的传授能力。①

教师

如果相信赫耳墨斯是将"鸟占"知识传给人类的神，那么，要说赫耳墨斯是他们的 *didaskalos*/διδασκαλός，他们的"教师"，就是正确的。赫耳墨斯与传授的关联，还不止与**鸟占先知**的关系。如前文指出的那样，赫耳墨斯发明七弦琴时所做的第一件事，就是为庆祝自己的诞生而唱了第一首赞美"颂诗"。但这并非他的第一首"颂诗"。在赫耳墨斯给龟的欢迎辞的整体形式中，能够看到赞美颂诗本身的一种模式。首先是欢迎辞，紧接着是

---

① 关于给予赫耳墨斯的预言方法是一种从前在德尔斐使用的抽签神谕（lot-oracle），还是颂诗中的"蜜蜂神谕"，仍有争议，后一种预言方法似乎涉及解释蜜蜂的"嗡嗡声"或飞行模式。参见 Robbins 1916 关于此争议的最早陈述。赫耳墨斯对某些鸟类的主宰，基于有些编辑对包含颂诗的一部分有损坏的手稿的评注。文本中有两处脱漏（此处几行文字貌似脱落了）。20 世纪最早期的希腊文本编辑者相信，有一处脱漏正是行 567 中所承认的赫耳墨斯的其他职分，所以，他们增补了两行，其中赫耳墨斯也负责管理天空中这些有翼的信使，如 Allen, Halliday and Sikes 1963，他们保留了 1904 年认为有脱漏的猜测。所建议的亡轶诗行，尚未被最近的新版本的编辑和译者所接受（West 2003：158—159）；进一步参见 Richardson 2010：222—223，这位最近的英语评注本的编者，反对所有脱漏的猜测和由此暗示赫耳墨斯负责管理鸟占和那些解释它们的叫声和运动的人。

一系列绰号,接受者在世上和在《荷马颂诗》中的重要性由这些绰号得到揭示。接着是乞求和回报承诺,在颂诗结尾的程式中我们能看到这些内容。①

第二天,赫耳墨斯试图安抚愤怒的兄长,他看到他的两头牛的皮摊开在石头上,就打算把赫耳墨斯用牢固的柳藤捆起来(《荷马颂诗:致赫耳墨斯》,403—410),这位心思敏捷的神马上奉上新做的竖琴,然后开始唱世上第一曲神谱(423—428)。作为诗人的赫耳墨斯,不仅告诉我们,他的歌源始于摩涅莫绪涅("记忆")——神圣缪斯的母亲(429—430),还告诉我们,他这么做是因为他是她的追随者。换句话说,赫耳墨斯的心智有记忆能力,这让他成了最佳选择:作为必须一字不差地重复宙斯的话或在双方之间准确传达信息的神。但这也让他成了"天然的"导师,从而成了一位监督与学习有关的人员和场所的神。他甚至表现出对教学有这种天资,当他教导兄长如何正确演奏竖琴时,以奏出最宜人的乐音(475—488)。②

照此看来,并不令人惊奇的是,对于雅典人——我们对此群体掌握的信息最多——而言,赫耳墨斯成了在正式场所

---

① 后来,如我们将看到的那样,赫耳墨斯进而不仅设立了宴会的仪式构成和其他 xenia/ξένια(主客关系)的方方面面,甚至确立了赠予礼物的时机。
② 鲍萨尼阿斯(9.5.4)知道一则传奇,赫耳墨斯在其中还教安菲翁(Amphion)如何演奏竖琴。

gymnasion/γυμνάσιον（**体育场**）和 *palaistra*/παλαίστρα（**竞技场**）上监督教育和训练年轻男孩和青年的三位神之一。如其名称所示，这两处空间密切关联身体训练（见第三章）；可是，古希腊人并不截然区分身体教育和心智教育：后者是前者的根本所在。这特别可由青少年正规教育中给予音乐和舞蹈的重要性得到证明。

若一位青年的教育进而超越了学习通常所谓的"三R"——读（reading）、写（[w]riting）和算（[a]rithmetic），就可以教他**音乐**（*mousika*/μουσικά）和**体操**（*gymnastica*/γυμναστικά）。*Mousika*/Μουσικά（**音乐**）所涉及远不止学习演奏一件乐器，尽管这是音乐训练的重要方面。一位青年也要教他歌唱和记诵不同诗人的各种诗体的作品。其中最重要的是学习背诵大部分（或全部）荷马的《伊利亚特》和《奥德修纪》。此外，因为诗艺涉及格律（或节奏），还要教他舞蹈，尤其放在一个同步舞组中。学习在队列中起舞、歌唱和表演一样弦乐器，是城邦宗教崇拜和节庆所需之技能，也是融入城邦青年群体的技能；然而，与今日的音乐教育不同，年轻学生必须靠耳朵来学习音乐，而非靠书面课本辅助。通过学习不同音乐和竖琴演奏风格，从而有能力在表演中为自己或某人伴奏，一位青年就获得了参与和推进雅典社会实践的一个极为重要的部分。①

在赫耳墨斯、赫拉克勒斯和爱若斯确立为官方主宰体育场的神之后一个世纪中,诗人卡利马霍斯(Kallimachos)能够写下"我们要求在学习赫耳墨斯的馈赠时充满热情"(*Iambi*, Fragment 21),明确承认赫耳墨斯在通过理解获取知识过程中的作用,这意味着这种来自赫耳墨斯的祝福将获得他的听者和读者的认可,视其为要从这位神那里求得"天然的"好处。可能与卡利马霍斯同一时代,十二行诗《奥耳弗斯颂歌28:致赫耳墨斯》中,歌者赞美赫耳墨斯有大量技艺,随后祈祷:"请听我唱,赫耳墨斯……种种话语……这可怕的武器就是有死者敬畏的舌头……请听我祈祷,请赐予言辞和记忆的恩典。"(行1, 8, 10, 12)

赫耳墨斯与获取知识的关联,甚至与智慧的关联,从卡利马霍斯的希腊化时期直到罗马帝国时代,似乎变得越来越稳固。当斐洛斯特拉图这位用阿提卡希腊方言写作的第二智术派著作家,谈到寻求智慧的那些人时,会写下这样的文字:

其他很多人来向赫耳墨斯求取同样的东西[也为他奉上丰

---

① 我们知道,斯巴达也非常看重他们的年轻人学习背诵(或歌唱)他们极为崇敬的诗人们的作品,尽管我们没有证据可以证明,创作技能也极受重视。

富的礼物]……在指定分配智慧的那一天他们来求他,由于赫耳墨斯是雄辩、博学和益智之神,对于奉献毫无疑问是最大的那一位,他说:"你可以拥有哲学","你可以在演说家中获得一席之地",这是他对第二慷慨的那一位的说法;"给你的领域是天文学","给你音乐","给你英雄史诗的格律","给你短长格。"

(*Life of Apollonius of Tyana*, 5.15.1—2)

我们在这里注意到,除了支持赫耳墨斯作为一位负责分配智慧给有死者的神,表明在天生敏感与从这位神那里获得知识相关的尊重之间也有一种关联:那些天生有心为他奉上更大和更多有名礼物的人,收获了最高等级的理智能力作为回报!但也恰恰有一个问题:我们的著作家并不非常看重他那个时代的哲学家或演说家,这显示他并不非常看重这位支配这些技艺的神。可是,虽然这里有一种调侃意味,但作为一种相信是由赫耳墨斯监督分配的技艺的评说,其重要性显而易见。

修辞家(演说家)

斐洛斯特拉图的评说,即便没有将我们引回到全部交流方式,也引回到了大多数交流方式,特别是口头话语。所以,在斐洛斯特拉图列出的由赫耳墨斯所赐赠礼中,包括一群人,对他们的尊重冷热参半:这群人就是演说家。如这位著作家相当靠后的文本证据所显示的那样,在2世纪的罗马帝国,赫耳墨斯已然完全确立为演说家和其他口头技艺之神。但我们也有证据证明,他与演说术的关联至少可以追溯到纪元前4世纪的雅典,甚至更早。在柏拉图的作品中,这位前文提到过的生活在纪元前300年代早期的苏格拉底的弟子,对赫耳墨斯的名字提供了词源学解释,将他与从事"解释"和"所有这种通过言辞来产生影响的职业"密切联系起来(407e),这就将演说家置于由赫耳墨斯保护的那些人之列了。故而,毫不奇怪,凭借其作为演说家的保护神之权能,赫耳墨斯以绰号"洛基奥斯"(Logios)闻名,意为"演说权威"(Luraghi 2009)。赫耳墨斯"天然"属于法律语境,因为,如最近《荷马颂诗》评注家所论(Richardson 2010: 20),这位年轻的神是"说服修辞和片面辩护的主宰"。对赫耳墨斯的这种赞赏如此著名,以至于纪元前1世纪晚期有一个罗马人,名叫小马凯鲁斯(Marcellus the Younger),因以这位神的姿态发表演说而获得不朽声名,被雅典雕塑家克莱奥美莫斯(Klemomemos)誉为"堪比演说权威赫耳墨斯的马凯鲁斯"(Marcellus as Hermes Logios);据说,其雕像站姿依据从前的赫耳墨斯立像,右臂抬起,如讲话时的手势,左臂低垂,披着斗篷。①

在柏拉图著述的时代,很多知识人已然对公开演说者心生厌恶,他们接受了智术师运用口头交流说服训练。就此而言,赫耳墨斯公认的语言技巧和机智,成为怀疑那些接受过演说训练的人在其优美言辞后隐藏着私利动机的原因。但不必以为,赫耳墨斯之于语言运用(和误用)的关系和主宰,只是一种在纪元前5至前4世纪才出现的归于这位神的相对较新的属性。如赫西俄德在前7世纪就完全明了,赫耳墨斯在希腊众神中是语言及其运用的主宰。这就正好将我们引回到我们以之为开端的普罗米修斯的故事,引回到其为了有死的人类而欺骗宙斯的失败企图之后续反响。

在"欺骗"宙斯接受了不宜食用的部分牺牲后,宙斯从有死者那里收回了火,从而使其烹饪美食变得不可能。这导致普罗米修斯为了人类第二次介入,他上到奥林波斯山,从赫菲斯托斯和雅典娜那里盗取了火种。为补偿损失,宙斯决定以牙还牙,为普罗米修斯的兄弟埃庇米修斯(Epimetheus)和其他有死的人类设计一道骗局。他召集诸神为创造第一个女人作出贡献,他

---

① 关注演说和修辞欺骗的一种早期表达,参见 Yunis 1996:94—95。亦参见 Knudson 2012 关于赫耳墨斯的修辞技能的进一步讨论。

特别要求赫耳墨斯给予她思考和说话的能力。赫西俄德告诉我们，赫耳墨斯"这位向导，阿耳戈斯弑杀者，在她的胸中制造出谎言、有害的话语和一种狡猾的本性，以符合震雷神宙斯的意愿"（*Works and Days*，77—80）。尤有甚者，也是为了符合他父亲的意愿，赫耳墨斯给予她语言，然后给予这新的造物名字"潘多拉"（Pandora）（80—82）。到了柏拉图的时代，演说家实际上就像男性版的潘多拉，他们的"魅惑"言辞让人们陷入迷途（至少从这位诗人的视角看）。有鉴于此，如下观察就非常有趣了：赫耳墨斯在引诱性言辞方面的天赋，可以比肩他在竖琴和音乐方面的能力，正如我们能够看到，当阿波罗因赫耳墨斯的歌而充满了欲望时，其方式往往可以归因于精美设计的言辞的情感诱惑：无论在修辞上还是在音乐上，赫耳墨斯都有一种自然而然的言语运用方式，只有通过他精湛的乐器演奏技巧才能强化这种方式。路基阿诺斯在《诸神对话》（*Dialogues of the Gods*，11，14.5—6）中再次极具戏剧性地展示了这一点，其中阿波罗向赫菲斯托斯悲叹赫耳墨斯天生有音乐能力："他的演奏如此流畅和谐，赫菲斯托斯啊，我妒忌得很，要说我练习齐特拉琴也有好多年了呀。"

关于赫耳墨斯语言天资的最后说法，听起来要比他赋予潘多拉能力的故事更令人不快，尽管其文献来源较晚，但肯定符合对赫耳墨斯的语言及其传达能力的已有观察。按照托名许吉努斯《异闻录》(*Fabulae*, 143)中的一则报告, 赫耳墨斯据说是人类所操各种语言的创造者, 结果导致语言群体之间的关系不和破裂, 彼此不能理解引发了怀疑, 进而造成冲突。最后这种观察是由托名许吉努斯下述评论作出的推断: 赫耳墨斯不是有死者的福祉, 可这的确为他创造了一个绝佳的机会, 以展示他作为一位解释者的技巧, 并提供专业服务, 以训练他们在此方面的技巧, 从而让他们有能力通过翻译来解决误识。①

小结

如我们在本章中所见, 赫耳墨斯是希腊众神中伟大的"传达者", 是宙斯为向众神和人类传达自己的要求而精心策划和制造的神。从我们所拥有的最早书面证据, 到纪元 1 至 5 世纪诗人用拉丁语写下的材料来看, 赫耳墨斯的活动以五种头衔进行, 其表现出的活动都与信息传达有关: 传令官、信使、解释者、教导者和演说家。他也特别对在尘世中从事这些活动的人物感兴趣, 有些情况下甚至充当了他们的保护神。此外, 与

---

① 关于往往十分深刻地认为有"真实世界的"和两种或多种语言的解释者的猜想, 参见 Mairs 2011。

赫耳墨斯在递送信息方面的活动相符合，据信他还是梦的指引者；不管这些梦是由盖娅发出，还是来源于奥林波斯诸神，颂诗没有告诉我们这一点。无论如何，此项荣誉有助于丰富赫耳墨斯作为交流之神、宙斯的伟大传达者的**生命履历**（*curriculum vitae*）。

三、转变

《荷马颂诗:致赫耳墨斯》又成了我们考察的起点:这位神在涉及时空中运动的角色和事物的语境中,如何成了被崇拜的主要神祇之一。如颂诗所表明的那样,赫耳墨斯是完美的旅行者,天生有能力找到由 A 到 B 并返回的道路,从而他也有能力指导其他旅行者。然而,颂诗远不是唯一可供考察的证据——在理解这位神涉及与转达有关的生命领域时。与今天一模一样,生命中的运动可称为一段旅程,不同年龄可视为一个人的状态从年轻到年老、从儿童到少年再到成年、从单身到已婚、从生到死的转变节点。对于希腊人而言,赫耳墨斯这位神参与了这些时间性转变中的每一次转变,在某人穿越物理空间旅行时,也指导并且有时候还陪伴他或她。[①]

[①] 处境也许显示,赫耳墨斯涉及将某种无感觉的对象由一人或一地带到另一人处或另一地,译为"递送员"或许更恰当。

神圣的向导

如这首颂诗所表明的那样,赫耳墨斯天生拥有一种能力,可以在世间寻得他的道路而无需任何指导:他诞生后数小时内就离开了他母亲偏僻的洞穴,前往遥远的皮埃里亚而不靠任何协助。找到他寻找的牛群后,他将它们赶回到阿尔佩奥斯河(Alpheios)旁的一个洞穴中,这个地方距离他诞生的洞穴很远,然后,他乘着黑夜回到家中。后来,当阿波罗威胁,如果不归还牛群就伤害他的身体时,赫耳墨斯提议带他的兄长到奥林波斯山,结果也这么做了——这也是他从未来过的另一个地方——而当他们的争执在他们的父亲宙斯面前解决之后,宙斯决定赫耳墨斯应该是带领他的兄长返回阿波罗的牛群所在之地的那一位。他们的争执解决了,又是在赫耳墨斯带领下,他和阿波罗将牛群赶回皮埃里亚的山坡草地上。换句话说,赫耳墨斯是一位移动的神(a mobile god),好像喜欢"四处奔波",一点儿也不会因为任何潜在的障碍而气馁,诸如河流和山峰。赫耳墨斯能穿越任何地方。

在其他《荷马颂诗》中,也是这位神引领或指导某位伙伴神去到他或她指定的地方。有很多传奇故事,赫耳墨斯在其中

54 受宙斯差遣引领某个有死者或某个神去到某个不知名的地方，以期与某人或某物意外相遇。所以，在《荷马颂诗：致阿芙洛狄忒》中，当女神自己想捏造一个有说服力的"故事作为借口"，来解释她何以突然出现在她想见到的吸引她的特洛亚（Trojan）的有死者即安吉塞斯（Anchises）面前时，她利用了赫耳墨斯作为向导的名望。她告诉安吉塞斯，她正在年轻女孩的歌队中跳舞，赫耳墨斯打断了她，将她引开，不过又把她抛弃在了现在的地方。安吉塞斯接受了这个解释，一方面是因为，这听上去像是赫耳墨斯之所为。也正是赫耳墨斯，宙斯指定他引领三位女神——赫拉、雅典娜和阿芙洛狄忒——与特洛亚的牧童帕里斯（Paris，他实际上是遭弃的特洛亚王子亚历山大）相遇，因为他是宙斯选定充当这三位女神间的选美判官的有死者（图3.1）。

这场会面是一次如此广为人知的事件，鲍萨尼阿斯报告说，他看到在科林多（Corinth）著名的居普塞洛斯钱柜（Chest of Kypselos）的浅浮雕上，刻画了赫耳墨斯引领三位女神去见帕里斯的情境（5.19.1）。纪元前5世纪的喜剧作家克拉提诺斯（Kratinos），上演了他的故事版本，所谓"帕里斯的评判"（the Judgement of Paris），他非要把赫耳墨斯当成女神们的神圣向导。事实上，赫耳墨斯的向导角色如此确定不易，以至于在纪元2

图3.1:"帕里斯的评判",柏林画匠,纪元前5世纪中期("The Judgement of Paris", Berlin painter, mid-fifth century BCE. Antikensammlung, Staatliche Museem, Berlin, Germany / Johannes Laurentius / Art Resource, NY)

世纪,讽刺作家路基阿诺斯也重述了这一点,他让喀戎(Charon)这位灵魂的摆渡者,穿越下界的冥湖,寻求赫耳墨斯的帮助,想在他的指导下到地上的世界中旅行,看看它是什么样子的。《荷马颂诗:致阿芙洛狄忒》(262—263)中指出,赫耳墨斯尤其偏爱与宁芙"相爱",常在洞穴中,艺术作品中将他描绘成一群宁芙的头领,通常是三位宁芙。①

在崇拜处境中,赫耳墨斯神受宙斯召唤,在成功说服哈得斯容许佩耳塞福涅返归之后,又指引她由下界返回了世上。在厄琉西斯纪念此重大事件的浮雕上描绘了他,而他的后裔凯吕克斯,充当有死者中的第一位向导,并在纪念佩耳塞福涅首次返归的仪式上充当 dadouchos/δᾳδοῦχος("火炬手")。但如前文所指出的那样,赫耳墨斯不只是其伙伴神的向导,他也以运用此能力服务于英雄时代的有死者而闻名。他引导古代英雄

---

① 韦伯斯特(Webster 1948)讨论了有些南意大利花瓶上依据神话叙事刻画的前4世纪喜剧场景,其中将赫耳墨斯表现为引导另一个神去与某个女性幽会的神。赫耳墨斯也被认为是从阿耳忒弥斯的舞队中诱拐适婚妇女的神,目的可不怎么体面,早在荷马《伊利亚特》(16.179—186)中就有报告。克拉提诺斯的剧作叫作《狄奥尼斯亚历山大》(*Dionysalexandros*)——狄奥尼索斯神与特洛亚王子亚历山大的名字合二为一——因为狄奥尼索斯被骗扮演这位王子,作为女神们比美大赛的裁判。可惜这部剧作只剩残篇。在2世纪的罗马,路基阿诺斯也让赫耳墨斯作为神圣向导来评判女神。关于赫耳墨斯引导女神们的形象,参见 *LIMC*(5.2: 238—239)和史丁顿(Stinton 1965)。路基阿诺斯的传奇故事以其希腊文题名《喀戎》(*Kharon*)或拉丁文题名《观察者》(*Contemplantes*)。这位作者让赫耳墨斯作为向导的故事还有《下界之旅》(*Downward Journey*)、《提蒙》(*Timon*)和《两番指控》(*Twice Accused*)。关于赫耳墨斯与宁芙的关系,参见拉尔森(Larson 2001);专名研究,譬如,参见考培斯顿斯基(Kopestonsky 2016)关于宁芙崇拜的讨论,还有考林斯和拉尔森(Corinth and Larson 1997)关于赫耳墨斯颂歌中的宁芙的讨论。关于第四首《荷马颂诗》中的宁芙,参见沙茵伯格(Scheinberg 1979)。

的报告从古风时期早期开始，穿越了新千年的最初几个世纪和以后的时代。在《伊利亚特》中，赫耳墨斯同意引导特洛亚王普里阿摩斯（Priam），在夜幕下进入阿喀琉斯的希腊营帐，以赎回他儿子赫克托尔（Hektor）的尸体（24.333ff），然后又陪他走了一段距离以安全返回（23.679 ff）。这个事件颇受人们喜爱，以至于埃斯库罗斯将其编成了一部悲剧《赫克托尔赎回》（*Hektor's Ransom*），赫耳墨斯在其中作为普里阿摩斯的护卫发挥了指引作用。如此，赫耳墨斯的神圣帮助得以固定下来，作为特洛亚的普里阿摩斯的向导，就像"帕里斯的评判"那样，以至于托名许吉努斯在其《异闻录》（*Fabulae*，106）中，谈及普里阿摩斯与阿喀琉斯的会面，就不能不指出赫耳墨斯的贡献。的确，赫耳墨斯神性的这一方面如此相沿成习，以至于索福克勒斯在《埃莱克特拉》（*Electra*）中要让他的歌队报告说，能看见赫耳墨斯引导着阿瑞斯（Ares）和有死者皮拉德斯（Pylades）和奥瑞斯特斯（Orestes）组成的两人小队，进入了后者祖宗的家，向他谋杀他父亲的埃吉斯托斯（Aigisthos）复仇——歌队完全赞同这一行动。阿波罗多洛斯（*Bibliotheke*，2.37）知道，赫耳墨斯协同雅典娜，充当佩耳修斯（Perseus）的向导，取了戈耳工·美杜莎（Gorgon Medusa）的头，并从海怪手中救出了安德洛美达（Andromeda）。还有报告说赫耳墨斯是第一个面对面与有死者打交道的神,这则也许较晚才出现的传奇故事,被归于了伊索(Aesop)。《异闻录》(*Fables*, 522, Gibbs, ed.)记载,在宙斯指示下,赫耳墨斯引导第一批人类到 Ge/Γῆ("大地")那里去,引导他们的目的是取得**大地**的合作,以便从地上获得食物。如伦斯达勒(Lonsdale 1993:121)所论,在引领一帮歌队、一支军队和一座城邦之间有某种关联,如色诺芬(Xenophon, *Memorabilia*, 3.4.3—6)已然认识到的那样,这利用了牧人与牧群之间的关系。①

然而,正如赫耳墨斯作为奥林波斯的神圣信使角色之情形,关于人类与赫耳墨斯作为 *Pompaios*/Πομπαῖος("向导"或"引领者")直接相遇的报告,也随着最后的英雄逝去而销声匿迹。这意味着,我们不复有赫耳墨斯受到崇拜的证据,尤其作为有死者的神圣向导;尽管如此,我们可以认为所有的赫耳墨斯,

---

① 关于厄琉西斯的赫耳墨斯与凯吕克斯的形象、描述和讨论,参见本书第二章页42注释①。关于密教中光的作用,参见帕泰拉(Patera 2010)。前5世纪悲剧家欧里庇得斯,至少还在其他三部剧作中称赫耳墨斯为向导:作为女神们去见帕里斯的向导(*Iphigenia at Aulis*, 1302ff.);作为佩耳修斯去找美杜莎的向导(*Electra*, 403—404);作为海伦(Helen)去埃及的向导(*Helen*, 44—48)。在索福克勒斯的《斐洛克忒忒斯》(133)中,赫耳墨斯受召唤作帮助奥德修斯的向导。伊索进而报告说,盖娅(Ge)勉强同意,但也是在赫耳墨斯的强迫下才合作,他警告她不要为难他们,这不禁让人联想到《创世纪》中亚当和夏娃被逐出伊甸园后不易耕作的土地(Genesis 3.17—19)。

包括三头赫耳墨斯、赫姆石柱,都是一种方式,表明即使看不见,人们也相信他在持续引导有死者,穿越不熟悉的或危险的领域。实实在在有三头赫姆石柱名为 *Trikephalos*/τρικέφαλος,这一事实显示了对这位神的某种程度的崇拜,但究竟是何种程度?

人的保护者

既然赫耳墨斯尤其是一位移动之神,那就可以推知他也特别对其他花大量时间在运动上的造物情有独钟。**三头**赫姆石柱与雅典僭主希帕库斯竖立的赫姆石柱类似,其圆柱平面上刻有关于到某地的距离的信息。看上去,赫耳墨斯三张脸中的每一张,都望向下一个城镇所在的方向,作为向导指引对此路线不熟悉的旅行者。此外,在提供此类方向时,这种赫姆石柱也服务于保护旅行者的目的,不仅使其免于在错误方向上多走数千米(或数公里),而且充当了旅行者看不见的保护者。

或许,并不奇怪的是,这些三头赫姆石柱通常见于三岔或四岔路口,人在这里需要在两条路线之间作出选择。人们在这样的地方,也很可能会碰到赫卡忒(Hekate)的圣坛,因为她被称为岔路女神(von Rudloff 1999)。但是,赫姆石柱并不局限在这样的岔路口,并且往往出现在沿途的各种地点,其缘由也多种多样。其中一种目的,也许是指示此地有淡水可供饮用。

我们所拥有的赫耳墨斯保护旅行者的证据,尤其出于搜集的铭文,这位神在其中表现为一种会说话的赫姆石柱,邀请疲惫的旅行者停下脚步,在立有赫姆石柱的树荫下稍息,用附近的泉水来提神。出自匿名作者的《铭文》(*Epigram*,16.277)就有这样的内容。另一根赫姆石柱(Anonymous 16.254),以讽刺方式向希帕库斯的赫姆石柱致敬,使用了精辟的道德格言,并且表明到雅典**市场**的十二主神圣坛还有多远,承认他真的没有什么可以给那些为他的石堆添石头的人,除了告诉他们必须走多远才能到达山羊喷泉。提到再给石堆添一块石头,表明这是一种回报这位神对旅行者给予帮助的崇拜行为,由此我们可以看到,这种行为是旅行中感谢这位神的典型方式。①

常有人争辩说,原初的"赫姆"只是这样一堆石头,如引介赫耳墨斯时所指出的那样,这样的赫姆石柱常用于地界标记。从一根更为典型的赫姆石柱上,我们读到赫墨克里翁的铭文(Hermokreon 16.11),其用途有二,其一是报告它是一块界石,被竖立起来以保护所有人的牛和土地,其二是进而邀请旅

---

① 哲学家泰奥弗拉斯托(Theophrastus)注意到(25.4—6),相较于其他任何神祇,赫耳墨斯对某人拒绝帮助需要指路的旅行者的行为更为愤怒,这显示非旅行者若不提供帮助,会遭受这位神的暴怒。关于赫耳墨斯关切适当好客的更多内容,参见本书第四章。

行者坐在梧桐树下歇歇脚。与赫墨克里翁的赫姆石柱上的微妙的警告式欢迎词形成对照，塔伦图姆的列奥尼达斯（Leonidas of Tarentum）的赫姆石柱自称 *Episkopos*/ἐπίσκοπος（"监督者"），报告说他竖立起来是为了保护羊群，然后通告旅行者，他的羊群无须担心"贼狼"（16.19），这是一个双关语，或许暗示他是羊群免遭所有捕食者侵害的保护者，无论它们是四条腿的还是两条腿的——以免过路者有"顺手牵羊"饱餐一顿的念想！这种赫姆石柱说明的事实，如第四首《荷马颂诗》所揭示的那样，赫耳墨斯对所有动物有主宰权，包括驯养的动物和捕食者，从而他也是它们的神圣保护者。

因此毫不奇怪，甚至连希腊化时期的诗人泰奥莱托斯（Theolaitos），这位被认为创造了田园诗（就是诗歌场景在人烟稀少的乡村，景观由丛林、小溪和牧场构成）的诗人，也能够在其首部《田园诗》（*Idyll*）中利用赫耳墨斯对食草动物和看护它们的那些人的主宰，使他成为名为达夫尼斯（Daphnis）的西西里乡村牧羊人的父亲。此外，赫耳墨斯对有死者和动物的保护监督，也凭另一个诗化绰号得到承认，这就是荷马史诗中的**欧斯考波斯**（*Euskopos*/εὔσκοπος），意为"目光敏锐者"。没有多少事情能瞒过赫耳墨斯的眼睛，除非他想这样。所以，毫不奇怪，我们看到有几种赫姆石柱形象获奉奠酒或花冠，以感谢这位神在某种活动中的帮助,这么做的主要是猎人。这么做也是恰如其分,因为作为各种动物的主人,某人的狩猎是否成功,或许完全取决于赫耳墨斯是否倾向于他。①

地方保护者

这很像如今旅行穿越乡村之情形,省州地界通常由路标指示,上面说"您正在离开某地",紧接着另一路标上面说,"欢迎来到某地"。国界标定通常更为正式,从一国到另一国的路上都有边境警卫,但古希腊的情形并非如此。在城邦宏观层面上,赫姆石柱用于标示领土边界的实际存在,鲍萨尼阿斯在希腊旅行时记述了其中几个。譬如,在他旅行的路上,一根赫姆石柱出现在了拉哥尼亚(Lakonian)和阿耳戈利斯(Argolid)地界上。方便的是,因为鲍萨尼阿斯往往按地域来划分他的书卷,这根赫姆石柱被两次涉及,用于标示他游记的卷目划分(2.38.7,

---

① 鲍萨尼阿斯在希腊各城邦和乡村间旅行时,似乎注意到了他经过的每一个边界赫姆石柱,譬如,他点评了位于阿耳戈里斯(Argolid)与拉哥尼亚(Laconia)边界上的赫姆石柱(2.38.7;3.1.1再次提及)。这显示,赫姆石柱是现代竖立路标的做法之先驱,以提醒司机现在正在离开某州、某省甚至某国,稍后另一路标又会显示,他们现在正在进入某一新地区。关于赫姆石柱获奉奠酒和祭品,参见 LIMC, 5.2: 208—213。

3.1.1）。在克里特岛上，赫耳墨斯雕像作为边界护卫受到崇拜，不是通过竖立赫姆石柱，而是通过献给他的圣所，其中四处已得到确定（Chaniotis 1988）。①

但是，赫耳墨斯作为保护神的地位，并不止于他对那些长途旅行者的监督，不管是商旅、消遣旅行，还是打猎：他也是那些更大地域中的房屋和城墙内居住的人们的保护者，有时候，他的保护甚至遍及城邦的全部人口，如在特拉克（Thrace）的埃诺斯（Ainos）城邦。这一地区是希腊人的殖民地，我们发现到前5世纪中期（若非更早），埃诺斯城邦接受赫耳墨斯为他们的保护神，将他坐在王座上的肖像印在钱币上。卡利马霍斯（Pfeifer, frag. 197）解释了他在这座城邦中受崇拜的原因：一天，这座城邦的几个渔民正在劳作，他们拖上岸一根粗糙的原木，几经尝试拆解它未果，他们终于认识到这是一根神圣的木头，于是在阿波罗神谕的指引下，他们在自己的城邦中竖立了这座木制雕像来崇拜赫耳墨斯。与此雕像有关的故事称，它最初是由埃佩奥斯（Epeios）雕刻的，此人作为伟大的木马的制作者而

---

① 鲍萨尼阿斯提到，在边界或沿途看到一尊赫姆石柱或人形赫姆雕像至少有九次：1.15.1；22.5；27.1；2.38.7；3.1.1；22.13；4.33.3；8.34.5；9.10.2。查尼奥迪斯（Chaniotis 1988）也讨论了赫耳墨斯·科尼赛奥斯（Hermes Kornisaios）有第五座圣所，似乎命名了伊塔诺斯（Itanos）与海洛皮特纳（Heiropytna）之间的一块"无主之地"。

闻名，希腊人用它攻克了特洛亚。埃诺斯人将其作为赫耳墨斯·**佩耳斐莱奥斯**（Hermes Perpheraios/Περφεραῖος）来崇拜，这个绰号表明，举行仪式的时候要抬着它穿过城邦（peri/περί = 到处；phero/φέρω = 运送），如此一来这位神也许就可以将他的保护力量撒遍全城，或将他仁慈的祝福分配给城邦居民。易言之，这个头衔或可译为"传送"，由一人及于另一人。如果这就是此尊名背后的行动，我们或可推测，由于发现原木的渔民都尝试分解它，如今埃诺斯城邦每个公民都表明了其对赫耳墨斯的关注和尊重，反过来就为自己和家庭收获了祝福。[①]

在赫耳墨斯的出生地，我们发现有一个城镇及其中的山都名为阿卡凯西翁（Akakesion），据说都源于赫耳墨斯的**外号** akakêa/ἀκακήα（"无污染者""无污点者"）；鲍萨尼阿斯告诉我们，正是在这里有对赫耳墨斯·**阿卡凯亚**（Akakêa/Ἀκακήα）的崇拜（8.30.6）。我们由下述事实可以推测此项崇拜之于当地居民的重要性：当这一地区各城镇在前4世纪中期合并为一个城邦时，认为对新城邦麦加洛波利斯（Megalopolis）意义重大的崇拜都被移置到这里，其中就包括对来自阿卡凯西翁的赫耳墨斯的崇拜。鲍萨尼阿斯和其他任何古代文献都没有告诉我们，各地是如何崇拜赫耳墨斯的，但我们知道，在麦

[①] 关于赫耳墨斯作为互惠之神，参见本书第四章。

加洛波利斯有一座他的神庙,如鲍萨尼阿斯所报告的那样,他造访这座古代城邦时,这座神庙已成废墟:只剩下一尊石龟(8.30.6)。然而,尽管他有一座神庙,很有可能他在这座城邦中接受奥林波斯那样的血祭。这种祭祀通常涉及的仪式是,在神庙门外前场的一座圣坛上宰杀一种特殊的动物,并使其与神庙内的神像保持一条直线,好让他(或她)在神庙内掌管和观看祭祀进程。[1]

鲍萨尼阿斯还在其他地方观察到,阿卡迪亚乡村遍布小神龛和赫姆石柱,尤其在城镇之间和此地其他周边区域之间:这完全符合第四首《荷马颂诗》第二诗节对赫耳墨斯这一尊名的使用,其中称他为"守护者"或"统治者"(*medeonta*/μεδέοντα),不仅是居勒涅的,而且还是整个阿卡迪亚的。斯特拉波(Strabo, *Geography*, 8.343)还更进一步观察到,在阿尔佩奥斯(Alpheus)流过的整个地区,沿途布满了属于赫耳墨斯的神龛。这一实情再次提醒这位神与前面提到的边界(及其保护)之间的关系,这也许与赫耳墨斯作为畜群(及其交易;参见第四章)的保护神职责有关,也与赫姆石柱的勃起阴茎形式特点

---

[1] 关于血祭仪式的更多内容及其在圣所中的施用,参见米洛诺浦斯(Mylonopoulos 2010)、斯塔夫里阿诺普卢(Stavrianopoulou 2006)、考尔贝特(Corbett 1970)著作中的有关章节。

有关。甚至粗略看一眼鲍萨尼阿斯《希腊旅行指南》(*Guide to Greece*)涉及赫耳墨斯的内容,即可见这些赫姆石柱通常竖立在十字路口和边界上,包括城市和乡村,遍及与现代希腊国家有关的地域。

尤其是阿卡迪亚诸城邦,在其神圣节庆周期中,似乎对赫耳墨斯给予某种特别的关注;可是,他在阿卡迪亚之外的城邦中,不如其他几位奥林波斯神那样经常受到崇拜,有单独献给他的公共庆典。不过,与很多城邦和个人在乡村竖立赫姆石柱以显示边界和重要十字路口一样,很多城邦和个人也认可在城邦中竖立赫姆石柱以标示在他们自己的城墙内也有这样的重要地点。在雅典,我们听说有一根非常古老的木制赫姆,就竖立在卫城上雅典娜神庙入口处(Pausanias 1.27.1),除了市场西北角有一栋名为赫姆画廊的建筑,其中包括几尊私人奉献、受公众认可的赫姆石柱,还有那些竖立起来标定市场边界的赫姆石柱。一根位于一个神庙前场的赫姆石柱,崇拜**外号**是**普洛纳奥斯**(*Pronaos*/Πρόναος),字面意思就是"在神庙前者";如果这位神的雕像竖立在某个主要城门旁,通常被称为**赫耳墨斯·普洛庇莱奥斯**(Hermes *Propylaios*),意思就是"在城门前者"。正如我们没有这些雕像获奉奥林波斯式的动物牺牲的记载,很有可能给予它们的崇拜形式由个人和城邦代表的奠酒和祈祷仪式构成。①

这些街道边的赫姆石柱,对于这座城邦及其居民的重要性,在雅典民众的反应中有极好的表达:他们发现,所有赫姆石柱表面,在纪元前415年初夏一夜之间遭到损坏。历史学家修昔底德报告说,人民将此次对这位神的攻击,视为对当时雅典运行的民主政治制度的攻击(6.27);然而,他没有透露为什么人民竟会得出那样的结论。学者们很快提出了暗示,最广为接受的看法是,赫耳墨斯是较低阶层人民的神;也就是说,绝大多数人支持人民(the people,意思是 dêmo/δῆμο= 人民 +kratos/κρατός = 力量)的统治(the rule,字面意思就是"权力")。不过,人们关切攻击这位神的这种不虔敬行为还有其他原因:赫耳墨斯是一位竞赛之神,而雅典人这几天之内正在发动伯罗奔半岛战争中最大的一场"竞赛"——攻打西西里。在如此明目张胆地轻视这位神的荣耀之后,要让这位保护旅行者和监管馈赠胜利者以 kudos/κύδος(极简言之,意为"荣誉")的神,

---

① 关于赫耳墨斯·普洛庇莱奥斯的驱邪者身份,参见普拉特(Platt 2011:35—36);关于塔索斯岛(Thasos)的赫耳墨斯·普洛庇莱奥斯,参见韦斯特盖特(Westgate, 2015)。萨尔维亚(Salviat 1964)指出,在门口使用单一石柱作为代表赫耳墨斯的神圣建筑物。关于门槛在古希腊宗教上的重要性,参见克里斯托普洛斯(Christopoulos 2006)。

要他青睐雅典公民的确极为困难。①

我们也知道,在雅典,而且很可能在其他很多希腊城邦,正如赫姆石柱竖立在进入城区和神圣建筑的关键入口,它们也设置在进入个人地产的重要入口。第四首《荷马颂诗》(15)称赫耳墨斯为"**普莱多孔**"(*pulêdokon*/πυληδόκον),意为"门旁接待"或"守门者",这也许是一个未见于别处的绰号,给予靠外面的私人门户内的赫姆石柱。尽管这些都是标准尺寸的赫姆石柱,但也有证据证明它们要比希帕库斯为城邦设置的赫姆石柱尺寸要小,要么嵌入房屋外墙上的门旁壁龛中,要么刻在同一位置的浅浮雕上,就像为赫姆石柱造一个壁龛。一位古代学者评注一行阿里斯托芬喜剧(*Wealth*,1153)时指出,这些赫姆石柱的绰号是"**斯特罗佩奥斯**"(*Strophaios*/Στροφαῖος),意思是"属于门枢者"。门道,甚至门关着的时候,也继续代表必经之处,人和物通过它才能移动(或转移),无论合法与否。作为"守门者",赫耳墨斯作为守护神祇的角色,在《诸神对话》(12, 1ff.)中被路基阿诺斯用来搞笑,他试图让波塞冬远离诸神,阿里斯托芬在《和平》中也有类似做

---

① 值得注意的是,在纪元前415年以后,雅典尽管确实在与斯巴达及其盟友的交战中取得了几场胜利,却从未真正从西西里远征遭受的失败中恢复元气,并最终在纪元前404年输掉了战争。

法，当其他神逃离之后，留他在奥林波斯看守诸神剩下的财产。墨尼波斯（Menippos），一个路基阿诺斯对话《伊卡洛墨尼波斯》（*Ikaromenippos*）中的人物，也在奥林波斯山门旁碰到了赫耳墨斯。①

财产保护者

赫耳墨斯的位置，在神庙大门前，也在私人住宅门槛上，既标示他对这个地方的保护，也标示他对所处门槛以外的财产的保护。《荷马颂诗：致赫斯提娅》（*Homeric Hymn to Hestia*）证明了他在此位置上的重要性，尤其在私人家中。事实上，对这首颂诗中赫耳墨斯与赫斯提娅之间存在友谊的评注，激发韦尔南更为切近地考察了这种友谊背后的宗教观念。考虑到赫斯提娅（她的名字在希腊语中也指"炉灶"）是掌管家庭（和城邦）炉灶的处女神，她在任何情况下都不能移动也无法移动。韦尔南假定，如果她是家的唯一守护神，她的保守和保护天性将意味着家庭将停滞不前，什么都不能出去。为了家能保存和

---

① 这些户外赫姆石柱尺寸较小，猜测是由于街道窄小，也发现四周有壁龛；可是，有些学者却坚持全尺寸赫姆石柱才是常规，按照从修昔底德一段话（6.27，尤其27.3）中收集的信息，关于城邦赫姆石柱在纪元前415年一个深夜遭到损毁。关于赫姆石柱遭损毁及其后果的简明讨论，参见哈梅尔（Hamel 2012）及其参考文献和参考书目，以及库瑟（Kouser 2015）。

兴旺，赫斯提娅需要让家在与外界打交道时有保护。所以，赫耳墨斯成了家门的守卫者，帮助赫斯提娅保护和保守家产，他监督以交换方式将货物运出家庭，保证家庭不会因这样的运动而受损。同样的保护功能，也适用于他在城邦地界和农民田地上的赫姆石柱的位置。

如"介绍赫耳墨斯"中所指出的那样，赫西俄德承认赫耳墨斯这位与赫卡忒一同工作的神，他增加动物群落（*Theogony*, 444—445），人类的生计依赖于它们，还有不可食用的动物残余制成的其他副产品，也都依赖于它们。荷马（*Iliad*, 14.491—492）重述了赫耳墨斯与有死者和动物的关系，他报告说，有个特洛亚人名叫珀洛巴斯（Phrobas），称他"牛羊成群"，因为他受赫耳墨斯宠爱，这位神助他家产不断增长。所以，至少早在纪元前8世纪，人们普遍接受赫耳墨斯为可以祈求家产增殖的神之一。因此并不奇怪，我们在第四首《荷马颂诗》中看到，人们将这种荣誉赋予了赫耳墨斯。在与阿波罗的对话中，赫耳墨斯告诉他的异母兄长：

我给你这竖琴，荣耀的宙斯之子啊，

留我在山上和喂马的平原，

随游动的牛群在牧场，赫凯耳戈斯啊，我们一起吃草。

当母牛被公牛盖住,又会产下

成群的母牛和公牛。

(490—494)

这里,赫耳墨斯清楚地表明,他要监督牛群生殖;可是,他的保护职责不只是动物的增殖,因为:

说完这话,他拿出竖琴,福波斯·阿波罗接过,

欣然将他闪亮的鞭子交给赫耳墨斯,

命他看管牛群。

(496—498)

之后不久,在颂诗接近尾声时,歌者告诉我们,除了阿波罗给予的牛群和监督它们的权利,赫耳墨斯还当上了马群和骡群的看守,其实是所有成群移动的动物,包括羊群和兽群,也包括野生的和驯养的,以及所有群鸟的看守(567—571)。因此,正是基于充分的理由,很多学者在赫耳墨斯这里看到了一位"动物主宰者"的形象,这是对女神阿耳忒弥斯的补充,普遍认为她是希腊的"动物保护女神"。按此,人们发现赫耳墨斯有一个绰号,承认他与动物饲养的关联,这是非常合理的:**奥伊奥**

波洛斯（*Oiopolos*/Οἰοπόλος）指他对羊的监督，意为"牧羊者"，这个绰号很普通，故而喜剧诗人阿里斯托芬会在他的《地母节妇女》（*Thesmophoriazusae*, 977）中提到它，他让歌队妇女唱道："我也祈祷赫耳墨斯，这位牧羊之神，还祈祷潘神。"①

除此诗化绰号外，赫耳墨斯也以名号"**厄庇美里奥斯**"（*Epimêlios*/Ἐπιμήλιος）受到崇拜，意为"羊倌"（Pausanias 9.43.2），还以"**克里奥弗洛斯**"（*Kriophoros*/Κριοφόρος）受到崇拜，意为"公羊携带者"。这些绰号与赫耳墨斯的关联流传了数世纪，直至古代晚期。前一名号如此广为接受，以至斐洛斯特拉图能用它来解释"伊索对赫耳墨斯的奉献相当贫乏"。他报告说，作为一个想改善自己处境的穷牧羊人，伊索通常奠给赫耳墨斯一只羊挤一次的奶量，放到他圣坛上的蜂巢也只有手掌那么大，还会献给这位神几枝玫瑰或紫罗兰，或许还有一点桃金娘浆果，他还说："我非得，哦，赫耳墨斯神呀，[为给你]编织花环，不顾我的羊群吗？"（*Life of Apollonios of Tyana*, 5.15）

显然，伊索认为，这位神会感谢他的崇拜者关心他所关

---

① 大多数学者都认可，传世文本中至少有两行逸诗（567—568），补逸的根据是前后诗行的内容。显然，赫耳墨斯对动物和鸟类生命的主宰被扩展了，稍后，我们看到一个生物列表："凶猛的狮子和白獠牙的野猪/还有狗和绵羊，和宽阔大地哺育的所有生命。"（569—570）关于赫耳墨斯的保护功能，譬如，参见齐腾登（Chittenden 1947a）、马里纳托斯（Marinatos 2000）。

切的动物，他不看重祭品多少，会满足他的请求。如此持续接纳赫耳墨斯为动物尤其是群居动物之主宰的基础，完全可以归结为对荷马史诗的持久浸淫。斐洛斯特拉图和鲍萨尼阿斯期待的读者应当非常精通荷马，故而后者会提起荷马对珀洛巴斯的评说（*Iliad*，14.489—491，他复述了这些诗行），当他遇到一尊赫耳墨斯的青铜坐像上有一只公羊在其一侧时（Pausanias 2.3.4），从而解释了公羊的含义。鲍萨尼阿斯还说，他知道关于赫耳墨斯与公羊的密仪中讲述的故事，但他不想复述。显然，他本人是密仪的新入会者，而他不愿复述这个故事，显示它属于秘密，新入会者要发誓不向未入会者透露。可是，他重述了涉及赫耳墨斯与公羊的另一则传奇故事，当他抵达波奥提亚的塔纳格拉镇时，故事发生在遥远的过去，成了此地崇拜赫耳墨斯的一个节庆的基础。①

塔纳格拉人将赫耳墨斯当成他们城邦的一位祖先来崇拜，以赫耳墨斯·**克里奥珀洛斯**（"公羊携带者"）的名义来庆祝一个重要的节日。原初用于此节日崇拜的雕像显示，赫耳墨斯

---

① 鲍萨尼阿斯有六次指出，看到了一尊赫耳墨斯雕像，要么扛着公羊，要么与公羊坐在一起：2.3.4；4.33.4；5.27.8；9.22.1；22.2；34.2。这包括在阿卡迪亚，近居勒涅山，佩内奥斯（Pheneos）镇，这里的居民们如此看重赫耳墨斯，在纪元前6世纪末某个时期，他们在奥林匹亚奉献了一尊赫耳墨斯雕像，手臂下夹着一只公羊（5.27.8）。此形象在阿卡迪亚似乎最为流行，就此参见乔斯特（Jost 1985：446—448）。

是一位蓄胡老者，穿着他象征性的斗篷。但早在古典时代，一位名为卡拉米斯（Kalamis）的雕刻家创作了一尊新的崇拜雕像，刻画了一位裸体年轻的赫耳墨斯，肩上扛着一只公羊。这个新形象此后也为城邦的钱币所采用。这个节庆的**由来**（*aition*/αἴτιον）告诉我们，赫耳墨斯从前是如何通过扛着一只公羊巡视城墙，来保护这个城邦免受一场毁灭性瘟疫的。作为他们纪念此事件和崇拜拯救了他们的这位神的活动之一部分，塔纳格拉人民选择这个城邦中风度最佳的那个青年充当扛公羊者，来模仿这位神。他像赫耳墨斯那样肩扛公羊巡视城墙，重现其拯救行动，从而获得赫耳墨斯在来年的佑护（Pausanias 9.22.1—2）。随后将动物"献给赫耳墨斯·**克里奥珀洛斯**，放在城邦中心他的圣所中"（Jaillard 2007b：149）。

成年

在塔纳格拉城邦的节日上，人们选择一个人扛着公羊模仿赫耳墨斯，此项描述显示，这位神已过童年但尚未成年（正如我们要承认的那样）。这与荷马史诗中的描述完全一致，当他在有死者面前显现时：他显现为一个小伙子，正当或刚过青春期（*Iliad*, 24.347；*Odyssey*, 10.277—280）。这也符合我们从别处得到的与此年龄群体有关的证据，人们认为赫耳墨斯对此年龄群体最感兴趣。鲍萨尼阿斯告知赫耳墨斯存在于密仪之中，还有那位塔纳格拉小伙子在他们城邦的年度节庆上"扮演赫耳墨斯"，在有些人看来都表明，赫耳墨斯从前是一位监督一群年轻男子（如今我们称为"少年"）进入青年的仪式的神，在古希腊的有些地区，如果说不是在所有地区的话。①

尽管证据尚未确实到可以断言，赫耳墨斯就是一位主持"成年礼"的神，这种观点也非常可取，至少就牧人和仪式主持人都使用鞭子而言。一根用于驱赶"畜群"的"闪亮的鞭子"，这是赫耳墨斯给他的兄长竖琴时，从阿波罗那里得到的第一样物品（*Hymn to Hermes* 4.497）。使用鞭子指导年轻人的一件最明显的证据，就是在斯巴达和克里特实行的合理的"成年礼"。在这两个地方，似乎在人与动物之间创造了一种隐喻性对等，

---

① 赫耳墨斯和他的儿子潘，都是主宰忒斯拜的卡贝洛（Kabeiroi）密教入会仪式的神祇，尽管他不可能是萨摩特拉克密教中的神，但希罗多德有相关评论（2.51）：关于这些崇拜，参见沙赫特（Schachter 2016: 315, 328）；关于卡贝洛密教，参见沙赫特（Schachter 2003）；关于萨摩特拉克，参见布尔凯特（Burkert 1993）、布莱克利（Blakely 2012）。关于克里特岛的赫耳墨斯和阿芙洛狄忒崇拜的入会性质，参见埃里克森（Erickson 2009）和勒贝希（Lebessi 1976）与穆赫里（Lebessi and Muhly 1987, 1990）有创意的著作。关于阿耳戈斯的赫耳墨斯和阿芙洛狄忒崇拜的入会性质，参见马凯蒂（Marchetti 1993）。

通过运用一种术语将年轻人称为"畜群"。根据柏拉图（*Laws*，636c—d；亦参见 Ephorus，*FGH* 70 F 149），作为青年进入成年的仪式之一部分，这两地的长者按照年龄，将青年分组，称其为"畜群"（*agelai*/ἀγέλαι）。正是如此在命名人类群组时使用识别动物群落的术语，表明对前者的看法和对待已然类似于对后者看法和对待。我们被告知，在斯巴达有一种比赛，青年人在其中的任务是从一个圣坛上偷取奶酪，而圣坛上站着拿着皮鞭的人。具体细节不详，但似乎这些青年会遭受鞭笞，作为考验其耐力的一部分。然而，在遭受此痛苦和羞辱的过程中，也教会了他们对永久为奴的前景的恐惧，从而要在战斗中更强更勇敢。①

---

① 我们所拥有的关于各种神秘崇拜的入会者要遭受鞭打的证据，相当少也相对后起。最有名的一则证据，出自庞贝古城（Pompeii）附近的密教庄园（Villa dei Misteri）。在号称"密教大殿"（Hall of the Mysteries）的一所房屋中，一位青年女性入会者，在进入规程下一阶段前，显示遭到主持人鞭打。证据表明，鞭子也用于崇拜狄奥尼索斯的仪式，还可能用于崇拜赫拉克勒斯的仪式（Achilles Tatius, *Cleitophon and Leuchippe*, 5.23.6）。缩写 *FGH* 指《希腊历史残篇》（*Fragmenta Historicorum Graecorum*, edited by C. Müller），与 *FGrHist* 所指的《希腊史家残篇》（*Fragmente der Griechischen Historiker*, edited by F. Jacoby）区分开来。关于鞭子的使用，参见色诺芬（Xenophon, *Constitution of the Spartans*, 2.9）、柏拉图（Plato, *Laws*, 633b）、鲍萨尼阿斯（Pausanias 3.16.0）、普鲁塔克（Plutarch, *Lycurgus*, 28）。据修昔底德（Thoukydides 5.50.4），鞭子也用于惩罚比赛中有欺诈的运动员。

或许，古代人心中的成年考验，没有比战争处境更令人生畏的了，虽然人们普遍认为赫耳墨斯与军事冲突少有关联，但他与阿瑞斯保持着一种特别密切的关系。的确，在"荷马"时代，口传清楚显示，涉及这两位神的关系的传奇故事很流行。在《伊利亚特》（5.385—391）中，我们得以一瞥失传的一幕，其中赫耳墨斯，显然是他自己主动如此，使阿瑞斯免于真的灭亡，及时将这位神从囚禁他的青铜瓮中救出。有人会怀疑，其实这某种程度上意指，正是赫耳墨斯再次将"战争"释放于世界之中。在另一起出自《奥德修纪》（8.335—343）的事件中，当阿瑞斯陷入与阿芙洛狄忒的有失体面的处境时，正是赫耳墨斯对阿瑞斯的行动施以援手，宣告他如果有机会，也会做阿瑞斯所做的事情。有些事情完全值得冒敌对之风险。在《荷马颂诗：致阿波罗》中的皮提亚（Pythian）颂诗部分中，我们发现这两个神在一起（200—201）：当时阿波罗在弹他的竖琴，缪斯和阿耳忒弥斯在唱歌，赫耳墨斯和阿瑞斯据说在一起跳舞（"游戏""玩耍""锻炼"：*paizdo*/παίζω 这个词可用来指所有这些活动）。的确是一幅奇怪的场景，也就是说，在我们的记忆中，传唱得最有名和最频繁的属于缪斯的歌，都是关于男人"劳作"和"受苦"的那些传奇故事（*Homeric Hymn to Apollo*，190—193），诸如荷马的《伊利亚特》和《奥德修纪》。事实上，某些形式的舞蹈与战争有关，诸如皮洛斯战舞（Pyrrhic dance-in-arms），达克提尔斯（Daktyls）、库瑞特斯（Kouretes）和库吕班特斯（Kourybantes）据说都曾跳过（Downes 1904）。这些群落都与战士有关，也似乎以种种方式与赫耳墨斯有关。①

另一则传奇故事流传于波奥提亚的塔纳格拉，可能保留了关于赫耳墨斯与青年、成年仪式和冲突的关系的这一转型阶段的记忆。这座城邦也主张它是赫耳墨斯的诞生地，在这座城邦中，有一座赫耳墨斯的圣殿，其名号是"**普洛马霍斯**"（*Promachos*/Πρόμαχος，"战役指挥者"）。根据鲍萨尼阿斯（9.22.1—2），当来自附近欧玻亚（Euboia）的人攻击城邦时，赫耳墨斯领导城邦的一众青年，只带着**擦身板**（*strigil*，在剧烈运动后用来擦去身体汗液和油脂的工具）就投入了战斗。这群年轻的战士取得了胜利，在赫耳墨斯的领导下击溃了入侵者，挽救了城邦和他们自己的生命。此后，赫耳墨斯就作为**战役指挥者**受到崇拜，

---

① 此外，作为一位能够系结和解结的神，可以推知赫耳墨斯不怕像阿瑞斯那样被困住。品达（Pindar, *Nemian*, 8）和巴库里德斯（Bakkhylides, *Epinician*, 9.10—24 SM）涉及战斗前这个比赛阶段。与战士的关系，依据威利特（Willet's 1965：79—81, 98）关于这些群组参加的其他活动和关联的评论。其他神话中与赫耳墨斯的活动和关联的类似情形令人称奇：关心和拯救青年、教育和训练青年、维护另一个神祇、与蜂和蜜的关联，仅举这几例。

圣殿位于城邦高处。①

与此类似,在雅典,赫耳墨斯获得绰号"**赫格墨尼奥斯**"(*Hegemonios*/ Ἡγεμόνιος,"[军事]领袖"),由**将军们**(*strategoi*/στρατηγοί)献上牺牲来崇拜他。一位训诂家告诉我们,赫耳墨斯获得了这个头衔,并在神谕指导下受到崇拜(关于阿里斯托芬《财神》行 1156 的训解)。不过,若没有更进一步的证据,就还不能肯定地说,赫耳墨斯从前一定与战士有关联,但清楚的是,他与青年的竞赛和训练有某种关联,而这两方面在古希腊恰好有密切关联。或许,赫耳墨斯主持成年礼的角色,还可见于他的绰号"**埃纳格尼奥斯**"(*Enagonios*/Ἐναγώνιος),意为"竞赛者",也可能反映在为崇拜他而举行的体育比赛赫耳墨亚赛会中。这些比赛在综合空间中举行,至少在纪元前 4 世纪,几乎见于每个古希腊的主要城邦,最终也在那些属于罗马的城邦。事实上,这些为崇拜赫耳墨斯举行的比赛被认为非常重要,

---

① 雅亚尔(Jaillard 2007b: 145)注意到,塔纳格拉的赫耳墨斯·普洛马霍斯"具备最好的成年者的所有德性",但认为由"和平的擦身板"变成一种"可怕的战斗武器",显示了赫耳墨斯的一个不同面相;亦参见本书第五章。沙赫特(Schachter 2016: 13)指出,见于塔纳格拉的青铜奠酒大盘(*phiale*/φιάλη),很可能是纪元前 610 至前 550 年由一支忒拜军队献给赫耳墨斯的。关于塔纳格拉的赫耳墨斯·普洛马霍斯的进一步讨论,参见雅亚尔(Jaillard 2007b)。后来的资料显示,擦身板可当作武器(比如一把剑)对付其他懦弱的运动员(Philostratos, *Gymnastika*, 18)。

甚至到纪元前2世纪还在德洛斯（Delos）和萨拉米（Salamis）岛上举行（Mikalson 1998：195）。这些用于锻炼和比赛的空间，由赫耳墨斯协同赫拉克勒斯和爱若斯掌控，称为综合**体育场/竞技场**。从技术上讲，**体育场**是一个体育运动场所，人们可以在其中发现一条跑道、一个舞池、一个摔跤场（**竞技场**）和用于标枪和铁饼抛掷的区域：品达确定无疑地熟知赫耳墨斯在前5世纪早期是**竞技场**之神，这可以由他在《奥林匹亚凯歌》（*Olympian Ode*，6.79）和《皮提亚凯歌》（*Pythian Ode*，2.10）中的说法来判断。①

很有可能，直到纪元前4世纪的雅典，这三位连属一体的特殊的神才正式成为监督体育场的神；然而，这个组合最终变得如此广泛而持久，以至于鲍萨尼阿斯指出，在麦西涅有三座雕像，出自埃及工匠之手，其中有赫耳墨斯和赫拉克勒斯，他说这些雕像通常是"为了崇拜［他们］而设立在**体育场**和**竞技场**中的，先是所有雅典人这么做，现在很多蛮夷也这么做"（IV.32.1）。的确，赫耳墨斯与两所教育空间的关联，对于路基阿诺斯而言仍属常识，他在六卷讽刺作品中非得提到这一点

---

① 很不幸，我们还没有聪明到知晓神谕的来源。其他关于赫耳墨斯·赫格墨尼奥斯的评论，参见米卡尔森（Mikalson 1998：37—38）和帕克（Parker 1996：238）。

不可：譬如，在《诸神对话》（25）中，他让阿波罗恭维赫耳墨斯是卓越的摔跤教练。在一则更为幽默的生活片段式的事件中，一位与路基阿诺斯同类的诗人，来自小亚细亚的巴布里奥斯（Babrius），重述了一则传奇故事，据说出自伊索（564, Gibbs, ed.），其中有一条狗通知赫耳墨斯（就是赫姆石柱），说他打算"膏"他，因为，他从神身边经过就禁不住要这样做——尤其对这位主宰**竞技场**的神！①

至少在纪元前 4 世纪，柏拉图（*Republic*，411e）知道，赫耳墨斯和阿波罗分别是将**体操**和**音乐**赐予人类的两位神：这两个领域中的技艺，正是古代**体育场**上教育的基础。由此显而易见，成熟过程对于城邦中的多数男孩而言，都包括身体和理智训练两方面，分别在方才谈论的两个地方进行：**体育场**和**竞技场**。早晨，青年的教育涉及**音乐**上的指导，包括学习背诵和用各种

---

① 相当奇怪，麦西涅似乎更喜欢将雅典英雄忒修斯（Theseus）而非爱若斯作为他们三位连属一体的体育场主宰者的第三座雕像。关于德洛斯岛上赫耳墨斯赛会上使用赫姆石柱，参见米凯洛夫斯基（Michaelowski 1930）。亦参见路基阿诺斯（*Twice Accused*, 8; *Downward Journey*, 1; *Dialogues of the Gods*, 11, 17 和 *Dialogues of the Dead*, 20）。运动员在训练前用油涂抹身体，因此这里使用了双关语；我们可以想象，赫姆石柱和其他雕像，诸如阿波罗·阿吉乌伊奥斯（Apollo Ageuius）的雕像对狗的吸引力，就像今日的灯柱之于狗。巴布里奥斯是大量集成在伊索名下的短长格诗的作者。

诗歌创作，学习演奏一样乐器和歌唱。但并不是说，音乐在其身体教育中完全缺失：在一位专业教练指导下，他们会加入各种体育活动，包括跑步、标枪和铁饼投掷、摔跤和群舞。目标是增进青年的体力和协调，以练就健康和令人钦佩的体格。雅典人相信，一个健美而优雅的身体为造就一位高级战士所必需，所以，身体和音乐训练是重要的构成部分，对于养成模范雅典公民至为关键。①

如前文所示，身体训练明显强调体育，而体育竞赛也是成熟规划中同等重要的部分，在雅典和全希腊的许多城邦中都是如此。为了比赛，通常有两个年龄组，都是介于13至20岁的男子，分别参加雅典的赫耳墨亚赛会：少年组（*paides*/παῖδες，13—16）与青年组（*ageneioi*/ἀγένειοι，17—20）。特别是后一组最受关注，因为这些年轻人，要么即将成为公民，要么刚刚成为公民，所以他们是城邦未来的捍卫者。在雅典和其他城邦，为确认后一年龄组的一个次属部分，衍生出了一个术语：**成年**

---

① 斯坎隆（Scanlon 1998）讨论了身体训练在古希腊教育中的构成性地位，关于古希腊教育的总体讨论，参见格里菲斯（Griffith 2015）。我们由希腊语 *gymnastika*/γυμναστικά 派生出了英语术语"体操"（gymnastics），这个希腊词的直译就是"裸体训练场所"中的"裸体训练"；传统上，*gymnasion*/γυμνάσιον 译为"训练场"（training ground），*palaistra*/παλαίστρα 译为"摔跤场"（wrestling ground）；关于舞蹈的重要性，尤其关于古希腊的同步舞蹈，参见朗斯代尔（Lonsdale 1993）。

者（*ephēbēs*/ ἔφηβης，epi = 之后 + hēbēs = 青春期）。他们是将要在阿波罗保护下从事两年更为正式的军事训练的青年。①

与今天的情形很相像，体育训练和比赛似乎要携手并进：所以毫不奇怪，赫耳墨斯与少年和青年的体育训练，最终是一年一度以赫耳墨斯命名的比赛节庆赫耳墨亚赛会。我们所拥有的在雅典庆祝这些比赛的最早证据，始于纪元前6世纪，但正如赫耳墨斯与训练和摔跤场地的关联，随着希腊人传遍了古代世界，赫耳墨亚赛会也是如此。事实上，赫耳墨斯最常见的绰号是"**埃纳格尼奥斯**"（*Enagonios*/Ἐναγώνιος），意为"赛会主持之神"，持续为人们所熟知并使用了数世纪。所以，在纪元前388年编写的传世最后一部剧作《财神》中，阿里斯托芬能够在新的喜剧角色财神那里，让赫耳墨斯最终赢得一席之地，作为体育和竞技之神。在纪元前5世纪早期的写作中，品达声称在斯巴达，狄奥斯库洛与赫耳墨斯和赫拉克勒斯分享体育比赛的保护职分，后来《奥耳弗斯颂歌》（28）的作者在其致赫

---

① 据斯坎隆（Scanlon 2002：92），这是雅典的情形。年龄组别极为松散，考虑到与年龄组相关的术语各城邦都不相同，要解释每个术语所示年龄极具挑战性。考虑到"成年者"是用于至少18岁的青年群体的术语，他们将历经两年的军事训练才能成为边防战士，有可能介词 *epi* 在此有"在……的时候"（on）的意思，因其可指"在青春期开始"或稍晚。戈布莱-卡昂（Goblet-Cahen 2007）引人入胜地讨论了传令官、成年者和萨提尔的关系。

耳墨斯颂歌中使用了绰号"**赛会主持之神**"。这位神密切关联体育，尤其是跑步（基于他有惊人的速度），这为长跑者的命名所证实，**长跑者**（*Hermerodromoi*/ ἡμεροδρόμοι）就是以这位神命名的。①

如前文所示，似乎在有些古希腊人心中，青年与动物群落之间早就有关联，需要一位拿皮鞭的"牧人"来监督它们。存世的图像和文字证据揭示，体育教练的确使用皮鞭，好让他们为**环形赛跑**（*Periodoi*/περίοδοι）等比赛作准备。极有可能，体育教练这个人物就是青年成年礼主持人角色的一种退化，对青年的各项考查转变为**体育场**上更具"运动特点"的训练。这些成年礼仪式的最终目标，不仅是在社会规范和价值观方面给予

---

① 譬如，参见埃斯库罗斯（Aischylos, *Choephori*, 727—729）、品达（Pindar, *Olympian*, 6.79; *Pythian*, 2.10; *Isthmian*, 1.60）、鲍萨尼阿斯（Pausanias 5.14.9）。甚至很可能是纪元2世纪的《奥耳弗斯颂歌》（28），也称赫耳墨斯为埃纳格尼奥斯。考斯塔（Costa 1982）辩称，赫耳墨斯这位神向来关联青年通过考验和竞赛向成年的过渡，赫耳墨亚赛会的起源就是成年仪式。当前可参见 Scanlon（2002: 91）。据祖卡拉（Tsoukala 2009），赫耳墨斯·埃纳格尼奥斯在科斯岛（Kos）获崇拜，在纪元前250至前240年之间，并且出现在纪元前170至前125年的一所雅典体育场的卷目残篇中（Clay 1977）。有可能，赫耳墨亚赛会甚至在纪元前200年代小亚细亚的博斯普鲁斯（Bosporus）也有举行，据穆拉托夫（Muratov 2015: 602）。关于**长跑者**（*Hermerodromoi*/ ἡμεροδρόμοι），参见 Matth-ews（1974）。

青年指导，而且是为培养下一批的社会保卫者和防御者也就是战士作准备：这也是古希腊城邦的体育训练和比赛的目的所在。

小结

从一地到另一地，从内到外，从这一处到另一处房屋或城邦或乡村，或者从人生的一个阶段到另一阶段，赫耳墨斯都是与转变活动联系最密切的神。在第四首《荷马颂诗》中，他必须向他的父亲和他的大家族展示，他有什么能耐可以贡献给集体，并且在宇宙的统治者中间配得一个位置。他着手做这些事情，是通过他凭直觉就知道，如何从 A 处到 B 处，然后再返回，并且表明他能很容易做到这一点。这让他成了"天然的"向导，也让他变成了那些旅行者的保护者。在牧赶 50 头牛的过程中，他没靠阿波罗的皮鞭，赫耳墨斯展示出他对具有群体倾向的生灵的掌控，结果他被赋予了保护这种群体的特权，包括动物和人类。在人类群体当中，青年男子需要领袖的指导，让他们团结一致，并且让他们的行为受到制约。他杀死了两头牛，方式与摔跤手的手法类似，他屠杀它们的方式，也符合战前牺牲祭祀的方式，赫耳墨斯由此展示了他天生的力量和体育能力，从而赢得了在运动和战争技巧方面监督训练青年，以及在此领域指导和保护他们的地位。此外，考虑到赫耳墨斯是唯一必须为其在奥林波斯诸神中的地位而竞争的神，特别有道理的是，他应当成为监督其他少年和青壮年训练和比赛的一位神，因为，他们也正在自己的社会组织中争取获得认可和接受。所以，尽管很有可能，赫耳墨斯与战争的关联，当希腊社会变迁之后失去了，但这种关联的残余，仍保留在他与青年的体育训练的关系之中，这种训练是为造就战士作初步准备，特别作为赫耳墨斯·**赛会主持之神**，他监督每个优胜者由人群中的一张普通面孔变成一位名人，这与赫耳墨斯并非没有相似之处。

四、交易

第四首《荷马颂诗》是一首旨在取悦这位神的歌,通过重述他的种种天赋和在居统治地位的奥林波斯家族中的职分,所以,这里是最适合寻找赫耳墨斯统治交换事务之细节的地方,涉及个人之间和群体之间或当中的物品(包括言语)和服务流动。关于赫耳墨斯的**荣誉**的这一方面,颂诗的表述直截了当:赫耳墨斯从宙斯那里获得的荣誉是"在遍布丰饶大地的人类中间建立交流(*epamoibia*/ἐπαμοίβια)活动"(516—517)。这样一种职分,看上去也许很奇怪,考虑到赫耳墨斯开启他与奥林波斯家族的接触的行为是偷窃,这种获取方式不符合大多数人关于一项"交换"的观念。可是,如果我们考察赫耳墨斯在获得对所有交换的主宰权之前所从事的种种活动,他获授这样一个头衔就完全可以理解了。①

---

① 关于颂诗作为献给诸神的有价值的祭品,如今可参见卡拉美(Calame 2011)及其参考文献。

DÔTÔR EAÔN：善物给予者

当赫耳墨斯首次出现在这首颂诗中，在世界中活动并与世界互动时，他就创造了（还有一例是提升了）有死者和不死者彼此打交道和他们各自打交道的方式。他的第一项行动是创造了一种乐器，它将成为最受重视的"宴会之友"。它的创造其实源于一种暴力行为，然而，它始于一个邀请，以给予和接受一种恩惠，让活龟受到推崇（如今人们不再承认），作为辟邪的护身符；与此同时，死龟的生命将超越死亡，为有死者（事实证明还有诸神）的欢宴伴奏。事实上，只有赫耳墨斯和龟获得了诗化绰号"宴会之友"（*Dais Hetairos*/Δαίς Ἑταῖρος），显示其各自在这些诗人及其听者那里如何与欢宴时刻有深刻关联。换句话来描述他的成就，则是赫耳墨斯在有死者的世界中碰到一个生灵的第一样成就，就是建立了一种基于利益交换的关系。因为如赫耳墨斯清楚表明的那样，只要帮助了他，他就不会让龟蒙受耻辱（34—35），而且在这么说的时候，他摆明了他将主导的所有交换的互惠性质：因为，赫耳墨斯所谓"耻辱"内涵的思想动机所奠定的伦理义务，就是一方一旦从另一方获利就得报答——*timê*/τίμη（"荣誉"）——赫耳墨斯最渴望的就是

这个（172—175）。赫耳墨斯在建立互惠规范中发挥作用，就始于他与龟的相遇，这些互惠规范将发展为包括所有方式的交

图4.1："赫耳墨斯与西勒诺斯携七弦竖琴和双耳高足杯"，柏林画匠，纪元前5世纪早期（"Hermes and Silenos with lyre and kantharos", Berlin painter, early fifth century BCE.Bildagentur / Staatliche Museen / Johannes Laurentius / Art Resource, NY）

换类型。①

事实表明，互惠是建立和维持人际关系的一个要素，对于今日的我们和对于古希腊人一样重要。据萨林斯这样的社会学家（Sahlins 1968）说，人类所涉及的互惠有三种。其中赫耳墨斯与龟建立的这种互惠就是所谓"广义的"互惠。这种交易涉及善物（包括言语）和服务的交换，双方认为价值大致相等，但不一定完全相等。这种类型的互惠主要在于礼物和服务的交换。所给予的事物价值上的细微变化，给予和获取某物的时间间隔，都对双方关系的持续有影响，彼此将继续交换，直至他们的交换达到某种平衡状态。可是，只要还有其他理由保持这种关系，双方将确保这种状态永远不会达成。维持广义互惠通常有一项策略，就是一方给予另一方某个家族成员某种有价值的事物：照顾某个亲人的需求，通常被认为和为自己获取某种利益是一回事。

这也是同一交换人群中涉及各方建立关系网络的一种方式。譬如，通过协助狄奥尼索斯某个信徒——这里是一个醉酒的萨提尔（图4.1）——到他想去的地方去，赫耳墨斯同时加强了他与狄奥尼索斯的互惠友谊，或许还与这个特殊的萨提尔开启了

---

① 关于赫耳墨斯与宴会的独一无二的关联，参见克莱（Clay 1987）、约翰斯顿（S. Johnston 2002）、弗斯内尔（Versnel 2011: ch. 4）。给龟东西，显得好像是赫耳墨斯给了她一样礼物。参见莫斯（Mauss 1990 [1967]）关于赠送和接受礼物过程中的义务因素的开创性研究。

一种新关系。只要每个人能够确信,好处将在关系网络中某个地方反馈回来,他们就能够与每个人保持友好。按同样的方式,家畜饲养者将向赫耳墨斯奉献,以感谢畜群增长,这就进入了感谢奉献与畜群增长的循环。在忒拜,崇拜要求饲养山羊和绵羊的羊倌将一定数量的精选羔羊带到祭坛上,献给赫耳墨斯·**科特尼泰斯**(*Ktênitês*/Κτηνίτης,"畜群的保护者")。这些动物为所有公民提供了肉食,同时也将荣誉奉献给了这位神,他监管着羊群的规模。在此过程中,神与城邦共同体都被认为保持了一种心满意足的互惠关系。①

如赫耳墨斯的几个绰号所揭示的那样,在这一交换领域中,赫耳墨斯被认为是最为活跃的。至少他有两个诗化绰号表达了对我们称为赞美交换的关注和监督,特别是那些与令人快活和满足的交易有关的那些交换。以绰号"**善物给予者**"(*Dôtôr Eaôn*/δώτωρ ἑάων)称呼的赫耳墨斯,在荷马史诗中有四例,涉及可触摸和不可触摸的"礼物"(*Odyssey*, 8: 335; *Hymn to Hermes*, 4.12; *Hymn to Hermes*, 18: 12; *Hymn to Hestia*, 29: 9; 亦参见 *Orphica Fragment*, column F, 4)。获取具体乐趣密切关联着"心喜",这是赫耳墨斯作为**心喜神**(*Charmophrôn*/Χαρμόφρων)带来的

---

① 关于互惠给予在古希腊创造和维持友谊过程中的作用,参见赫尔曼(Herman 1987)。关于赫耳墨斯·**科特尼泰斯**参见乔古第(Georgoudi 2010)。

(*Homeric Hymn*, 4.127），常常是在宴会处境中。

根据赫耳墨斯与宴会的这种密切关联，他在创造出竖琴后，接着着手创设使用它的场景，这是有道理的。考虑到招待客人总是涉及分享餐食，其中要提供肉食，为了释放他对龟的预言，赫耳墨斯必须为宴会准备肉食，他将在宴会上重设餐食，由诸神和有死者分享，采用的方式也显示他配作他们当中的一员。赫耳墨斯对阿波罗牛群中50头牛中的两头所做的事情，实际上是将几种不同类型的屠宰仪式中的元素合并进了一个事件，这也许就是诗人何以忍住没有为赫耳墨斯准备的餐食类型命名的原因，既没有称其为**献祭**（*thusia*/θυσία），也没有称其为**宴会**（*dais*/δαίς）。此外，尽管肉食分配让人联想到同等份额，与荷马史诗中的 *daitos eisês*/δαιτὸς ἐίσης（"太平盛宴"），这位诗人却避免使用任一术语来描述此场合。所以，在他将肉食分为12份和抓阄分配它们（128），并各配一份"荣誉份额"（*geras*/γέρας, 129）时，诗人忆起自普罗米修斯分割祭肉以来首次向诸神献祭肉的场景，诸神都获得了同等的荣誉。大多数学者都同意，赫耳墨斯也将自己包括在其中，作为这十二位获祭肉者之一，与其余诸神一样，但他或其余神都没有伸手吃肉（尽管赫耳墨斯很渴望这么做；130—133）。有些骨头还要被烧来纪念诸神与有死者的分离（由赫耳墨斯代表烧掉头骨、蹄骨和其余的骨头;136—137),但在赫耳墨斯的新宴会上,诸神将作为就餐客人受到款待,他们的份额将摆在类似餐桌的上面(这里是宽而平的石头;127—128),他们再一次将以与人类相伴为快:*theoxenia*/θεοξενία,即"待神"宴或"神客"宴。①

---

① 关于赫耳墨斯的"献祭"的进一步讨论,参见弗斯内尔(Versnel 2011:319—324)。关于赫耳墨斯的宰杀和预备餐食作为 *xeneia*(意为"荣宾宴")中出自不同献祭仪式的要素的混合,参见布尔克特(Burkert 1984:836—839)。按照克莱(1987)的观点,赫耳墨斯创造了第一个"筵席"(*dais*),作为有死者的宴会的模范;在卡恩(Kahn 1978:60—61)看来,献祭要素的整体混同,使得赫耳墨斯的活动不适合作为人类活动的奠基事件。抽签分配涉及决定谁获得每一部分,可是,给每一部分的**荣誉份额**,意指不考虑其各自的大小,每个接受者都同等值得尊重。承续布尔克特(Burkert 1984),克莱(Clay 1987:223)评论了这种矛盾;卡恩(Kahn 1978:60—61)看到,划分缺乏明显的等级体系,就等于人与神之间缺乏明确的界限;可是,如凯伦依(Kerenyi 1963:54)注意到,此行动中没有什么显示赫耳墨斯考虑过人类,尽管他如此是因为此时人类尚不存在。关于这一点,参见巴顿(Patton 2009:112)。考虑到在奥林匹亚有六个圣坛,每个都由两个神分享(宙斯/波塞冬,赫拉/雅典娜,阿耳忒弥斯/阿芙洛狄忒,狄奥尼索斯/美惠三女神,克洛诺斯/瑞娅),赫耳墨斯和阿波罗分享一个圣坛,有几位学者认为这里就是颂诗首次上演的地方(譬如,Clay 1989:119—127;Burkert 1984);拉尔森(Larson 2016:29)也这样认为,但他承认这个位置有疑难(52,n.34)。约翰斯顿和穆尔罗伊(Johnston and Mulroy 2009)承续布朗(Brown 1969),认为雅典的十二位神是接受者,进一步论证这首颂诗是对雅典工匠的颂词/"礼物",工匠就像赫耳墨斯有创造性,并且为这座城邦的名望贡献很大。亦参见鲍萨尼阿斯(5.14.4—10)、品达(*Olympian*,5.1—7)、阿波罗多洛斯(*Bibliotheke*,2.7.5)。**神宴**是一个复合词术语,由 *Theo*(s) = 神 + *xenos* = 寄主、宾客和陌生人构成;*xenia* = "宾客权利"或"好客";关于**神宴**,参见詹姆逊(Jameson 1994);关于这首颂诗中的**神宴**,参见莱杜(Leduc 2005)以及更早期的学术研究。

很有可能，赫耳墨斯获封绰号"善物给予者"，是承认他偏爱那些尊重和维护有利交换类型的人，也就是那些涉及建立友谊关系的人，尤其是那些与好客有关的人。门口的陌生人也许就是伪装的神，这种可能性至少与荷马的记述一样古老：在《奥德修纪》（10.483—487）中，当赫耳墨斯伪装成乞丐出现在自家门口时，另一位求婚者提醒安提诺奥斯（Antinoos）的正是这一点。事实上，有几则传奇故事，其中宙斯和赫耳墨斯伪装成人类，出其不意地出现在有死者门前，为的是考验他们对好客律令的持守，宙斯作为宙斯·克赛尼奥斯（*Xenios*/Ξένιος，"宿主之神"和"陌生人之神"）。当他们发现在桌前仁慈接待他们的有死者时，就会因此而重重奖赏他们。在那些接受这些神的恩惠的人中间，有一对老年夫妻波西斯（Baucis）和裴勒门（Philemon）生活在吕底亚（阿纳托利亚），虽然他们非常贫穷，却与这些神分享他的微薄所有。作为回报，当这对夫妻在这些神的陪伴下爬上当地一座山时，他们生活的整个山谷被洪水淹没了，他们的家却得以幸免，并变形为献给这些神的圣所。他们获授作为圣所祭祀的特权，并且不必经历对方的死亡和埋葬：因为当他们呼出最后一口气时，这些神会让他们变形为两棵树，长在同一根树干上，以纪念这些神的造访和他们作为好客主人的身份。这是奥维德《变形记》（8.628—719）中讲述的故事版本，他在这部著作中叙述了一种生物变形为另一种生命形式或实体的传奇故事（譬如，巴特托斯［Battos］被赫耳墨斯变成了石头）。这则波西斯和裴勒门的故事与此类似，基督教新约《使徒行传》（Book of Acts，14.8—18）的作者肯定，当他报告吕斯特拉（Lystra）公民对使徒保罗（Paul）和巴拿巴（Barnabas）到来的反应时，他的读者或听者完全理解这一点：吕斯特拉人认为，这两位行奇迹的访客就是来再次试探他们的宙斯和赫耳墨斯，所以，他们准备向两位神献祭。事实上，可以说，有死者得以与诸神打交道的整个祭祀体制，都基于广义的互惠原则。[①]

尽管奥维德关于波西斯和裴勒门的传奇故事后出，但与早先关于赫耳墨斯及其与好客有关的传奇故事保持一致。早在《奥德修纪》（15.313—324）中，赫耳墨斯被称作这样一位神：他将"恩惠"或**"好处"**（charis/χάρις）给予那些知道如何为他人准备和奉上餐食的人。牧猪奴欧迈奥斯（Eumaios）就是其中一个，或许因为赫耳墨斯是保护提供餐肉的动物的神，也是开创"太平盛宴"的神，欧迈奥斯知道如何凭敬意准备餐食，留出他的七分之一客餐给赫耳墨斯和宁芙（*Odyssey*，14.428—

[①] 关于保罗和巴拿巴事件，参见马丁（Martin 1995）、克劳克（Klauck 1994）；关于奥维德的波西斯和裴勒门的讨论，参见格里芬（Griffin 1991）。

436）。然而，向这些神献祭，接待他们享用**客餐**，都不是与其（或与同类有死者）建立互惠友好关系的唯一途径。赫耳墨斯作为"善物给予者"，也送了他的兄弟阿波罗一首歌，这是赠给他配受的尊敬和荣誉（尤其作为他的兄长，427—433），正如他此前对龟的所作所为。给予恰当的赞赏，给予可触摸的物品，都是展示荣誉的方式，都能够开启或维持各方关系。赫耳墨斯也被要求参与这种交换，这并不稀奇。所以，泰诺斯（Tenos）岛上的友谊盟会（Friendship Association）设置赫姆石柱给这位神作为谢礼（*IG* xii, 5, 912）。①

还有讽喻诗，也是一种受到喜爱的致敬这位神的方式，同时表明给予者想要什么回报。所以，在一首讽喻诗（*Epigram*, 9.314）中，发言者小阿基亚斯（Archias the Younger）直接称呼赫耳墨斯为"居住在科吕吉亚城（Korykian city）的主人"，并请求他悦纳他的献礼。在另一首讽喻诗（*Epigram*, 9.72）中，安提帕特（Antipater）称赫耳墨斯为欧考诺斯（*Eukolos*/

---

① 关于诞生次序的重要性，譬如，参见克莱（Clay 1989）、哈雷尔（Harrell 1991）。亦参见库尔克（Kurke 1999: 104; 1995: 33—37），他指出了交换体系中歌作为礼物的其他例证。关于宴会和歌的美与快乐体现在互惠和好处，参见纳吉（Nagy 1989: 21）；亦参见《奥德修纪》（9.3—11，尤其是行5）。关于团体及其成员对赫耳墨斯/墨丘利的其他奉献，参见阿斯卡夫和克劳朋伯格（Ascough and Kloppenberg 2012）。

Ἔυκολος，"乐享之神"），因为他乐享牧羊人奉献给这位神的奶和蜜，他还对赫耳墨斯与赫拉克勒斯作了对比，后者不容易满足。第三首匿名讽喻诗（*Epigram*, 10.12）邀请旅行者来支持"赫耳墨斯，护路之神"（*phylaki hodos*/φύλακι ὁδός）；可是，他的邀请仅限于辛苦劳作后的确疲惫口渴的人，他建议他们休息后要致敬"道路之神赫耳墨斯"（*Einodion*/ Ἐινόδιον[埃诺迪昂]）。众所期待的神与人之间的互惠关系，在一首讽喻诗中（*Epigram*, 13.2）显而易见，某个佩蒂莫斯（Phaidimos）献上了一座据说与赫耳墨斯一样年纪的青年雕像，以感谢他对这位神的请求，要他眷顾他的父亲、儿子和家庭。

斐洛斯特拉图在《图阿那的阿波罗尼奥斯生平》（*Life of Apollonios of Tyana*, 5.15.29—33）中叙述了一则伊索的故事，连伊索给赫耳墨斯的微薄奉献也不会没有回报：赫耳墨斯的回报是让伊索精于这位神自己学到的第一种技艺，即编造技艺，又称为神话学（mythology）。另一个地位低下的人，名叫马可卡里翁（Maccalion），据说刻了两尊木雕献给了赫耳墨斯。在列奥尼达斯（Leonidas of Tarentum）这四行诗中（*Epigram*, 9.335），这位神的注意力集中在这些木制雕像的精湛工艺上，并且被告知马可卡里翁奉上了"好礼"。言下之意，赫耳墨斯也应报以"好礼"。一则铭文（*IG* I^2 631）证实了同样的关系，其中一位自称传令官,因他擅长记忆而回报感谢赫耳墨斯。

甚至诸神都采用赫耳墨斯的赠礼方式,来创造和确认与其有死者后裔的友谊关系。希库鲁斯(Diodoros Siculus),一位纪元前1世纪的历史学家,报告说有诸神赠礼的首场婚礼是卡德摩斯(Kadmos)与哈耳摩尼亚(Harmonia)的:并不意外,赫耳墨斯据说赠给他们一架竖琴(*Histories*,5.49.1)!六个世纪后,瑙努斯报告了同一场婚礼,说赫耳墨斯给了卡德摩斯一根权杖(*Dionysiaca*,5.130),或许,这是将赫耳墨斯传权杖给伯罗普斯家族(Pelopidai)统治世系的第一个有死者的报告(*Iliad*,2.100—109),与希库鲁斯的报告混合起来了。

在英雄佩耳修斯(Perseus)的冒险故事中,赫耳墨斯据说给了这位年轻人有翼的靴子和旅行者的帽子,还有隐身帽(PseudoHyginus,*Astronomica*,2.12),或只给了他有翼的靴子(Nonnos,*Dionysiaca*,25.56),从而让他能够迅速抵达,并在斩首美杜莎后迅速离开。关于此冒险故事,奥维德(*Metamorphoses*,4.740)指出,冒险大获成功后,佩耳修斯竖起了三个土坛,分别献给襄助过他的神(赫耳墨斯、宙斯和雅典娜),并为赫耳墨斯献上了一头牛犊。赫耳墨斯愿意襄助年轻人展示其男子气概(如佩耳修斯之所为),也许是他作为婴儿救助者和体育场监督者角色的一种扩展。但尼基阿斯(Nikias)

的讽喻诗（*Epigram*，16.188）显示，他也收获了他们的礼物：

> 离开了森林茂密的居勒涅的陡峭高山
> 我，赫耳墨斯，站在这里，当上了可爱的体育场护卫
> 在这里男孩们为我献上墨角兰和风信子
> 还有很多紫罗兰花冠。

作为荣耀赫耳墨斯的一种方式，居住于两地的人民，将那些空间留作圣地，也给予守护者荣誉，据说他受到当地居民的关切，这两地毫无悬念都在阿卡迪亚地区。三圣泉（Three Springs）的位置近佩内奥斯城，宁芙在山上为这位新诞生的神洗澡的地方，变成了荣耀和纪念赫耳墨斯和宁芙的一个地方（Pausanias 8.16.1）。在接近赫耳墨斯诞生地的山区，还有一个故事说，阿卡考斯（Akakos），阿卡迪亚王吕卡翁（King Lykaon）的儿子，曾经当过这位年轻的神的养父（Pausanias 8.36.10）。纪念他的名字是赫耳墨斯·阿卡凯西奥斯（Akakesios），用的是为荣耀两个祖先而建造的神殿的名字。可是，根据托名许吉努斯（*Fables*，225），第一个为赫耳墨斯建造神殿的人是吕卡翁本人。与此类似，因为诸神如此重视赫耳墨斯的创造，尤其是奥耳弗斯的演唱技巧，他死后他们将一架竖琴摆到了天

上变成了一个星座来荣耀他,永恒提醒人们关注他的音乐之美(Pseudo-Hyginus, *Astronomica*, 2.7)。

赫耳墨斯除了监督和参与诸神和有死者之间的广义互惠关系,他还与有生命和无生命的自然界中那些为他服务的事物有类似关系,而且这些事物倾向于变得与他具有密切关联。说句也许过头的话,这些事物以一种强烈的所有方式"属于"赫耳墨斯,但要说认为他对各种植物和动物种类具有某种深刻影响,则非过分之辞。在有知觉的种类中,如第四首《荷马颂诗》所显明的那样,最重要的是龟,没有它偶然出现和合作,赫耳墨斯想要在奥林波斯占据统治地位的诸神当中获得自己的位置,也许会非常困难。尽管竖琴成为阿波罗的标志性所属物,但制成琴体的龟与赫耳墨斯保持着密切关系。鲍萨尼阿斯(8.30.6)注意到,在麦加洛波利斯,崇拜赫耳墨斯为阿卡凯西奥斯的神殿的其余所有部分,是一个石龟,显然是这位神钟爱和荣耀他的生物的雕像。在阿耳戈斯,赫耳墨斯和阿芙洛狄忒分享了一个神殿,他们还分享了龟这个符号,尽管对于两者而言,它很可能代表着不同的东西。①

---

① 赫耳墨斯与阿芙洛狄忒分享他对龟的爱,与阿波罗分享他对山羊的爱。于阿芙洛狄忒而言,龟也许代表一种特别的头饰款式,放下来可以折叠在脖子周围,抬起来则像一个壳严实地包裹着女人的头。关于这种和其他古希腊妇女的面饰习惯,参见勒韦林-琼斯(Llewellyn-Jones 2003)。

看起来，根据赫西俄德《神谱》（444）中的简单提示，也许动物界仅次于龟的与之关系密切的动物就是公羊，若无它在绵羊圈中活动，赫耳墨斯作为羊群增长之神的地位也许就无从谈起。但或许甚至更为重要的是，古代的牧羊人有一只负责任的可靠的领头公羊，对其完成控制和引导羊群是一件有益的事情。因为他自己就是向导，所以，赫耳墨斯与领头羊关系密切。在另一则传奇故事中，赫耳墨斯与一只公羊有关联，说他涉及涅佩勒（Nephele）和她的两个孩子——波奥提亚的裴里克索斯（Phrixos）和海勒（Helle）。在他的父亲要将他残酷牺牲的当口，无辜的裴里克索斯，还有他的妹妹，被他们的母亲抱起，骑着一只金公羊远走高飞了，涅佩勒从赫耳墨斯那里得到了这只公羊（Apollodoros, *Bibliotheke*, 1.9.1）。裴里克索斯安全抵达克尔考斯（Kolchos）后，这只公羊被献给了宙斯，这是按照公羊自己的指导（Apollonios Rhodios, *Argonautica*, 2.1141—1149）——或在赫耳墨斯的指导下（4.118—121）。可惜，我们这位作者没有告诉我们，赫耳墨斯是如何得到这只金羊的，或告诉我们它与赫耳墨斯的关系之究竟，但我们有理由认为，当这位听者听到，赫耳墨斯利用了一只有金毛的公羊，如果说不是拥有的话，那也没有什么不寻常之处，因为，金子本来就是属于诸神的金属。①

还有一种动物,赫耳墨斯似乎与其有特殊关系,就是狗。在第四首《荷马颂诗》中,显然在暗示他有能力让狗保持安静(145),这表明这种动物将他当作它们的头领。或许,这就是狗会照料阿波罗牛群的原因,这也让阿波罗称奇,它们一直跟在公牛的后面(194—196)。甚至早在第四首《荷马颂诗》前,短长格诗人,以其尖刻的诗意谩骂著称的希波纳克斯(Hipponax),称赫耳墨斯为"狗的扼喉者",当时他请求这位神帮他让狗保持安静,这样他好偷取所需要的东西后逃离(fr.45W);然而,这位诗人在这里,也许只是拿赫耳墨斯古已有之的绰号**"阿尔盖朋忒斯"**("弑狗者")开了个玩笑。但是,猎人也利用狗,而赫耳墨斯受猎人崇拜,不仅因为他们由他获得帮助,指导他们找到追逐的猎物,还因为他对狗的监督(*Homeric Hymn*, 4.140, 144; Hesiod, *Catalogue of Women*, fragment 16, 利波拉里斯的报告[Antionius Liberalis,

---

① 后世文献试图解释某些天文现象,将一种鹰当成了这位神的圣鸟,也将野兔当成他的圣物,因为它们繁殖力强(参见本书第七章)。托名阿波罗多洛斯《神话摘要》(Pseudo-Apollodoros, *Epitome*, 3.2.11)报告说,赫耳墨斯还给了阿耳戈利斯的阿特柔斯一只金毛绵羊,作为他有权统治的象征,有人怀疑,也许它一度是公羊,考虑到山羊和金子都与统治权有关。关于这些故事,参见奥尔高高佐(Orgogozo 1949: 10—30),关于金子作为象征统治权的金属,参见库尔克(Kurke 1995, 1999)。

Metamorphoses,23〕)(图4.2)。阿里安(Arrian)的《论狩猎》(*De Venatione*,34)甚至说,一位精明的猎人会在狩猎前向他献祭。按此,一则出自纪元前4世纪的铭文就特别有意思,

图4.2:"赫耳墨斯在猎人当中",阿玛西斯画匠,纪元前6世纪早期第三季,黑彩瓶画B面("Hermes among hunters", Amasis painter, third quarter sixth century BCE, side B of black figure amphora. Inv. F 1688. Bildagentur / Staatliche Museen; Ingrid Geske / Art Resource, NY)

铭文见于佩莱坞（Piraeus）的阿斯克莱庇奥斯（Asklepias）圣所（*IG*, II² 4962；*SIG*³, 1040；*LGS*, II.18）。它指导特别预备向特定的神献祭，就包括（在献祭对象中）给赫耳墨斯、狗和猎人各三块麦饼。

如果尚不知晓，阿斯克莱庇奥斯原初的治疗圣所在埃庇道洛斯（Epidauros），猎人在这里被指认为他的儿子，马卡翁（Machaon）和波达利里奥斯（Podalirios）利用狗打猎（Lamont 2015），学者们就必须思考铭文处方中将这三者列述在一起的含义：最"自然的"的假设就是，这是为生病或受伤的猎人开具以备治疗的特殊处方，考虑到赫耳墨斯与狗和猎人都有关联，而且这位神祇还与托梦有关，阿斯克莱庇奥斯以此与他的病人交流。此外，据说正是赫耳墨斯从火葬堆中救出了未出生的婴儿阿斯克莱庇奥斯，这是宙斯对他母亲的惩罚（Pausanias 2.26.6）。①

---

① 保存在欧斯塔提乌斯《奥德修纪》（19.518）评注中的一则故事重述了偷窃金狗的事情，赫耳墨斯重新找到了它，与此同时，利波拉里斯（*Metamorphoses*, 36）和鲍萨尼阿斯（8.53.4）报告说，赫耳墨斯的一个儿子名叫居顿（Kydon），有一条狗曾给他喂过奶。亦参见莱茵伽德（Raingaerd 1934：359—360）。帕克（Parker 1996：182）认为赫耳墨斯在佩莱坞的阿斯克莱庇奥斯崇拜中的角色是"梦的指引者"；关于出自阿斯克莱庇奥斯的佩莱坞的法令，参见许伯（Hübbe 1959）。狗在罗马人的思想中的地位，很多方面都继承了希腊人的观念，关于此主题的有趣研究，参见布里斯（Burriss 1935）。

在植物界，赫耳墨斯似乎尤其钟爱两种植物——番红花和草莓树。根据医学作家盖伦（Galen）（*De constitutione artis medicae*, 9.4），赫耳墨斯有一位贴身青年随从名叫克洛考斯（Krokos），不小心被这位神掷出的铁饼砸死了。赫耳墨斯对此事故和失去这位少年深感不安，他没有埋葬这位男孩的尸体，而是将它变成了一种与其同名的花。这个故事后起——作者在纪元后二至三十几年——所以，我们无法确定其中是否有古老关联，对此我们没有更早的证据，也没有较晚的发明。但无论如何，显而易见，赫耳墨斯这么做是渴望表彰和"回报"这位青年的陪伴。

另一位纪元2世纪的著作家，即我们熟悉的旅行家鲍萨尼阿斯（9.22.2）告诉我们，塔纳格拉人保存了一棵古老的"草莓树"的残余，他们相信赫耳墨斯曾受到它的滋养，表明这棵特殊的树对于这位神而言是"神圣的"。此外，我们是否可以由此推断并且声称，这种植物本身，无论它长在哪里，对于赫耳墨斯而言都是神圣的，这是值得怀疑的，尽管也并不奇怪，考虑到作为物种之一，我们人类倾向于仁慈地对待有生命和无生命的事物，这些事物在我们生命的某个节点上有益于我们，甚至也这样对待那些并没有帮助或给予我们快乐的事物。

赫耳墨斯，如果不是礼物交换互惠制度的发明者，也肯定创造性地参与了对此制度的利用。这可以部分解释，何以他被赋予了支配人类交换的权利，即便今天很多人并不希望如此看待礼物馈赠。事实上，大多数人更倾向于将赫耳墨斯的支配权局限于另一种互惠类型交易的范畴。

赫耳墨斯·阿格莱奥斯

赫耳墨斯支配交易的三种互惠关系之二，被称为"平衡的"互惠关系。在这种类型的交易中，某人给予另一人的任何善物或服务，都通过回馈给那人的认为有同等价值的善物或服务来平衡。因为，双方不会感到所交换的事物在价值上有差别，任何一方都互不相欠，所以，这种交换本身没有建立持续关系的基础。结果，平衡的互惠关系与商业交往关系最为密切，其中一人 A 对他的产品有某种估价，而另一人 B 也愿意付出这么多。除了以金钱（或善物或服务）交换善物或服务，A 和 B 无须继续交往。如上述描述所示，归为"平衡"的交换形式，包括那些通过简单买卖、物物交换和售卖（通常为了获利）进行的交换。

这些形式的交换中的每一种的实例，也以缩减形式出现在第四首《荷马颂诗》中，是在赫耳墨斯和阿波罗抵达藏牛的山洞之后。首先，在表明赫耳墨斯的歌值争议中的50头牛（437）时，赫耳墨斯和阿波罗谈成了一桩以物易物的直接交换（也就是买卖）。这就了结了他们的冲突，若不是为了竖琴，这段关系很可能就此结束了。然而，不再争执让他们可以进一步彼此交换——如果他们想这么做——而两者确实也想这么做。他们交往的下一阶段，看上去就像两个人在以物易物获取所需要的物品，他们的情况是阿波罗想要竖琴，赫耳墨斯想分享阿波罗对预言的支配权。两位神彼此恭维，也以较不明显的方式赞美了各自感兴趣的物品，这些都是以物易物开始阶段常见的表现，由此双方确立了对方作为讨价还价者的相关技能，并决定双方如何才容易获得他们所渴望的物品。这样一来，阿波罗就向赫耳墨斯暴露了自己，成了最渴望获得另一方所有物的一方，这就让赫耳墨斯在讨价还价中居于优势地位。如果赫耳墨斯不改变策略，从他们一开始的讨价还价转向礼物交换，这第二种交易将以各方同意交换物等值而结束，继续交往就没有了任何更进一步的基础。① 事实上，诗人表明，无论是赫耳墨斯，还是阿波罗，他们都没有完全放弃与某一领域的联系而投入另一领域：赫耳墨斯分享着他的竖琴演奏技艺，而阿波罗也分享着他的畜牧技艺，正如两兄弟一道赶着牛群奏着竖琴，回到了皮埃里亚牧场。②

所以，赫耳墨斯规避了让他们的交换变得"平衡"之可能性，通过将竖琴作为例外赠给了阿波罗，这就将鞭子抽了回

---

① 关于以母牛为标准来评估可替换性，参见《伊利亚特》（6.234—236）。关于以牛群和畜群规模作为应有荣誉的尺度，参见阿塔纳斯萨吉斯（Athanassakis 1992）、巴克尔（Bakker 2013）；亦参见纳吉（J. Nagy 1983：195），他承认以歌换牛的补偿关系。史坦纳（Steiner 1994：44）正确指出，这首歌减轻了阿波罗的愤怒，但认为赫耳墨斯获得牛是作为与竖琴而非这首歌本身交换的结果。卡恩（Kahn 1978：124）忽视了以歌换牛，认为这是牛换竖琴，她将此描述为一种"商业合同"。在另一语境中，古风诗人批评了"歌的商品化"，参见库尔克（Kurke 1991：225—239）、冯·莱登（von Reden 1995b：30—50）、真蒂利（Gentili 1998：55：76）。关于渴望作为交换动机的重要性，尤参布坎（Buchan 1997：esp. eh. L）、吉拉尔德（Girard 1989：esp. 145—149, 153—159）、汉弗莱和雨果-琼斯（Humphrey and Hugh-Jones 1992）。关于渴望作为一种花招，参见卡恩（Kahn 1978）。关于交换形式的扩展讨论，参见汉弗莱和雨果-琼斯（1992）、冯·莱登（1995a）。

② 本伽德（Bungard 2011：159）追随布朗（Brown 1969：38），采纳了这种观点。按照海登的解释（Heiden 2010：411），阿波罗的友谊的价值高于在礼物的价值上保持严格相等。可以补充的是，礼物"严格等值"对建立友谊毫无帮助；相反，这将表明他们将对方视为商业交易的当事人，不需要也不希望日后保持任何关系。

来，表明他得自阿波罗的对畜群的支配权是一种对应的礼物，这是阿波罗认为竖琴配得上的很多礼物中的第一样礼物（461—462）。凭此能力，赫耳墨斯获得了两个绰号："**诺弥奥斯**"（"牧神赫耳墨斯"）和"**埃庇迈里奥斯**"（"牧羊神"）。可是，因为赫耳墨斯已经获赠支配所有交换形式的权利，阿波罗不准备给予赫耳墨斯其他礼物，除非他的小兄弟乐意发个誓。这样，赫耳墨斯和阿波罗就好像变成了两个谈判货物装运的商人，正如从事这些职业的人类，在同意提供资金或从一港口到另一港口运货之前，通常都要求他们立下誓言，阿波罗，就像这样的商人，担心可能失去财产，并寻求保护自己的损失（513—515）。共同宣誓后，阿波罗给了赫耳墨斯他其余的礼物，包括赫耳墨斯的金杖，它将产生富乐（529），也包括他对蜜蜂少女神谕的监督权（550—566）。[①]

尽管从技术上讲，任何类型的交换在任何地方都有可能发生，只要两个人愿意用各自拥有之物换取对方拥有之物，这种

[①] 参见赫西俄德《劳作与时日》（*Works and Days*, 349—351）、《伊利亚特》（6.234—236）。米彻尔（Mitchell 1997: 20）指出："具有其平衡形式的礼物交换……有可能基于交换中的价值对等（或近乎对等），宴会尤其如此。"关于古希腊对誓言的使用，譬如，参见布尔克特（Burkert 1985: 250—254）、考尔（Cole 1996）和索默施坦因和弗莱彻的论文（Sommerstein and Fletcher 2007）。

交换发生的最常见场所就是**市场**(*agora*/ἀγορά),意为"聚集地"或"集市",在几乎所有希腊世界的城邦中都能见到。在雅典,和其他城邦一样,这是一个有明确界限的空间,以界标分开,并受法规约束,规定谁能进入谁不能进入。赫耳墨斯据信监管**市场**事务的最确定标志,就是他的崇拜名号**"阿格莱奥斯"**,意为"市场之神",他在整个希腊世界都享有这个名号。①

鲍萨尼阿斯游历从前的希腊城邦时,常常谈到在某个城邦的**市场**上有"市场之神赫耳墨斯雕像"。譬如,他提到一尊雕像上的赫耳墨斯·**阿格莱奥斯**怀抱着婴儿狄奥尼索斯,这是他途经斯巴达的一个**市场**时看到的(3.11.11);在科林多的集市上,他注意到两尊赫耳墨斯青铜雕像,一尊本身有神龛(2.2.7);他也在雅典看到一尊这位神的青铜雕像竖立在**市场**中间(1.15.1);甚至在"一个海滨小城",如鲍萨尼阿斯所描述的那样,也有一尊市场之神赫耳墨斯的雕像。我们不应感到奇怪,帕莱(Pharai)的集市广场上的赫耳墨斯·**阿格莱奥斯**雕像,在传达赫耳墨斯神谕方面有两种用途(7.22.1)。赫耳墨斯·**阿格莱奥斯**雕像也能接受祈祷、奠酒与水果、谷物和鲜花等祭品,以感谢一天顺利有进项,或希望达成好交易。的确,在阿里斯

---

① 关于市场的神圣地位,参见坎普(Camp 1996:51);关于雅典的赫耳墨斯·阿格莱奥斯,参见奥桑纳(Osanna 1992)。

托芬《财神》中（*Wealth*，1120—1122），赫耳墨斯抱怨失去了各种美味"宴飨"，他从前常从"饭馆女老板"那里得到这些东西。如今，每个人都崇拜这位财神。尽管物品命名都是用于女性解剖结构各部位的俚语，这种幽默能够发挥作用，是因为赫耳墨斯和其余诸神都常收到这些物品做成的食品作为礼物。

除了那些意在建立持久关系的交换，如其**外号**所显示的那样，赫耳墨斯在**市场**上就是监督一种商业交易的神。一个绰号出现在阿里斯托芬《财神》（1155）和《阿卡奈人》（*Acharnians*，816）中，也许是这位神的实际崇拜头衔（*SEG*，908），清楚表达了他与商业活动的关系：他被称为**"埃门博莱奥斯"**（*Empolaios*/Ἐμπολαῖος，意为"输入者""企业家""商人"）（图4.3）。

很有可能这是赫耳墨斯在古代海港流行的名号，这里是当时进出口商人的主要集散地。商人们将食物原材料和其他物料卖给当地企业家，他们要么获付合同约定的货物运输费，要么将货物散装卖给更小的供应商，他们再将货物直接卖给市场上的消费者，或将它们由陆路运到其他小城邦和更远的乡镇。就此，一位柏拉图《法义》（*Laws*，11.914b）的训诂家，在讨论作为"护路神"（Wayside Daimon）的赫卡忒时岔开话题，将道路旁的赫姆石柱与商业联系起来：按他的说法，赫耳墨斯还有一个头衔"道路引领者"（Wayside Leader），感念他在生意上的帮助。

赫耳墨斯

图4.3:"赫耳墨斯持权杖与钱袋",青铜像,纪元前4世纪("Hermes with staff and money bag", bronze, fourth century BCE.Louvre (Museum), Paris, Erich Lessing / Art Resource, NY)

看来，这位著作家想到的是那些按合同或作为投机者从事陆路货运的人。

很有可能，赫耳墨斯与萨摩特拉克岛上的萨摩特拉克密仪有关的一个原因，恰恰与商业交换和从事这些职业的人民有关。作为一个岛，大量密仪入会者似乎都是从事海商的船员。因为要穿越风浪谋生，如果旅行者和贩卖者的保护神与开阔的海洋上提供保护的神祇建立联系，承诺有祝福的来世，也就可以理解了。①

《伊索寓言》常以幽默方式批评在**市场**上营生的那些人的行为，尤其是那些贪得无厌的人，其中还常常包括赫耳墨斯。所以在一则故事中（*Fabulae*, 519），我们得知匠人特别爱骗人，因为奉了宙斯的命令，赫耳墨斯下了药让他们全都变成了这样。可惜，赫耳墨斯（他在更早期文献中是模范分配者）分药没分好，可怜的鞋匠最终比其他人多吃了好多倍。这样一来，他们就变成了所有匠人中最大的骗子。在另一则传奇中（*Fabulae*, 562），赫耳墨斯进入了一个雕刻匠的店铺，希望了解相较于其他神人们有多重视他。他问这匠人，他的宙斯像多少钱，他的赫拉像又是多少钱，然后问他的赫耳墨斯像多少钱。

---

① 给予萨摩特拉克密仪，参见布莱克利（Blakely 2007, 2012）；如今，大多数学者同意，赫耳墨斯实际上不是（如果是，起初也不是）在此崇拜中受到敬拜的神之一。参见康斯坦考普卢（Constantakopoulou 2015）：尤其页282。

他相信自己的像更值钱,因为他让有死者变得富有,却如谚语所说大受"挫败"(peg or two),他被告知,如果他买宙斯像和赫拉像,赫耳墨斯像就免费搭售!

还有另一种交换活动,设定在一样礼物和一种购买之间,这就是发生在两个家庭之间的交换,在一方的儿子和另一方的女儿结婚前和结婚当天。婚姻在雅典和希腊其他地方,无关乎爱情,而更类似于商业交换。准夫妻双方的父亲,会在"大日子"前就达成协议,新娘的父亲答应将他的女儿"借"给另一个父亲的儿子来生育合法继承人,除了把他的女儿连同事先商量好的嫁妆一道送去,最终由联姻生产的儿子来继承。当选定的日子到来,新郎和他的祝福者一同来到新娘家,用马车将她和她的嫁妆迎回男方家。赫耳墨斯在此过程中有两重作用:作为门神,财产保护者,他必须同意让这些财富离开女方家,因此,人们相信他会陪新娘走出家门,把她交给新郎。这位神同时也是最关心见证交换条款得以履行,收回新郎父亲承诺回馈新娘的任何好处。所以,甚至在婚礼上,也有一项交换活动,由赫耳墨斯和几位女神一起主持。[1]

---

[1] 关于赫耳墨斯与婚礼的关系的首次讨论,参见韦尔南(Vernant 1983:127—175);关于以现代方式研究赫耳墨斯(交换之神)与赫斯提娅(保护女神)的关系,参见汤普森(P. Thompson 2002)。

赫耳墨斯·佩莱特斯

如古代希腊的婚礼之情形,进入**市场**的交换,通常都是自愿交易,每个人在其中都相信,他放弃了某物是为了获取其他等值的某物。然而,如果发现一个人付了钱或交换的善物或服务与交换时议定的品质不同,就有可能引发一种新行动,所依据的原则是否定性互惠,在交换中所给予的事物有害而非有益于接受者,随着每一轮交换,受害的严重程度通常会升级。消极互惠也有可能,而且的确更有可能,源自基于维持广义互惠的关系,考虑到交换伙伴通常视对方为朋友。任何时候,如果某人开始感觉到他们的付出多于收获,此人与交换网络之间的关系,会转变为否定形式的交换。

赫西俄德的《神谱》展示了统治诸神直至赫耳墨斯诞生的条款,就好像它是以"否定性"互惠的动力学为前提的。根据赫西俄德的世代更迭神话,消极互惠也许甚至是存在于人类还有诸神当中的第一种类型的交换。正是由于欠某人或向某人隐瞒了某种事情,诸如:否定一开始属于克洛诺斯,继而又属于宙斯的公认位置,在《神谱》中这两位神自己反过来对他们的父亲发动了攻击。在《荷马颂诗:致赫耳墨斯》中,赫耳墨斯的信念显然是,他作为宙斯之子应当获得某些**荣誉**,拒绝给予荣誉等同于窃取**荣誉**,这激发了他对阿波罗神牛的袭击。①

赫耳墨斯凭直觉就知道,他的偷窃将迫使阿波罗必须找到并且面对偷窃者,其根据是诸神长期遵循的消极互惠伦理,所以他故意偷窃迫使他年长的兄弟与他会面。当阿波罗和赫耳墨斯真正相遇时,场面就像陌生的敌人相遇(至少从阿波罗的角度看是如此)。兄长的第一反应是威胁和使用暴力,然后,有些令人惊奇的是,随着赫耳墨斯释放了两个"预兆",他笑了,并且收回使用武力和威胁。后来,宙斯派他的两个儿子从奥林波斯折返去收回牛群,阿波罗再次企图强迫他的小兄弟,这一次用类似柳条的软绳绑了他,显然还不准备结束与赫耳墨斯的

---

① 关于消极互惠的动力学,参见萨林斯(Sahlins 1968)、西福德(Seaford 1994:25—29)、唐兰(Donlan 1982:141—143。纳吉(J. Nagy 1983:192)对偷窃和"自然"(也就是前开化的)状态,与"开化状态"和与赠礼有关的广义互惠作了比较。按此路线,赫耳墨斯在很多分析中都是一位开化的英雄,由于他引入了能够让人们彼此关联的新方式。譬如,参见海德(Hyde 1999)、布尔克特(Burkert 1984)、布朗(Brown 1969)。关于强力夺取遗产来还债,参见柯亨(Cohen 1983: 27)。关于《伊利亚特》中涅斯托尔(Nestor)的攻击,作为对偷窃的回应,参见林托特(Lintott 1982: eh. L)和瓦尔克特(Walcot 1978)。与此观点相对,林肯(Lincoln 1976: 64)认为赫耳墨斯的攻击无缘无故,尽管赫耳墨斯显然知道他和他母亲受到忽视,或被拒绝接受给予诸神的祭品的和祈祷(*Hymn to Hermes*,4.167—169)。

纷争，在不造成报复性伤害的情况下。①

尽管赫耳墨斯创造了与他者互惠交往的方式，却没有放弃对伤害他的人进行报复的选择。就像他的兄长在颂诗中最初的反应，有几处我们听到赫耳墨斯为有死者带来了不便：他们直接冒犯他，或虐待他的某个后裔或崇拜者。虽然这类传奇故事中的大多数证据相对晚近，似乎出自纪元前1世纪的拉丁语著作家，这些传奇本身当中却没有什么内容可以显示，它们的编写晚于第四首《荷马颂诗》。所以，譬如，奥维德讲述了一则传奇（*Metamorphoses*，2.722—832），涉及赫耳墨斯对他钟爱者的一个姐妹的报复，她当时阻挠他进入家中，还试图从这位神那里勒索一笔赏金，以允许他进入。赫耳墨斯一开始离开了，但当他返回时，阿格劳洛斯（Aglauros）疯狂地妒忌她的姐妹，她告诉这位神，她绝不会从门上移开。这时候，赫耳墨斯在用他的权杖打开门的同时，也应验了阿格劳洛斯的话：当他进门与赫泽（Herse）相会时，阿格劳洛斯慢慢变成了石头。

鲍萨尼阿斯在罗马行省亚该亚现存的宗教遗址旅行时，报告了一则由比萨（Pisa）居民讲述的传奇故事，这地区从前叫埃

---

① 关于这首颂诗中使用威胁，参见哈勒尔（Harrell 1991）。赫耳墨斯使用两种阻碍方式——放屁和打喷嚏——以反对阿波罗的威胁，每一种都被视为非自愿的标志，具有预言意义。

里斯(Elis)城邦,人们认为这些遗址至少和传说中的王伯罗普斯(Pelops)一样古老。据埃里斯人说,这位王奉献了一座神殿和祭品给赫耳墨斯,以阻止他为他儿子密尔提洛斯(Myrtilos)的死报仇(5.1.7)。还有在邻近的阿卡迪亚地区的佩勒涅镇(8.14.10),鲍萨尼阿斯听说有赫耳墨斯的另一座神殿,在它的后面他发现了密尔提洛斯的坟墓:就此,他花时间讲述了一个缩写版的耍两面派的故事,这导致密尔提洛斯死于伯罗普斯之手。可是,在纪元2世纪阿波罗多洛斯的神话著作(*Bibliotheke*,2.6—9)中,这个故事有另一个版本,其中伯罗普斯被给予合法理由夺取密尔提洛斯的生命,与此同时,赫耳墨斯被给予理由采取较不直接形式的报复,因为他的儿子并未请求直接报复伯罗普斯为他雪耻,而是请求赫耳墨斯"诅咒"伯罗普斯自己的家族世系。①

或许,传世最古老的与赫耳墨斯使用消极互惠有关的传奇故事,出自赫西俄德《大家闺秀如许》(*Great Eoiai* =《名媛

---

① 在此我们有了一种对伯罗普斯家族("伯罗普斯之子")遭遇的麻烦的解释,包括阿特柔斯(Atreus)和提埃斯特斯(Thyestes)、他们的儿子阿伽门农、墨涅拉奥斯(Menelaos)和埃吉斯托斯(Aigisthos),这些麻烦在前5世纪雅典的悲剧中有充分表现。后来的文献告诉我们,作为更进一步的补偿,赫耳墨斯将密尔提洛斯放在天上作为星座,称为御夫座(参见Pseudo-*Hyginus Fabulae*, 224; *A*: *stronomica*, 2.13)。

录》)的一则残篇,由前文提到的神话作家利波拉里斯保存下来(*Metamorphoses*, 23 = *Catalogue of Women*, Fragment 16)。赫西俄德提到赫耳墨斯曾遇到一个人,名叫巴托斯(Battos),是赶走从阿波罗那里偷来的牛群时碰到他的。他非但没有警告这人不要透露他看到的事情,巴托斯主动搭话,说他会像石头一样保持沉默,还要赫耳墨斯为他保持沉默奖赏他。赫耳墨斯同意了,他更进一步,将牛群隐藏起来,伪装好自己,回来试探巴托斯的忠诚度。他问巴托斯,是否看到有牛群被驱赶着经过他的地界?赫耳墨斯拿出一件袍子,交给他以换取信息。巴托斯接过袍子,报告说他看见过,所以,赫耳墨斯就用他的权杖把他变成了石头。由这一则传奇和阿格劳洛斯的故事看来,赫耳墨斯很乐意为他想要的事物讨价还价,但不会容忍破坏曾经达成的协议。在另一则仅有利波拉里斯保存下来的传奇中(*Metamorphoses*, 15),科斯岛的美罗普斯王(King Merops)的一个儿子——赫耳墨斯将他变成了一只 *charadrion*/χαράδριον(一种鸟,可能就是鸻鸟,15.4.6),以报复他叫他"盗贼"(15.2.8);他的父亲表示抗议,赫耳墨斯就将他变成了一只"带来坏消息的长耳鸮"(*nuktikoraka kakaggelon*, 15.4.7—8)。

所以,赫耳墨斯就像很多有死者和大多数的神,在遭到诽谤和冒犯时,会毫不犹豫地维护他的好名声和他的家族的好名声。他尤其不会宽容有死者干扰耽搁他实现自己的愿望。将食言的有死者变成石头（或许是无形状的石头，而非雕像），似乎是赫耳墨斯处理互惠关系中的此类破坏行为的标准方法。他通常将诽谤和冒犯诸神（尤其是赫耳墨斯）的那些人变成鸟，似乎也是他对这种冒犯的典型回应。

在其他情况下，当回馈失败是由于某个生物未能履行所作出的服务承诺时，赫耳墨斯就会袖手旁观，容许事情顺其自然发展。《伊索寓言》（Fables，479）中有一则例子，当一只乌鸦发现自己第二次落入罗网时，它承诺向赫耳墨斯献祭，以换取他助它获得自由。赫耳墨斯这一次拒绝帮助，因为他知道这只乌鸦没有兑现类似的承诺：如果他帮助这只鸟摆脱一模一样的罗网，它会回报阿波罗乳香。既然已证明它的话不可靠，赫耳墨斯就留它在罗网中承受结果。与此类似，还有一个贪婪的樵夫的例子（Aesop，Fables，474），一个有死者企图通过欺骗从赫耳墨斯那里获得不应得的利益，他通常都会得不偿失。听说他的樵夫同伴得了一把纯金的斧子和一把银斧子，这位贪婪的樵夫将他自己用起来得心应手的斧子扔进了河里，坐在岸上假装哭泣。当赫耳墨斯来到他身旁时，就像他来到另一个樵夫身旁，听说这人也在河里丢了斧子。像此前一样，赫耳墨斯潜入河中，又带着一把金斧浮出水面。他问这是不是那人丢失的斧子，这位贪婪的人说"是的"，然后，赫耳墨斯就消失了，斧子和一切都消失了，只留下这人，任何斧子也没有了。事情再清楚不过了，在赫姆石柱上通常都会警告旅行者不要擅自闯入：如果他们这么做了，他们很快就会知道"赫耳墨斯会怎样报复邪恶"（Anonymous，*Epigram*，16.255）。

所以，或许并不奇怪，赫耳墨斯也作为复仇神受到崇拜，还与阴间的诅咒和复仇女神（Curse and Arai）的力量有关联——她们以下界为家。这时他的头衔是"**卡托霍斯**"（*Katochos*/Κάτοχος，意为"他是压制者"），雅典和希腊其他地方都有大量沉重的诅咒牌。这些诅咒牌上写着在特定条件下伤害另一个人的典型祈祷语，由此清楚可见写下诅咒的人相信自己是受到冒犯的一方，诅咒针对的一方没有作出恰当回报。有几张诅咒牌请求赫耳墨斯，对某人在即将开庭的案件中的说话能力施加负面影响，让赫耳墨斯作为神圣**修辞家**和**阿格奈奥斯**（*Agonaios*/Ἀγώναιος），意为"竞争之神"。[1]

正如赫耳墨斯和宙斯奖赏了恰当款待有需要的陌生人的那些人，他们也惩罚了没有如此行事的那些人。波西斯和裴勒

---

[1] 譬如，参见法拉奥内（Faraone 1985）、法拉奥内和奥宾克（Faraone and Obbink 1991）中的章节、盖格（Gager 1992）、库尔贝拉和乔丹（Curbera and Jordan 1998）、埃尔德金（Elderkin 1936）。

门生活的山谷，住满了拒绝接纳伪装的神祇的邻居，作为报应，他们和他们的家被诸神送来的洪水冲走了。在另一则故事中，赫耳墨斯受派遣去惩罚两个年轻人，他们没有给来到他们门前的陌生人膳食，而是字面意义上地以他们为食。利波拉里斯（*Metamorphoses*，21）报告说，阿瑞斯说服赫耳墨斯收回了他原打算施加的严酷惩罚，转而同意将两个男孩变成恶兆之鸟：他把奥瑞奥斯（Oreios）变成了一只鹰枭，又把阿尔吉奥斯（Argios）变成了一只秃鹫（21.5.4—9）。甚至连他们的母亲波吕朋泰（Polyphontê）（21.5.1—4）也被变形为一种小猫头鹰，就像她前世一样，无论如何都不会说话，还有这家人的侍女（21.6.1—5），被变成了一只啄木鸟，但她不是恶兆鸟，因为，赫耳墨斯知道，她当时的独立自主活动受限，就尊重她的祈祷，没有把她变成那种恶兆鸟。

小结

说赫耳墨斯是市场之神肯定是真的，但在这么说的时候，有一种倾向是，认为他只与日常的金钱交易有关，世界各地的人民几乎天天都在这么做，这是我们与零售联系最多的一种活动。虽然这是赫耳墨斯作为交换之主的职分的一个重要方面，但还有其他方面,如果不是比金钱交易更重要,也与之同等重要。一种早期的交换形式,至今仍在世界上实行,这就是为一种善物或服务讨价还价(或不怎么高雅的名字"砍价")。就这种交换类型而言,希望获得某物的人就必须更直接地与想放弃那个事物的人打交道,这就为发展一种关系留下了更大空间——相较于人们通常可用的简单购买方式。

或许,甚至要比在讨价还价过程中有机会与另一人互动更重要的是赠礼领域的开放机会。这也是一种形式的交换,受赫耳墨斯支配。通过将赠礼引入世界,他为有死者创造了一种方式,不仅可以展示他们对诸神的崇敬,还可以展示对彼此的尊重;而且,给予诸神的礼物证明了对诸神的崇敬,它们也表明某个有死者渴望与这位神建立友好互惠关系。从而,进入这种互惠交换的能力,构成了祭祀制度的基础,有死者以此维系着与诸神的交流和彼此之间的交流。因此可以说,赫耳墨斯对交换的支配权,给了他监督相当大一部分人类(和神的)活动的权力。

五、转移

当赫耳墨斯被当成监督所有交换形式的权威时,人们可能不会要求这种监督包括偷窃这种不法活动,考虑到偷窃活动最初只涉及一个行动者,并且不涉及真实的交易;也就是说,不涉及善物交换。可是,这位多面相的神有能力将自己变成自己的对立面,以更好地证明尊重他的更为优良的天赋的价值。如果赫耳墨斯是第一个礼物给予者,那他也是第一个成功的小偷。或许,这是因为赫耳墨斯真正想要的并不是牛群,而是它们所代表的事物:从诸神和有死者两方面来看,丢失牛群是一桩严重事件,各方都认为它们是贵重物品,只有他们当中受尊重的人才应当拥有。赫耳墨斯转移牛群,很好地说明了他想从他的父亲那里获得什么。①

---

① 关于荷马时代牛群的贵重价值,参见阿塔纳萨吉斯(Athanassakis 1992);关于其价值的一般性讨论,参见麦金弗内(McInverney 2010)。

小偷

毫无疑问，赫耳墨斯开始的行为就像一个小偷：他赶走了阿波罗的50头牛，在其不知晓或未经其允许的情况下，后来还威胁要永远变成小偷，生活在众神之外，如果他父亲拒绝给予他与兄长同等的荣誉，而他正是从他那里私占了这群牛（*Hymn to Hermes*, 173—175）。他的偷窃能力，继续得到承认，由存在的两个节庆可以证明，主要是在希腊东部诸岛屿上，有对"小偷赫耳墨斯"的崇拜：在凯奥斯（Chios）岛上，赫耳墨斯作为**克莱普特斯**（*Kleptes*/Κλέπτης，意为"小偷"）受到崇拜，在萨摩斯（Samos）岛上，人民举行为期一天的节庆，当天容许从别人家偷东西来荣耀赫耳墨斯·**卡利道特斯**（Hermes *Charidotes*/Χαριδότης），意为"恩惠给予者"（Plutarch, *Greek Questions*, 55）。这些节庆也许根植于历史悠久的赫耳墨斯崇拜，其所依据的传奇故事，要比第四首《荷马颂诗》古老得多，后者似乎是赫耳墨斯偷了阿波罗牛群的一个后起的版本；值得注意的是，他有条件地威胁要变成他父亲的宇宙秩序中的小偷惯犯，也只与此文献有关。其他诗人的故事讲述则不同。①

---

① 这个次要头衔，借自20世纪首部专研赫耳墨斯的英语著作：布朗的《小偷赫耳墨斯》（Brown's *Hermes the Thief: The Evolution of a Myth*, 1969［1947］）。

譬如，利波拉里斯（1/2世纪）的《变形记》（*Meta-morphoses*, 23）保存了出自赫西俄德《名媛录》（*Catalogue of Women*, fr. 256）——如今认为这是一部纪元前6世纪的作品——中的几行诗，讲述了赫耳墨斯偷窃阿波罗的牛群，还有当他赶着这群牛回家的时候，碰到了一个名叫巴托斯的人的传奇故事。他还表示，除了阿波罗多洛斯，他熟悉的另外两个诗人也撰写过同样的主题，这个信息为我们提供的证据证明，偷牛是一个流行的主题。另一篇讲述赫耳墨斯功绩的著作，题名为《赫耳墨斯的诞生》（*Birth of Hermes*），出自一位前6世纪诗人莱斯博斯的阿尔凯奥斯之手，说这位神不但偷窃阿波罗牛群，还偷了他的弓。我们只能看到这首诗的头三行和第四行的第一个词；可是，斐洛斯特拉图（*Imagines*, 25）和一位《伊利亚特》（15.265）训诂家表示熟悉这个故事，如鲍萨尼阿斯所述（7.20.4），与此同时，根据波斐利（Porphyry），罗马诗人贺拉斯的《颂歌集》（1：10，我们有这部文献），就以阿尔凯奥斯颂诗中的说法为依据（1979: 252—258）。

重述赫耳墨斯偷窃的变体还不止此，然而，由传世处理此传奇故事的这些内容或描述清楚可见，《荷马颂诗：致赫耳墨斯》中的故事线，在几个关键点上不同于其他版本。可是在《荷马颂诗》中，强调的重点落在这位神极为年轻，而在托名赫西俄德的版本中，没有显示这位神的年纪，也根本未提及竖琴。阿波罗的牛群，据说不是在皮埃里亚山坡上吃草，而是更为笼统地说是连同阿德墨托斯王（King Admetos）的畜群，在帖萨利的山坡上，而且，当赫耳墨斯到来时，他偷了阿波罗的母牛，还偷了他的公牛。他碰到的这个人，在赫西俄德的故事版本中实际上有名字（巴托斯），出现在他旅途中的另一处地方，而他们的互动，远比与颂诗中那位无名老人的类似相遇复杂得多。如前文所述，巴托斯成功勒索了赫耳墨斯，要求奖赏他的沉默；可是，在将偷来的牛群关在一个山洞里以后，赫耳墨斯伪装返回，为巴托斯提供奖赏，要他说出这个小偷的信息。巴托斯接受了奖赏，暴露他知道底细，并且马上被变成了石头，作为其对这位神食言的惩罚。叙述到这里就结束了，关于阿波罗如何回应此次偷窃，或赫耳墨斯后来如何处理牛群，我们无从知晓。

史诗和抒情诗人，他们不是唯一撰写过关于赫耳墨斯偷牛的传奇故事的人。在前5世纪中晚期的某个时候，悲剧著作家索福克勒斯编写了一部萨提尔剧，以赫耳墨斯生涯早期的这件事为根据，其中就包括他创造了竖琴。这出戏叫 *Ichneutai* / Ἰχνευτής（《追踪者》），几乎一半得以传世。正如在我们的颂诗中，阿波罗不知道他的牛群发生了什么，靠自己找不到它们。绝望之下，这位"预言"神必须聘用一众萨提尔来协助搜索。

结果，他们确实发现了畜群可能所在的位置，是被新发明的竖琴发出的陌生而可怕的声音吸引到附近的。对话显示，赫耳墨斯用一部分牛创造了这件新乐器。很久以后，我们还听阿波罗多洛斯重述过这则神话（3.10.2），与索福克勒斯萨提尔剧的共同点更多，相较于第四首《荷马颂诗》，因为在《追踪者》中，偷窃阿波罗的牛群先于赫耳墨斯创造竖琴，从而用牛创造了这件乐器。

目前，无法确定赫耳墨斯偷牛的传奇故事存在了多长时间，但几乎可以肯定，它贯穿所有时代，都附属于这位神。这似乎成了一种司空见惯的设想：赫耳墨斯施惠于小偷或某些"狡猾"角色，至少始于荷马写作的英雄时代——青铜时代。尽管荷马没有报告赫耳墨斯与奥托吕科斯（Autolykos）之间有父子关系，但他承认后者在欺骗性语言技巧和偷窃方面获得了这位神的恩惠，因为奥托吕科斯献给他很多羔羊和孩子作为祭品（*Odyssey*, 19.396—432）。前6世纪诗人裴瑞居德斯（Pherekydes），熟悉他们相互友爱（*philia*/φίλια）的故事，后来几个世纪的其他诗人也熟悉这个故事，包括希腊诗人和罗马诗人。托名许吉努斯（*Fabulae*, 201）补充了荷马未提供的细节，诸如赫耳墨斯赠给奥托吕科斯改变赃物面貌（也就是其颜色和其他外部特征）的能力，以免物主探知赃物。不幸的是，他最终被另一个聪敏的家伙打败了，后者名叫西绪弗斯（Sisyphos），他在他的动物的蹄子上打上记号，能将它们与奥托吕科斯的畜群分别开来。

赫耳墨斯与小偷的关系，按巴伯里乌斯重述，甚至（据说）连伊索也在其寓言中有编排（*Fable*，521）；将这种联系用在这里，不是为了嘲弄这位神，而是为了给另一个群体抹黑。这则故事开头，赫耳墨斯推着一辆装满了各种不诚实言辞和诡计的车子，他打算将它们分发给人类诸部落。当他来到一个部落的地盘时，车子推不动了，他任凭当地人劫掠车子，将剩下的载物偷光了。在寓言作者看来，这解释了这群人好撒谎和口是心非的原因：他们那天所获超过了他们本应得的赫耳墨斯的"礼物"。赫耳墨斯没有为此受到责备，而是被描述为这世界上散布"谎言和口是心非"的权威。

骗子

由这则后来的传奇故事清楚可见，赫耳墨斯与"诡计"的关联，是他主宰各种交换的重要部分。正如他是监督同意交换可触摸和不可触摸物品的神，赫耳墨斯也是监督意外损失这些物品的神；同样，他既是保护边界的神，也是监督边界侵犯的神。当他的**荣誉**的这两方面都成为焦点时，赫耳墨斯开始表现出与某个形象的某种相似性,我们在世界各地的民间传说和神话中都可以遇到这种形象——骗子。

在他们自己文化中的传奇故事中被确认为"骗子"的这些形象,并非都有同样的性格特点或**行事方式**(*modus operandi*),也并非都堪称神圣,而是被认为在他们各自的众神中发挥了同样的功能。通常,"骗子"是一个处在外部的知内情者,他想进入内部。所以,他也许是某位神或某个有死的统治者的儿子,被排斥于其家族之外。为了获得认可和被接纳,他变成了一个"恶作剧者",不断违反他所在社会的规则和他们期望的行为规范。他的行为有可能是公然的性行为或污秽行为,涉及性别规范、身体部分和身体排泄物。与此同时,他也许是一个发明家,这个形象的创造能量,通过打破规则,切实有用于推进有死者的(偶尔也是神明的)社会福祉。他能够引人发笑,靠他的行事方式,也靠他几乎无可避免的方式,他以此方式成为他自己的诡计和玩笑的笑柄。正因为其故事线和面相的这些方面,"骗子"往往等同于"文化英雄"和"愚人"。

希腊人当中,很多人会争辩说,普罗米修斯才是希腊最原始的骗子之神与文化英雄合二为一的形象。他是一位提坦神,是先于宙斯一代的神祇,也是他这代神中最聪明的神。可是,就像世上大多数的骗子形象,当他企图智胜宙斯时,(表面上)

为了有死人类的福祉，他的大诡计反过来伤害了他自己，也伤害了人类。赫西俄德进一步叙述了由普罗米修斯的诡计失败所导致的后果：尽管普罗米修斯的确从宙斯那里盗得火种，从而可以让人类烤熟食物，宙斯却派遣了一个新的欲望对象——一个女人——潘多拉（*Works and Days*，50—105）。前5世纪的雅典剧作家埃斯库罗斯，编写了一系列剧作来描述普罗米修斯企图战胜这位奥林波斯主神。在一部传世剧作中，这位提坦神将所有给予人类的好处重述一遍，在他遭受宙斯惩罚之前（*Prometheus Bound*，235—256）。几十年后，哲学家柏拉图写了一部对话《普罗泰戈拉》（*Protagoras*），提供了普罗米修斯帮助人类的另一个版本。似乎他就像赫耳墨斯一样，有一种创造力，行事像人类的恩人，在此过程中自己有资格当"文化英雄"。①

宙斯自己与骗子有很多共同之处，而且他的天赋只会进一步增强，当他能够靠欺骗吞下墨提斯时：赫拉认识到，他就是骗子的化身，在《荷马颂诗：致赫耳墨斯》（322）中，她称他 *poikilometa*/ποικιλομῆτα，意为"诡计多端"，他的"狡猾"，正在于他"**设局**"（*mêtiomoi*）吃掉怀孕的墨提斯，好让他自己

---

① 也有关于普罗米修斯戏剧是否就是埃斯库罗斯所作的争论和关于它们包括两部还是三部悲剧的争论。关于这出戏的更多讨论，参见多尔蒂（Dougherty 2006：65—75）、波德莱茨基（Podlecki 2005）、科拉彻（Conacher 1980）。

来生产。显而易见,他本身就是个阴谋家,正如他策划与迈娅生了一个同样"聪敏的"儿子。

所以,赫耳墨斯如其在第四首《荷马颂诗》中的表现,是很多事物的创造者,包括物品和活动,都是对人类社会和诸神群体的改良,清楚地揭示他在"骗子"故事中也扮有"文化英雄"这一面相。尽管这么做也让他"越过"了很多社会规范的界限,这是与骗子关系最密切的另一种活动,他的越界要么造成破坏、移动,要么重申他所越过的社会界限之必需。赫耳墨斯确有很多绰号,可以佐证将他解释为希腊的"骗子",但这些绰号是由阿波罗赐予他的,这并不奇怪,在第四首《荷马颂诗》中,阿波罗认为赫耳墨斯的所作所为对他伤害最大。在不同时间,他的兄长称呼赫耳墨斯为"**克莱普西弗戎**"("欺骗者""伪君子")、"**麦卡尼奥特斯**"("骗子""谋划者")、"**佩莱特斯**"("小偷""盗贼""偷牛贼")、"**阿尔考斯·佩莱特翁**"("小偷的引领者")、"**博依奇洛美特斯**"("狡猾多端者")、"**波吕特洛珀斯**"("手法多变者""多变者")、"**博内奥美诺斯**"("大忙神")。这位颂诗的叙述者在使用这类"名号"时并非直截了当,他将自己局限于一连串描述语中的三种来开始描述这位神的诞生:他是一位"诡计多端"的神、一位"盗贼"和"门旁小偷"(13—15)。在其他地方,叙述者将赫耳墨斯描述为,行事和想事往往与骗子在世上打交道的方式有关：说他"胸中酝酿着计谋/欺骗人类就用它……掩护行动靠夜幕"（65—67），当时他正计划趁黑夜袭击阿波罗的牛群；当他决定如何将牛群从皮埃里亚赶走时，叙述者称他的计划是一件"聪敏诡计"（76）；这是试图劝阻阿波罗不要认为他是小偷，叙述者告诉我们，他试图用"狡猾的言辞""欺骗他的兄长（317）；而且他是在"邪恶谋划"，当他站在他父亲面前结束他的自我辩护时（390—391）。所以，正是受到侵犯的人才会以最像骗子这样的绰号来辱骂赫耳墨斯，尽管叙述者只承认这位年轻的神特别善于使用言辞和花招。

前6世纪的另一位诗人，名叫希波纳克斯，写了一部风格完全不同的诗作，被称为恶言诗（invective）；也就是故意用来侮辱和羞辱诗歌中提到的对象的诗。他的风格既挖苦又讽刺，所使用的语言和材料还很"下流"，以最粗鲁的方式描述了不得体的性行为。他将自己打扮成一个局外人，或许这并不奇怪，我们发现他在他的诗作中频繁提及或召唤赫耳墨斯，尤其称其为小偷的保护神。有一处，他甚至请求赫耳墨斯为他搞到一件羊毛外套、一双新鞋和一些钱（fr. 32 West）；另一处，在开玩笑侮辱了这位神，称其为小偷之友后，他请求他协助偷窃（fr. 3a West）；还有几处，他开口赞美这位神，好像他是他的私密朋友和助手（fr. 35 West; fr. 79, 9, 177; fr. 472）。作为一个对社会具有破坏性的局外人，希波纳克斯召唤赫耳墨斯是因其认为他们有很多共同点。可是，赫耳墨斯毫无疑问是众神之中的关键一员，而且除了这首颂诗和这些恶言诗，后来再没有哪首诗歌将他描述为一个小偷。不过，与偷窃有关的其他能力的展示，却频繁出现在关于他的故事中，尤其是他天生极为灵活的隐藏和欺骗能力。

犯下未经许可的行为而逃脱，是小偷的目标。在此过程中，隐藏、歪曲、欺骗，似乎都是赫耳墨斯的面相，强调了他的绰号多里奥斯，这个绰号正符合小偷的活动。他在很多体裁的诗歌中都有此绰号，包括悲剧（Sophokles, *Philoktetes*, 1331；[Pseudo]-Euripides, *Rhesus*, 217）和喜剧（Aristophanes, *Thesmophoriazussai*, 1202），而且频繁见于散文，这样的著作家有塔西佗（Aeneas Tacitus 24.15）和鲍萨尼阿斯（Pausanias 7.21.1），也见于铭文刻石（*SEG*, 37.1673）。但欺骗有两种形式，而赫耳墨斯表明他自己在两方面都十分娴熟。

言语欺骗

前文指出，赫耳墨斯是一位言语大师和演说大师。尽管现如今有能力在大庭广众之下讲话，是一件普遍为人羡慕的事情,但前5世纪的雅典人有理由对这位精巧的演说家持怀疑态度,部分因为显得像哲学家的被称为智术师的这号人。我们关于这些人的大部分知识就来自他们的对手,在这些对手看来,智术师擅长教人如何成为高超的公开演说家,甚至向他们展示如何由最弱势变为最强势——也就是说,如何说服人们采取行动,而这种行动对他们自己有害,而对演说家有利。显然,这是一种形式的欺骗,不可能任其在雅典发展,尽管在公民大会提出动议是对同胞公民履行其义务之一部分。如迪奥多托斯(Diodotos)与克莱昂(Kleon)之间的争辩,记录在修昔底德的著作中(3.41—48),揭示虚伪的建议削弱了雅典民主制真正的基础,这是不可容忍的。尽管没有哪位讲话者在这场争辩中提及智术师或赫耳墨斯,但显而易见,双方能够使用的技巧,都被视为最糟糕的欺骗形式。

对所有除希腊语以外还能说一种或更多种语言的人,也会有类似的怀疑。往往这样的人是传令官,担任官方大使,开展和平谈判以及其他事务。有人会认为,能够消除阻止双方直接交谈的语言障碍是一件积极的事情;可是,任意一方或双方都有可能怀疑,"译者"没有报告对方发言者所说的话,或没有正确报告己方所说的话。会多种语言,似乎给人以更有能力骗人的感觉。所以,赫耳墨斯,作为奥林波斯最卓越的传令官,恰巧也有可能被当成最高级的神圣欺骗者。①

既然赫耳墨斯有能力操控他的听者,凭借口头话语,也由于听者内在的受骗之可能性,这或许表明,我们所知晓的赫耳墨斯神谕,不容许这位神说话。可是,这仍然保留了某种潜在的误导因素:在帕莱的市场上,求问者必须对着赫耳墨斯的石柱耳语他的问题,然后捂着耳朵离开**市场**。这种当着他人的面隐藏某人言辞的做法,通常都会引起不信任感:现如今,将当着他人的面耳语的人称为"粗鲁之人",也并不鲜见,主要因为耳语会引起怀疑,这种怀疑会损害群体团结:耳语者和耳语都带有某种"狡猾"。其他享有"耳语者"绰号的神,只有阿芙洛狄忒和爱若斯,赫耳墨斯与这两位神祇有密切关系,通常认为这两位神祇在人际关系领域具有潜在的破坏性力量。②

赫耳墨斯这种特殊的神谕,也有潜在的可疑性,因为,对所耳语的问题的回答,是通过偶然听到的话语:之所以称为"**随机言语占卜**"(*kledonomancy*),就因为这是一种存在于"随机言语"(*klêdôn*/κληδών)中的预言(*-mancy* 部分与 *mantis*/

---

① 迈尔斯(Mairs 2011)深入讨论了译者与叛徒之间的滑移;关于怀疑过头的案例,参见希里(Sealey 1976)。
② 乌塞纳(Usener 1904: 264)讨论了赫耳墨斯和其他作为"耳语者"的神。亦参见布朗(Brown 1969: 14—16)关于感知到的耳语的魔力。普鲁塔克(Plutarch, *Advice to the Bride and Groom*, 138cd)讨论了性爱中耳语对说服和爱欲的好处。

μάντις="预言"有关)。求问者是否相信赫耳墨斯以某种方式就所说的事情有所襄助,并未言明——但这种神谕的特征,所强调的、所说的话有可能被听到的方式,对不同的听者具有不同含义。或许,这就是希腊人理解赫耳墨斯**"多利奥斯"**这个绰号的一种方式。言辞有可能"狡猾",而赫耳墨斯就是口头言语之神。当然,如果某人听到的第一句话并不符合他的问题,或事实证明某人对这些话的解释不正确,才容易明白赫耳墨斯的诗化绰号**"克莱普西弗戎"**("欺骗者""伪君子")所从何来。虽然如此,还是有足够多的人似乎认为,神谕常常"发挥作用",足以继续使用它,因为每个求问者都可以让他所听到的"符合"他所问的问题。

赫耳墨斯也会使用某种声音作为另一种欺骗方式:诱人的音乐会扰乱并且使对手解除武装。这正是第四首《荷马颂诗》中的做法,为了消弭阿波罗的愤怒,代之以渴望听到和拥有竖琴的情感。在另一则传奇故事中,赫耳墨斯用他交换竖琴后发明的风笛来换取其他好处,以便让甚至更具敌意的对手解除武装(图5.1)。

为了救出伊娥(Io),从赫拉派去看管她的**阿耳戈斯·帕诺普特斯**(*Argos Panoptes*/ Ἄργος πανόπτης,后者意为"遍体是眼睛的"="全视的")手中,赫耳墨斯用他迷人的笛管演奏让他陷入了睡眠。必须做到这一点,因为据说他的所有眼睛中至少有一只总是睁着；但就连这最后一只眼，也在赫耳墨斯的靡靡之音中合上了，赫耳墨斯从而杀死了这怪兽，带着少女伊娥逃走了（Aeschylus, *Prometheus Bound*, 566—575; Ovid, *Metamorphoses*, 1.613—620）。在此过程中，听觉欺骗提供了另一种对其眼睛的"迷惑"。

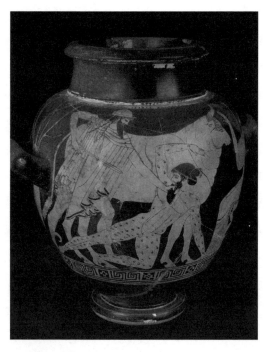

图5.1："赫耳墨斯杀死百眼巨人阿耳戈斯，伊娥的监守人"，佩因特，纪元前5世纪（"Hermes killing the hundredeyes Argos, guardian of Io", fifth century BCE. Erich Lessing / Art Resource，NY）

视觉欺骗

如果说言语可能具有欺骗性，事实表明，一个人之所见受制于误解之程度，也不会小到哪里去。如现代研究所表明的那样，也许几个人看到的是同一件事，对它的描述却殊为不同。即使某人眼睛大睁着，也无法保证他就会看得一清二楚。埃斯库罗斯的歌队在提到赫耳墨斯时说，"他用令人迷惑的言辞／夜里让人类的眼睛蒙上了黑暗／到了白天也根本不会变得更清楚"（*Libation Bearers*，815—817）。我们原本期待在此听到赫耳墨斯的权杖，因为在荷马史诗中，这是让人类闭上双眼入眠和复又将其唤醒的工具。但或许荷马没有告诉我们的是，赫耳墨斯说出的咒语和权杖共同发挥了作用；他用来描述赫耳墨斯使用权杖的术语，意指"欺骗、迷住"或"迷惑"人类的双眼。按此，重要的是认识到，让某人闭上双眼入眠，等同于让某人失去了看得一清二楚的能力。很有可能，当赫耳墨斯"让人类闭上双眼"时，并不一定会让他们入眠；他毋宁正是要阻止他们感知眼前正在发生的事情。所以，根据埃斯库罗斯，权杖与赫耳墨斯所言共同作用，就能阻止人类看清事实，甚至在光天化日之下也看不清。①

或许,赫耳墨斯与睡眠的关系,具有另一个潜在的欺骗性,就是他成为梦的"携带者"(或"指引者")。梦是典型的视觉经验,尽管有些情况下也会伴随声音印象。不管它们究竟有没有听觉性质,梦都极少直截了当,故而需要解释;但要正确解释视觉形象,正如解释言语交流那样,是一项充满困难的任务。这种情形还要更为复杂,按照《奥德修纪》中佩涅洛佩的说法(19:562—567),梦通过两扇门抵达做梦者,一扇释放出真实的梦,另一扇释放出虚假的梦。如果赫耳墨斯是"梦的指引者",不正是由他来决定指引每个梦通过哪扇门吗?或者,他只是一类梦的指引者?若如此,他指引的梦又是哪一类呢?无论答案是什么,似乎受赫耳墨斯引导的夜间视觉的欺骗性的确要更大。②

在清醒的行动世界中,赫耳墨斯利用了一种不同的视觉"诡计",这是塔纳格拉人讲述的关于赫耳墨斯·**普洛马霍斯**

---

① 其他涉及赫耳墨斯权杖影响视觉的内容,见于荷马《伊利亚特》(*Iliad*, 24, 333—334, 443—436)、《奥德修纪》(*Odyssey*, 5.47—48, 7.136—8, 24.1—4)、奥维德《变形记》(Ovid, *Metamorphoses*, 1.668—675, 713—714, 2.734—736, 11.303—309a)。卡拉斯特罗(Carastro 2007: 71—72)称权杖"恰恰是赫耳墨斯的诡计和欺骗的工具"。

② 关于赫耳墨斯作为梦的引领者,参见第四首《荷马颂诗》(14)、《伊索寓言》(Aesop, *Fables*, 563)。

崇拜故事中的说法，与源自其他地方的传奇故事中骗子的行动关系十分密切。在塔纳格拉人这则传奇故事中，赫耳墨斯与成年者手里拿着他们在体育场用的身体刮板，也就是**擦身板**，显得完全无害。但在此情况下，外表有可能并且的确具有欺骗性，这位神和塔纳格拉青年击退了入侵的欧玻亚人，这令后者措手不及，因为，他们没有看到这种像小刀一样的工具有致命潜能，也没有看到使用它的青年的战斗技能（Jaillard 2007b：145）。

塔纳格拉人的崇拜故事没有说，赫耳墨斯在选择武器方面有意欺骗入侵者，这不像多隆（Dolon，这个名字意为"狼"）之所为，他是悲剧《瑞索斯》（*Rhesus*，归于欧里庇得斯名下）中的一个人物。他挑明了他完全有意利用视觉策略来欺骗那些会看见他的人，以抵达亚该亚人的军营；他会在空旷的地方留下不同于留在其他地方的足迹（214—218）。作为回应，歌队祈祷赫耳墨斯，小偷的主宰，要他作多隆往返的护卫。这里，剧作家确定无疑地指涉颂诗中赫耳墨斯自己的足迹策略，考虑到他和多隆都试图通过掩盖足迹来盗取某物。

甚至母亲们也不反对利用赫耳墨斯和他的欺骗手段，当她们需要自己的孩子服从时。卡利马霍斯（*Hymn 3 to Artemis*，66—67）描述了一位母亲如何吁求赫耳墨斯，要他"穿上黑灰装束，从房屋最深处到来"，吓唬她的小女儿让她听话。这里，似乎母亲的言语和孩子的想象协力造成了想要的结果：不听话的孩子寻求母亲臂弯的安慰和保护，在此过程中变得更听话了。

赫耳墨斯从暗中突如其来地、神秘地、魔法般地显现，就像用来指赫耳墨斯的权杖之于双眼的影响的术语"迷惑"（maze）所表明的那样，至少有些魔法因素受赫耳墨斯控制。使之眩晕、迷惑、茫然和糊涂（To daze, confuse, perplex and bewilder），用这些词来翻译荷马描述赫耳墨斯使用权杖来影响和见证这种影响的那些人的术语，都同样恰当。可是，除了布朗（Brown 1969）认为赫耳墨斯曾经是一位"魔法之神"（magician god），少有证据显示荷马之后的希腊人会照此来看待这位神。这并不是说他的行动与魔法无关。无论如何，他也是一位似乎知晓植物秘密属性的神，如赫耳墨斯为奥德修斯采来"茉吕"，保护他免受基尔克迷魂药的伤害（*Odyssey*，10.286—288，302—306）。这也许暗示，赫耳墨斯使用"神言"，这种语言人类所知甚少，仅只言片语，诸如**茉吕**、**漂石**和**神食**，人类不完全理解它们究竟指什么（Clay 1972）。但在我们听来，或许在古代听众听来也一样，这种说法似乎暗指赫耳墨斯精通魔法话语。如果这不是普遍情形，在特定时期和地区则肯定如此。①

我们有做成小铅条形式的证据，上面刻了字，然后卷起来用一枚（或几枚）钉子钉穿，再埋起来，显示在雅典，至少早在纪元前5世纪中后期开始，在实施诅咒时会以绰号"**卡塔考斯**"（*Katachos*，意为"压制者"）祈求赫耳墨斯。法拉奥内（Faraone 1985）表明，这些"诅咒"中很多针对法律纠纷中所涉及的对手，有些请求让他们的对手不能好好讲话或根本不能讲话，有些请求当事人在法庭出现之前遭遇厄运。与此类似，如第四首《荷马颂诗》所揭示的那样，赫耳墨斯理解誓言，也懂得如何避免发伪誓。如铅条诅咒那样，发誓常常以声明一项对发誓者的诅咒结束，如果他未能履行誓言就会如何如何，这被认为是靠词语魔法来发挥作用。这首颂诗也暗示，赫耳墨斯有能力在身体上也在言辞上捆绑和释放，它描述了这位新神如何让柳条掉落并在地上生根，阿波罗原打算用它们来捆绑他的兄弟（408—414）。与此类似，他返家时狗的沉默（145）显示，在从阿波罗那里获得权杖之前，他就有这种力量，人们常说他凭此力量

---

① 佩特洛维奇（Petrovic 2010: 211）表示，卡利马霍斯的《第七短长格诗》，为埃诺斯的赫耳墨斯·佩耳斐莱奥斯崇拜提供了一个原因论，有能力"发出咒语"，以防止他的雕像受到伤害。关于希腊魔法纸莎中的赫耳墨斯，参见贝茨（Betz 1986）。关于赫姆石柱和赫耳墨斯的形象作为护身符，参见法拉奥内（Faraone 1992）。

可以让人沉默和沉睡,只要他想。①

还有一种形式的魔法能力,某种程度上与其从黑暗中显现有关,在卡利马霍斯的颂诗中,赫耳墨斯显然有能力转换形象。但第四首《荷马颂诗》,极少暗示他有这种能力,它对赫耳墨斯"返回家中"的描述是,"就像一缕青烟穿过锁孔"(145—147);可是,他时而显现为一个婴儿,时而是一位少年,当他屠杀了两头牛后,时而又变回了婴儿,当他回到他的摇篮和出现在宙斯面前时,这表明赫耳墨斯有能力让自己以最符合时机的任何形式显现。他很有可能认为,他的赫姆石柱拥有某种魔法能力,可以保护它们竖立于此的入口。②

相较于世界上很多骗子传奇中的魔法,赫耳墨斯的"魔法"形式显得相当温和。还有一个事实是,与其他骗子使用魔法的结果不同,似乎没有一例让赫耳墨斯遭遇"回火"的例子,而

---

① 关于铅条诅咒板,参见法拉奥内(Faraone 1985: 150—154)、库尔贝拉和乔登(Curbera and Jordon 1998)。关于赫耳墨斯、誓言和诅咒,参见布朗(Brown 1969: 9, n.12)、卡恩(Kahn 1978: 81—117)、布尔克特(Burkert 1985: 250—254);与商人的关系,参见劳(Rauh 1993: 151—189)。恩特拉格罗(Entraglo 1970)讨论了词语魔法在治疗中的作用;瓦尔什(Walsh 1984)探讨了古典时期词语魔法观念的转变。
② 关于保护雕像的魔术性质,参见法拉奥内(Faraone 1992)、斯坦纳(Steiner 2001)。关于古代魔法的一般性研究,参见格拉芙(Graf 1999)、考林斯(Collins 2008)。

无礼与过分

尽管有此不同，赫耳墨斯也与这种骗子的另一种癖好有相似之处，这种癖好似乎跨越诸文化具有最大的一致性：他完全无视社交礼仪，尤其是与谦逊和羞耻有关的那些社交礼仪。若非绝大多数骗子如此，也是有很多骗子都喜欢开"下流玩笑"、公共场合裸露和放纵性交，他们回应"野性的呼唤"也是不分场合和时间。很有可能，赫耳墨斯的阴茎勃起形象，就是其早期骗子身份的残余方面；鲍萨尼阿斯（6.26.5）报告说，在居勒涅，他们的赫耳墨斯只用一个勃起的阴茎来代表，而纪元前5世纪的一幅瓶画，非常生动地表现了赫姆石柱的这一特征，上面创作了一个超大号的阴茎，一只鸟决定在上面栖息（*LIMC*, 5.2, no. 94, 前470—前460）。

希腊化时期的诗人卡利马霍斯，委婉地表现了赫姆石柱的这一特征，他写道（*Iambus*, IX）：

赫耳墨斯啊，为何你的"棍子"，哦，长着胡须，
[目的是] 你的胡须，而不是你的双脚？

根据《故事》（*Diegesis*）作者的说法，这段残篇出自一首长诗，据说诗人在其中让赫耳墨斯声称是"图伦尼亚人的后裔"（Tyrrhenian descent），并将其阴茎勃起的形式归于一则"神秘故事"（大概就是希罗多德［2.51］提到过的故事），涉及萨摩特拉克密仪。特吕潘尼斯（Trypanis 1978: 137）评注说，《短长格集》IX 和 VII "描述了赫耳墨斯崇拜，在这两首诗中，雕像都是其信息来源"。按照类似的脉络，在一出可能出自裴吕尼霍斯（Phrynichos, fr. 61, Storey vol. 3）的剧作中，赫耳墨斯是发言的角色，牵扯到一个笑话，说要保护他的阴茎不折断，如果他跌倒了，这种事件有可能会导致某人诬告另一人亵渎损毁他的雕像。在随后的对话中，漏掉了几个名字，但综合起来考虑，则显而易见：整体场景意在嘲讽当初亵渎赫姆石柱所造成的影响，就是纪元前 415 年发生在雅典的事件。

属于骗子的另一残余方面，也许见于赫耳墨斯甘愿冒公开蒙羞的风险，也甘愿在阿芙洛狄忒的臂弯中被赫菲斯托斯牢不可破的网缚住（*Odyssey*, 8.335—342）。当然，这位有能力捆绑和释放的神，没必要真怕赫菲斯托斯的捆绑；但他以此为借口，一直"被缚"在女神的怀抱中不动。连纪元 2 世纪的讽刺作家路基阿诺斯，也认为这段小插曲太过香艳而不容小觑，他基于此撰写了一篇完整对话（*Dialogues of the Gods*, 21），其中赫耳墨斯是邀请阿波罗过来看阿瑞斯和阿芙洛狄忒"被抓现行"的那位。在真实的希腊宗教世界中，阿芙洛狄忒与赫耳墨斯一同受到崇拜的情形并不鲜见，如在阿耳戈斯和克里特的喀陶苏密，与此同时，在其他传奇故事中，这两位神本身就是爱人，他们生育了美男赫耳玛芙洛狄托斯（Hermaphroditos）。①

正如赫耳墨斯一点也不介意自我暴露，在第四首《荷马颂诗》中，这位神愿意"展示和吐露"，也表现在他关于他父母情事的"无耻"歌唱中，这可以非常低调地让人联想起全世界的骗子故事中公开又不当的性展示。与此类似，他的"打嗝"和"放屁"，同样是其他骗子与身体机能明显有关的保守版本，尤其与排泄有关。拜恩（Bain 2007：51—52）认为这位以赫耳墨斯为主题的诗人对这些身体机能的描述"违反了史诗规则"，但他也指出，所使用的术语并非属于日常语言的术语：听者有可能发笑，却不一定会因使用这种更为粗俗的表达形式而生气。

如果说荷马和这首颂诗在描写赫耳墨斯的无礼和过分时还有所保留，那么，《帕拉廷文选》（*Palatine Anthology*，12：149）中的讽刺诗就更隐秘地暗指赫耳墨斯在某个爱人努力维

---

① 关于赫耳墨斯和阿芙洛狄忒在阿耳戈斯，参见马尔凯蒂（Marchetti 1993）；在喀陶苏密，参见勒贝希（Lebessi 1976）、勒贝希和穆里（Lebessi and Muhly 1987，1990）。关于赫耳墨斯和阿芙洛狄忒在一起的形象，参见 *LIMC* 2.2（1984 A. Delivarrios, ed., 127—128）。

系与他"男宠"的感情方面发挥了作用:的确,赫耳墨斯被这位诗人兼爱人亲切地称为"带来好运者",他已然赢得了所爱的好感,就冒险告诉赫耳墨斯,他们开始的情事不会有结果,然后抛弃了他。他小心记下了这个日期,当天他第一次告诉这位年轻人关系结束了:这是六月二十日。伦巴多(Stephen Lombardo)的译文如下:

……在——哪一天呢?——七月十日
公牛独自来到犁边,
我就说,"那"是我的男孩,赫耳墨斯,那是我的男孩,你不必担心
二十天后的责任。①

如这首半开玩笑的讽刺诗所示,赫耳墨斯更为粗俗的一面在喜剧场景中司空见惯,所以并不奇怪可以看到,赫耳墨斯在阿提卡喜剧中既是爱开玩笑者也是笑料。正是在这种体裁和萨提尔剧中,颂诗中赫耳墨斯所表达的对肉食的渴望,转换为骗子近乎不知餍足的胃口。在较少亮点的希腊喜剧残篇中,能够

---

① 参见迈尔(W. Mair)集成的卡利马霍斯《颂诗集》和《讽刺诗集》,其中有这首讽刺诗(*Epigram*, 46, pp. 260—261)。

发现诗人斯特拉提斯（Strattis fr. 23, Storey vol. 3）提到一种"赫耳墨斯酒"（Hermes-drink），要用大杯（或壶）来喝，兑上等量的水（*Athenaios*，473a）。与通常用三份水兑一份葡萄酒的比例形成对照，这有可能指一个笑话：赫耳墨斯渴望"一醉方休"（quicker picker-upper）。与此类似，出自泰勒克里德斯（Teleclides）的一出剧作中有一个角色，指引"主人赫耳墨斯"（Lord Hermes）将祭品一扫而光（fr. 35, Storey vol. 3）。同样诉诸赫耳墨斯的食欲天性的情形，也见于阿里斯托芬传世剧作中的几个段落，包括赫耳墨斯在其中是一个角色的段落，还有只是提到或祈求他的段落。①

如前文所述，在阿里斯托芬喜剧《和平》中，特吕盖奥斯（Trygaeus）在拯救和平女神过程中能够赢得赫耳墨斯的合作，靠的就是诉诸他的胃口——也是他的自我（ego）；在《财神》中，正是赫耳墨斯腹中空空驱使他讨价还价，让自己能进入财神领导的新世界秩序。这里肯定也存在一种反讽式的幽默，这位神经容许进入之后，就告诉他得选择卑微的工作：卡里昂（Karion）安排这位贪婪的神去清洗牺牲者的内脏！

在真正的喜剧范围之外，饥饿的赫耳墨斯也出现在了一首

---

① 博维（Bowie 1993）就阿里斯托芬剧作中赫耳墨斯的宗教方面，提供了一项最具有洞见的研究。

十二行的讽刺诗中（9.316），诗以幽默的口吻写就，作者是塔伦图姆的列奥尼达斯（Leonidas of Tarentum），他在这首诗中描绘了一方会说话的界石，一面是赫耳墨斯的形象，另一面是赫拉克勒斯。说话的一面，一点也不奇怪，就是赫耳墨斯：他开玩笑说，赫拉克勒斯众所周知胃口大，可当人们向他们一起献祭时，会剥夺他自己所应有的荣誉份额。因此，赫耳墨斯要求将献给每一方的祭品提前分定，好让他得到他应得的一份。

赫耳墨斯与宙斯的关系地位，在喜剧中也有重大影响。作为主神自己的助手，喜剧只是让赫耳墨斯变成了一个有荣光却又劳累的仆人。这正是我们在《和平》中遇到的赫耳墨斯，他被其余众神留下看守奥林波斯剩下的少得可怜的家具。如卡西奥（Cassio 1981：18）所论，"在纪元前5世纪，赫耳墨斯在奥林波斯诸神中的地位降低了，他作为仆人的角色经常被强调"[①]。

除了喜剧和悲剧，前5世纪雅典人还享有第三种戏剧体裁，称为萨提尔剧。这些戏剧以诙谐方式处理悲剧主题，由众人组成歌队来扮演萨提尔，这些半羊半人是狄奥尼索斯神的神秘随从。巴考拉（Bakola 2005）指出，旧喜剧与这第三种体裁的戏

[①] 此外，在这出戏剧中，人类试图从一个地下洞穴中救回和平女神，她被关押在这里，所以，期待这位几乎能够随心所欲下降和从下界上升的神，可以在推升和平女神时提供帮助。参见赞可（Zanker 1965：81 ff.）、兰亚尔（Raingeard 1935：509—510）、卡西欧（Cassio 1981：17）。

剧之间，有十二点非常相似，包括都使用"诡计和欺诈"（54）、"伪装和变形母题""一位神与一位有死者妇女的爱情冒险"和"竞赛主题"（57）——它们也都与赫耳墨斯有密切关联。①

正是在为崇拜赫耳墨斯举行的竞赛中，发生了尼卡霍斯（Nicarchos 11.1）的一首讽刺诗中报告的事件。显而易见，某个叫阿芙洛狄西奥斯（Aphrodisios）的人身上发生了一件意外，他在赫耳墨亚赛会上打翻了葡萄酒。但并不完全清楚，这首诗所说的随后的痛哭，是由于阿芙洛狄西奥斯的意外死亡，还是仅仅由于失去了六缸（choes/χόες）酒；既然提及葡萄酒激起的争吵导致马人（Centaurs）的死亡，或许正是阿芙洛狄西奥斯绊倒引起的"混乱"，最终造成他自己或其他某人的死亡。诗中的幽默带有一丝悲伤或悲剧色彩。

骗子受骗

骗子故事几乎有一个普遍特点，就是可以看到骗子变成自

---

① 关于对萨提尔剧的聚焦式研究，参见萨顿（Sutton 1980），以及更晚近哈里森（Harrison 2005）的研究。关于喜剧与萨提尔剧的比较研究，亦参见道布罗夫（Dobrov 2007）、巴考拉（Bakola 2005）。此外，在前4世纪，以这位神的诞生为基础的喜剧，大受展现赫耳墨斯壮举的戏剧欢迎，这些壮举是基于第四首《荷马颂诗》创作的，参见肖（Shaw 2010）、内赛尔纳特（Nesselrath 1995）。

己骗术的牺牲品。对于赫耳墨斯而言，他的恶作剧不会导致这样的结局（除非我们将赫耳墨斯接受蜜蜂少女神谕作为一种令其尴尬的结果）。事实上，大多数赫耳墨斯遭遇"回火"的故事所出甚晚，在归于伊索的《寓言》中都可以见到，这些故事更多涉及人们所认为的赫耳墨斯的占有欲，而非他典型的**惯用手法**。譬如，在一则寓言（Aesop, *Fables*, 476）中，有个旅行者发誓要献给赫耳墨斯他旅途所获的一半。在路上，他捡到一个口袋，里面装着杏仁和椰枣，就把它们都吃光了，然后把杏仁壳和椰枣核装回口袋，将它摆在一个祭坛上，他告诉赫耳墨斯，他把发现的东西的里里外外都留给了这位神！

在另一则寓言（*Fables*, 475）中，赫耳墨斯是着手试探先知忒瑞西阿斯（Tiresias）预言术的神。首先，他偷了这位先知的牛群，然后作为一个有死者出现在了他面前。在作为客人受到热情款待后，他告诉忒瑞西阿斯偷窃的事情，又应这位先知的请求陪他来到城边，以便告诉这位盲先知他观察到鸟儿的飞行轨迹。首先，他报告说，一只鹰正在由左向右飞，这位先知说这与眼下的事情无关。然后，他报告说看到一只鸟在枝头上瞧瞧下望望。对此信息，先知回答说，这只鸟在发誓，大意是他将重获他的牛群，如果他的客人愿意的话。赫耳墨斯得到了答案：他的伪装既掩盖不了他的身份，也掩盖不了他是偷牛贼的事实！①

有趣的是，值得注意，根据斐洛斯特拉图（*Life of Apollonios of Tyana*，5.15.29—33），正是赫耳墨斯当初赐予了伊索编写寓言的天赋：就像普罗塔戈拉（Protagoras）的人类进化故事中的厄庇墨透斯（Plato, *Protagoras*，320d—321c），他给出了各样的力量和能力，却忘了人类，赫耳墨斯也将他必须提供的最好的东西给了奉献给他最好的礼物的那些人，却忘了伊索，因为他奉献的礼物是如此卑微。这样就只剩下斐洛斯特拉图所谓"编寓言"，这种"神话"技艺，伊索靠它似乎就能最终嘲弄赫耳墨斯一番。

玩家和游戏者

父亲和孩子最初玩的"游戏"之一就是"藏猫猫"，这种游戏通常要将自己或小孩的脸藏在一片织物下面，好让某人的脸"消失"，然后又突然让它显现。突然显露出似乎消失了的东西，通常会让孩子发笑，也会让大人脸上带上笑容。赫耳墨斯非常严肃地告诉他母亲，如果他父亲不以适当方式承认和尊重他，就像他对阿波罗之所为，他将变成"小偷的引领者"；可是，

---
① 关于骗子为自己的骗术反噬，参见卡诺尼奇（Canonici 1994）。

在他将牛群由皮埃里亚引领到阿尔佩奥斯（Alpheos）旁的山洞的过程中，赫耳墨斯采取了戏弄方式，好像在玩弄（和试探）他兄长的"象征解读"技巧。当他最终与他的兄长相遇时，他故意提示他只是在和他"闹着玩"，尽管他的兄长一开始对提示的领悟很慢。他"挤眉弄眼"、打嗝（或"放屁"）又打喷嚏，所有的这一切只有一个企图，就是让他的兄长"合作"。结果，阿波罗这样做了，他容许赫耳墨斯带他去奥林波斯，在他的父亲面前来一场"模拟审判"。在此，赫耳墨斯也"挤眉弄眼"，好让他父亲知道这只是一场游戏——除非他未能恰如其分地尊重他。宙斯发笑的时候，就像阿波罗此前之情形，显示出了其合作的意愿，他们容许赫耳墨斯全面展示他的能力。他的游戏结束的时候，他获赠的荣誉并非阿波罗所赐，而是蒙他父亲所赐。①

在其他版本的偷牛贼故事中，赫耳墨斯甚至是比在荷马颂诗中手法更灵巧的贼。在阿尔凯奥斯的故事版本中，他似乎是一个更年长却狡猾不减的游戏玩家，他从阿波罗手中夺过箭囊

---

① 雷丁（Radin 1956: x）声称，"笑、幽默和讽刺，弥漫着骗子的全部所作所为"；马丁（Martin 2010: 30）称这首颂诗为"喜剧杰作"：关于赫耳墨斯、笑和这首颂诗的讨论，以及此前的文献，参见本伽德（Bungard 2011）、费伽多（Vergado 2011）、菲斯内尔（Versnel 2011: esp. 309—377）、理查德森（Richardson 2010: 19—20; 2007, 86—88）、海恩斯和多提（Hynes and Doty 1993: passim）。凯德龙（Kidron 2006）提供了一项特别详尽的关于笑的机制和第四首《荷马颂诗》的研究。

和弓，他的兄长竟然认为它们只是丢了。斐洛斯特拉图在描述一幅刻画赫耳墨斯初生几日场景的画作时（*Imagines*，1.26），将赫耳墨斯快手攫取他兄长的弓箭置于关于偷牛的争辩语境中，就发生在迈娅的山洞中。就像荷马颂诗中赫耳墨斯出其不意发出的身体噪音，这种手法娴熟地移走私家财物的做法，引得阿波罗咯咯发笑，也把他自己逗笑了。赫耳墨斯在这个故事中诡计多端，就像在荷马颂诗中那样，让见证者会心一笑，他们都成了这位神的机智的牺牲品，他们心知肚明被"玩坏了"。

可是根据伊索，赫耳墨斯也有可能自嘲。在《伊索寓言》（*Fables*，563）中，一个雕刻匠用白色大理石刻了一尊极好的赫耳墨斯像，他左右为难，不知该把这尊雕像卖给两个人中的哪一个：一个想用它装点他儿子的墓碑，另一个想把它竖立起来作为献给这位神的礼物。赫耳墨斯在他梦中显现，站在梦之门旁，他说："哎呀，看来我是前途未卜：你要把我当一位神，还是把我当一具尸体！"

有人可能会争辩说，赫耳墨斯"偷"阿波罗的50头牛，本身只是开玩笑的恶作剧，为的是获得他父亲的关注。通过展示他能够做到而不被某人注意到，从而显明如果不将他纳入奥林波斯诸神，他就会成为什么，赫耳墨斯同时向他父亲表明他如何有用，如果将他的技艺纳入宙斯的神圣事业，也向他表明他如何具有破坏性，如果他父亲决定不让他在其已然建立的秩序中有所作为。事实上，所有这些神都在运用他们独特的天赋服务于宙斯的意志——他们事实上都是他的"仆人"；可是，宙斯容许他们监督他们自己特殊的专门领域，而非单独指定他们的每一项任务。对于他们的崇拜者而言，这意味着极有可能，诸神个别的荣誉和故事从一镇一地到另一镇另一地各不相同，在许多地方的万神殿中，赫耳墨斯保留了其作为"骗子"之神的属性，尽管在荷马和赫西俄德那里，抑制了他"骗子似的"行为。所以斯巴达好像有一种类似的偷窃比赛，作为他们男子成年仪式的一部分，在其中以赫耳墨斯为模范。有可能还有更多此类具有地方特色的偷窃节日，只不过我们没有证据，尤其与少年向负责任的成人转变有关。然而，也非常有可能在主要的泛希腊节庆上，其余任何与"骗子"的关联并未受到强调，即使完全有这样的证据。

这首荷马颂诗提供给我们的信息，说明情况为何会如此：当赫耳墨斯向他母亲解释他为何要恶作剧时，已然表明他有能力成为一个屡试不爽的贼，然后他威胁，如果他父亲宙斯不给他的小儿子应有的**荣誉**，他就要当"小偷的引领者"（173—175）。结果，宙斯的确给予了赫耳墨斯他所寻求的位列奥林波斯诸神的荣誉，这应能表明赫耳墨斯要变成永远的小偷的威胁已遭到挫败。可以说就赫耳墨斯而言,海德(Lewis Hyde)对骗子的观察完全正确:"骗子一旦掌权,他就不再做骗子了。"(1999:13)[①]

小结

在《荷马颂诗:致赫耳墨斯》中,这位年轻的神的行为,有几个方面与全世界诸文化中的骗子形象共有亲缘关系,其中最重要的是他在偷他兄长的牛时展现出的隐身术,还有在发明有益于社会的事物时所涉及的机智。就像其他文化中的骗子,尽管赫耳墨斯偶尔表现粗鲁和行事可笑,甚至他自己会付出代价,也需要严肃对待他:文化得益于他的创造性,得益于他照亮了需要关注的社会弊病。所有这一切,让赫耳墨斯成为一位喜剧表达形式的绝佳对象:从前5世纪充满幽默的喜剧,到前4世纪中期的喜剧;从碑铭和寓言,到对这位神的艺术刻画,后

[①] 李克茨(Ricketts 1966:343—344)甚至说,"恰当地说,骗子不是崇拜的对象。他不是一个神灵或一个神,而是一个神话存在者……只有在例外和异常情况下,骗子才被认为是一个神灵或一个神。在各种情况下,都可以表明,这个特点都是一种次要的演变。"李克茨后来遭到巴布考克-亚伯拉罕斯(Babcock-Abrahams 1975:164)反驳,他们声称骗子是一种"神圣的存在者",这并不必然意味着他就是一位神。

者逐渐变得可笑怪诞。言语和视觉上的欺骗者、手法灵巧的小偷、创造性的天才：赫耳墨斯是这样一位神，他能跨越任何边界而不受惩罚，他也是容许他者跨越这些边界的神，即使这么做会违反某一条法律。所以，就像其他社会的神圣传说中的骗子那样，赫耳墨斯是推动变化、革新乃至偶尔推动巨变的神，但他又不像骗子，他不会一成不变地是现实权力的一位忤逆者。

六、超越

由一位长寿的宁芙和神圣家族的主神所生,并不能保证让赫耳墨斯自己被承认为一位神。这种结合所生的其他后裔,通常保留了其母亲终有一死:宙斯的五十多位作为人类的儿子,只有一位获得了神圣地位,但他必须先死去,才能获此殊荣,他就是赫拉克勒斯,有死者阿尔克墨涅(Alkmene)所生。赫耳墨斯则是一位神,这由阿波罗抵达山洞时发现橱柜中装满了神食和神酒可以见得,这些都是诸神的餐食(此外还有其他象征富庶的原料储存在里面):可是,从赫耳墨斯的视角来看,这些神圣地位的标志,并不足以提供对他的神性身份的认可。赫耳墨斯希望他的神圣地位得到他父亲的公开承认。但他似乎凭直觉就领悟到,在谋划创造他这样一位神时,宙斯需要看到他的谋划正在实现的证据:如颂诗所述(10—12),"可当伟大宙斯的意图得以实现时(也就是迈娅怀孕并将分娩)……他(赫耳墨斯)见光了,注定要成就荣耀功业"。那些"荣耀功业"

的性质尚需确定。

宙斯显然对这个孩子有很好的期待，可是颂诗的措辞暗示，宙斯将采取观望态度，寻找这个新生的孩子有实现其使命的能力。如赫耳墨斯所见，最佳进路似乎证明，如果宙斯耽搁或拒绝给他荣誉，他会是个大麻烦。所以，他与这个世界首次打交道，就是当一个骗子：他的第一桩"荣耀功业"，就是误导然后杀掉一只无辜的龟，继而窃取阿波罗的部分圣牛，并野蛮地杀戮其中两头，就好像它们是战前的牺牲。为了隐藏他的身份，赫耳墨斯还将桃金娘和柽柳编织起来，做了一种鞋子，好让事情显得像是某个奇大的怪物带着这些牛逃走了。颂诗诗人的这种做法，像是在戏说怪兽挑战者这种神谱中的主题，它试图颠覆当前天界的统治秩序。这些形象通常由母亲/妻子发动和/或支持她自己亲生的家族重新掌权。[1]

考虑到迈娅是阿特拉斯这位普罗米修斯的提坦神兄弟的女儿，从而她是后者的侄女，由她创造另一位反叛者的可能性就极为真实。的确，他生命头几个小时中的滑稽举动，甚至包括

---

[1] 参见费尔森（Felson 2011）关于神话家族动力学的讨论。在战前献祭时，要刺穿动物的脊椎而非切断其喉咙，通常在血祭中就会这么做：参见詹姆逊（Jameson 1991）；关于典型的血祭，参见凡·斯特拉滕（van Straten 1995）、哈格和阿尔洛特（Hägg and Alroth 2005）、奈登（Naiden 2012）；关于英雄崇拜中的献祭，参见埃克洛特（Ekroth 2002）。

杀戮两头牛，显示赫耳墨斯有能力取代他的舅父普罗米修斯——另一个骗子的形象。但赫耳墨斯接下来的所作所为向宙斯表明，他的小儿子并不想损害他父亲的权威，因为在分配牛肉给诸神时，十二份各加一份 *geras*/γέρας（"荣誉份额"），赫耳墨斯以此向宙斯表明，他愿意配合他。所以，尽管赫耳墨斯证明他有能力永远做小偷，如海登所论（Heiden 2010：418），"小偷终究在局外，赫耳墨斯想入乎其内……他想让他父亲当他是真正的儿子……他想加入奥林波斯诸神共同体"①。

赫耳墨斯似乎也知道，他诞生前宇宙中已有明确划分，宙斯的每个后裔和孩子的荣誉已有明确分配，从而形成了一个秩序井然却停滞不动的世界。每个神在他或她自己的领域内发挥的作用都独立于他者，增长和变化的可能性极为有限。此外，尽管所有神都有停留在凡间的自由，只要他们愿意，但奥林波斯诸神被拒绝进入哈得斯的领地。如果哪个神想与下界主神交谈，他们就要在人类的土地上聚首——这种事情，哈得斯也好，其他神也好，都不特别热衷（或者说，好像缺少关于这种相遇的故事）——若非如此，哈得斯就得到奥林波斯来见他们（这

---

① 布尔克特（Burkert 1984：845）评论说："世界秩序，尤其发生在诸神和人类公平分配'荣誉礼物'方面的秩序，在希腊人当中和其他地方，似乎在献祭中可以见证其合法性。"关于代际传承问题，在这首颂歌中表示关切的神唯有阿波罗：参见哈勒尔（Harrell 1991）。

种事情他同样不情愿)。且不要说这个,甚至不管在普罗米修斯试图欺骗宙斯前诸神与有死者的关系如何,它一定因此而严重受损,从而不断提醒人类记得他们疏离诸神的事情,每当他们举行仪式屠宰动物准备餐食时(Hesiod, *Theogony*, 553—557)。①

赫耳墨斯必须证明,他有用于他的父亲,来弥合由他的舅父在诸神与有死者引起的裂痕,而且他必须在当前的秩序中行事:但如此行事,并不要求他放弃他的骗子能耐。相反,他必须表明,他潜在的破坏性天赋,能够致力于那些"荣誉事业",他注定要在他父亲秩序井然的宇宙中实现它们。这就是宙斯需要在给予赫耳墨斯承认和荣誉之前要看到的,而这正是他新生的儿子所渴望的事情。

如果赫耳墨斯可以证明,他就是宙斯所需要的与人类打交道的会变通却高贵的儿子,这将会让宙斯与有死者的领域保持距离,同时仍然能够通过他的替身来影响"下面"的事情。为此任务,没有比赫耳墨斯更合适的神了,因为如荷马所揭示的那样,别无其他神比宙斯这位小儿子更喜好与人类为伴(*Iliad*,

---

① 关于静态的宇宙秩序,参见克莱(Clay 1989: 96)、本伽德(Bungard 2011: 150);关于大地与奥林波斯作为所有诸神,包括哈得斯共享之领域,参见《伊利亚特》(15: 187—194)。

24.334—335）。但除了重建诸神与人类关系的能力，赫耳墨斯还是一位革新者和发明者，他将在宙斯的领导下带来有序的改变；如费伽多所论（2011：101），"赫耳墨斯是开先河者：第一架竖琴，第一首短长格诗，第一部神谱；第一根打火棒，第一场'太平盛宴'，第一件礼物，第一次以物易物，第一场谈判，第一次仲裁争议的解决，第一根笛管"。所以，一旦宙斯对赫耳墨斯有了判断，他就容许阿波罗赋予他金杖——作为宙斯在有死者中的秩序的首席执行官，它不仅代表赫耳墨斯的地位，而且用来确认他是宙斯神圣的传令官。重要之处还在于，拥有了此权威象征，赫耳墨斯将被认为会"平安无虞"，在有死者中行使宙斯的分配意志（*Hymn to Hermes*，528—532）。①

就此而言，发现赫耳墨斯是仪式上纠正错误的神之一，就没什么奇怪的了，而仪式将容许在有死者的世界上恢复经济活动。拉尔森（Larson 2016：220—221）报告了其对潘菲利亚人（Pamphylians）举行的一种旨在防止海盗攻击的仪式规程的指导，他们由克拉洛斯（Klaros）的阿波罗神谕获得了这种仪式规

---

① 赫耳墨斯通常被当成是一个持续游走在奥林波斯社会边缘的骗子，譬如，参见布尔克特（Burkert 1984）；然而，本伽德（Bungard 2011：150）对情况的把握最佳，他写道，赫耳墨斯"需要一个世界，充满多余潜能，可以用它来重构宇宙秩序——不是为了取代他的前辈，而是整合进他们的秩序"。

程（*SEG*，41.1411）。在此过程中，他们受指导"竖立起阿瑞斯的肖像，并在一旁献祭，**赫耳墨斯则用铁链锁着他**"。阿瑞斯像一个乞求者那样跪着，狄克女神（Dikê，代表"正义"和"审判"）站在他旁边，对他施加审判。此仪式一经完成，潘菲利亚人被告知，阿瑞斯现在将"和平对待"他们，此后他们也将收获"百般祈求的兴旺发达"。由于这些指导出自阿波罗，意味着它们源于宙斯，所以，是赫耳墨斯获得授权从身体上控制阿瑞斯，故而对赫耳墨斯自己没有不利影响，对他为了他们而控制阿瑞斯的潘菲利亚人也没有不利影响。从此以往，赫耳墨斯将自由发挥，让潘菲利亚人兴旺发达，这符合宙斯的意愿。

在类似的脉络中，很可能正因为赫耳墨斯天生关切秩序，使得他在几个古代城邦以外号"**普吕塔内奥斯**"（*Prytaneios*）受到崇拜，诸如在科斯岛上的尤里斯（Ioulis）和卡尔泰亚（Kartheia）城邦（Medoni 1989）。差不多九十年前，图唐（Toutain 1932）声称，赫耳墨斯是"社会性的神"（social god），意指这位神最关切有死者在其共同体中的偶然日常和制度性互动，及其与诸神的交流。其中一项制度就是**普吕塔尼**（*Prytany*/Πρυτανεία），这是由公民裁判官组成的统治机构的名称，这些人称为**普吕塔内斯**（*Prytaneis*/Πρυτάνεις），他们聚会的场所叫**普吕塔内昂**（*Prytaneion*/Πρυτανεῖον），他们在其中管理城邦的日常事务。其中经常包括了资源配给、接待城邦访客，还有十分重要的聚餐：换句话说，他们为城邦所做的大量工作中涉及的活动，也是赫耳墨斯自己所关切的活动——财务、友谊和宴请。

荷马确有充分理由视其为"诸神中对有死者最友好的神"，但在众神本身当中，赫耳墨斯的亲和又让他可以与每个奥林波斯神交朋友，并促进他们两两之间和他们当中的关系。如《荷马颂诗》（*Homeric Hymn*, 29）所示，赫耳墨斯和赫斯提娅据信，尤其共同致力于有效操持家务，而赫西俄德让赫耳墨斯在赫卡忒的陪伴下饲养和增加畜群（*Theogony*, 444）。第四首《荷马颂诗》（506—508, 523—526）报告说，赫耳墨斯与阿波罗成了牢不可破的永远的朋友，而赫耳墨斯与阿芙洛狄忒——或许令人惊奇的是——他们常常共同出现在公民裁判官的崇拜中。甚至赫耳墨斯和阿瑞斯也会一道快乐跳舞，而阿波罗弹奏齐特拉琴，还有缪斯在奥林波斯的大廷中歌唱（*Homeric Hymn to Apollo*, 200—202），他们合力协助奥瑞斯特斯重获其亲子权（Sophokles' *Electra*, 1396—1397），引导复仇者进入宫殿。除了赫耳墨斯在众神中为自己缔造的关系，他还促进了其他神之间的联系，将宙斯静态的秩序转变成为动态的秩序，他在此秩序中发挥着至关重要的作用。①

宙斯的立柱

考虑到赫耳墨斯有骗子一样的品质,声称他是宙斯在众神中的统治地位的主要支持者,似乎有些奇怪;然而,如果考察所有涉及赫耳墨斯的故事,会发现这位神行事极少从他自己的动机出发和有他自己的计划。前文各章讨论的几乎每一桩事件(除了赫耳墨斯生养了一个孩子),都是宙斯的小儿子代表他父亲的作为。这与赫耳墨斯在颂诗开头所表达的关切一致:赫耳墨斯想要他父亲维持他已奠定的秩序,包括在他自己的家族内外正确分配荣誉。所以如弗斯内尔(Versnel 2011:320,行35)所论,"只有赫耳墨斯诞生了,这个神圣的宇宙才算建构完成"。

他渴望在宙斯的秩序中有所作为,而非反对宙斯的秩序,

---

① 关于赫耳墨斯/赫斯提娅与家务主题,参见韦尔南(Vernant 1983)、佐格拉芙(Zografou 2010)。汤普森(P. Thompson 2002)为将韦尔南富有洞见的研究应用于对女性劳作的相关评价,提供了一个现代例证;关于赫卡忒,参见伯格(Berg 1974)、约翰斯顿(Johnston 1990);关于赫耳墨斯与阿芙洛狄忒之间在政治上的联系,参见索克洛夫斯基(Sokolowski 1964)、克鲁瓦桑和萨尔维亚(Croissant and Salviat 1966)、马尔谢蒂(Marchetti 1993)。

这一点固然是由一则传奇故事的晚近版本所报告的,主题是怪物提丰(Typheous),在这则传奇故事中,当他的父亲宙斯打倒这个坚定对手的时候,这个孩子已经诞生了——在赫西俄德《神谱》中,打倒提坦神和提丰发生在宙斯生了所有孩子之前,所以,其实是宙斯和他的兄弟姐妹在统治宇宙(Evelyn-White 1924: xxi)。但根据尼坎德洛斯(Nikandros)的解说(Antoninus Liberalis, *Metamorphoses*, 28),当口吐火焰的提丰夺走宙斯的镰刀,砍断他的手筋脚筋让他不得动弹的时候,赫耳墨斯与埃基潘(Aigipan)结伴,前去拯救他的父亲。他们悄悄从提丰那里偷走了宙斯的手筋和脚筋后,赫耳墨斯将它们还给了宙斯,从而让他能够重新战斗,并击败了他最后的敌人。

他对父亲的忠诚,在《伊利亚特》中也以各种方式有所体现。譬如,《伊利亚特》第21卷中涉及诸神之战的事件:在这里,赫耳墨斯拒绝与勒托交战,尽管据说他是一位机敏和有豪侠气概的战士,他"孔武有力"(kratos/κρατός, 20.72)、有自制力,并且是一群战士中的一员(20.33—35),因为,他显然为其对父亲可能的不悦所激发。勒托曾为宙斯所垂爱,如赫耳墨斯所示,"与宙斯的新娘打斗,的确是一件困难的事情"(21.498—499)。这与阿波罗表现出来的对他父亲的尊重是同一种尊重:他努力避免与他的长辈波塞冬正面对抗(21.468—469)。在这个按年龄论资排辈的等级社会中，赫耳墨斯表现出了对长者的尊重，这是对组织中资历较浅的成员的期待。与此类似，赫耳墨斯不介入以保护他所爱的战斗双方的那些有死者，是其与宙斯的神圣秩序和权威之关系的又一例证。在《伊利亚特》中，诸神实际介入以挽救某个他所喜爱的有死者，在这个故事的其他地方，他们的表现往往与宙斯不和，但在赫耳墨斯那里从未发生过这样的事情。①

他前去救援阿瑞斯，将他从"青铜瓮"中释放出来，阿瑞斯深陷其中已有十三个月，几近丧命（*Iliad*，5.388—390），赫耳墨斯再次表明，他的介入符合宙斯的宇宙秩序的利益。他的潜行的确让他成为诸神中最有可能成功解救阿瑞斯的神，然而，赫耳墨斯后来拒绝按有些奥林波斯神的请求，从阿喀琉斯手中赎回赫克托尔的尸体，这表明在两例事件中，他的选择都取决于关切他父亲的命令。宙斯自己（以外交辞令）告诉忒提斯，赫耳墨斯将无法从阿喀琉斯手中取回赫克托尔的尸体（24.71—73），宙斯清楚地知道这是为什么：同样正是出于对他父亲的秩序的尊重，使得他拒绝与勒托争斗，也让他拒绝按他嫡亲的

---

① 关于诞生的次序和特权，参见《伊利亚特》（15.185—193），其中波塞冬对宙斯的挑战，被后者诉诸诞生的次序克服了，他让先诞生者有了特权，以使其权威具有合法性。

请求行事。据荷马揭示,并非所有神都赞同从阿喀琉斯手中剥夺赫克托尔的尸体(*Iliad*, 24.25—27),所以,赫耳墨斯并没有按某些神的要求行事——从而加剧奥林波斯家族中的敌意,而是不为所动——直至他领会到他父亲在这件事情上的心意。当赫耳墨斯最终参与取回赫克托尔尸体的时候,正是按照宙斯的要求,他扮作普里阿摩斯的扈从和夜间侍卫,穿越战场来到阿喀琉斯帐中(*Iliad*, 24.153—155,334—338)。①

当从不同角度来看待他的介入时,事情就变得显而易见:赫耳墨斯的每一项行动都使得某种冲突确定地得到解决,使秩序得以恢复,使打破的等级秩序得以重建:阿瑞斯复归其在众神中的位置,普里阿摩斯和阿喀琉斯获得了其所应得的荣誉。赫克托尔也在某种意义上摆脱了一种束缚,获得了他应得的荣誉(这里是葬礼)。与此同时,这些行动都导致了提升;在第一例中,是阿瑞斯的力量和健康,在第二例中,是阿喀琉斯的金库。此前在《伊利亚特》(2.100—108)中,赫耳墨斯受托将出自宙斯的秩序和权威授予一系有死的王者,当时是要他将代表王权的神圣权杖交给这一系王者的始祖伯罗普斯。他参与转

---

① 尽管在《伊利亚特》中(24.71—73)宙斯与阿喀琉斯母亲有交谈,但他的话很可能是有意为之的"善意的谎言",以向忒提斯表明,宙斯会继续尊重她和她的儿子。显然,在这卷书中赫耳墨斯让每个人陷入睡眠,削弱了他父亲先前对赫耳墨斯不介入的解释。

交世间权威的象征，使他成为一位密切关注此类事务的神，从人类和神的角度看都是如此。

如果这些《伊利亚特》中的事件要按照其或明或暗涉及的**荣誉**来分类，就可以按下述方式来安排。《伊利亚特》首次涉及赫耳墨斯（2.100—108），暗示他的身份是中介和居间调停者，这个身份也显示将赫耳墨斯表现为一个懂外交辞令的神，如在《伊利亚特》中所看到的那样（21 和 24）。通过他介入，宙斯的意志得以在有死者中付诸实施，以建立人类的等级秩序，而且由他在奥林波斯众神中的外交服务推断，那些等级秩序的安全保障在于神人两界。《伊利亚特》第二次提及这位神（5），认为是他拯救了阿瑞斯，并且表明他是一位发挥重建秩序之功能的神，这里对于重建奥林波斯众神的秩序而言，靠的是让战神从囚禁中获释。在《伊利亚特》中，当他协助将赫克托尔的尸体归其原主时，他的**荣誉**的同一方面得到强调（24）。

第 24 卷中还强调了他作为那些旅者的向导和保护神的特权，尤其是那些为了交换善物而旅行的人。《伊利亚特》另有两次提及赫耳墨斯（14 和 16），演绎了他作为赠予财富之神的独特之处，通过使用 polymêlos/πολύμηλος（意为"羊群壮大"）这个术语，也许指他作为牧者之神的地位，甚至可能指他与繁殖力有关联。所以，我们由赫耳墨斯介入特洛亚战争可以看到，就其致力于宙斯的利益而言,他这么做符合他自己的天性,也属于他父亲赠予他的荣誉分内之事,如我们在第四首《荷马颂诗》中所见。而如果正是荷马开了此先例,则显而易见:赫耳墨斯的介入总是与宙斯的意愿相合。所以,尽管事情是宙斯的意愿,赫耳墨斯却是执行者,故而如海德(Hyde 1999:121)所述,这位受其影响的有死者会说:"如果有意外收获,带来好运的也是赫耳墨斯。"在任何情况下,他的行动都符合他父亲的意愿。正是基于同样的理由,有人才可能这样呼喊:"*koinos Hermes*/κοινός Ἑρμῆς。"(意为"共享者赫耳墨斯",意指"共享您的好运",参见 Theophrastus, *Characters*, 30.7; Menander, *Arbitrants*, 67)当另一个人出其不意地发现了某个有价值的事物时,特别是钱,可以认为,这个发现并不单单属于那个人,要不然就会将它留在他或她经过的路上,而附近没有其他人。所以,赫耳墨斯使其发达者是应当发达者,他拯救的是应当获救者,他给予引导者是应当获得引导者,一切取决于事物既定的秩序,这本身是由宙斯所命定的秩序。①

---

① 通过戏说赫耳墨斯作为神圣递送者、交换的主宰者和带来好运者,路基阿诺斯在他的对话《提蒙》(*Timon*)中,让宙斯派遣赫耳墨斯引导财神到雅典的"愤世嫉俗者"提蒙那里去让他变富。关于交际的重要性和危险,参见凯利(Kelly 2016)。

赫耳墨斯

宙斯的代言人

赫耳墨斯自己关切的是维持正确的秩序,这也许解释了他在众神中的一般性地位,但并没有为其作为宙斯的官方代言人,也就是传令官的地位提供根本理由。要理解这一点,荷马的叙述再次提供了有用信息。尤其在《伊利亚特》中,传令官占据一种权威位置,源于其与王的关系。最常见的情形是,一位传令官行事,代表或为了他所依附的某人的利益。在这部史诗中,他还表现为这样一种形象:负责确保为王准备好牲羊和其他仪式用具,当王要在特洛亚战场上盟誓时(*Iliad*,3.116—120,368—370)。在涉及献祭的其他宗教仪式上,heirokêryx(意为"神圣传令官")通常见于这样一种形象:不仅实施牺牲宰杀,还主持仪式,然而在《伊利亚特》中的此特例中,王必须自己实施宰杀。传令官的责任是维持公民大会的秩序,正如他维持公餐秩序,叫食客们准备好就餐(*Odyssey*,17.170—177)。他是指导其他司仪履行职责的人,也是监督分配精心准备好的餐食的人。①

---

① 格里菲斯(Griffith 2008:182—183)赞同这样的观念:赫耳墨斯的传令权杖源于祈求者拿的树枝,那些在某个神的圣坛或神庙里避难的人拿着它;与此类似,寻求某位王或其他领袖庇护的逃亡者,也会拿着这样一条"杖",以表明他们是祈求者,并且经领袖谨慎判断成了他的侍从。

照此看来，显而易见，当他看见新出生的儿子站在面前时，宙斯所说的第一句话是他有"当一位传令官的天赋/材质（phuên/φύην）"（*Hymn to Hermes*，4.331）。在改造献祭仪式以使其包含对餐食的比例分配的过程中，赫耳墨斯表明他天生有当传令官的能力，这就是对秩序和有序分配的关切。显然，作为神圣的传令官，赫耳墨斯直接服务于他父亲，并且以他的口吻发言，当他向伙伴诸神或有死者颁布官方指令时。在监督有死者饲养和猎杀的有死的动物集群时，赫耳墨斯确保诸神和人类有充足的食物供给，好让他们彼此与诸神之间或当中可以欢宴交流。当护卫其他神的圣坛时，赫耳墨斯的监督确保正确的程序得到遵行，也确保在庆典中分配给参与者正确的份额，无论是神还是有死者。有人怀疑，起初欣赏描绘赫耳墨斯的瓶画的那些观众会立即明了，他在场就是神圣传令官和信使在场，就是仪式专家和屠夫在场，随时准备向他父亲报告任何忤逆，也随时准备协助执行相应的惩罚。①

---

① 关于赫耳墨斯凭借其赫姆石柱监督其他神的祭仪，参见凡·斯特拉滕（van Straten 1995: 98）、福尔莱（Furley 1995）、弗斯内尔（Versnel 2011: 350，沿袭了雅亚尔［Jaillard 2001］）。海登（Heiden 2010: 419）评论说："认为偷盗当受惩罚，也从而让惩罚合法化，但也有特殊规定，就是合法的权威是第三方，与控辩双方在人格上是同样的父亲式的关系。"利波拉里斯报告了一起事件，其中宙斯命令赫耳墨斯去惩罚两个巨人奥莱奥斯（Oreios）和阿格里奥斯（Agrios），他则选择将他们变成不祥之鸟（*Metamorphoses*，21.4.1—5.10）。

赫耳墨斯关切由他父亲给予他恰当荣誉,表明了他对维持正当秩序的普遍关切,包括分配可触摸和不可触摸的善物。当他建议阿波罗应将问题呈于宙斯时,显得像是在引入某种新举措、某种解决争议的新奇方式,这种方式不直接动用武力;这代表**正义**之举的一种新品质,加加林(Gagarin 1973:94)将其描述为"和平解决争端的机制"。在这首颂诗中,赫耳墨斯建议的方法看来就是仲裁方法,这涉及"双方自愿将一项争端交托于某个特殊的裁判"(Gagarin 1989:21)。可是,阿波罗追求"自助"路线,一开始不愿接受赫耳墨斯的提议,所以,正是赫耳墨斯主动让他的运动(字面意义和比喻意义)朝着奥林波斯。

在那里,阿波罗的表述显示,他不熟悉此进程。他解决他的问题的方式,不是说服他父亲相信他遭受了不公正对待,为此当事人必须受到惩罚并作出赔偿,他表现出的担忧是他不知道牛群隐藏在何处(*Fourth Homeric Hymn*,334—364)。这又变成了宙斯在作出决定时所表达的关切,当时他提出要在这件事情上实施他的"直接**正义**":阿波罗获赐取得他所寻求的知识。宙斯一清二楚,尽管他巧妙否认,其实赫耳墨斯知道牛群在哪里,从而他引导他与阿波罗分享那种知识("同心同德",4.391),不再有任何进一步作出伤害的想法(4.391—394)。无论赫耳墨斯还是阿波罗,在此决定中都遭受了荣誉之失。在确保他的两个儿子都获得其荣誉的情况下,他留待两兄弟去决定他们之间各自将作出何种"让步",最终当然得服从宙斯的许可。但是,他欣然同意宙斯的决定,表明赫耳墨斯自己完全支持和响应他父亲的意愿。他的天性的确是一位**传令官**和一位**侍从**(*therapôn*/θεράπων)。①

这位统治者的这个**侍从**或"贴身随从"(譬如,《奥德修纪》14.75—82, 19.530),也是荷马所熟知的形象,他被比作传令官,获允执行同样的任务多次,特别在烹煮事务上,通常受此传令官控制。如奥德修斯所观察到的那样,这位**侍从**"精通肉食切分"(《奥德修纪》,16.253)。这尤其表明,在荷马的叙事中,传令官形象被当作一种特殊类型的**侍从**,考虑到一个**仆从**通常是一个有高贵出身的人,他变成另一位贵族的随从,是由某种不幸遭遇所致(譬如,《奥德修纪》,18.423—424)。与被卖身为奴的贵族奴仆不同,**侍从**仍被视为一个自由人,他为了履行职责和表达感激,自愿服侍给予他庇护的某人。如凡·魏斯(van Wees 1992:32)所论,**侍从**在荷马的叙事中与王子本身

---

① 本伽德(Bungard 2011:155)论及赫耳墨斯"巧妙使用法律言辞"。关于法律程序出现在这首颂诗中,参见帕帕康斯坦提努(Papakonstantinou 2007);关于赫耳墨斯言辞的修辞品质,参见克努德森(Knudsen 2012)、高格曼斯(Görgemanns 1976)。

有同样高的地位。尽管并不完全自主,却极受家主尊重,并在家中受托极为重要的责任和决定权。他通常负责管理家中其他奴仆,照料他的主人私人之所需(譬如,《奥德修纪》,8.418,13.647,18.290—301)。①

如此理解赫耳墨斯与宙斯的关系,就不会奇怪在如此多的传奇故事中赫耳墨斯都在为宙斯跑腿,因为这些最符合他作为宙斯的**侍从**之权限;有意思的是,雅典娜,另一位继承了他那份"狡猾心智"的神祇,在执行这些任务时通常都是赫耳墨斯的伙伴。所以就有了宙斯求助于赫耳墨斯和雅典娜的事情,他希望看到佩耳修斯成功杀死戈耳工(Gantz 1996: 304—307);这两位神每一位都给了他适合于完成任务的礼物,赫耳墨斯还充当了他的向导。赫耳墨斯和雅典娜也共同协助赫拉克勒斯以成就其劳绩,同时赫耳墨斯又扈从他从一地到另一地。事实上,在所记述的几乎每一桩事例中,赫耳墨斯据说都在引导某人到某地,他这么做符合宙斯更大的计划。这种关联很可能已然扩展到了真实的希腊旅行者的思想生活和他们对路旁赫姆石柱的理解:每个赫姆石柱都在提醒,赫耳墨斯作为不可见的在场者,

---

① 布里奎尔(Briquel 1985: 82)称赫耳墨斯为一位"主权的辅助者":与赫耳墨斯有关的传令官职分的更为全面的讨论,参见阿兰(Allan 2004: 52)。

将帮助或阻止他们行进，当他们旅行穿越常到或较不常到的路径，前往他们与宙斯的意愿相合的目的地时。①

在其他场合，赫耳墨斯受到召唤，在人们由一地移动到另一地时，他发挥更为直接的作用。有几次，他父亲要他临时充当**库洛特劳珀斯**（*Kourotrophos*/Κουροτρόφος，意为"儿童养育者"，字面意思是"青年的养育者"；参见 Hadzisteliou-Price 1978），尽管严格说来他并未实际参与对他们的持续养育：相反，他在这些情况下获赠"儿童看护者"的头衔，因为他使得儿童易于存活：若非他临时看护，切实将其托起，并使这些婴儿摆脱危险，将其运送到会悉心照料他们的人跟前，他们存活的机会确实非常渺茫。也正因为宙斯想让这些婴儿存活，他才派出了赫耳墨斯：只有诸神中这位最迅捷的神知道如何绕开并且穿越阻碍，他是这些救护使命的理想之选。

在很多事例中，赫耳墨斯救护的儿童是另一位神的不合法后裔，这位神将他的情感强加给了这位母亲，如他找回阿波罗的孩子阿斯克莱庇奥斯的事例，将他从惩罚考洛尼斯（Koronis）的火葬堆的火焰中抢救出来——因其对这位神不忠（Pausanias 2.26.3—10）。欧里庇得斯在其悲剧《伊翁》（*Ion*）中告诉了

---

① 关于古代的交通网络之于商业和维持小村庄、城市和城邦之间的联系的重要意义，参见法哈德和皮里斯诺（Fachard and Pirisino 2015）。

我们一则传奇故事,说的是一个年轻的有死的男孩,由雅典王后克瑞乌萨(Kreousa)遭阿波罗强暴所生。这出悲剧开头是赫耳墨斯的开场白,解释了故事背景和他应他兄长请求在救护这个孩子摆脱死亡过程中所发挥的作用,他将这个新生儿带到他兄长在德尔斐的神庙,交由充当神庙奴仆的这位神的女预言师养大(*Ion*,1—81)。在另一则传奇故事中,宙斯让有死的女人塞姆勒(Semele)怀孕,她在生产前被杀。

他从濒死的母亲腹中救出胎儿的狄奥尼索斯,将其缝入自己的大腿中。就在其要出生之时,宙斯召唤赫耳墨斯,让他将新生儿带到尼撒山(Mount Nysa)交由宁芙养育(图6.1)。所以除了宙斯,赫耳墨斯是他的伙伴神,赖以拯救和护送其不合法的孩子转危为安的神,好让他们能够成长为倍受祝福的有死者(就像这位雅典王伊翁),或成长为一位特殊的神灵(就像狄奥尼索斯)。尽管过去有这么多救赎事迹,却没有荣耀赫耳墨斯·**库洛特劳珀斯**的神庙,部分因为他不再以这种方式与有死者直接打交道了,那些男神也不再与宁芙或有死的女性交合了。①

---

① 关于狄奥尼索斯从宙斯大腿中诞生,是瓶画家喜欢的主题,对此事件的描述存在好几种,参见 *LIMC* 5.2, 223—235。在这则传奇故事的其他版本中,赫耳墨斯将狄奥尼索斯带给了不同的看护者。

图6.1:"赫耳墨斯持抱着狄奥尼索斯",大理石复制品,原件作于纪元前4世纪中期("Hermes holding Dionysos"; marble copy of mid-fourth century BCE. origina Archaeological Museum, Olympia, Greece/Alinari/Art Resource, NY)

除了拯救孩童的使命,宙斯也派遣赫耳墨斯协助他接近他寻求交合的迷人女性。在路基阿诺斯的《诸神对话》中

(14），他渴望与阿尔克墨涅厮守更长时光，她是安菲特律翁（Amphityron）的妻子，赫耳墨斯受派遣作为宙斯的使者，为赫利奥斯传令，要后者一整天不要发光（参见《诸神对话》7和11）。赫耳墨斯在此方面受召唤给予协助，也发生在宙斯想与伊娥交合时，她是伊纳霍斯的小女儿，充任赫拉神庙中的女祭司。这就是杀死阿耳戈斯和伊娥变形为母牛的传奇故事，然而，一位训诂学家就《奥德修纪》（16.471）中"赫耳墨斯山岗"（*Hermaios lophos*/ Ἕρμαιος λόφος）的含义（尤其参见其训解16.471.10—20），提示将与赫耳墨斯有关的石堆与阿耳戈斯的故事联系起来。所以他报告说，在杀死阿耳戈斯的过程中，赫耳墨斯变成了首个谋杀者，但因为他这么做是为宙斯服务，当诸神的法庭认为他有罪时，他们朝他的脚投掷石头，从而产生了为赫耳墨斯构筑石堆的惯例。似乎赫耳墨斯也是心甘情愿，采取会使其受辱的行动，或会使其成为笑柄的行动，以服务于他的父亲。

宙斯的取悦者

似乎在赫耳墨斯到来之前，宙斯的宇宙秩序已井然有序，但却是沉闷无趣的所在。随着赫耳墨斯的出现，宙斯成功为其宇宙秩序带来了生机，使其伴随着惊喜之可能性，此惊喜随后又往往带来笑声。赫耳墨斯的确"洋溢着"生命的喜悦和意想不到的欢欣——每一样事物都隐藏着潜能，只有此刻的要求才使得隐藏之物向那些有眼可见者显明，而这些要求却为赫耳墨斯所有。这使得赫耳墨斯在服务宙斯和讲述他的故事中极具适应性。

路基阿诺斯对宙斯、赫耳墨斯和赫菲斯托斯怀孕的大腿兴趣盎然，在《诸神对话》（9）当中它是助产中介。引人发笑之处在于，他让埃阿科斯（Aiakos）这位哈得斯下界居所的守门人，警告赫耳墨斯在哈得斯的领地不要有任何施展偷盗诡计的企图，当时赫耳墨斯发现抵达时少了一个死人（*Downward Journey*, 4）。当阿波罗与赫菲斯托斯聚在一起时，他们共同抱怨这位年轻的神，阿波罗向他伯父报告说，赫耳墨斯不仅偷了波塞冬的三叉戟，还乘其不备将阿瑞斯的剑从他的剑鞘中拔了出来，而且还拿走了阿波罗自己的弓箭。但这还不算完：当阿芙洛狄忒在万神殿中欢迎拥抱赫耳墨斯时，他偷走了她的腰带；还有当宙斯为此发笑时，这个小偷顺走了他的权杖，若不是它太烫太重了，还想拿走宙斯的霹雳。（*Dialogues of the Gods*, 7）

尽管赫耳墨斯事实上是这样一位神：他在确保世界按照他父亲意愿运转的过程中发挥着重要作用，但他必须插手如此多众所周知的事情，以至于容易成为笑柄。如在前述事例中一样，伊索在他的寓言中对赫耳墨斯的描述极为自由，有些以这位神的忙碌为根据。似乎赫耳墨斯尤其可能遭遇挖苦式幽默，因其具有"善物给予者"和"带来幸运者"的能力；换句话说，在其监督交换关系的领域。譬如，当赫耳墨斯对有死者尊崇他的荣誉感到好奇时，他装扮成一个男人的模样，进入了一位雕刻匠的店铺。首先，他打听到一尊宙斯像的价格，被告知是一个德拉克马（drachma）。对此他笑了，就进一步问赫拉像的价格，被告知高于其他神像。然后，赫耳墨斯注意到一尊他自己的雕像，他认为自己对有死者十分重要，就问它价值几何，他被告知：如果他买另两尊神像，雕刻匠会赠送赫耳墨斯像！（Fable 562）在另一则此类寓言中，一个人想卖他的赫耳墨斯雕像，发现没有买主，他就开始宣称它对自己而言弥足珍贵。当被询问他为何不自己保留着它时，他回答说，他想要比这位神愿意给他的更为直接的满足。（Fable 561）

另一类寓言显示，赫耳墨斯维护宙斯的秩序，并提出了一条这样的道德准则，它更符合与伊索的名字有关的很多"教谕"寓言。在这样一则寓言中（Fable 171），一个男人站在岸边，目睹了一条船上的船员和乘客溺亡，他抱怨命运女神不公，让这么多生命毁灭，只因这条船上有一名罪犯。当他正在如此沉思冥想的时候,他注意到自己正站在一座蚁丘旁,一大群蚂蚁包围了他,其中一个爬上了他的腿咬他,他直接用脚踩它们,把它们都杀死了。这时赫耳墨斯露面了,他用权杖敲这男人,问他是否有资格评判命运女神,因为他方才为了一只蚂蚁而消灭了一整群蚂蚁。

赫耳墨斯有能力将他的联想与游戏、注定的结果和**掷骰子**(astragali/ἀστράγαλοι)结合起来——通过它们的实际使用。对于孩子而言,羊骨骰子通常经过某种变化后,玩法类似于如今的骰子游戏。每个骨头表面刻上数字或标记,投出去后朝上那一面才"算数"。据信,赫耳墨斯是主宰此类"随机"游戏的神,如第四首《荷马颂诗》所示,他被称为"**机运**"(Tūchē/τύχη,"幸运""运气")引导者(或带来者)。但是,除了它们在游戏中的运用,**掷骰子**也用于占卜仪式,不仅在古希腊,也遍及地中海盆地。在占卜仪式上,"运气"被理解为启示了宙斯的意愿,赫耳墨斯的玩具代替了信使。或许并不令人惊奇的是,**掷骰子**也见于与葬礼有关的场合;或许它们在其中象征死者死后过得好(也就是有"好运"),或意为奉献给灵魂向导赫耳墨斯的祭品。不管在何种场合它们有何种意义,考古学家发掘出骰子蚀刻有赫耳墨斯名字的地方,甚至远在沙阿尔哈阿姆钦(Sha'ar

Ha'amakim），古以色列地域的一处希腊化时期的罗马前哨。[1]

赫耳墨斯对于保持宙斯的秩序的贡献，证明它是另一则《伊索寓言》（524）的丰富背景。宙斯给赫耳墨斯安排了一项任务，把每个人犯下的每一桩罪行都刻在陶罐碎片上，然后把它们放在宙斯宝座旁的一个箱子里。很不幸，由于忤逆如此之多，赫耳墨斯无法按发生的顺序保存它们，每当宙斯把手伸进箱子时，最新的陶片就会和旧陶片混在一起。这意味着，最近的犯罪会先于旧的罪行受到惩罚，这让有死者烦恼不已。伊索显然提出了一种幽默的解释，以说明何以有些罪行会逍遥法外，按此解释，理由有二：有死者犯罪太多，事实上多到赫耳墨斯不可能在此领域中为宙斯维持秩序。数世纪后，路吉阿诺斯还要在这一点上嘲笑赫耳墨斯一番：在其《诸神对话》中（4），赫耳墨斯向迈娅抱怨，他太忙碌了，因为他有如此多的事情要做。

宙斯的沟通者

赫耳墨斯的确是涉入人类事务最深的神：他使有些人富裕，又剥夺另一些人，这么做都是按宙斯的意愿行事。然而，

---

[1] 关于骰子用法的一般性讨论，参见格里弗斯（Greaves 2012）和吉尔莫（Gilmour 1997）；关于羊骨骰子上蚀刻有赫耳墨斯的名字，参见巴尔-奥茨（Bar-Oz 2001）。

似乎最相称的情形是,这位与有死者交往最深的神——虽然遭遇他时通常不可见——他将会是他们离开此世那一刻与他们有关联的神。在其独一无二的位置上,赫耳墨斯完全成为字面意义上的"灵魂向导"(*Psychopompos*/Ψυχοπομπός:*Psycho*/Ψυχο="灵魂" + *pompos*/πομπός="向导"),也就是说,这位神灵护送人类的灵魂,由光明世界进入他们在哈得斯的居所中的新家(图6.2)。涉及赫耳墨斯这个角色的文献数量,仅次于那些引其为宙斯的官方传令官和信使的文献。

图6.2:灵魂素描:作者描绘的细节出自阿提卡白底细颈有柄长油瓶,归于阿喀琉斯,约纪元前440年(Depicting the psyche:author's drawing of detail from Attic white-ground lekythos attributed to the Achilles painter, c. 440 BCE)

真正涉及赫耳墨斯表现为**灵魂向导**的首个事例，就在《奥德修纪》卷24开篇，在此他被描述为佩涅洛佩求婚人灵魂进入下界的引导者，他们都被返归的奥德修斯杀死了。考虑到忒拜和塔纳格拉都声称它们是赫耳墨斯的诞生地，重要的是，诗人选择"居勒涅的赫耳墨斯"这个名字，是在这卷书第一行将其引入这一角色的时候（24: 1—2, 5）：

> 就这样居勒涅的赫耳墨斯唤出了这些灵魂
> 这些求婚者的灵魂；他手中持有这权杖……
> 他用它让他们行动，引导他们

显而易见，在诗人心目中，这位来自阿卡迪亚的赫耳墨斯，就是宙斯指派来担当此阴暗却重要的职分的神。此后不久，我们被告知，当求婚人的灵魂抱怨着他们的命运时，正是那位"**弑阿耳戈斯的使者**"（diaktoros Argeiphontes/διάκτορος Ἀργειφόντης，意为"熠熠生辉的使者"或"弑狗者"）在前引导他们的灵魂走向下界"（24.99—100）。①

有人或许认为，赫耳墨斯会经常以此身份出现在《伊利亚特》

---

① 关于从视觉上表现离魂的挑战，参见琼斯（Jones 2015）；关于接触或遇到离魂的信念，参见约翰斯顿（Johnston 1999）。

中，这是考虑到战争中离开人世的灵魂数量之多，然而，情况却并非如此，在这部史诗中从未论及赫耳墨斯的**灵魂向导**身份。但或许是巧合，也是在《伊利亚特》卷24中，夜晚行走的环境、普里阿摩斯的年老、对尸体的需求，还有引导普里阿摩斯抵达阿喀琉斯营帐的其他几个特征，都向有些人暗示，这一系列事件密切关联着灵魂下降到下界，而赫耳墨斯是其**灵魂向导**。《伊利亚特》卷24的特点，与赫耳墨斯赶着牛群旅行和隐藏它们的地点之间的相似之处，被确认为下降叙事，或许暗示这也是宙斯在他儿子身上认识到的一种能力，就在他指定他在他的宇宙秩序中做**灵魂向导**之前。普鲁塔克（Greek Questions 24）知道，阿耳戈斯人有一种仪式，赫耳墨斯在其中作为"灵魂向导"受到崇拜：他报告说，30天后，死者的亲戚好友要向赫耳墨斯献祭，因为他是"灵魂的接收者"。①

赫耳墨斯有能力与死者的灵魂交流并引导它们，有些传世的雅典悲剧和残篇也承认这一点，特别是埃斯库罗斯的悲剧。在他的《波斯人》（*Persians*, 628—630）中，歌队请求赫耳墨

---

① 德·哈乌雷吉（De Jáuregui 2011）考察了普里阿摩斯在赫耳墨斯引导下从阿喀琉斯营帐中讨还他儿子的尸体的旅程，认为它强烈暗示这是一场由赫耳墨斯引导的由赫耳墨斯·灵魂向导伴随的**下行**（*katabastic*）之旅。弗莱姆（Frame 1978：尤其页153）首次点明了第四首《荷马颂诗》的血统特征；最新文献参见库尔萨鲁（Cursaru 2014）和利斯（Reece 2007）。

斯协助将大流士（Darios）的鬼魂放还阳世。与此类似，在同一诗人的剧作《招魂者》（*Psychagogoi*，意为"灵魂［或鬼魂］收集者"，参见 Henderson, vol. 3, v.8）中，歌队再次承认赫耳墨斯·**喀陶尼奥斯**（Hermes *Chthonios*/Χθονίος）是护送死者的神。在埃斯库罗斯的《奠酒者》（*Choephoroi*，123）中，埃勒克特拉（Electra）站在她父亲的坟墓旁祈求赫耳墨斯时，使用了同样的名义，承认他是"上界和下界诸神的伟大传令官"，她请求这位神前来帮助她。在索福克勒斯的《埃阿斯》（*Ajax/ Aias*，831—834）中，他被誉为"灵魂的向导"，如前文所指出的那样，在索福克勒斯的《埃勒克特拉》中，赫耳墨斯引导阿瑞斯和他在人间的代理人进入迈锡尼人的宫殿，它被称为"死亡之所"，以便杀死弑杀埃吉斯托斯（Aigisthos）和克吕泰墨涅斯特拉（Klytemnestra）的凶手。观众肯定理解，向导赫耳墨斯很有可能一瞬间就会变成**灵魂向导**赫耳墨斯，甚至迟至纪元前1世纪，在出自偏远的帕塔拉（Patara）、克里特和埃瑞特里亚（Eretria）的铭文中，赫耳墨斯仍然被认作**灵魂向导**。

赫耳墨斯有能力与下界的主宰之神谈判合作，除了他作为唯一被允许随意进入和离开哈得斯领地的奥林波斯神之特权，肯定还有助于他获得**喀陶尼奥斯**（意为"下界之神"）·赫耳墨斯这个**外号**。这也正是希腊悲剧中提到他时经常使用的头衔，也是一首荣耀他的《奥耳弗斯颂歌》中所使用的头衔（*Hymn 57 to Hermes Chthonios*）。然而，《奥耳弗斯颂歌》中的赫耳墨斯是一个相当不同的创造。在这首荣耀诗中，他被描述为一个神圣的孩童，并非宙斯所生，而是狄奥尼索斯和阿芙洛狄忒所生，他生活在下界的一条冥河旁，他从佩耳塞福涅而非天堂的宙斯那里获得了灵魂向导的职分。相对于其他大多数文献中更为传统的关于赫耳墨斯的看法，为何发生了这些变化，《奥耳弗斯颂歌》中并未言明，但似乎可以合理地推测，对于为奥耳弗斯教的教诲所吸引的那些人而言，这可以视为一个显著的分歧点。一种将赫耳墨斯·**喀陶尼奥斯**称为"伟大的普勒俄涅（Pleione）之孙"的委婉祈祷，仍可见于史诗《阿耳戈船英雄纪》（*Argonautica*，1.737—738），这是纪元1世纪的拉丁语诗人弗拉库斯（Valerius Flaccus）的作品，尽管其背景是招魂术。有证据显示，纪元前5世纪的某些雅典人熟知招魂术，但这些"让鬼魂还阳"的法术，似乎在数世纪过去后变得流行。尚不清楚在现实的招魂术中，通常是否会祈求赫耳墨斯协助让鬼魂还阳，还是说这种涉及赫耳墨斯的说法只是一种文学修辞。[①]

此外，似乎有允许赫耳墨斯持守天秤的例证，人类的命运由此得以保持平衡（图6.3）。

---

① 关于古希腊招魂术，参见奥格登（Ogden 2001）。

赫耳墨斯

图 6.3:"赫耳墨斯衡量灵魂",画匠尼空,纪元前 5 世纪早期("Hermes weighing the souls", Nikon painter, early fifth century BCE. Louvre / Hervé Lewandowski © RMN-Grand Palais / Art Resource, NY)

在《伊利亚特》中(22.208—213),荷马将此任务归于宙斯自己,描述了他如何掌控阿喀琉斯与赫克托尔的命运,看天平哪一端会下降:任何一端下降,就显示那一位的死期将近。在艺术作品中,这些"命运"表现为勉强可见的微小人形,因为灵魂与某一个体的命运是一回事。在两种情况下,似乎宙斯或赫耳墨斯的确都无法决定天平上生者的命运。在出自荷马的例证中,宙斯自己对看到哪一位大限将至有兴趣,却不决定其死期。很可能对于赫耳墨斯而言也是如此:他在注意看下一个是谁的灵魂需要他做**灵魂向导**,以便准备行动。也许,就像宙斯那样,赫耳墨斯也被认为他自己至少对一个正在称重的灵魂的命运感兴趣。无论如何,他作为**灵魂向导**的身份,就隐含在这幅图像之中。

正如赫耳墨斯能引导灵魂下到哈得斯的领地,他也能承担引导他们上升的任务,譬如,在引导奥耳弗斯的妻子欧律狄刻(Eurydikê)还阳的时候;然而,他也参与引导被赋予灵魂的有死者来去下界,以满足宙斯的希望。当赫拉克勒斯受遣去抢回哈得斯名叫刻耳贝洛斯(Kerberos)的三头犬,为国王欧律斯透斯(Eurystheus)完成最后一件劳绩时,来往行程又都有赫耳墨斯相伴:他首先到下界获得了这条嚣叫的三头犬,在将其展示给欧律斯透斯后,又将它还了回去。赫耳墨斯还伴随忒修斯和裴里托乌斯(Peirithous)冒险进入下界,不幸的是,他们未能与他一同上升,因为,他们让自己受困于哈得斯宫殿中的魔法宝座,当时他们企图强暴佩耳塞福涅——就在她定期与下界之主共度时光期间。尽管当初正是赫耳墨斯救护了她,让她摆脱与她叔父的强迫会面,他从地面上拐走了她,当时她正在草地上采摘鲜花(*Homeric Hymn to Demeter*,1—21)。

图6.4:"佩耳塞福涅从下界还阳",画匠佩耳塞福涅,纪元前440年("The raising of Persephone", Persephone painter, 440 BCE. The Metropolitan Museum of Art, New York, NY, LlSA: image copyright @ The Metropolitan Museum ofArt. Art Resource, NY)

她还阳的那一刻,被纪元前440年代这位佩耳塞福涅画匠用这口双耳喷口盅(Bell Krater)捕捉到了(图6.4):佩耳塞福涅的身体几乎全部露出了下界,但她膝盖以下的双腿仍然隐藏在地下；赫耳墨斯站在她身后，手拿**传令权杖**指着下方，显示他在带路，并先从下界上来了。佩耳塞福涅由赫卡忒迎接，她举着两支火把，她母亲德墨忒耳持杖站在赫卡忒身后。

在另一则传奇故事（Antoninus Liberalis, *Metamorphoses*, 33=Pherekydes *FGrH* 3 F 84 Jacoby）中，阿尔克墨涅这位曾与宙斯缠绵超过 24 个小时的王后，死后即将埋葬的时候，宙斯指示赫耳墨斯偷走了她的尸体并运至福岛，她将在此与拉达曼托斯（Rhadamanthys，下界一位判官）成亲。为避免遭拐骗之嫌疑，赫耳墨斯用一块石头代替了她的尸体。可是，当赫拉克勒斯的儿子们抬着棺椁来到墓地时，他们对棺椁的重量感到惊奇，就决定开棺查验。他们发现棺中是一块石头而非阿尔克墨涅的尸体，就将它竖立起来作为崇拜雕像，以便将她作为一位女英雄来纪念（亦参见 Pausanias 9.16.4；Plutarch, *Romulus*, 28.608）。在这则传奇故事中，赫耳墨斯蒙召秘密行动，从棺椁中移走尸体而不为人所见，所发挥的作用也是提醒这则传奇故事的听者，赫耳墨斯有作为小偷的能耐。然而，在上述语境中，赫耳墨斯的性格和能力另有两方面，对于获得成功至关重要：第一，配合宙斯想看到阿尔克墨涅受尊崇和纪念的渴望，这就要求赫耳墨斯不只是偷走尸体，还要为日后崇拜她提供一个合适的替代品;第二,他有作为灵魂向导的天赋。①

赫耳墨斯也逗留于体育竞技环境中,在竞赛中死亡真有可能,他不仅是赫耳墨斯·**阿格尼奥斯**(*Agonios*/Ἀγώνιος,意为"竞赛之神"),也是"灵魂引导者"和带来(或不带来)好运的神。就此,斯坎隆(Scanlon 2002:318)评论说,与命运同行的"这些神灵,强调竞赛作为'生命历程'的象征意义,因为这正是他们支配的领域"。赫耳墨斯被认为出现在体育场上,也出现在赛马场(*hippodromos*/ἱπποδρόμος,意为"赛马跑道")上,因为,死亡出现在这种场合并不鲜见,诸如摔跤、散打(*pankration*/παγκράτιον)、掷铁饼和赛马,尤其在战车竞赛中。

宙斯的人道面貌

赫耳墨斯克服了他的"卑微"起点,变成了他生来就要成为的神;然而,他并没有变得疏远而冷漠,譬如,就像人们所认为的宙斯和阿波罗那样,赫耳墨斯是与其相伴时人类感到最

---

① 赫耳墨斯还引导普罗泰西劳斯(Protesilaos)的灵魂还阳,按照宙斯的指示以安慰他悲痛的遗孀劳达米娅(Laodamia)(Pseudo-Apollodorus, *Epitome*, 3.30; Ovid, *Heroides*, 13)。赫耳墨斯,凭外号"灵魂向导",居于人们祈求在招魂时与灵魂交流的神灵之列,如在埃斯库罗斯上述两出剧作中。

为舒服的神，就好像他是他们自己当中的一员。当观者看到某人拥抱、轻拍或以某种方式与赫姆石柱有身体接触时，赫耳墨斯的平易近人有直观表现（参见 *LIMC* 5.2：206—216）。以种种方式与其他神的雕像接触的情形，即使有也极为少见，除了将有死者描画为祈求者的情形。赫耳墨斯似乎在邀请有死者的这种轻松熟悉之感也表现在传世铭文中。譬如，就好像试图用大量描述符号撩拨这位神的感官，并给其造成好印象，一位奉献者描述了他献给赫耳墨斯·**爱诺迪奥斯**（*Enodios*/ἐνόδιος，意为"道旁之神"）的食品配置，正如他向他的宴会宾客描述菜单（*Palatine Anthology*，6.299）：贝斯特（Best 2015：104）以此作为证据证明，赫耳墨斯在有死者中激发了非常私人化的崇拜类型。这位搞笑、贪玩、有音乐天赋、有创造性和无限聪敏的神，克服了其他神严肃可怖的面貌，变成了有死者更容易接受的奥林波斯神的面貌。或许，正是这种非常平易近人和令人亲切的特点，随着时间的推移，模糊了（如果不是降低了）赫耳墨斯之于宙斯的宇宙秩序的成功运转的重要性。无论事实是否如此，普鲁塔克告诉我们，还有一种他非常熟悉的说法，继续传递着对赫耳墨斯的神秘感：一场交谈无论何时突然停下，被说成是"赫耳墨斯进来了"（*Concerning Talkativeness*，502 F 503A）：只有时间会告诉我们，他的到来是为了赐予恩惠，还是为了撤销恩惠。①

小结

　　超越其诞生处境,加入奥林波斯的统治秩序,需要微妙转变和缩小赫耳墨斯对其骗子似的能力的运用,然而这些能耐在宙斯合乎秩序的宇宙中仍在运用。他独特的聪敏,为诸神和人类的世界(重新)引入了笑声和新的音乐和歌曲形式,使游戏成为可能,也从而减轻了有死者的重负,这是由普罗米修斯引起的有死者/诸神的决裂所导致的,他不怀好意阴谋打败宙斯。他的聪敏也促成了诸神与人类关系的修复,他提供给有死者一种模式,以归还某些东西——在那场决定命运的献祭中,普罗米修斯从诸神那里窃取了这些东西,人类获得了这种牲畜所有可以吃的部分,留给诸神的只是脂肪和骨头。甚至可以说,赫耳墨斯作为调停者,他站在双方之间,以建立一种关系。从概念角度讲,无论他促成的是交往还是买卖,无论他在引导有死者还是将灵魂引向最终目的地,无论他在分配神的恩惠还是在

---

① 狄龙(Dillon 2015:尤其页 250)讨论了赫耳墨斯对于人类接触的开放性,哈登(Haden 1983)对赫耳墨斯与其崇拜者之间的亲密程度有类似评论。拉尔森(Larson 2016:712)讨论了人脸所显示的人们对神形象的认知反应,包括对赫耳墨斯的认知反应。

保护财产方面,赫耳墨斯在他父亲的宇宙秩序中的地位始终如一:通过超越障碍,并且完全按字面意思"实现彻底超越",他变成了奥林波斯诸神中精通建立联系和创造关系的能手。①

---

① 这同样适用于他的"否定性"行动(也就是撤销恩惠和忽视财产),就这些行动通常针对某个有死者先违反了某种既定关系而言;也就是说,它们都是消极互惠的例证。

七、转译

早在纪元前9世纪（如果不是更早的话），希腊人在他们故土的东方和西方建立了殖民地和贸易点，其分布在地中海东岸如今为土耳其（Turkey）据有的土地上和最后被古罗马人称为巴勒斯坦（Palestine）的地区（当今的黎巴嫩［Lebanon］、以色列［Israel］和通常称为加沙走廊［Gaza Strip］的地区），还有当今意大利（Italy）沿岸和岛屿上。譬如，在纪元前8世纪的某个时期，他们在伊斯基亚（Ischia）岛上（古代的埃纳里亚［Aenaria］）一个名为皮泰库塞（Pithekousai）的地方，建立了其最早的、最靠西和靠北的贸易点。到了纪元前7世纪，在纪元前664和前610年之间，他们还在亚历山大里亚（Alexandria）以东埃及（Egypt）沿岸的瑙克拉提斯（Naukratis）建立了贸易中心。当希腊人做这些事情的时候，这些古代殖民者同时带来了他们的诸神，所以任何并非希腊人的商人经常光顾这些港口，很可能也开始接触到了这些神祇。作为希腊监督所有交换类型的神，赫耳墨斯如果不是这些人民遇到的第一个希腊神，也极有可能属于他们首先遇到的希腊神之一。

赫耳墨斯西行

并不令人意外的是，在古代地中海盆地周围发现的多神崇拜的社会中，来自不同文化的人们有一种可以理解的倾向，就是他们试图按照他们自己的神来理解其他民族的神。人们普遍相信，意大利原住民改变他们自己的诸神系统，以适应来此殖民的希腊人的诸神系统，这在意大利半岛的历史上相当早。在纪元前3世纪法比乌斯（Q. Fabius Pictor）的早期希腊年表中，罗马人将自己描述为殖民者，他们逃离特洛亚，最终在此地安居，这一地区后来变成了罗马。他们在这里遇到了来自阿卡迪亚的早期希腊移民后裔：这至少是诗人维吉尔（Virgil）在其《埃涅阿斯纪》（Aenead，8.97—174）和罗马史家李维（Livy）在其《罗马史》（Foundations of Rome，1.1—5）中所记述的历史，他们都是纪元前1世纪的人；而且，这也是部分在法比乌斯著作中所记述的历史。就诸神而言，这意味着，至少埃涅阿斯（Aeneas）从特洛亚随身带来的有些神，与他和其他人抵达时发现为阿卡迪亚的埃凡德（Arcadian Evander）的后裔所崇拜的神，如果不是一模一样，想必也极为相似（这些神就是赫耳墨斯、潘和尼刻［Nikê］），尽管他们的名字显然不同。①

也就是说，另一个文化群体也居住在意大利半岛上，并出现在罗马的历史上，作为一个群体，罗马人最终不得不与之战斗，他们就是伊特鲁利亚人（Etruscans）。德·格鲁门（De Grummond 2006）已然揭示，这个民族群体有其自己的解释性传奇故事系统，常涉及神圣和英雄/神圣形象，似乎他们所涉及的情形与希腊和罗马的神圣叙事中出现的情形相似。在伊特鲁里亚人的众神中，有一位神名为图耳姆斯（Turms），他出现于其中的描述，会让人联想起一些事件，希腊人希望在其中看到的是他们的赫耳墨斯。譬如，在某个场景中，图耳姆斯表现为引领者，将三个女性形象（很可能是女神）引向了一个等待她们的男性形象：如果这不是对我们从希腊人的版本中知晓的"帕里斯的评判"的一种刻画，也肯定是在暗示后者。可是，图耳姆斯作为向导介入，映射着赫耳墨斯，并不意味着要认为这两个神完全是一回事；这毋宁表明，他们具有某种荣誉和属性，可以让观察者看出其具有相似性。譬如，认为图耳姆斯的身份

---

① 关于本地以拉丁语命名的诸神，参见道登（Dowden 1992：12—13）、杜梅齐尔（Dumézil 1996：vol. 1, 3—46，尤其32—46）。关于一位神等同于另一位神，参见瑞夫斯（Rives 2007：142—144）。

是一位保姆型（kourotrophic）神祇：尽管赫耳墨斯也担当此职分，但这种活动对埃特鲁利亚人的图耳姆斯的重要性，胜过对希腊人的赫耳墨斯的重要性。似乎图耳姆斯也频繁出现在发出预言的场合，根据对存世艺术刻画的某些解释。尤其有意思的是，在埃特鲁利亚，这位神出现时不仅带着一根节杖，并且具有关联下界的典型特征，作为一对双胞胎，或许还意指其作为一位上界和下界之神的双重身份。虽然如此，我们有理由相信，图耳姆斯与下界的关系，不是一位**灵魂向导**与下界的关系，因为似乎埃特鲁利亚人对由生入死的转变的想象相当不同，他们有其他护卫式的神祇监督生死领域之间的活动。证据毋宁显示，图耳姆斯在下界的职分是作为一位信使，他在埃特鲁利亚人的神圣叙事中发挥此功能，遍及所有领域，正如赫耳墨斯在希腊的传奇故事中那样。[1]

在关于铭刻在一面埃特鲁利亚铜镜背后的一个场景的引人入胜的讨论中，怀斯曼（Wiseman 1995）在埃特鲁利亚赫

---

[1] 参见德·格鲁门（De Grummond 2006: 39）关于图耳姆斯和预言的讨论；德·格鲁门（de Grummond 2006: 55—56）关于图耳姆斯及其形象的讨论，其特点包括神秘要素和地/天要素；还有德·格鲁门（de Grummond 2006: 76—78）关于"审判"图像的讨论。与墨丘利和罗马亡灵节有关的伊特鲁里亚写照的完整讨论，参见威斯曼（Wiseman 1995）；特别关于埃特鲁利亚葬礼和下界神灵，参见雅诺（Jannot 2000）、克劳斯考普夫（Krauskopf 2006）。

耳墨斯式的图耳姆斯与罗马称为墨丘利的赫耳墨斯式的神之间架起了一座桥梁。有一则罗马传奇故事，为一个名为费拉利亚（Feralia）的节庆奠定了基础，这是一个亡灵节，在2月21日举行，是奥维德讲述的（*Fasti*, 2.583—616），他告诉我们，墨丘利在按照宙斯的命令引导活生生的宁芙拉腊（Lara）进入下界的过程中，喜欢上了这个年轻女子，违背她的意愿让她怀了孕，让她生了一对双胞胎。这对双胞胎名叫拉莱斯（Lares），变成了家庭守护神，他们的形象装在壁龛里，称为拉腊里乌姆（Lararium）。对两位青年的展现是，每个人都拿着奠酒壶（*rhyton*/ρυτόν）和奉献盘（希腊语是 *phialê*/φιάλη，拉丁语是 patera），穿着狗皮做的外衣（Plutarch, *Roman Questions*, 51），他们的年龄和装束，既点明他们的父亲是墨丘利，也点明狗的（和赫耳墨斯的）护卫功能扩展到了他们身上。这一点由拉莱斯脚下的狗进一步得到加强。

墨丘利这两个儿子极受尊重，也由下述事实所显明：存放他们小雕像的拉腊里乌姆，设置在家中最深处的私密房间中。苏托尼乌斯（Suetonius）报告说，奥古斯都（Augustus）和图密善（Domitian）这两位早期罗马皇帝，维持了用设置在他们各自卧室中的拉腊里乌姆崇拜拉莱斯的惯例（Suetonius, *Augustus*, 7.2；Domitian, 17.5），这也是普通罗马家庭的典型做法。晨祷和奉献通常包括他们和墨丘利，还有其他神。据图尔坎（Robert Turcan 2001：15）、拉莱斯，还有墨丘利，以及巴库斯（Bacchus）和维纳斯（Venus）（分别是希腊的狄奥尼索斯和阿芙洛狄忒），对于家长（罗马家庭的头领）尤为重要。此外，拉莱斯，当称其为拉莱斯·康庇塔利亚（Lares Compitalia）时，是将其作为城市十字路口的守护者来崇拜的（1月3—5日）——这个位置，在希腊人的思想中，通常与赫耳墨斯和赫卡忒有关，如《帕拉廷文选》中的讽刺诗所显示的那样（9.314），这也许提供了进一步支持，以构建以墨丘利和迈娅命名的行会，是他们照看着这个节日。当拉莱斯的外号是"普莱斯提泰斯"（Praestites）时，人们是在5月1日将他们作为罗马的保护者来颂扬（*Fasti*，2.611—616）。在一年晚些时候，即在5月——按照罗马历法，费拉里亚节的前九个月——除了15日献给墨丘利的节庆，还有第二个亡灵节，称为莱姆拉节（Lemura，5月9日、11日、13日举行）。考虑到有死者的胎儿的妊娠期，以及墨丘利与节日的关联，间隔都有九个月，看起来，罗马人也许从一开始就承认墨丘利是他们城市守护者的父亲，尽管目前尚无确凿证据证明这一点。此外，除了奥维德在戏说中未明确表达的关联，可以从潜在的神圣叙事中推断出这些关联，恰好还有一条更早的线索，或许墨丘利与青年之间的关联不再牢固，如希腊赫耳墨斯之情形:家神拉莱斯收获了年轻人的奉献,当他们由青年过渡到成年时,这一事实让人联想到希腊年轻人给予赫耳墨斯的奉献,在他们跨越同样的年岁界限时。①

罗马的墨丘利

并不令人感到奇怪的是,当诸神的名字(以适当方式)译成拉丁文时,与其所发生的变化同时,这些神总体上也都发生了某些微妙和不怎么微妙的变化,尤其是赫耳墨斯。这意指在以拉丁文写成的讲述墨丘利的故事中,赫耳墨斯所具有的荣誉和能力,绝大多数得以保留,但在罗马人的日常宗教实践中,赫耳墨斯所具有的某些神圣功能脱落了。最为特殊的是,少有证据显示,墨丘利作为旅人的神圣向导,获得了普通旅行者的

---

① 除非这是奥维德戏说所涉及的出自潜在的神圣叙事的各种未表明的关联。有一块出自西班牙的铭文,将墨丘利奥·康培塔里(Mercurio Competali)这个名字给予了拉莱斯·康丕塔莱斯(*CIL* 2.5810)。关于拉莱斯,参见罗宾逊(Robinson 2011: 370—389)、瑞夫斯(Rives 2007: 119)、穆加特罗伊德(Murgatroyd 2003: 313)、李特伍德(Littlewood 2001: 923—924)、斯库拉(Scullard 1981: 117—118)、奥吉尔维(Ogilvie 1969: 101, 104)。关于费拉里亚和莱姆利亚两个节庆与拉莱斯和狗,参见李特伍德(Littlewood 2001)。关于十字路口在罗马和希腊文化中的重要性,参见约翰斯顿(Johnston 1991)。

祈祷或奉献：的确如此，罗马地理学家斯特拉波（Strabo），似乎对他在古代希腊地域频繁碰到路旁的赫姆石柱忍俊不禁（*Geography*，8.343）。罗马人修路时，确实竖立了里程标志，但它们采用的形式不是希腊的赫姆石柱。事实上，他们没把赫姆石柱当作宗教媒介，认为通过它可以向这位神说话，纪元前1世纪的西塞罗也只是视其为一种**小艺术品**，非常高兴能用它们来装饰他的健身房（*Letters to Atticus*，9.1.4）。可是，在此实例中，他获得的实际上是一种赫姆雅典娜式的（Hermathena）赫姆石柱；也就是说，这种赫姆石柱一头是赫耳墨斯的头和肩，另一头是雅典娜的头和肩。另一回，他对自己获得的四尊雕像有怨言，对买来装饰他的训练场地的新雕像表示失望，其中一尊雕像是玛尔斯（Mars）而非墨丘利（*De familiae*，7.23.2）。不过，尽管事实上西塞罗本人不会将这些雕像奉为神圣，他却在他作为维尔莱斯（G. Verres）的公诉人发表的演说辞中（*Verrines* 2.4.84），清楚地表明他知道其他人的确会这样，他能够利用这种信念和通过其雕像来崇拜诸神来达到自己的目的。西塞罗在其中指控被告偷了一尊墨丘利雕像，这是斯基皮奥（Scipio Africanus）出于善意送给廷达里斯人（Tyndaritans）的，这些人民年年都崇拜这位神。西塞罗在他（未发表的）第二份演说辞中提到这个涉及墨丘利的事件超过三次，以认定维尔莱斯有罪（2.4.87, 88, 92）。重复这位神的名字和此项罪行，也表明他的听众将会认为，这是偷窃一尊受到崇拜的物品，尤其是偷窃一尊由斯基皮奥赠送的雕像，实在是十恶不赦：这将被视为一桩针对这位互惠交换之神的亵渎行为。①

墨丘利循着赫耳墨斯的脚步，维持着一种交换关系。可是，对于罗马人而言，他远不止是一位贸易和商人之神。譬如，在罗马共和国早期（前496/495），罗马人为墨丘利修建了一座神庙，毗邻帕拉廷山低坡上的马克西姆大竞技场（Circus Maximus）（Livy 2.21.7, 27.5—6; Valerius Maximus 9.3.6）。在此，每年五月（以迈娅的名字命名的月份，早期与墨丘利的"希腊"母亲融合为一的罗马女神）的伊德斯日（15日），墨丘利作为商业的主宰之神（Livy 2.21.5; Ovid, *Fasti*, 5.663—692），受到商人行会（*collegia*）等人员的崇拜，他在古罗马城市的中心贸易区，所谓"市场"（拉丁语 *fora*）上，保持着其统治地位。事实上，墨丘利，拉丁语名字源于词干 *merx*（意为"善物"，因此，英语中有 merchandise 和 merchant，意为"商品"和"商人"），显明了善物的运转和运转它们的人，都有这位神所维持的根深蒂固的联系。最早期的罗马人铸造的青铜钱币（约前

---

① 关于赫姆雅典娜这个名字的背景和其他此类组合名称，参见凯利（Kelly 2009）、理查德森（Richardson 1973）。没有要求西塞罗宣读这篇针对维尔莱斯的诉状，因为后者事先自愿放弃了。

280—前276），正是墨丘利有翼的戴着头盔的头像，罗马人选择它作为钱币的一面（就是一阿斯［as］，罗马人的主要钱币面额），用雅努斯（Janus）作为另一面；这种配对法在阿斯上再次出现，是在纪元前241与前235年之间，显示在两个时期，墨丘利（和雅努斯）对于铸币匠人和钱币使用者而言，变成了特别重要的神。差不多两个世纪后，在致函昆图斯（Quintus, Letters to Quintus, 2.6）时，西塞罗报告说，有个叫弗拉库斯（M. Furius Flaccus）的人，由于其无可饶恕的人品，被逐出了卡庇托里尼人（Capitolini）和墨丘利人（Mercurilles）的社团。后者是由商业利益者组成的行会，诸如进出口商人和大宗贸易商，他们冠冕堂皇地用这位神的名字来为自己命名，正是这位神监督着所有交换，并且操心不要让人以为其成员不值得信赖。奥格尔维（Ogilvie 1969: 11）表示，纪元前5世纪早期谷物供应困难，以及类似流行病的暴发，促使人们建造了墨丘利神庙，以安抚这位给予商人以恩惠的神。①

尽管的确不如他对商人的保护来得重要，诗人奥维德也许在讲述波西斯和裴勒门的故事时，保留了赫耳墨斯与**主客关**

---

① 如果矗立在罗马治下科林多的墨丘利的神庙堪为例证，似乎罗马重视在他们建立或征服的城市的商业区为贸易之神建立一座神庙。关于罗马治下科林多的墨丘利神庙的讨论，参见斯克兰顿（Scranton 1951）。

系以及得体待客有关的一个因素,墨丘利在其中与朱庇特一道出现。在《变形记》(*Metamorphoses*,8.651—660)中,他指出了这对夫妇准备他们的家以接纳不期而至的客人的方式,这恰巧反映了诸神包括墨丘利,在纪元前1世纪的李维描述的罗马年度节庆上受崇拜的方式。他报告说(*The Foundation of Rome*,5.13.6—8,7.2.2,7.27.1,8.25.1),名为**安榻**(*Lectisternium*)的宗教仪式,于纪元前399年前后创设,以应对一场瘟疫,并且与希腊的**神客宴**仪式极为一致。这是国家层面的官方庆典,但就像波西斯和裴勒门款待诸神一样,此节庆在私人家庭中也有反映,家中桌上备足了食物,长榻铺就,路过的任何人都可以受到款待,只要从开着的门进来。尽管并非唯独这位神的雕像被置于精致装饰的长榻之上,但正是他既出现在此节庆上,也出现在奥维德描述好客有付出也有回报的传奇故事中的事实,表明赫耳墨斯与较少商业性质的交换形式的关系,仍然以某些更为精巧的方式存在于墨丘利形象中。①

---

① 参见奥吉尔维(Ogilvie 1969:11)。关于墨丘利、商业和商人行会,参见劳赫(Rauh 1993:尤其151—188)、哈色诺尔(Hasenohr 2001)(德洛斯岛)、格雷瑟(Grether 1932)(庞贝)。瑞德利(Ridley 1968:548)怀疑墨丘利源自 merx [**出售物**];亦参见杜梅齐尔(Dumézil 1996: vol. 2, 439)。关于迈娅的节庆,参见斯库拉(Scullard 1981:116—117)。关于罗马的神灵迈尤斯(Maius),参见马克罗比乌斯(Macrobius 1.23.16)、奥维德《岁时记》(*Fasti*, 5.110)、盖里乌斯(Aulus Gellius, *Attic Nights*, 13.23.2)。关于安榻,参见利(Leigh 2002)。

文学中的墨丘利

在罗马人的文学中，无论是通过必要的改变将一则希腊传奇故事重述为拉丁语故事，还是以诗歌或叙事形式传达一则特殊的罗马故事，墨丘利出现于其中的角色和处境，往往与出现在我们现存最早的纪元前最后两个世纪和四个世纪以后写成的拉丁语文献中的赫耳墨斯非常相像。譬如，在纪元2世纪的阿普莱乌斯的传奇故事《变形记》卷六中（6.7），维纳斯上到奥林波斯山，坚持让墨丘利获准随她回到尘世来协助她。宙斯批准了她的请求，一回到世间，她就指示墨丘利公开宣布，她的仆人是普绪克（Psyche），并召她马上回来。这位神急忙按指示行事，并告诉他碰到的每一个人，如果他们有任何信息，就到马克西姆大竞技场的维纳斯·穆尔吉亚（Venus Murcia）神龛来见他（6.8）。等普绪克的位置一确定，朱庇特就指示墨丘利召集诸神大会，他在大会发言之后，又命令墨丘利把普绪克直接带到奥林波斯山上来（图7.1）。

这则将普绪克转移（translation）到不死神界的传奇故事，成为文艺复兴时期的壁画、墙饰和其他媒介中描述的一个极为流行的场景。在这幅图画中，画家选择描绘了墨丘利递给普绪

赫耳墨斯

图 7.1：拉斐尔（1483—1520）："墨丘利为普绪克递上不朽之杯"，普绪克长廊诸神大会天花板壁画，约 1517 年 [Raphael (1483-1520), "Mercury offering Psyche the cup of immortality", detail from the ceiling fresco of the Council of the Gods in the Loggia of Psyche, ca. 1517. Alessandra Angeli 2003; Franco Cosmio Panini Editore @ Management Fratelli Alinari, Villa arnesina. Rome; Alinari / Art Resource, NY]

克神液的那一刻，喝了它好让她与丘比特（Cupid）的婚姻成为永恒（6.23）。重要的是我们注意到，在这则传奇故事中，尽管墨丘利是按维纳斯的命令行事，宙斯却赋予他权威，当她的信使和召集有死者开会的"传令官"；此后，他又恢复了当初的身份，作为朱庇特的传令官，并且召集了诸神大会。

在同一则故事的后半部分，当阿普莱乌斯的有死者角色鲁基乌斯（Lucius）仍具有骡子外形的时候，他见证了帕里斯的评判这一幕，其中一个小男孩只穿着一件斗篷，头发有翼，手持节杖，以墨丘利的形象出现，代表金苹果不和事件中的帕里斯（10.30），这或许显示了这则传奇在罗马人当中大受欢迎。后来，鲁基乌斯变回了人形，见证了一出崇拜伊西斯（Isis）的圣仪，其中有一位祭司行事时拿着一根棕榈枝和一根墨丘利那样的节杖。在这两起事例中，我们能够看到，赫耳墨斯的职分通过墨丘利保留并扩展到了新的处境之中。[1]

这些形象和活动，也出现在了维吉尔早期对这位神的描述中。关于墨丘利准备到世间旅行的描写（*Aeneid*，4.238—278），琼斯指出（Jones 1987），维吉尔（纪元前1世纪）描绘了一位极具荷马特点的神圣信使的形象，他穿靴持杖，包括他像鸟一样飞越大地海洋，从而为他的读者提供了一位极具希

---

[1] 参见拉泰纳（Lateiner 2001）关于阿普莱乌斯《变形记》中的墨丘利的讨论。

腊特点的墨丘利形象版本。与此类似,在墨丘利的讲话和埃涅阿斯的回应中,后者对他儿子的义务运用法律术语来表示。譬如,在4.272和274—276中,墨丘利提及埃涅阿斯的继承人和对他儿子的希望,说如果埃涅阿斯留在迦太基(Carthage),这些希望就会破灭。按照墨丘利的说法(4.262—263),在意大利的土地上建立新王国,这是他欠他儿子的债。然而,有意思之处在于,墨丘利对埃涅阿斯的呼吁会这样措辞,考虑到在第四首《荷马颂诗》中,赫耳墨斯对自己的关切,正是作为父亲的宙斯对他自己的儿子的义务。然而,不同于荷马的赫耳墨斯,维吉尔的墨丘利不必学舌朱庇特的话语;相反,他似乎可以自由发挥他父亲的意愿,以符合条件之所需,可以采用比朱庇特的原话更有说服力的进路。[1]

维吉尔同时代的诗人贺拉斯,被证明是最早报告赫耳墨斯偷窃阿波罗牛群的传奇故事的最佳文献,时间要先于《荷马颂诗:致赫耳墨斯》,他的《颂歌集》(*Odes*,1.10)全部是关于墨丘利的作品。贺拉斯用四个诗节的篇幅,描述了这位神的

---

[1] 关于墨丘利要求一位父亲的义务,参见艾迪瑙(Eidinow 2003)。关于墨丘利在此情境中展示修辞技巧,参见穆尔吉亚(Murgia 1988)。关于这种相遇的寓言解释,参见琼斯(Jones 1987)。关于在此场景的结构上维吉尔与《奥德修纪》卷五的密切关系,参见戴维森(Davidson 1992)、缪斯(Muse 2005)。

主要特点和成就（诗节1）和他在天上的作为（诗节2）；他在地上的作为（诗节3），还有他在地下的作为（诗节4）。这首颂歌礼赞墨丘利，从他搞笑的滑稽动作开始，他出生后的冒险开场是屠杀两头牛和大胆上到奥林波斯山，直至他被接纳为神进而受到崇拜。如贺拉斯所显示的那样，连诸神都被他逗乐了，并对他表示感激（1.10.19—20）。这首颂歌的价值，除了见证罗马人全盘接受了希腊传奇故事中关于这位神的描述，从文学史角度看，它的重要之处还在于，很可能呈现了已失传的纪元前6世纪阿尔凯阿斯（Alkaias）诗歌的内容，后者涉及赫耳墨斯早期的偷窃活动，包括他带着阿波罗的牛群潜逃（讨论参见Cairns 1983; Lyne 2005）。尽管对于希腊人而言，赫耳墨斯主宰家畜尤其是其神性的一个重要方面，但这并非拉丁语诗人们所讨论的墨丘利统治地位的一个方面；相反，他在人类商业活动领域的地位，才是纪元前2世纪直至纪元1世纪几位著作家普遍涉及的方面。①

譬如，在纪元前100年代，喜剧作家普劳图斯（Plautus）在其《布匿人》（*Poenulus*，1.327—328）中，开一个不爱受损

---

① 关于贺拉斯《颂歌集》(*Odes*, 1)的总体研究，参见尼斯贝和哈伯德（Nisbet and Hubbard 1970）。关于《颂歌集》(*Odes*, 1.10)的研究，参见霍顿（Houghton 2007）、莱恩（Lyne 2005）、米勒（Miller 1993）、凯恩斯（Cairns 1983）、佩奇（Page 1979：252—258）和普莱斯（Preis 1971）。

失的人的玩笑,会涉及墨丘利,当时一个角色表示另一角色的爱让他"损失"高昂,这出戏利用了墨丘利继承的商业兴趣和他的性贪欲。在普劳图斯的《安菲特律昂》(*Amphitryo*,1—25)中,给予墨丘利的角色是开场发布者,他所做的第一件事情是在他自己和听众之间发起一场"交易",用物质上的祝福换取他们的全神贯注和"公平聆听"。显然,他前来是要提交一份请愿书,这不是别人的请愿书,而是朱庇特的,他请求任命戏剧竞赛的检查员,以确保一切运转良好。为此目的,代表他的演员和角色不得索求奖品。在此,墨丘利的占有欲再次展现,如今还要加上他作为朱庇特使节的身份,以及他自己对竞赛和运气的主宰。后来,墨丘利再次出现,利用他作为朱庇特发言人的地位再次赢得关注,尽管这一次他并无公干。①

或许,纪元前 1 世纪最著名的两位诗人贺拉斯和奥维德也是如此,他们发现承认墨丘利之于交换事务的监督权是合适的。贺拉斯在其《讽刺诗集》(*Sermon*,2.3)中两次涉及墨丘利与商业的关系,第一次他报告说,由于他自己在买卖财产方面成功获利,人们给他"墨丘利之友"的名号,稍后,他又质问脑子正常的人有谁会"鄙视墨丘利的礼物";他提出,给他们

---

① 关于《安菲特律昂》中的墨丘利的讨论,参见罗维(Lowe 2009)、麦克唐内尔(McDonnell 1986)。

钱，他们就不用还了，但是当然，根据互惠规则（罗马人似乎不加修改就接受了），接受钱就必须承担义务，就像拒绝承担义务，肯定要被解释为一种侮辱，导致对互惠行为的否定。似乎贺拉斯提供的选择是两害相权取其轻，在此几乎不是假设的情况下，将由墨丘利来主导。但在《颂歌集》（2.27.29—30）中，贺拉斯还称自己为"墨丘利的人"，并承认这位神不仅（间接）救了他的命（2.7.9—13），还让他的命运昌盛（*Satires*, 2.5—15）。同样，佩特罗尼乌斯（Petronius）在其《萨蒂利孔》（*Satyricon*, 77, 书名或许意为"荒唐言"）中，让一个角色声称，在他建造房屋时，墨丘利监督着他，他的房屋如今变成了一座大宅。在同一部作品（*Satyricon*, 29）中，对墨丘利增进个人福祉的举措有栩栩如生的体现，当时一幅壁画的解释者看到，特里马尔奇奥（Trimalchio）被抛到了天上的一尊宝座上，参与其中的还有福尔图娜（Fortune）和纺金线的命运三女神。虽然特里马尔奇奥的要求被夸大了，但墨丘利的确在监督对家庭财富的保护和增长，这一点有实物证明，从罗马遗址上出土的大量陶钱罐表面有他的形象。①

奥维德除了记载纪元前495年建成的神殿设立在5月15日

---

① 关于家用钱盒，参见考夫曼-海尼曼（Kaufman-Heinimann 2007：197—198）。施努尔（Schnur 1972：15）指出，在佩特罗尼乌斯《萨蒂利孔》中，墨丘利四个面相中的每一个都是仁慈的。

举行崇拜墨丘利的节庆，还以清晰幽默的笔法将神殿和节庆与这位神对商人的监督联系在了一起。但他也提供商人们寻求这位神惠泽他们来年生意的详细方式：显而易见，他们每个人都要下到一个城门，名为卡佩纳门（Porta Capena），地点在帕拉廷山和凯林山（Palantine and Caelean Hills）之间。他们每个人都要在这里用清洗过的大水罐从一口泉或喷泉中取水，在蘸湿一根月桂树枝后，将考虑到这口泉紧挨着城市入口，很有可能商人们相信这样的蘸水仪式可以让他们自己和他们的货物安全通行，当他们进入马克西姆大竞技场的时候。另外，有意思的是，奥维德的叙述中并没有提到特定的泉水或喷泉，而这也许是有原因的。

在《岁时记》（Fasti，5.663—692）中，神圣的叙述者对商人节庆的保护神墨丘利的描述是，他受崇拜的方式，与贺拉斯在其《颂歌集》（Odes，1.10）中重述这位神的特点和职分极为相似。奥维德的描述中忽略了一种品质，他将这种品质转移到了当时崇拜墨丘利的商人身上：贺拉斯的神所具有的偷窃和欺骗品质，据说出现在了商人们的祈祷中，他们请求墨丘利忽视他们自己的背信弃义和他们过去（和将来）靠欺骗得来的那些利润，并且继续为他们的事业赐予恩惠。在此，奥维德告诉我们，墨丘利微笑着，称许他们的祈祷和奉献（5.691—692）。

或许，这微笑也是由下述事实引起的：商人们的"泉水"实际上是出自马尔基亚泉（Aqua Marcia），它从卡佩纳门上部滴水的渡槽中流出。某种意义上，他们"借"（或不雅的说法就是"偷"）水为他们自己和他们的货物洒上净化式的保护。在此，对这位商业保护神的崇拜，只是为数不多的例证之一，其中与希腊的赫耳墨斯有关的"骗子"式的品质，表现为与罗马的墨丘利联系起来了，但也只是有联系，而非直接归属于后者。然而，含义似乎显而易见：如果这就是商人们做生意的方式，那么，这位神一定会批准。①

很难确定，奥维德后来的读者会在多大程度上相信他对商人习惯做法的细节描述；他的描述也许有一点道理，但我们有理由怀疑他所报道的他们的祈祷词全部都真实。劳（Rauh 1993：175—177）已然表明，在纪元前3世纪，罗马控制下的德洛斯岛上的奴隶贸易，已然发展出为自己的利益起誓而不发伪誓的精巧方式，甚至有墨丘利作为保护神，他们作为保守誓

---

① 对奥维德《岁时记》中的墨丘利的讨论，参见米勒（Miller 1993）。哈里斯（Harries 1989：178）暗示罗马的墨丘利没有两面性，他说"这种关联是奥维德所认为的关联"，这是就将商业和欺骗要素结合在这位神身上而言。相反，李特伍德（Littlewood 1975）却在商人之神身上看到了墨丘利·多里奥斯（Mercury Dolios）。关于墨丘利的节庆，参见斯库拉（Scullard 1981: 122）、维斯曼（Wiseman 1995）。

言者和打破誓言者，都会获得恩惠；然而，在奥维德笔下，商人们的祈祷词甚至超越了这一点。的确，他们报道的祈祷词有意识地采用幽默方式，虽然他们也会分享墨丘利的热衷，可以很好地用希腊词 kerdos/κέρδος（意为"自私的选择"，更直接的意思是"私利"）来刻画。毫无疑问，墨丘利受到罗马人崇拜（祈祷、奠酒和奉献），是将他当成了其行会的保护神：譬如，我们从一则铭文中了解到，有一群人在墨丘利和狄奥尼索斯的保护下成立了一个行会，因为他们售卖的商品是葡萄酒（*ILS*, 7276）。①

参与政治的墨丘利

在纪元前495年的罗马社会中，商人肯定已经成为重要的人口组成部分，他们被允许通过专门的神庙和年度节庆来崇拜这位监督他们活动的神，但从与这位神的积极关系中获益的人，不只是商人：整个社会基于充足的货物供应，不仅能够生存，还会兴旺发达。因此，如果皇帝们也寻求将他们自己与墨丘利

---

① 关于 kerdios/κέρδος 概念，参见罗伊斯曼（Roisman 1990）。罗马人另有一个神监督偷窃和无德金融谈判，她名叫拉菲娜（Laverna）（Horace, *Letters*［*Epistles*］, 1.16.60—61）。

联系在一起，就不会令人感到奇怪，因为这位神促进了贸易增长和人民的普遍福祉。证据显示，对统治者和这位神之间这种关系的利用，在希腊化时期就已经开始了，当时赫耳墨斯变成了几位统治者的保护神，或许受到希腊化时期出现的另一种时尚的影响。在希腊的有些地方，诸如阿耳戈斯、麦伽拉波利斯（Megalipolis）、克尼多斯（Knidos）和莱斯博斯，从纪元前3至前1世纪，有证据显示，赫耳墨斯通常与阿芙洛狄忒相伴，被当成了地方法官的保护神。以此双重保护，赫耳墨斯监督着财政问题，而阿芙洛狄忒既能监督海上贸易事务，也能监督公民与立法者的有序和平（Sokolowski 1964）。①

最早利用墨丘利的形象和象征（我们有证据）的罗马政治领袖是屋大维（Octavian），他选择将墨丘利印在他的某些钱币上。这是一种相对精巧地显示这位统治者有神灵支持的方式；可是，这有可能用来意指神圣的出身。证据显示，这位皇帝，更为人所熟知的名字是奥古斯都（Augustus），进一步以某种方式让他自己与墨丘利联系在一起（尽管事实上并不成功），将其当成朱庇特向罗马人民派遣的密使，其实意指他的指令是经墨丘利由朱庇特自己下达的。贺拉斯的确公开赞同皇帝与神的

---

① 斯科特（Scott 1928）辩称，希腊化时期赫耳墨斯与统治者的关联，很可能起于那些自视为（也想被当成）*Basileus Sôtêr*（王 – 救世主）的统治者。

关联，他对他的《诗歌集》（1.2）的概括是，墨丘利在奥古斯都身上变得可见。奥古斯都的两款肖像进一步证实了这种关联：一款刻在宝石上，皇帝的头旁边有一根节杖；另一款是一幅壁画，见于法尔内西亚别墅（Villa Della Farnesia）中的地下墓穴E，屋大维的面容出现在两尊赫耳墨斯雕像上。奥古斯都即使并非完全赞同，也至少接受了这种关联，标志之一就是有在他统治期间铸造的钱币存世，上面有墨丘利，或背面是赫耳墨斯的赫姆石柱。另一标志，也许是刻画墨丘利（代表繁荣）连同赫库勒斯（Hercules，代表安全）荣登康考迪亚神庙（the temple of Concordia）。第三个标志，是奥古斯都篡夺了与拉莱斯·康庇塔利亚和普莱斯提泰斯有关的节庆，把他自己的名字塞进了监督这些事件的行会名称中：*ministri Mercurii Maiae*（意为"墨丘利和迈娅的仆人"，*CIL*，x. 109，出自庞培［Pompeii］），起初变成了 *ministri Mercurii Maiae Augusti*（意为"墨丘利、迈娅和奥古斯都的仆人"），最终在纪元前 2 年，彻底变成了 *ministri Augusti*（意为"奥古斯都的仆人"）。在后一个例证中，似乎对这位皇帝天赋的崇拜取代了对拉莱斯·康庇塔利亚和普莱斯提泰斯的崇拜。尽管如此，由于墨丘利毕竟是拉莱斯的父亲，篡夺此崇拜要服务于维持所构想的奥古斯都与墨丘利的关系，甚至在这位皇帝自己的天赋变成崇拜对象之后也是如此。①

但奥古斯都并不是最后一个与墨丘利有关联的皇帝。尽管他肯定不是罗马人当成其保护神的诸神中最受欢迎的神，卡里古拉（Caligula）也常常公开装扮成墨丘利，而尼禄（Nero）决定以雕像形式把他自己描绘成墨丘利的样子，正如图密善至少这样做过两回。据老普林尼（Pliny the Elder, *Natural History* 34.45），名为芝诺多图斯（Zenodotus）的建筑师为尼禄制作了一尊巨大雕像，他曾花了十年时间在高卢的多姆山（Puy de Domē in Gaul）的神龛中建造了一尊巨型墨丘利雕像。马可·奥勒留（Marcus Aurelius）也授权铸造了一系列带有墨丘利形象的钱币——或许，其中最著名的就是纪元 172/173 年铸造的**塞斯特尔提乌斯**（*sestertius*）——造成后专门在希腊和东部行省流通使用，这些地区的统治者与这位神建立了稳固的关系。狄翁（Dio

---

① 关于贺拉斯、墨丘利与奥古斯都，参见尼斯贝和哈伯德（Nisbet and Hubbard 1970）对《颂歌集》卷 I 的评注，参见埃尔莫尔（Elmore 1931）、米勒（Miller 1991）、菲利普斯（Phillips 1992: 68）、辛普森（Simpson 2002）、林内（Lynne 2005）。维勒（Wyler 2006）讨论了墓穴 E 中将屋大维刻画为墨丘利的情形；施皮尔（Spier 1991）讨论了宝石。齐腾登（Chittenden 1945: 43）提供一项对纪元前 29—前 27 年以降的奥古斯都钱币的简单评价。关于"仆人"及其崇拜对象的名称变化，参见格雷瑟（Grether 1932）和齐腾登（Chittenden 1945: 49—50）。亦参见赞可（Zanker 1988）对奥古斯都形象的讨论。

Roman History，73.17.4, 19.4）也记载说，康茂德皇帝（Emperor Commodus）公开装扮成这位神，还有一尊墨丘利雕像采用了他的形象。或许，更为微妙的是，尤利安皇帝（Emperor Julian）表示，赐给他领导金杖的不是别人，而是赫耳墨斯自己（*Oration*, 7.234b），这显示，正如他之前的奥古斯都，他才是真正的宗教赖以重建的那位皇帝。①

罗马的墨丘利的一个新面向的出现，似乎关联着奥古斯都与这位神的联系，这就是农人与和平的联系，尤其在为这位皇帝写颂歌的那些诗人笔下。所以，奥维德在世纪之交前后的作品都称"居勒尼乌斯（Cyllenius）为带来和平祝福的神"（*Metamorphoses*，14.291 ff.），托名许吉努斯（*Astronomica*, 2.7）步他的后尘，在纪元2世纪讲述了节杖上如何有了两条交缠的蛇的传奇故事：通过将无装饰的权杖放在两条争斗的蛇之间让它们停止争斗，墨丘利宣告他自己的权杖有力量带来和平。这让这位神自己变成了"带来和平的神"，因为节杖是他的，

---

① 关于卡里古拉作为墨丘利，参见费尔古森（Ferguson 1994: 258）及其参考文献。亨利斯肯（Henriskén 2012）指出，马提亚尔（Martial）在其讽刺诗集（*Epigram*, 34）中将图密善与墨丘利的恩惠联系了起来。斯科特（Scott 1928）反对通常将这位皇帝与墨丘利联系起来的做法。亦参见赞可（Zanker 1988: 11—12）简短讨论了铸币大师在选择钱币肖像中的作用。关于尤利安与赫耳墨斯，参见格林伍德（Greenwood 2014）。

而且只属于他。另一个文献来源,也许早至纪元前3世纪,或迟至纪元2世纪,它只是说,"赫耳墨斯掌握着无可指摘的和平权杖"(*Orphic Hymn* 28 *to Hermes*, 7);《奥耳弗斯颂歌》(28)的撰写时期并不确定,很有可能奥维德是如此理解墨丘利及其节杖的第一人,尤其当结合奥古斯都与这位神的关联来看时:奥古斯都作为最受推崇的皇帝,就在于他为罗马及其属地恢复了和平,而且联系到(很有可能)是他自己选择认同作为朱庇特密使的墨丘利,似乎就可以称墨丘利本身为"和平之神"。①

"罗马式解释"

墨丘利也许拓展了其神性的其他方面,当罗马人带着他们的诸神向西行进时,当他们遇到新的民族和异族诸神时,新到者试图在异族万神殿的神灵中认出他们自己的神。塔西佗的《日耳曼尼亚志》(Tacitus, *Germania*, 43.3)在描述罗马人与日耳曼人的相遇时,为我们提供了现存首个使用**"罗马式解释"**(*interpretatio romana*),将某个异族的神与某个其所熟知的罗马人的神等而同之的例证:当获知他们的神奥丁(Odin)(或

---

① 塞勒(Saylor 1979)关于墨丘利与和平之神有进一步讨论。这些钱币可在下列网址查看:http://numismatics.org/ocre/results?q=fulltext%3Amercury。

沃登［Woden］）的职分后，他被等同于罗马人的墨丘利。塔西佗还指出，日耳曼人最重要的神是墨丘利和赫库勒斯（*Germania* 9.1），他（分别）将其等同于奥丁和托尔（Thor）。凯撒（Julius Caesar）早就报告过（*Gallic Wars*, 6.17），高卢人尤其喜欢"墨丘利"，他们视其为所有技艺的创始人，除了担任他们旅行（包括组织游行）时的向导，也是监督商业交易和增进繁荣的神。显然，凯撒注意到了由一位告密者所告知的一位当地的神所监督的活动，其所监督的领域让凯撒想起了墨丘利。沃登/奥丁、墨丘利和商业之间的联系，看起来变成了特别重要的共同监督领域：沃登的日子（给了我们一星期第四天的名字Wednesday）对于高卢人和罗马人而言，都是赶集的日子。很有可能，高卢人的这位神所关心的事情与墨丘利自己所关心的事情并不吻合，但凯撒没有提到这一点。或许出于老生常谈，菲利克斯（Minucius Felix），这位3世纪的基督教作家，只是报告说高卢人崇拜墨丘利（*Octavius*, 6），好像事情向来如此。①

---

① 瑞夫斯（Rives 2011：172）指出了在罗马高卢附加给墨丘利的当地外号的数量。星期三，我们每周的第四天的名字源自沃登，作为沃登的纪念日。关于沃登/奥丁，参见戴维森（Davidson 1993：31）。关于**罗马式解释**的更为全面的评价，参见安多（Ando 2005）。一位早期教父用异教神沃登（=墨丘利）来命名一周中间的集市日，原因之一是用这一天作为反对贪婪的斋戒日（*Strom.* 7.12）。

我们确有实物证据证明，不列颠群岛（British Isles）上的凯尔特人（Celts）接纳并转变了罗马人的墨丘利形象，用他来代表他们自己的神，这些神也分担着墨丘利的活动。其中两位神是凯尔努恩诺斯（Cernunnos）和鲁格（Lugh/Lug）（或鲁格斯［Lugos］）。连同一窖康斯坦丁（Constantine，306—337）和康斯坦提乌斯（Constantius，337—361）硬币，还有一枚胸针和一座浮雕，1997年在(英格兰)格洛斯特郡（Gloucestershire）的奥尔兹沃斯（Aldsworth）被发现，浮雕刻画了确定是墨丘利和密涅瓦的一位男性和一位女性的形象。墨丘利裸体站立，头上有翼，右手握着一个钱袋，左手持一根节杖，脚旁有某种鸟，左手节杖下方有一只公羊。类似的形象还有两个，其中一个见于一个奉献祭坛。出自格洛斯特郡的另外三块浮雕，还有一块在赛伦塞斯特（Cirencester）发现的浮雕，刻画了一个像墨丘利的形象，伴有一个女性，经确认是高卢的罗斯梅塔（Gaulic Rosmerta），她持有一根权杖和带桶的长勺。还有大量刻画小公鸡的胸针，显示凯尔特人采纳了一种或多种与墨丘利的联系，因为这种动物是伴随这位神的动物之一，还有龟和公羊。不过，尽管凯尔特人接受了用于这位神的拉丁语名字，附加于其形象之上的内容却显示，他们对他的理解略有不同。或许，更为重要的是，即使将"墨丘利"与女神罗斯梅塔配对，也不能认为墨丘利就是这个对子中居支配地位的成员：罗斯梅塔，作为一位本土的神，完全可以认为她在这个对子中的地位更高（或更重要），从而使得墨丘利与她的关系类似于他与宙斯的关系。[1]

这种关系倾向的另一例证，在纪元4世纪《伯尔尼训诂》（*Berne scholia*）中对卢坎（Lucan）《内战记》（*Pharsalia*）的一个段落的训解中能看到。据这位训诂家，凯尔特的神图塔泰斯（Teutates）被当成了墨丘利或玛尔斯，但埃苏斯（Esus）也持有这种看法。对作出确定判断的迟疑，显示这位凯尔特神与一位或另一位罗马神对应的荣誉有限却不同，这阻止了两者之间任何清晰的一一对应，从而卢坎的"解释"最多也只是试探性的。杜梅齐尔（Dumezil）对**罗马式解释**所存在的难题的评论，清楚表明了局外人的观点，可以应用于罗马"攻占的"所有民族的诸神：

> 对看清高卢－罗马神祇造成困难的一个原因，出于下述事

---

[1] 关于鲁格（Lug），参见克鲁米（Crummy 2007：225）、奥尔姆斯蒂德（Olmstead 1994：106—116）、戴维森（Davidson 1993：29—30）、韦伯斯特（Webster 1986）、布赫霍尔兹（Buchholz 1984）。迈尔（Maier 1996）质疑鲁格/墨丘利的关联。关于罗斯梅塔/"墨丘利"浮雕，参见赫尼格、克利瑞和普泽（Henig, Cleary and Purser 1993）；巴拉塔（Baratta 2001）提供了一项对伊比利亚（Iberian）半岛上的墨丘利的集中研究。

实：大量神祇被称为"玛尔斯"或"墨丘利"或"阿波罗",所利用的与这些罗马诸神的类比是不完整和可变的,而且在关键点上这些各不相同的玛尔斯、墨丘利和阿波罗殊为不同。

(1996: V.11 256)[①]

赫耳墨斯东行

在赫耳墨斯游至罗马并进一步西行之前和在此过程中,希腊人正在带着这位神与他们一道东行和南行,以寻找贸易和定居的机会。考古学证据显示,赫耳墨斯通常被刻画在神庙或其他建筑的浮雕上,遍及如今的土耳其地区,也进入了当今的黎巴嫩、叙利亚(Syria)、约旦(Jordan)、伊拉克(Iraq),甚至更远的内陆,远早于亚历山大大帝(Alexander the Great)率领他的军队抵达这些地域(参见图0.2)。譬如,作为门道和走廊的保护神,赫耳墨斯出现在了以弗所(Ephesus)的阿耳忒弥斯(Ephesian Artemis)大神庙上和周围的几处浮雕上。他也在萨迪斯(Sardis)受到崇拜,至少早在纪元前7世纪(Greenewalt 1976)。如果在这些地方和遍及"近东"(Near East)更远的地方,赫耳墨斯对一个或更多当地的神祇有影响或受到他们的影响,

---

[①] 韦伯斯特(J. Webster 1995)考察了**罗马式解释**的效能。

并不会令人感到奇怪。①

美索不达米亚／巴比伦的"赫耳墨斯"

这似乎就是在如今称为伊拉克的地方,当地的神尼波（Nebo）与赫耳墨斯相遇的情形：在一座名为哈特拉（Hatra）的城市中,这位当地的神祇,大神马尔杜克（Marduck）的一个儿子,似乎与赫耳墨斯共享很多重要影响。阿尔萨利希（Al-Salihi 1983）讨论了位于一个小神龛角落里的一座雕像上的浮雕,很可能追溯至塞琉古王朝时期（the Seleucid period）,它也许是在用赫耳墨斯的特点来刻画尼波。尼波是智慧之神,与书写有关的技艺的主宰,这让他成为他父亲马尔杜克的主要助手。在这座神龛中发现了一个八边形储蓄罐,上面刻画着一个头部带翼的形象,手拿钱袋,还持有一根节杖。这些显然是赫耳墨斯的特点,但这里将他刻画为服务于尼波的储蓄罐的保护者,抑或是具有赫耳墨斯特点的尼波形象,还不能确定。

在巴比伦人的宗教神殿中,尼波也等同于**穆姆**（*Mummu*）之观念,据朗东（Langdon 1918）,相当于希腊的**逻各斯**（*logos*）,

---

① 关于以弗所阿耳忒弥斯神庙的赫耳墨斯雕像和浮雕,参见维勒斯（Willers 1967）。

他评论说，尼波是"这样一位神，没有他上天就不会发出忠告"。由此可见，尼波与赫耳墨斯还有共同之处：就像叫后面这个名字的神祇，尼波也被作为神圣的信使来崇拜。不过，必须小心对待此职分，因为很难说尼波是否也是这样的神，在巴比伦人认识赫耳墨斯之前；或许，这位引进的神对这位本土神的职分的影响，可以看成是尼波变成了"信使"，与赫耳墨斯同化了。①

尽管希腊－罗马的赫耳墨斯与巴比伦的尼波早期有这种关联，后来阿拉伯人所熟悉的这位"赫耳墨斯"，却并不就是希腊的赫耳墨斯，对于这位埃及神，居住于这个国家的希腊人，首先而且最重要的是将其认定为书写之神托特（Thoth，Thot，Thuth——拼写多变）。他们不熟悉这位希腊（和后来这位罗马）

---

① 朗顿（Langdon 1918）将尼波当作**逻各斯**（*Logos*）。据斯特努戈内尔（Strugnell 1959），有一位纳巴泰（Nabatanean）女神，也是一位北部阿拉伯女神（关于她，参见米利克和泰克西多［Milik and Teixidor 1961］），她在很多方面堪比阿芙洛狄忒，与她配对的一位男神也属于尼波／赫耳墨斯型。亦参斯坦考（Stančo 2012：尤其227—235）关于更多伊朗和印度的神等同于赫耳墨斯的讨论。在近东另一地，在哈兰（Harran），希腊的赫耳墨斯等同于一位阿拉伯形象，名叫伊德里斯（Idrīs），因为他们都与另外两位能力相似的神祇有密切关联：以色列的以诺和多莱西·哈托拉（Dōrēsh ha-Torah）（Erder 1990）。关于相反的方面，威斯特（West 1997）提供了一项关于近东对古代希腊的各种影响的研究，包括对诸神的影响。拉尔森（Larson 2005）的研究显示，纪元前21/20世纪关于英雄卢伽班达的"颂诗"，也许传达了《荷马颂诗：致赫耳墨斯》中他生命第一天的所作所为。

的神，由于其所处时代不同于赫耳墨斯/墨丘利崇拜活跃的时代：在穆斯林学者们致力于来自西方的文献的时候，希腊诸神早已成为故事中的角色，而不再具有"真正的"神圣力量所具有的生命力（Walbridge 1998）。来自埃及的"赫耳墨斯"的情形却并非如此。

埃及的赫耳墨斯

相对于西塞罗（*De Natura Deorum*，3.56—57，59—60）在纪元前1世纪可以确认的五个不同的"赫耳墨斯"，穆斯林只知道三个：第一个是一位大洪水之前来自埃及的形象，他建造了金字塔，也等同于以诺（Enoch）；第二个居住在巴比伦，并且有功于在大洪水之后为人类恢复科学知识；第三个和最后一个"赫耳墨斯"，是阿斯克莱庇奥斯的一位埃及老师，他将"隐秘的"知识（**灵知**［*gnosis*］）传授给了他的弟子们。在所有这三个阿拉伯形象之下的是埃及神托特，尤其是他后来表现为赫耳墨斯·特瑞斯墨吉斯托斯（Trismegistos，意为"三倍伟大"）（图7.2）。[①]

[①] 关于三个赫耳墨斯，参见伯内特（Burnett 1976）和福多（Fodor 1970：502—505）。关于对阿拉伯的赫耳墨斯的详细研究，参见凡·布拉德尔（Van Bladel 2009）。格里弗斯（Griffith 1960）讨论了一则神话，它解释了诸神如何分别转变为埃及的鸟或动物。

图7.2: 埃及朱鹮头的托特,《亡灵书》, 底比斯, 约纪元前1275年 (lbis-headed Thoth in Egyptian Book of the Dead, Thebes, ca. 1275 BCE. British Museum, London, Great Britain / @ The Trustees of the British Museum / Art Resource, NY)

然而，在托特变成"特瑞斯墨吉斯托斯"前，他通常被刻画为朱鹮头的神灵：正是因为托特是埃及的书写之神，朱鹮漂亮的长喙被认为就像一支笔。那么，这种形式，对于据信发明了文字并被称为知识守护者的神来说，再合适不过了。考虑到在埃及众神中，这是他最重要的两项职分，似乎托特让商人们和那些新到埃及居住的希腊人觉得，他就像他们的赫耳墨斯在异国他乡的一种"自然"显现。由于赫耳墨斯是宙斯的信使，他还知道秘密的知识，也已然被认为是希腊字母的创造者。托特还有一个职分，将促进希腊的赫耳墨斯与这位埃及神的关联，这就是见证灵魂在命运天平上的称重。考虑到赫耳墨斯在希腊古风时代与监督一种类似的称重机制的任务有关，在托特这一行动中不难看出赫耳墨斯的作为。①

两位神何者为先，发生的时间有多早，这是有争议的问题；但在某个时间点上，至少早在纪元前 6 世纪，希腊人和埃及人就已发现他们的诸神之间有相似性。在纪元前 5 世纪，希罗多德（*Histories*，2.138）确实从埃及众神中认出了希腊诸神，他甚至暗示，希腊众神事实上出自埃及。到了托勒密王朝（the

---

① 关于托特作为语言之神，参见沃罗金（Volokhine 2004），与希腊的赫耳墨斯有联系。霍恩布洛尔（Hornblower 1943：28）进一步评论了托特和赫耳墨斯与基督教的天使长米迦勒共有的功能之比较，后者在引导死者的灵魂上天堂前，要对其称重。

Ptolemies),这种关联完全建立起来了,包括将赫耳墨斯与托特等而同之。①

图7.3:"赫耳玛努比斯",青铜小像,纪元1至2世纪("Hermanubis", bronze miniature, c. first to second century CE. Christie's, London; HIP/Art Resource, NY)

---

① 简单讨论,参见霍恩布洛尔(Hornblower 1943:48)。关于埃及诸神在希腊的早期接受,参见波利特(Pollit 1965)。关于埃及的"大众宗教",参见贝尔(Bell 1948)。赫耳墨斯可替代托特,证明在于对一则埃及传奇故事的希腊翻译:据威斯特(West 1969),托特直接变成了赫耳墨斯。

但托特并非唯一与赫耳墨斯有关联的埃及神:作为引导灵魂到下界的神,在阿努比斯(Anubis)身上看出了赫耳墨斯,在**金字塔文献**(*Pyramid Texts*,图7.3)中,阿努比斯也在发挥这种职能。

不过这种符合并不准确,因为阿努比斯也是指主导葬礼仪式的神,但没有证据显示赫耳墨斯也在希腊葬礼仪式中承担此职分。可是,有可能除了他们共享**灵魂向导**之职分,两者的关系也为阿努比斯的动物形象所加强:他是一位长着狗头的神,对于希腊人而言,赫耳墨斯确实是与狗联系最密切的男神。两位神同时既结合又分离,其最好的例证就是赫耳玛努比斯(Hermanubis)这个名字,尽管两个名字的融合在一个狗(或豺)头人的形象中获得了直观展现,带有埃及式的宗教特点,但棕榈枝和**叉铃**(*sistrum*)这种乐器,对赫耳墨斯都不具有象征意义。这并不是罗马人热情信奉的神,尤其作为纯粹长着狗头的人形神,阿努比斯看上去很可笑(Juvenal,*Satire*,6.534)。①

罗马人拒绝将他们的墨丘利与埃及的阿努比斯联系在一起,

---

① 维特(Witt 1971:198—209)和沃林斯基(Wolinski 1987)提供了关于阿努比斯与赫耳墨斯的讨论。关于在亚历山大时期的埃及,继续将赫耳墨斯作为灵魂向导用于坟墓装饰,参见文尼特(Venit 1988)。希腊人也有一位女性神,名叫赫卡忒,她像赫耳墨斯一样,与狗有神秘关联,并保持着密切联系。

图7.4:"赫耳墨斯与孩童在福地",壁画,纪元3世纪,罗马("Hermes with children in Elysium", fresco, third century CE, Rome Museo Nazionale Romano, Rome, ltaly; © DeA Picture Library / Art Resource, NY)

也许还有一个原因:尽管在罗马文学中墨丘利继续像赫耳墨斯·**灵魂向导**一样行事,却少有证据证明存在一种实际有效的墨丘利信仰,认为他是将死者的灵魂护送到下界的神。海德(Hyde 1946:157—160)在一篇关于一本研究来世信仰的著作的书评中承认,这是反常现象,他说:

> 似乎很奇怪,[这样]一种研究……不提及赫耳墨斯、墨

丘利或"灵魂向导"观念，后者在诗歌体裁中的确显而易见，即使并不见于罗马共和国晚期及以后民众的日常信仰。（强调字体为作者所加）

墨丘利确实出现在了有些石棺上，带有节杖和希腊的赫耳墨斯持有的其他随身物品；但这并不意味着，棺主或石棺委办者相信这位神就是灵魂引导者，尤其当所刻画的场景是神话内容时（图7.4）。

这一与死亡有关的墨丘利形象，在此语境中只是必要的视觉转义，采用和改编自希腊的肖像传统。在不涉及将他作为"灵魂引导者"来崇拜，也不存在向具有此能力的墨丘利祈祷的证据时，就尤有可能。这同样适用于出自墓墙上的一幅壁画中所刻画的带有节杖的墨丘利，显示他已然将青少年引导并交到了下界一方美好之地。更进一步确证这一点的是，鲍萨尼阿斯显然需要向他的听者/读者解释，赫耳墨斯作为"宙斯的使节和灵魂下到哈得斯的引领者"，这是基于荷马诗作的传统告诉他的（8.32.4）。

事实上，只有在一地，墨丘利也许才被罗马人承认为神圣的**灵魂向导**，那是一座波塞冬神庙遗址，就在希腊人的土地上，是伯罗奔半岛上位于泰拉龙（Tairaron，泰纳鲁姆［Taenarum］）

的半岛海角的一座小山。一个附近的山洞被认为就是赫拉克勒斯通过它将刻耳贝洛斯从下界带了出来。在这件事情上,他得到赫耳墨斯的协助引路,联系到普鲁塔克承认它就是斯泰克斯河流出哈得斯的地方(*De primo fridigo/On the Principle of Cold*, 954F),也是一位"灵魂向导"的家(*De sera numinis vindicta/On Delays of Divine Vengeance*, 560 F),看来这里也许变成了赫耳墨斯(或许还有墨丘利)的一个崇拜地。舒马赫(Schumacher 1993:73—74)表示,后来在此遗址上安置了一座小教堂,献给"无形的圣者"(一个献给天使长米迦勒[Archangel Michael]),后者也与护送灵魂有关,显示此地从前有对赫耳墨斯/墨丘利的崇拜。还有证据证明,罗马人曾居住在半岛西岸的泰纳鲁姆(或凯奈波利斯[Caenepolis])附近;但正是在此地,缺乏以此身份崇拜这位神的实际证据。这或许解释了罗马人何以拒绝对墨丘利/阿努比斯的综合。①

托特的情形有些不同。对于常使用"赫耳墨斯"这个名字指这位希腊神的任何人而言(或"墨丘利"对于其使用拉丁语的崇拜者而言),别人提到"赫耳墨斯"或"墨丘利",也就

---

① 霍顿(Houghton 2007)更为强调指出,海德(Hyde 1946)原来只是意指,墨丘利从未作为罗马人的灵魂向导受到崇拜。关于灵魂向导,参见舒马赫(Schumacher 1993:73—74)。

认为听话者也熟悉这位神,除非他们加上外号"特瑞斯墨吉斯托斯"以示区别,否则都会认为对这位神的说法适用于赫耳墨斯/墨丘利。即使如此,从关于希腊-罗马和埃及的神的某些陈述中,似乎可以看出,有些人仍然继续认为他们自己的"赫耳墨斯"或"墨丘利"与"特瑞斯墨吉斯托斯"是同一个神。①

根据狄翁的报告(Cassius Dio 71.8.10),迟至纪元172年,提到这个神的时候,指的是哪个神,仍然不清楚:一个叫阿尔努佩斯(Arnouphis)的埃及术士("魔法师")声称,他用魔力唤来了"空中的(ton aerion)赫耳墨斯",让他协助降雨。那些有埃及背景的人认为,这是他们的"赫耳墨斯"(就是托特)介入了,而那些有希腊罗马信仰的人相信,这是他们自己的赫耳墨斯(就是墨丘利)介入了。纪元172/173年和173/174年生产的罗马钱币,甚至在其背面使用希腊罗马的赫耳墨斯/墨丘利形象来纪念这一事件。尽管"从官方角度",祭司和其他半职业人员并没有合并或混淆托特、阿努比斯和赫耳墨斯的活动,但可以预料,普通人不会有此辨别力。②

---

① 可是,松本(Matsumoto 2013)辩称,罗马诸神与埃及诸神的关联通常极为罕见。
② 利波许茨(Liebeschuetz 1979: 211—218)讨论了所谓的"降雨奇迹",亦参富顿(Fowden 1987);以色洛维奇(Isrealowich 2008)。

小结

罗马的墨丘利与希腊的墨丘利是又不是同一个神:对于罗马人而言,墨丘利与贸易和商业的关联在崇拜中居于支配地位;但在文学中,这位神保留了希腊的赫耳墨斯所拥有的大部分特权。有可能,埃特鲁利亚的图耳姆斯所拥有的特权,影响了给予赫耳墨斯的罗马对应者的活动数目和种类,但这至多也是猜测。与此类似,纪元前495年在阿文廷山(Aventine Hill)为墨丘利建立神殿,引起了对他获得了私人崇拜的猜测,先有一段时间被罗马人和其他民族当成一位商业之神,不过并不能肯定,为什么罗马人选择崇拜墨丘利,不是因其具有赫耳墨斯拥有的所有特权。特别有趣的是,奥维德在《岁时记》中所讲述的传奇故事,将墨丘利与受孕怀上拉莱斯联系了起来,事情发生在他引导他们的母亲到下界途中。

尽管赫耳墨斯的很多特权消失了,墨丘利却获得了赫耳墨斯所不具有的一项特权:他变成了带来和平的神,这似乎与奥古斯都成为皇帝的时间相吻合。所以,罗马的墨丘利是又不是希腊的赫耳墨斯,对此不感到奇怪。正如罗马人在与其他人群相遇时,所发现的"墨丘利们"并不完全反映他们自己的神,罗马的墨丘利也不完全反映赫耳墨斯。这也适用于希腊人向希腊以东和以南将他们的赫耳墨斯带到那里的地方文化。接受了赫耳墨斯的文化,也许会在赫耳墨斯身上认出他们自己神祇的某些方面,或者将赫耳墨斯的一些荣誉归于他们自己的神。似乎现存证据的表现是,那些东方人更容易接受赫耳墨斯的交流特权,而那些(罗马人眼中的)西方人则更看重墨丘利的商业活动。

赫耳墨斯效应

Hermes
Afterwards

八、变形 I：其他墨丘利

赫耳墨斯一旦离开希腊世界，逾千年后返回，就不再是那个"赫耳墨斯"了。晚期古代和中世纪西方世界将会熟悉的"赫耳墨斯"，是寓言中的赫耳墨斯、罗马和占星术的墨丘利与埃及的赫耳墨斯·特瑞思默吉斯托斯的一种多面综合，后者是技术和哲学著作《赫耳墨斯秘籍》（*Hermetica*）的著名作者。要通过这些不同思潮来追踪他的变形，最好的办法就是突出每一种思潮影响在文艺复兴及其以后作为一个希腊神重现的方式。但要做到这一点，就需要暂时回到对赫耳墨斯的接受开始发生变化的罗马世界。

在纪元前 1 世纪，西塞罗在他的《论神性》（*De Natura Deorum*，尤其 3.56—57, 59—60）中，提出了一种对事情如何正在发生变化的见解，他让"科塔"（Cotta）发表了关于墨丘利谱系的怀疑论解说，公开挑战对这位神具有真正的神性的信仰，认为实际上有五个不同的墨丘利。据科塔，希腊人所知的赫耳墨斯实际上是第三个。第一个，作为天和地的儿子，激发了赫姆石柱的建造。第二个，由瓦伦斯（Valens）和弗罗尼斯（Phoronis）所生，变成了一位下界神灵，与特罗佛尼奥斯（Trophonios）有密切关联。对宙斯和迈娅所生的墨丘利未予置评。之后的第四个，父亲是埃及的尼罗（Nile）；可是，他一直没有名字，因为他的名字不能说出来。最后这位墨丘利，他杀了阿耳戈斯（Argus），逃到了埃及，在此将关于字母和法律的知识传授给了那里的人民，他的名字叫托特。在这一番描述中，"科塔"利用了对这位神的起源信仰的理性化解释，这种解释早在希腊化时期就出现了。①

这样一种解释，首先由欧赫美鲁斯（Euhemerus，盛期，前380—前311）提出，在他的冒险传奇故事中，据说这位英雄发现了一段长期隐藏的铭文，揭示了真正的神性。根据此古老的报告，乌拉诺斯、克洛诺斯和宙斯过着有死之人的生活。不过，因为他们表现出了神益于其共同体的伟大壮举或灵巧，死后他们的共同体为每一位都竖立了雕像，作为崇拜他们的方式，随

---

① 赫耳墨斯并非唯一经受寓言解释的神，也不是唯一被转变为以其名字命名的行星的神，但他是唯一与一位埃及神祇合并的希腊男神，也是唯一在炼金术语境之外与一种金属共有其名称的神：萨图恩、玛尔斯和维纳斯，都能用作炼金术规程中的名称，但他们本身都不是金属代号。对炼金术中的墨丘利的讨论，在讨论占星术中的墨丘利之后进行。

着时间推移，他们开始被认为超越了人类，最终被崇拜为"神"。这种解释为拉丁语著作家恩尼乌斯所采用，以解释其他神圣事物的起源，从此以后尤为某些哲学派别所偏爱。但是，欧赫美鲁斯的学说，也许本身就是对另外一种解释诸神的方式的回应，后一种解释方式始于并且仍然在某些哲学派别中流行着。①

寓言中的赫耳墨斯 / 墨丘利

早期这种理解诸神的方式，始于纪元前 6 世纪晚期自然哲人对荷马叙事中隐藏的宇宙知识的揭示。这些研究的进行基于下述假设：在每个神名、特点和活动的背后，都有关于此神圣领域和他们生活于其中的世界本质的真理。作为这种思想工作的一项成果，赫耳墨斯作为神圣信使的职分，及其与运动的关联，被转译为对希腊词"逻各斯"（logos）的一种寓言式表达，这个术语包含的语义学含义是"词"（word）和"言辞"（speech）（等等）。据说，泰阿戈内斯（Theagenes of Rhegium）是纪元前 6 世纪给予赫耳墨斯这个外号"逻各斯"的首位哲人 / 语法学

---

① 在纪元 4 世纪早期，基督徒拉克坦提乌斯（Lactantius）确信，没有哪个古代的神是真正的神；相反，他们毋宁就是高升到显赫政治地位的人（*Institutes*, 1.8）。库克（Cooke 1927）概述了欧赫美鲁斯及其学说（Euhemerism）。

家（训解了《伊利亚特》20.67），尽管其他人声称，哲人阿那克萨戈拉（Anaxagoras）或他的学生美特罗多洛斯（Metrodorus），才是以寓言方式解释诸神的第一人（Diogenes Laertes 2.3.11；也是《伊利亚特》20.67 的训诂家）。①

与此非常相似的思想工作，形成于一个世纪后，在柏拉图《克拉底鲁》中，苏格拉底（半开玩笑式地）重述赫耳墨斯名字来源的基础。但在这部作品中，苏格拉底除了将赫耳墨斯认定为口语及其运用的创造者，还思考了下述事实：表示真假事物的词语四处游走和流传，这也符合荷马文献中的赫耳墨斯形象，尽管在此例中，柏拉图没有让苏格拉底直接表明这种关联。在这篇对话中，苏格拉底探讨了这位神名的各种起源，根据是其构词部分的含义，当前这个词就由其合成（或派生）而来，如此一来，它就代表了一种有词源学根据的解释。据苏格拉底，"赫耳墨斯"这个名字由两个动词派生而来，一个动词指"**言辞**"（*eirein*/εἴρειν），另一个指"发明"（*hermāsato*/ἐμήσατό），使得作为神的赫耳墨斯成为"言辞的发明者"（408a）。与柏拉图的词源学诠释一致，罗马的柏拉图派考努图斯（Cornutus

---

① 对荷马的寓言解读背后的动机因素的争辩一直在持续，譬如，参见朗（Long 1992），他反驳了"维护荷马"论证，这种论证支持对荷马史诗中诸神作寓言解读，再如理查德森（Richardson 1992）和兰波顿（Lamberton 1986）。

100s CE）重申了这种观点：赫耳墨斯以一个寓言式的形象，代表思想和言辞的不同方面，但尤其代表"雄辩"的形象。①

所以，纪元1世纪的斯多亚派（Stoic）哲人和尼禄的教师小塞涅卡（L. Anneaus Seneca, the Younger），在解释他所属的哲学派别为何会使用更为常见的名字——自由之父（Father Liber）、赫库勒斯（Hercules）和墨丘利（Mercurius）（*On Benefits*, 4.8），称呼他们的诸神时指出，后一个名字表示他们这位神的一个方面就是"推理和数、系统和知识"——墨丘利的荣誉/职分/能力的方方面面，产生自早期对他的寓言解释，并持续获得重述。但在塞涅卡这样的人看来，对荷马描述赫耳墨斯的段落的寓言解释还不够；所形成的观点认为，这位神不只是口语的一位代表：他毋宁就是"理智"和"理性"本身。普鲁塔克也会告诉他的听者和后来的读者，"古人让赫耳墨斯

---

① 这里描述的寓言，要比我们所拥有的它的实践成就狭窄得多。这种解释形式最初的术语是"**潜台词**"（*hyponoia*）或"言下之意"，意指在一个词的表面意思之下还有某种重要的含义。惠特曼（Whitman 1987：104—121）概述了古代的寓言成就。莱尔德（Laird 2003：154—155）认为史诗中的寓言就是"内置"（built in）的某物，而非"读入"（read into）史诗叙事的某物。关于柏拉图与寓言，参见泰特（Tate 1929a）；关于考努图斯（Cornutus），参见泰特（Tate 1929b）和莫斯特（Most 1989）。基尔克兰德（Kirkland 2007）讨论了苏格拉底对《克拉底鲁》中赫耳墨斯的词源学研究。在现代词源学的讨论中，"词根"或"词干"的识别，鼓励了与复合相对的派生观念。

坐在阿芙洛狄忒旁边,因为婚姻的考虑尤其需要'理性'"(*Advice to the Marrying Couple*,138C—D),而[托名]普鲁塔克会将奥德修斯成功避免他的同伴变形的经历归功于赫耳墨斯,后者以寓言方式代表理性(**逻各斯**),使人能够抵挡住女诱惑者基尔克(Circe),并保持其人性(*De Vita Homerica*, 126)。连纪元4世纪的教父奥古斯丁(Augustine),也在布道反对同一个神时,发现使用墨丘利作为"智能"的寓言解释很有用。据奥古斯丁,有更高智能的人也有可能犯错(*City of God*, 62.24),而智能本身无所谓好坏,它有可能导向邪恶的结果:所以崇拜墨丘利的形象,就是崇拜人性中一个模棱两可和潜在犯错可能的方面。①

尽管解释墨丘利的这些细微变化在哲人们中间有交流,但对于对"雄辩"最感兴趣的诗人们而言,它们并不具有同样的重要性。奥维德能够称墨丘利为"雄辩大师"(*Fasti*,5.698),正如贺拉斯本人在赞美这位神的颂歌中之所为(*Odes*, 1.10.1—3),认为墨丘利有能力"通过对他们讲话来驯服早期有死者不受管束的习性"。对于有些诗人而言,墨丘利与秩序井然的言辞

---

① 斯多亚派不认为传统诸神是分离的、个别的实体,而毋宁以可以识别的方式体现了一个独一神的诸多方面。关于托名普鲁塔克,参见兰波顿(Lamberton 1986:141)。

的关联，必然包含一种敏捷的理智，一种 nous（一为"心智"），凭直觉可以知晓表达或完成某种目的的最佳方式。这一点在第四首《荷马颂诗》的奥维德版本中有最清晰的表现：心烦意乱的阿波罗让他的牛群溜走了，墨丘利充分利用了此情况，并且为了自己的目的占有了它们（*Metamorphoses*, 2.676—686）。尽管阿波罗好像缺乏对某种情况作出本能反应以使其有所改善的能力，墨丘利却不是这样：他能立即看出可能性并将其转变为现实的方法，表现出心智的敏捷、言辞的雄辩和运用它们的智慧。

所以，尽管在纪元1世纪，维吉尔在《埃涅阿斯纪》中可以承认墨丘利有直觉的修辞技能（4.265—275）——尤其是说服能力——到了2世纪，将"智慧和雄辩"归于墨丘利已成为老生常谈。斐洛斯特拉图的寓言认为，赫耳墨斯将说话的技艺分配给了有死者，他的解释只是将他称为"智慧和雄辩之神，还有奖赏之神"（*Life of Apollonius of Tyana*, 5.15），将分发的善物与分配善物的权利联系起来，这是由他的父亲赏给他的权力。所以，在纪元360年，讲希腊语的著名教师利巴尼乌斯（Libanius）在其颂扬家乡安提阿（Antioch）的《第十一演说辞》（*Eleventh Oration*）中，能够写下这样的话（XI, 183—184）：

在我看来，这位神，当他在将天下分为两部分的时候，渴望同样装饰每个部分，并且保持平衡，就好像对待一群马；所以，他命令赫耳墨斯播下雄辩的种子，品质不应低于阿提卡的雄辩种子，并且用他的权杖刺激人们去拥有这种雄辩。[①]

在诗人和演说家们满足于将墨丘利（或赫耳墨斯）表现为雄辩之主的同时，寓言解释家在2世纪继续将这位神解读为"雄辩"本身的密码，在2至5世纪之间，希腊和罗马的新柏拉图派哲人实施的寓言解读，承认墨丘利甚至具有比"雄辩"更伟大的重要性；他具有的重大意义是，作为灵魂的命运和宇宙之结构中的决定性要素。然而，他们的解读是通过一种宇宙理解来传达的，这种理解是从其他知识学派收集来的。[②]

赫耳墨斯，凭借其罗马名字，成为古代晚期以降最常遇到

[①] 关于维吉尔修辞中的墨丘利，参见穆尔吉亚（Murgia 1988）。李特伍德（Littlewood 2001）和米勒（Miller 1991）讨论了诗人笔下墨丘利的雄辩。希腊化及其以启用希腊语写作的著作家称这位神为赫耳墨斯，并且认为这个希腊的行星等同于巴比伦的"斯提尔朋"（Stilbōn）；而拉丁语著作家称两者为墨丘利。当前的讨论主张两者间有区分。

[②] 其他这些影响将在下文"占星术和炼金术"主题下进行陈述。佩平（Pépin 1958: 104）在传世的赫耳墨斯寓言中分辨了三种形式："物理寓言，见于作为宇宙之呈现的诸神和英雄；灵魂寓言，见于诸神和英雄的性情；还有道德寓言，见于其善恶形象。"关于新柏拉图派寓言著作中的转变，参见兰波顿（Lamberton 1992a: xx）。柏拉图派和新柏拉图派，似乎偏爱心理寓言——也就是说，解释必须涉及灵魂（普绪克）——尽管斯多亚派偏爱物理寓言，偏爱道德寓言的程度较低。

的一个寓言形象，这主要归于两部拉丁语文献及其几部评注的影响，也与5世纪至19世纪之间大量神话写作和辞书编纂有关。早期罗马有一种对墨丘利名字的词源学解释，由瓦罗（Varro，前1世纪）提出，认为它源于"medius currens"，他认为后者表达的观念是词语"流动在人们之间"。数世纪之后（5世纪），塞维乌斯（Servius）在其对维吉尔《埃涅阿斯纪》的评注中重述了瓦罗和其他某些人的解释，这是两部有影响的文献之一。重复这种解释的做法，也在其神话学纲要中为福尔根提乌斯（Fulgentius，5世纪晚期到6世纪早期）所因袭，在他之后，这么做的还有伊西多尔（Isidore of Seville）的《辞源》（Origines），此人也利用了奥古斯丁的《上帝之城》（*The City of God*）和塞维乌斯的《埃涅阿斯纪》评注。①

---

① 最流行的寓言神话写作，有福根提乌斯（Fulgentius）的《神话三书》（*Mitologiarum libri tres*，400s）、伊西多尔（Isidore of Seville）的百科全书《辞源》（*Etymologiae*，500s）中的《论各民族的神》（*De diis gentium*）、阿尔贝里库斯（Albericus）的《第三位神话作家》（*Mythographus tertius*，1100s）和贝苏尔（Pierre Bersuire）的《论诸神的形象》（*De formis figurisque deorum*，1300s）。此外，还有对奥维德的评注，诸如贝苏尔《奥维德〈变形记〉道德评注》（*Metamorphosis Ovidiana Moraliter*，1300s），等等。赫斯特（Hexter 1987）提供了一项对几种奥维德评注的比较研究。瓦罗似乎试图寻找那些可以按照希腊语中的早期寓言来解释的拉丁词汇；就此，苏格拉底对词语流行方式（Plato，*Kratylus*，408c）的考察，也许可以提供瓦罗的解释。关于福根提乌斯的文献来源，参见鲍德温（Baldwin 1988）。关于伊西多尔，参见麦克法兰（Macfarlane 1980）。

图 8.1:"墨丘利引导普绪克到奥林波斯",马尔达雷利(1826—1893)["Mercury leading Psyche to Olympus", Federico Maldarelli (1826-1893). Museo Nazionale di Capodimonte, Naples, Italy; @ DeA Picture Library/Art Resource, NY]

另一种有影响的文献有多种评注,就是《墨丘利与语文学的婚配》(*The Marriage of Mercury and Philology*),一部纪元 5 世纪的传奇故事,作者是卡佩拉(Martianus Capella),其中寓言形象本身变成了主导角色。《墨丘利的婚配》(*De nuptiis*,这是前书拉丁语书名的缩写)小心地建构和阐明了"雄辩"(墨丘利)与"学识"(语文学)的结盟。墨丘利的父亲宙斯极为推崇他,称他的儿子是"我们的诚信,我们的言辞,我们的仁慈,我们真正的天才,我的心智,神圣努斯(Nous)

的可靠信使和解释者",并且准许他到世间寻找他想要的新娘。墨丘利及时下凡,找到了她,复又上到神界,而她打扮得花枝招展,起身在天上与他相会(图8.1)。

就像阿普莱乌斯传奇故事中的普绪克,她将被要求饮下神酒以获得不死;然而,语文学并不像马尔德雷利(Malderelli)画面中的普绪克,她没有让墨丘利做她的扈从:语文学让其他侍卫送她到天上,在此与她的新郎墨丘利相会。作为婚礼礼物,墨丘利送给他的新娘七位女神作侍女,代表七艺(the Seven Liberal Arts):语法、辩证、修辞,以及几何、算学、天文、和谐。

这七位女神分为两组,各有三位和四位,分别代表古典教育的"三学"(trivium)和"四科"(quadrivium)。这篇作品是一种寓言式的讽刺,强调了"教科书"学习之不足。或许,并不令人感到奇怪的是,这则传奇故事将证明对未来的文学艺术把墨丘利解释为神圣的行星之神具有重大影响。[1]

---

[1] 卷二译本:施塔尔等人在(W. H. Stahl and R. Johnson, with E. Burge [1977])《卡佩拉与自由七艺,卷二:墨丘利与语文学的婚配》(*Martianus Capella and the Seven Liberal Arts, vol. II: The Marriage of Philology and Mercury,* New York.)中关于卡佩拉的寓言,参见莱利汉(Relihan 1993)、施塔尔(Stahl 1965)。关于马尔提亚努斯《墨丘利与语文学的婚配》的评注,包括斯考特(John Scot or Scottus, 800s)和雷米吉乌斯(Remigius of Auxerre, 1000s)。赫仑(Herren 2012)提供了一项对斯考特及其作品的富有洞见的研究。有意思的是,除了马尔提亚努斯的文本所附小插图(被称为"微缩图"),无论语文学的神化,还是其与墨丘利的婚配,既不是室内装饰(也就是壁画和墙饰)的主题,也不是油画的主题,却有很多关于七艺的视觉呈现。

五个世纪后,《苏达辞典》(Suda)这部纪元10世纪的希腊语辞书(词典),不仅解释了这个词的含义,也提供了解释细节。关于"赫耳墨斯"这个名字,它告诉词典查问者,作为宙斯和迈娅的儿子,他是"心智与感觉"(mind and sense),因为词语本身就来自心智与感觉。然后,他将赫耳墨斯的飞翼与词语之敏捷联系起来,以解释荷马的表达方式,即"有翼的话语"。词语的不老品质的形象表达是赫耳墨斯的年轻,他的四边形代表稳定和牢固。苏伊达斯(Suidas)顺此简单地表明了赫耳墨斯作为商业和赢利保护神之地位,从而解释了为何刻画他在为一袋钱称重(E3037)。此外,他还将赫姆石柱的形式与这位神守护理性和真理联系起来,扩展了神和表现物的正方形的稳定性(E3051)。

新柏拉图派的墨丘利解释持续到了12世纪,在一位最著名的编辑家欧斯塔提乌斯(Eustathius)的作品中,他解释说赫耳墨斯与奥德修斯逃离卡吕普索有关,他作为逻各斯辅助灵魂由具体向无阻碍的(沉思的、哲学的)实在运动(Eust. 1389, 42—44, 44—50)。可是,在同一时期,塞尔维斯特里斯(Bernardus Silvestris)的《埃涅阿斯纪》评注仍然认为墨丘利只代表雄辩,而否认当时一部《埃涅阿斯纪》的匿名评注中所授予他的智慧,后者名为"彼得学院抄本158"(Peterhouse MS 158)。的确,塞尔维斯特里斯拒绝承认墨丘利有智慧是因为卡佩拉没有新意,他由此辩称墨丘利本来就有智慧,他无须迎娶语文学(Philologia,他认为应译为"智慧")。虽然关于墨丘利的重要性,更值得推崇这一点还是那一点,时不时出现小争论,但其实都无关紧要,《埃涅阿斯纪》或卡佩拉的《墨丘利的婚配》和福尔根提乌斯神话学纲要的很多新评注,出现在了古代晚期和15世纪文艺复兴之间,"墨丘利"在其中继续主要被当成雄辩言辞和思维敏捷的寓言形象。[①]

除了在评注和神话写作中,卡佩拉所使用的此类涉及墨丘利的文学寓言,在纪元500年后继续时不时出现。但到了14世纪,墨丘利开始出现在文学作品中,诸如戏剧、诗歌和长短不一的叙事作品。卡佩拉《墨丘利的婚配》之后,最早涉及墨丘利的寓言是但丁的《地狱》(*Inferno*),这则传奇讲的是一个人(分别)在赫耳墨斯和雅典娜的帮助下,通过理性和智慧的技艺克服了"邪恶与诱惑"的故事。乔叟(Chauser),这位但丁的同时代人,将伊娥、阿耳戈斯和墨丘利的神话,转变为一种寓言,

---

① 威尔金斯(Wilkins 1957)考察了14世纪的著作家对几个神灵的描述,包括墨丘利。关于普罗米修斯/墨丘利的传奇故事,参见斯塔恩斯和塔尔伯特(Starnes and Talbert 1955:155—156)。关于塞尔维斯特里斯,参见琼斯(Jones 1989)。关于彼得学院抄本,参见巴斯维尔(Baswell 1985)。帕诺夫斯基(Panofsky 1960:75)指出,对奥维德《变形记》的评注,只是在12世纪才开始有了影响。

墨丘利在其中代表恶魔,他的音乐——"女人的放荡迷人"——战胜了他的对手。①

15世纪,勒邦(Philipe le Bon)勃艮第公爵(Duke of Burgundy)写过一篇涉及墨丘利的政治寓言,1453年土耳其人(Turks)攻陷君士坦丁堡(Constantinople)之后,在呼吁法国的化身在希腊的化身协助下反击一个无名野兽(代表土耳其人)时,墨丘利作为雄辩的演说家出现,将玛利亚(Mary)描述为教会的代祷者,显示她是对玛尔斯的人格难题的一种可能解决方式。在下一个世纪,桑兹(George Sandys)重述了奥德修斯与基尔克的相遇,并且报告说这位女神的性感魅惑"不可抗拒,但多亏有神物茉吕襄助,这是墨丘利的神液,意指节制",与此同时,布德(Budé)将在墨丘利身上看出基督(Christ)的预表,他才是真正的神人之间的中保。②

相对于这些寓言方式的墨丘利,莎士比亚(Shakespeare)宁愿利用其更具神话特点的身份,就是作为一位聪明的演说家,

---

① 关于但丁在《地狱篇》中对墨丘利的寓言解释,参见汤普森(Thompson 1967:41);弗兰克(Franke 1994)。关于乔叟和马洛的墨丘利,参见布什(Bush 1963)。

② 塞兹内克(Seznec 1995:80—81)确认佛罗伦萨(Florence)是15世纪寓言原则的发源地。如德弗罗(Devereaux 2005:309)指出,到了最后,只有勒邦,"强大的狮子"能摧毁野兽。关于桑兹的墨丘利,参见布什(Bush 1963)。关于布德的观察,参见西尔维(Silver 1971:381)。

他按照墨丘利将他的理查（Richard）塑造成为一个骗人的信使，凭借此能力，他在悲剧《理查三世》（*Richard the Third*）中仍然是统治者的代理人。墨丘利娴熟操纵词语的能力，在《第十二夜》（*Twelfth Night*）或《悉听尊便》（*What You Will*）中获得公开承认，一个小丑名为费斯特（Feste），他暗指奥利维娅（Olivia）歪曲真理是受这位神教唆（I.v.97—98），而他与小偷的关联被用于《冬天的故事》（*The Winter's Tale*），其中奥托吕库斯（Autolycus）是神话中赫耳墨斯的孙子，也是赫耳墨斯"善于偷窃"技能的传人，被用来改编赫耳墨斯与阿波罗之间的关系，以产生戏剧效果。唯独在《爱的徒劳》（*Love's Labour's Lost*）中，中世纪思想中的博学之士墨丘利出场了，与阿波罗形成对峙，代表诗艺。①

与此类似，拉雷（Ralegh）和斯宾塞（Spencer）引用赫耳墨斯，仍然与其传统天赋保持联系。拉雷为祝贺斯宾塞《仙后》（*Faerie Queene*，16世纪90年代）大获成功创作的十四行诗的最后一行，将他的友人刻画为"天上的贼星"（celestieall thiefe），而斯宾塞本人在《母亲哈伯德的故事》（*Mother Hubberd's Tale*）中将

---

① 关于《理查三世》和《第十二夜》，参见巴特勒（Butler 2002）。关于《爱的徒劳》，参见埃文斯（Evans 1975）。关于《冬天的故事》，参见霍兰德（Holland 1970）、英格拉姆（Ingram 2012）。约恩森对墨丘利的寓言解释，将在炼金术部分讨论。

墨丘利当作信使和传令官,其中也指出了这位神的欺骗和偷窃习性。此外,尽管连马洛(Marlowe)在他的版本的《海洛与利安德》(*Hero and Leander*)传奇中,也戏说了墨丘利追求挤奶女工的传统式情爱,但在主导这一时期的寓言身份背后,对其神性的承认几乎完全丧失了。①

关于墨丘利的寓言,并不限于书面作品,也见于视觉艺术。祖齐(Jacopo Zucchi,约1541—1590)的一套三联组画,一般认为基于赫西俄德叙述的人生命的三个阶段(黄金、白银和青铜),以寓言和象征方式涉及墨丘利出现在两幅画中,也就是第二和第三幅画中。在"白银"生命阶段,一位被当作"勤劳"(Industria)的女性形象,带有墨丘利的形象特点。据普特法尔肯(Puttfarken 1980),这暗示在"白银"生命阶段,人需要墨丘利的技能来维生和繁荣。然而,在第三幅画中,观者看到的并非人的进一步衰退,而是生命的一个正义和善治的改进阶段,凯瑞斯(Ceres,大地和谷物女神)和墨丘利处在画面上部,与朱庇特、朱诺和正义女神本身一道。在这幅图像中,墨丘利握着他的钱袋,显示商业在实现美好生活中的重要性。与此类似,

---

① 关于拉雷和斯宾塞的评论,参见贝德拉兹(Bednarz 1996)。关于17世纪的语言与早期实践的连续性,参见琴科马尼(Cinquemani 1970)。约恩森(Ben Jonson)的寓言中的墨丘利,将在关于炼金术的主题部分再讨论。

墨丘利与自发努力改善自己的关联，仍能在19世纪济慈（Keats）的《拉弥娅》（*Lamia*）中见到：在诺里斯（Norris, 1935）看来，赫耳墨斯在此代表作为知识探求者的诗人，在由拉弥娅代表的感性的帮助下，能够获得纯粹的美之异象，由无法触及的克里特宁芙代表。显然，这并非严格意义上的寓言；然而，这些形象的象征用法，依赖于早期寓言作品中赫耳墨斯/墨丘利的附属含义，诸如博奇（Achille Bocchi）的符号象征。[1]

如罗莱（Rolet notes 2009：199—200）所指出的那样，1472年薄伽丘（Boccaccio）在其神话研究《诸神谱系》（*Genealogiae deorum*）中发表了关于墨丘利的研究，这部作品认为西塞罗的"五个墨丘利"之说是准确的，这之后他的人性化形式就被用于代表这颗行星、一位演说家、一位物理学家、一位谈判专家和一个小偷。所以16世纪以降，出现了墨丘利将食指放在嘴唇上的另一形象，这是对西塞罗主张用雄辩的沉默来表达自己的观点的视觉表现。1555年，此现象作为"象征64"，首次出现在博奇的《象征问题》（*Symbolicae Questiones*）中，这本关于象征符号的著作还附有诗歌和其他评

---

[1] 关于博奇的墨丘利徽章的更多内容，参见罗莱（Rolet 2009）和沃森（Watson 1993）。关于济慈的《拉弥娅》，参见史蒂文森（Stevenson 1972）和斯图尔特（Steward 1976）。

注。但在博奇这本书之前,第一部收集此类象征符号的书出自阿尔奇亚第(Andreae Alciati),出现于1531年,包括一个符号象征从十字路口的石堆中升出一半的赫耳墨斯,以这位神的节杖似乎在指示人应当走哪条路。这些寓言/象征图像,通常每个下面都有一条格言,暗示这幅图像之所示。博奇也选用赫耳墨斯和雅典娜共同作为他在博伦纳(Bologna)的学院的象征,以他的象征符号著作中的符号形式来刻画:博奇没有采用西塞罗论及的赫姆雅典娜的双重形式,而是刻画了两个形象从单个赫姆石柱基础的腰部以上升起,每个形象都有其相应的特点,但彼此手臂相连,以示其在博奇学院(Academia Bocchiana)教育中的合作不可分离。这个象征符号被改造成为一个三维形象,放置在学院转角正面。①

这种对墨丘利的理解持续了很长一段时间,其根源不仅仅是寓言读物。另外有两个出现在希腊化时期的知识领域,也对后世接受赫耳墨斯/墨丘利产生了影响。其中最早产生影响的,继寓言之后,就是占星术。②

---

① 参见博文(Bowen 1985:33,形象d,及页228—229上的讨论)。进一步细节,参见瓦丁顿(Waddington 1970)、沃森(Watson 1993:13—16)、凯利(Kelly 2009:64—65)、罗莱(Rolet 2009:205—209)。据瓦尔堡(Warburg 1999:593—596),行星徽章在年鉴中出现早在16世纪。
② 关于赫耳墨斯(墨丘利)在其中发挥某种作用的一个大(但不完全)的列表,参见莱德(Reid 1993, sv Hermes)。

占星术中的墨丘利

贝克（Beck 2012：17）指出，至少在纪元前8世纪，"希腊人已有了准确的天象记录"，但通过数学发展出精确的天文制图方法的却是巴比伦人；由此出发，埃及的希腊人首次在解释性的占星术中使用了这些天文图。到纪元1世纪，两方面均为各地专家所理解和应用，遍及罗马帝国。譬如，《自然志》（*Natural History*）的作者老普林尼（1世纪），显然精通天文学的"数学"方面。在这部著作的好几处地方，他都引入了对墨丘利这颗行星的讨论，譬如，他指出墨丘利极少傍晚在双鱼宫（Pisces）升起，却经常在室女宫（Virgo）升起；同样，清晨他也在天秤宫（Libra）和宝瓶宫（Aquarius）升起，却极少在狮子宫（Leo）升起；他一年有13天不可见（2.25）。还有，在讨论每颗行星的颜色时，普林尼知道墨丘利被称为"**斯提尔朋**"（*Stilbôn*），意为"闪亮之星"，这是对巴比伦人给予这颗行星的描述符号的转译，是连同他们的天文学知识传下来的。西塞罗也在他自己上个世纪的天文学讨论中（*Timon*, 29），提到这颗我们已知离太阳最近的行星，称"我们崇奉这颗星为神圣墨丘利"。①

由这两位作者可见,这颗行星既可以被称为水星,也可以被称为神圣的墨丘利。就两种提法而言,关键在于这颗行星展现了这位神的性格和天赋的所有方面。为星命名也有助于在数学天文学基础上建构星象图,可以提前数年计算出行星的位置。有能力预测彼此相关的行星和恒星(星座)未来某个时候的位置的人,就会相信有死者通过解读星象来预知大部分气候和环境变化,诸如洪水或干旱,甚至主要人物如王者的生死。只是到了后来,这种知识被应用于个人的星象(也就是"出生星象",专门术语称为**星命学**[genethlialogy],源于希腊词 genesis/γένεσις="出生")。②

"出生"星象用来描述某个人出生时的天象,以考察每个行星位于十二个周天分区中的某一区,及其与其他行星和星座的位置关系。贺拉斯自诩为"赫耳墨斯人"的一个理由,也许是他知道行星墨丘利处在他出生时的星位上(*Odes*, 2.27.29—

---

① 沃尔克(Volk 2009:15)与贝克(Beck 2012)相反,他认为希腊人和罗马人使用的"天文学"与"占星术"无实际不同。关于普林尼作品中的墨丘利,亦参见《自然志》(*Natural History*, 2.21, 23, 24)。
② 关于巴比伦的"尼波",希腊人认定其为行星"斯提尔朋",罗马人认定其为行星"墨丘利";参见克利班斯基、帕诺夫斯基和萨克斯尔(Klibansky, Panofsky and Saxl 1964:136)。

30）：墨丘利，如果其星位在吉祥之"宫"，就有可能是财源滚滚的标志。因为，据信每个星都是因其而得名的这位神的"活"代表（即使不是这位神本身），每个行星也都传递这位神的特质，包括正面和负面特质（程度或大或小），按照黄道十二区（"座"或"宫"），可以确定人出生时——还不仅是某人出生时——特定行星相对于其他行星的位置。贝克（Beck 2012：40）举了一个"商人"的例子，他知道在他求问时墨丘利处在室女"宫"，后者马上就要升起来了。然后，向他解释，这些定位显示他在做正确的事情，而且很可能发财。他的占星师能作出这样的预言，就因为"墨丘利与商业有关"，考虑到"室女宫既是墨丘利的'宫'，也是对他的'提升'"，而且墨丘利正处在环行的"第二'位'上"，这代表"'获利'（lucrum）的位置"，这些星象有利于商人成功。①

墨丘利的散布属性、能力和关联，超出了与商业有关的领域之外，包括心智敏锐和说话技巧、一种划分和增殖的天赋、一种对儿童和青年及社区维护的关切、一种创造和构建事物的

---

① 维特卢维乌斯（Vitruvius）也是最早叙述墨丘利和维纳斯围绕太阳而非地球运动的著作家之一，人们普遍认为两者围绕地球运动，然而，这一真理为人们普遍接受还要花数世纪。维特卢维乌斯（Vitruvius 9.8）也指出，墨丘利通常在每一个星座逗留30天。一个行星在"提升"，意味着它处在最强势状态；在萧条状态，意指它不景气。

天赋技能，也展现出一种聪明、狡猾和玩耍的天性。除了列举的这些方面，纪元2世纪的希腊占星师瓦伦斯（Vettius Valens）还解释说，这种"天赋"的品质，随着墨丘利在任何既定时刻的位置都会发生变化。他建议解读一个星象来证明这一点，涉及的星象在飞马官（Pegasus）和仙女宫（Andromeda）常见，[它们]在双鱼宫21度上同时升起，是玛尔斯和墨丘利的结合体，[而]这使[得]那些在此星象下[出生]的人具有相当活跃多变的性格，适合夜间活动，而且是"少男少女的败坏者，作伪证者"，还倾向于另外几种人不太想要的特点和活动。①

通过解读星象以揭示诸神的意愿，尤其关于大事件，包括重要人物的生死，为居住在地中海周边的民族所热衷，尽管他们的预测并不完全准确。早在纪元1世纪，对个体生命解读的某些占星术不可靠，这引起了讽刺和讥笑：在归于小塞涅卡名下的《变瓜记》（*Apocolocyntosis*, 3）中，奥林波斯的墨丘利试图说服一位命运女神，准许克劳狄乌斯（Claudius）皇帝

---

① 贝克（Beck 2012: 76）提供了《文选》（*Anthologies*）保存下来的一份更为详尽的列表，这部作品出自瓦伦斯，时间在纪元152—162年。瓦伦斯给出的技能和活动不少于46项，墨丘利对此有监督分配的权力。平格雷（Pingree 2001: 29）讨论了4世纪占星术士的星位图，表明了时间和语言带来的变化，将纪元379年的版本与后来的希腊语、拉丁语和阿拉伯语译本作了比较（28—35）。关于"确定"星位所涉及的所有要素的描述，参见贝克（Beck 2012）。

在那一天死，好让人们看到占星师们总算准确预言了一次；然后，墨丘利伤害加侮辱，他解释说这里的人民每个月都在预言这位皇帝的死亡，已经好多年了！作为斯多亚派哲人，他相信诸神存在，但诸神过于冷漠，不直接介入人类生活，所以，塞涅卡选择墨丘利发表这种讽刺言论，有某种反讽意味，他声称这位神代表的能力是神性中的"推理和数、条理、知识"（*On Benefits*，4.8）。不过，似乎关键在于，连墨丘利（既作为神，也作为行星？）也对占星师们失去了耐心，他们的错误预测会损害对诸神的信仰，而不仅仅是损害对诸神解释者的信赖。

占星术关联组织，还在一种东部神秘宗教中发挥了重要作用，这种宗教在早期罗马帝国十分流行：这就是密特拉教（Mithraism）。在此相对较新的（至少对于西方人而言）宗教中，鼓励新入教者攀登七个成员等级，每个等级由一个行星代表。这完全可以从位于奥斯提亚（Ostia）的一处密特拉圣所的马赛克地板上辨别出来，时间可以上溯到纪元3世纪。第一级由墨丘利监督，并且由一只乌鸦、一口杯和一根节杖代表；在此阶段，入会者的灵魂将学会如何让自己摆脱贪婪，它在墨丘利的范围内获得了这贪婪，与此同时从赫利奥斯的领域下降。它的最终目标是让自己摆脱在下降过程中收集的所有累赘，以便回归其所由来处：这至少是新柏拉图派哲人波斐利（Porphyry）遵循柏拉图（*Timaeus*，41.d）所提出的上升的七个阶段的目的。纪元4世纪的皇帝尤利安，作为基督教的反对者，在其《第七演说辞》（*Seventh Oration*）中，利用了赫耳墨斯的神话学关联及其寓言关联，其中这位神在十字路口遇到了他，引导他穿越了赫利奥斯/密特拉密仪的入会阶段，传达给他进一步的知识是：他，尤利安，已被诸神选为他的人民的赫耳墨斯式的向导，以引导他们回到传统诸神（*Oration*，7.23la）；他确信直接从这位神那里获得了赫耳墨斯的权杖（*Oration*，7.234b）。后来，塞维乌斯在评注《埃涅阿斯纪》时报告说，某些自然哲人主张每个行星都给了某人特殊的积极或消极的品质；就墨丘利而言，他的消极方面是赋予人贪婪（6.744），积极方面是赋予人创造性（11.51）。①

---

① 关于密特拉教中的墨丘利，参见贝克（Beck 1988, 2006）和波巴（Bobar 1946）；然而，早在纪元前1世纪，就有人认为赫耳墨斯、赫利俄斯和密特拉是同一个神：林肯（Lincoln 1982）。阿塔纳斯阿迪（Athanassiadi 1992：174）、史密斯（Smith 1995）和格林伍德（Greenwood 2014）对于尤利安与墨丘利主题作了评论。很有可能，密特拉的两位侍者，分别与赫耳墨斯和阿瑞斯有一种联系，尤利安《赫利奥斯王颂歌》（*Hymn to King Helios*）中，称其为考泰斯（Cautes）和考托帕泰斯（Cautopates）（或莫尼姆斯和阿兹佐斯［Monimus and Azizos］）。讨论参见斯特鲁格内尔（Strugnell 1959：36—37）、阿塔纳斯阿迪（Athanassiadi 1977：361）、史密斯（Smith 1995：157）、施朗（van de Sluijs 2009：169—170）。巴通（Barton 1994：80）指出了马尔提亚努斯《墨丘利的婚配》的占星术方面。

但在尤利安的寓言故事之前，占星术作为文学作品的实际主题要早得多。在奥古斯都治下，马尼利乌斯（Manilius）编写了一部关于星象的教谕诗，具有决定性政治影响；不过，用拉丁语撰写这样的诗歌还是头一次。然而，在他之前，纪元前 3 世纪，阿拉图斯（Aratus）首次写出一篇冗长的格律诗《现象》（*Phaenomena*），他在其中描述了星座及其升降；尽管他并未直接涉及行星，却包括几则关于与墨丘利有关的星座的传奇故事。所以，除了寓言作家关于赫耳墨斯（墨丘利）的解释性洞见，还将这位神的天性、能力和影响延伸到了这个与地球距离仅次于月球的流浪星球上，成为影响人们理解和接受墨丘利的第二个因素，这一点超越了时间也跨越了文化。事实上，在罗马世界越来越基督教化的时候，墨丘利的名字与这颗行星的关系越来越密切，虽然对古老诸神的信仰持续衰微，但神话评注连同那些《埃涅阿斯纪》评注，为阅读它们的人保存了关于这位神的鲜活知识。所以甚至在纪元 5 世纪马尔提阿努斯的《墨丘利与语文学的婚配》中，当天堂居民在婚礼上成为客人时，诸天的占星术特征被巧妙地利用了：它们表现为人格化的"黄道十分度"（decans）和其他星际"执事"，对于解读出生星象和预测天象特别重要。随着 5 世纪接近尾声，希腊罗马众神（对于大多数有教养的人而言）变成了行星的力量与寓言形象的结合，后者代表了在有死者生命中发挥作用的身体、精神或心理事实。

到了12世纪和13世纪的英格兰,占星术事项也被写进了圣徒的日记。但到了14世纪,在英格兰使用行星墨丘利的占星术关联最多的作家乔叟,也举例说明了这种发生在作为神的墨丘利到作为行星的墨丘利的过渡:正是这颗行星具有从前希腊人和罗马人归于这位神的力量和天赋。显然,在他至少五首诗作中,乔叟假定他的读者知道并且明白墨丘利的这些关联。在《巴斯夫人》(*The Wife of Bath*)中,理解墨丘利位于这位夫人的出生星座中,对于理解其性格至关重要。在他的《特洛伊鲁斯和克瑞赛伊德》(*Troilus and Criseyde*)中,熟悉如西塞罗《斯基皮奥之梦》(*Dream of Scipio*)中展示的七大天域秩序,会让读者将特洛伊鲁斯死后的灵魂安置在正确的天域,这就是属于墨丘利的天域,根据诗行1826—1827:

他立即前往,二话不说
那墨丘利为他指定的居所

同样,乔叟在他的《商人的故事》(*Merchant's Tale*)中,也有赖于他的读者的占星术知识,他告诉读者,太阳在双子宫(Gemini)——也就是墨丘利的居所——激发他们回想这颗行星的属性（从前是这位神的属性），包括雄辩和欺骗属性，还有他对合法和不合法的营利活动的监督；显然，这些属性在如此命名的一首诗中至关重要。但或许对赫耳墨斯最清楚和最机智的利用，出自其《玛尔斯的抱怨》（*Complaint of Mars*），情节牢牢定位于占星图。其中，乔叟构建了一则传奇故事，主题是爱人的欺骗，基于一个宇宙论的事实：当行星维纳斯位于墨丘利之"宫"（双子宫）时，玛尔斯不可能看到她在干什么。所以，当玛尔斯担心维纳斯会因为少了他的陪伴而感到孤独时，她却正受到她所抵达的居所主人最热烈的欢迎。这显然在影射赫耳墨斯与阿芙洛狄忒偷情的传奇故事，由此诞生了半神赫耳墨阿芙洛狄托斯。这则传奇故事为神话著作家所熟知，他们撰写的评注是很多中世纪作家关于古代诸神知识的依据。[1]

---

[1] 关于圣徒的生活与占星术的结合，参见海瑟（Heather 1943）。关于《巴斯夫人》，参见汉姆林（Hamlin 1974）；关于《特洛伊鲁斯和克瑞赛伊德》，参见斯科特（Scott 1956）；然而，遵循一种对灵魂回归的柏拉图式的解说，布鲁姆菲尔德（Bloomfield 1958）宁愿认为特洛伊鲁斯被墨丘利引向了第八重天域，称为**八重天**（*ogdoad*），位置超出了行星之天域。关于《玛尔斯的抱怨》，参见史迪威（Stillwell 1956）、斯密塞（Smyser 1970）和莱尔德（Laird 1972）；维特卢维乌斯（Vitruvius）早就指出，墨丘利在每个"宫"最多逗留30天，而普林尼（Nat 2.25）已然知晓墨丘利最有可能和最小可能升起于其中的星座。乔叟也在《禽鸟议会》（*The Parliament of Fowls*）中利用了墨丘利，将一部分情人节的活动安排在他神庙的花园中，就此参见罗斯柴尔德（Rothchild 1984）和钱斯（Chance 1990）。

但丁也利用了墨丘利的星际关联。在《神曲:〈天堂〉第五歌》(*Divine Comedy: Paradiso*, 5)中,他描述自己在贝阿特丽丝(Beatrice)的陪伴下抵达墨丘利的天域,在此遇到了曾在尘世生命中"追求荣誉"的那些人的灵魂,如今天堂的光芒如此耀眼,以至于几乎都没法看见他们了。选择墨丘利作为他们在天堂的终点,是基于一个观测到的事实:墨丘利这颗行星自身会因另一颗恒星太阳的亮度而定期隐没。所以这些灵魂,如此渴望"光明闪闪",却迷失于各自的光线之中了。①

乔叟和但丁之后,15世纪的亨利森(Robert Henryson)延续了对行星墨丘利的文学兴趣。在《克里塞德的遗嘱》(*Testament of Cresseid*)中,他对墨丘利的面相有如下描述:

> 手拿书卷来了墨丘利,
> 十足雄辩又充满修辞,
> 用词文雅又令人快意,
> 笔墨报告了所有秘密,

---

① 但丁解释说,这些人活着的时候做了好事,但动机错误(自私),因为他们是追求荣誉的人。参见齐亚迪(Ciardi 1965)对"墨丘利天域"的一项更为详尽的研究。关于中世纪文学中的天国之旅,参见埃格(Ege 2000:尤其258, 268—269)。关于16世纪法国文学中的天国之旅,参见里奇利(Ridgely 1963)。

他的红色兜帽包冠冕，

如一位诗人作风老派。

(Ⅱ.239—245)

　　这个形象是一位古时候戴着兜帽冠冕的舞文弄墨之人，这已然成为上一世纪刻画这种言辞高超之人的普遍方式。但是，戴冠冕也让人联想起古希腊以花冠为优胜诗人加冕的惯例。亨利森的老派修辞实际涉及一桩法庭案件，墨丘利在其中充任法庭书记员；可是，法庭由神圣的行星和其他天上的居民构成，他们都担心宇宙秩序被打破。另一部作品有同样的背景，这就是库文（Simon of Couvin）的《太阳在宴会上受审》（*Judicio Sol in Conviviis*），墨丘利也代表法庭发言人现身其中，描述自己同时是记录员、博学之士和律师（P213）。在这部作品中，墨丘利扮演的角色是如今的"公诉人"，在法庭上列出了人类犯下的罪行，正如亨利森《克里塞德的遗嘱》中的墨丘利，面对这宇宙秩序再次受到威胁。[①]

[①] 宝库特（Bawcutt 1981）讨论了墨丘利描述在《克里塞德的遗嘱》中的重要性；弗里德曼（Friedman 1985）对亨利森与库文的传奇故事作了比较；亦参见斯特恩斯（Stearns 1944）。

魔法墨丘利

除了赫耳墨斯/墨丘利作为行星的力量和影响，古代晚期普遍基督教化的世界，还保留了一种信仰，认为存在鬼魂和其他力量，可以用"魔法"挫败、赋能或操纵，这是基于对宇宙中和地球上的事件之间有关联的传统理解，如格言"天人感应"（as above, so below）所表达的那样。然而，并不令人感到奇怪的是，发现墨丘利本身的力量，从希腊的赫耳墨斯继承的力量，可以唤来致力于达成某种想要的结果，无论结果是积极还是消极。在荷马史诗中，他用他标志性的权杖，能让人类睁开又闭上眼睛，这权杖的使用已然有了魔法的迹象。此外，这位神还知道某些植物有魔力，而据信这样的知识对于"魔法"药水和符咒的应验至为关键。这些关联进一步强化，是靠诅咒牌上给他的祈祷语，作为一位能让某人的舌头或四肢"捆绑"或"松开"的神，在纪元前5世纪晚期和纪元前4世纪为人们所祈求——甚或"压制"有些不祥的请求，比如对某个法诺巴佐斯（Pharnobazos），此人显然是纪元前5世纪奥波利亚（Oblia）的一个假先知。这些关联加上赫耳墨斯作为神的地位，如这位神能让一群谈话的人突然陷入沉默（Plutarch, *Concerning Talkativeness*, 502.F 2—

5),也似乎能让某物突然出现来让某人"发现"它,一种更进一步的(而且偶尔是不吉利的)与"魔法"的关联,就不会让人感到奇怪,也不会对罗马的墨丘利也共享这些关联感到奇怪。但除了这些类似魔法的活动之外,如考林斯(Collins 2008:6)所指出的那样,"魔法说到底就是一种交流形式",或许这也正是为何赫耳墨斯/墨丘利是与被当作"魔法"的活动有关联的自然之神:他是神圣的交流者,也是神圣的信使,也是唯一不容许随意进出下界的神灵。①

毫无疑问,在纪元2世纪的罗马世界,魔法仍然与墨丘利关联在一起,如在阿普莱乌斯(Apuleius of Madaura)的《申辩》(*Apologia*)、《变形记》(更广为人知的名字是《金驴记》)和谈论苏格拉底的作品(《神圣的苏格拉底》)中。在《申辩》(31)中,墨丘利在魔法师举行仪式时召唤的一众神祇中,被描述为"神谕的给予者"。阿普莱乌斯言下之意是希望他的听者相信,

---

① 大范围关于继续使用定义不明确的术语"魔法"(magic)的恰当性的讨论,这里认为有必要,但未作探讨。关于这一点的讨论,参见迪奇(Dickie 2010)。关于古希腊和古罗马魔法的一般性研究,参见迪奇(Dickie 2010)、考林斯(Collins 2008)、奥格登(Ogden 2008)、格拉芙(Graf 1999);关于诅咒牌和咒语,参见盖格(Gager 1992)、法劳内(Faraone 1991)和(关于法诺巴佐斯的)勒贝德夫(Lebedev 1996)。伊西多尔(Isidore of Seville)将墨丘利特别与招魂魔法关联起来;参见科林舍恩(Klingshirn 2003);关于希腊-罗马的招魂信仰和实践,参见海德拉姆(Headlam 1902)、迪奇(Dickie 2010)、奥格登(Ogden 2001, 2008)。

情况已经变化了。他进而描述了一个场景，一个小伙子用一碗倒映着墨丘利形象的水来占卜（42），接着他报告了毕达哥拉斯派的信念，他们认为只有特定类型的木头才适合雕刻墨丘利的肖像：这一事实将成为他解释的一部分，表明他随身携带的设计精巧的微型乌木墨丘利雕像并不具有魔法性质（61）。显然，他的内弟曾指控阿普莱乌斯对他姐姐使用魔法，好让她同意嫁给他，他用一个骷髅肖像来施咒。对后一项指控，阿普莱乌斯指示陪审团看受质疑的这个墨丘利小雕像（63），证明它没有什么问题。尽管陪审团开释了他，事实上墨丘利（唤作赫耳墨斯）常与色情捆绑符咒有关，这表明阿普莱乌斯内弟的关切完全有理由。[1]

考虑到咒语是一种特殊形式的词语魔法，确有某种逻辑将这位掌控交流的神与言辞的这种强大影响联系起来了。然而在"魔法"中，不只是正确复述"咒语"中的词语才导致了想要的效果，而是用这些词语来"迷惑"和"诱骗"所召唤的神圣力量，才使得他、她或他们听从了某人的吩咐。但光有词语是不够的。如阿普莱乌斯的遭遇所显示的那样，魔法操纵还要靠可以触摸的物品辅助（甚至发挥影响），这种关联贯穿了所有时代：从穿越古代晚期迄今的所有时期，人们都用物品（通常

---

[1] 参见莫特利（Mortley 1972）、尼尔森（Nelson 2001）和图（Too 1996）关于墨丘利在这部作品中的讨论；关于爱的魔法中的墨丘利就是赫耳墨斯，参见比约克隆德（Björklund 2015）。

称为护身符）作为"咒符"，来吸引所渴望的某物，或拒斥所害怕的某物。如大阿尔伯特（Albertus Magnus）告诉我们的那样，"在赫耳墨斯之书中，有一本书是《墨丘利的形象》（*Images of Mercury*），论述的内容繁杂，一篇论墨丘利的形象，一篇论他的性格，另一篇论戒指，还有一篇论印章"。显而易见，墨丘利的影响被认为值得了解。①

常有宝石或其他材料，可以刻上相应的词语和/或形象，以期达到需要的目的。如帕诺夫斯基（Panofsky 1960：88）指出：

> 宝石或半宝石总被认为具有药用或魔法性能，阿拉伯的伪科学影响不断增长，为下属信念带来了力量：这些性能可以通过将神话或……占星术形象刻在相应的宝石上来得到加强。

这种护身符，可以保护或增强一个人在某一特定方面的能力——这并不奇怪，一个墨丘利护身符，通常是用绿松石做的，可以赋予雄辩和商业头脑。"魔法"被认为可与行星的力量协同（或与之竞争），以带来想要的影响，根据就是所认识到的

---

① 引自加林（Garin 1983：40）。如瓦尔德（Ward 1980：100）指出的那样，"相信宝石的精神和魔法属性，是中世纪神秘学最稳定和最无争议的方面"，在此后时期也是如此。关于魔法在 10 世纪的"复兴"，参见斯贝尔斯（Speirs 2006）。

宇宙中"相邻部分之间的类比、对应、关联和'同情'"（Ward 1988：74）。所以，对有兴趣了解如何获得天上和下界力量，如"墨丘利"的力量的人，都可以获得各种魔法符号、印章（尽管当初并非为此目的设计）和徽章，以达成其愿望。①

但护身符、印章和标志要发挥作用，就需要正确的实物（骨头、木头、石头或金属，如此等等），有正确的外形（刻、模、铸，如此等等），并以正确的添加物来加强（草药、液体、动物肢体、书写词语，如此等等），以正确的方式结合为一体，在正确的时间、正确的地方，如果需要，还要对它们说些正确的话语。就这些要求而言，魔法与炼金术有很多共同之处。②

炼金术的赫耳墨斯／墨丘利

赫耳墨斯和墨丘利与魔法的关联有密切关系，还有另一种"似魔法的"技艺，可能会为追踪这位神直至现代带来某种混乱。除了赫耳墨斯／墨丘利与星象、寓言和魔法的牵扯，这位神的罗

---

① 关于占星术形象的重现，参见萨克斯尔（Saxl 1970）。关于护身符的重要性，参见卡汉内和比特朗杰利（Kahane and Pietrangeli 1966）；关于魔法印章，参见诺沃特尼（Nowotny 1949）和鲁斯（Roos 2008）；关于徽章，参见佩吉（Page 2006）和威尔－帕拉特（Weill-Parat 2006）。

② 关于希腊魔法咒语"配方"译自埃及，参见贝茨（Betz 1986）。

马名字还被用来指一种非常普通的金属,也被称为水银;与此同时,根据著作家的语言,赫耳墨斯或墨丘利,有可能与外号"特瑞思默吉斯托斯/图斯"(Trismegistos/us)一同使用,指这位神有监督冶金技艺的权力,后来被称为炼金术,元素水银/汞(quicksilver/mercury)在其中发挥了关键作用。[1]

炼金术是阿拉伯人给予埃及人的冶金"科学"的名称。它涉及操作元素和实物间的化学反应,以产生特别想要的成果,诸如金或银的外表,还有极为贵重的蓝色。这些技术变成了冶金工匠的"秘密",他们需要保守,从而要用一种密码语言来保存,与见于魔法的配方和咒语不无相似之处。考虑到冶金的重要性及其"魔法"性质,这位埃及人的神,希腊人给他的名字是赫耳墨斯·特瑞思默吉斯托斯,据信是这门技艺的发明者

---

[1] 拉丁语著作家会使用墨丘利·特瑞思默吉斯图斯(Mercurius Trismegistus)而非赫耳墨斯,介绍这个形象时,也常常省去后面的外号。外号本身也许基于对托特在埃及神谱中的地位的误解,作为一系列赫耳墨斯中的第三位,这也许源自他所支配的知识分支的数目;然而,更常见的情形是,这被认为基于下述事实:托特同时拥有三种主导地位——祭司、哲人和王。据瓦尔沃(Valvo 1978),曼尼琉斯(Manilius)使用了赫耳墨斯/墨丘利的外号居勒涅和灵魂向导,在其占星术论著中认定这位首先从星象中获得知识,从而启蒙了有死者的形象,而非直接称其为赫耳墨斯·特瑞思默吉斯托斯,很有可能这是因为在很多人的头脑中,两者的区分并未得到严格遵循;然而,在凡·布拉德尔(van Bladel 2009: 4)看来,"赫耳墨斯"这名字加上"特瑞思默吉斯托斯",是用来将这位埃及神与希腊的赫耳墨斯区别开来。

和保护神，因为，希腊的赫耳墨斯和埃及的托特都与魔法和秘密知识有关联（图8.2）。①

图8.2：炼金术插图，出自迈尔《逃遁的阿塔兰忒》，1618年。带翼的母狮代表汞，一种易变的实体；它必须由一种固体来平衡，表现为雄性，带翼的雄狮（Alchemical illustration from *Atalante Fugitive*, Michel Maier, 1618. The winged female lion represents mercury, a volatile substance; it must be balanced by a solid substance, personified by the male, unwinged lion. The combat between the male and female is also a union. Bibliotheque de i'Arsenal, Paris, France; Snark / Art Resource, NY）

---

① 关于亚里士多德的冶金理论，参见埃希霍尔茨（Eichholz 1949）。埃及的冶金知识和后来的炼金术士，企图从贱金属中提炼出黄金，为如今理解的化学科学作出了重大贡献。参见汤普森（Thompson 2002）、霍姆亚德（Holmyard 1957）、泰勒（Taylor 1951）、霍普金斯（Hopkins 1934）。

此外，就像魔法一样，炼金术也持续关注正确材料的使用，要有正确顺序和正确比例。但关键原料，炼金术规程每一阶段的关键要素是汞，归于它的很多特质和性能，也为如此命名的这颗行星和这位神所共有。这就是汞，连同硫和盐，据信是所有金属的基本成分的原因，它也是"配方"成分之一，在西方变得非常重要，关系到将贱金属转变为最贵重的金属——黄金。①

尽管西方在古代晚期失去了这种炼金术知识，它却在12世纪经阿拉伯人重新进入了中世纪世界，所依靠的文献中还包括医药、占星术和魔法"配方"；这些内容被称为"技术**赫耳墨斯秘籍**"（technical *Hermetica*）。这个描述语意指它们有别于另一部文集，也被归于赫耳墨斯·特瑞思默吉斯托斯，如今称为《赫耳墨斯秘籍》（*Corpus Hermeticum*），其中有17篇新柏拉图派的教导，主题是净化和保存灵魂：通常认为这些都是"哲学"**赫耳墨斯秘籍**（图8.3）。除了一篇名为《阿斯克莱庇奥斯》（Asclepius）的文献外，西方世界不知有《赫耳墨斯秘籍》，直至1460年在君士坦丁堡取得它，并被斐奇诺（Marsilio Ficino）译为拉丁语。可是，这部文献中斐奇诺首先译出《皮卡特里克斯》

---

① 霍普金斯（Hopkins 1934）表示，技术赫耳墨斯秘籍被冶金工匠当成"秘密"文献，他们试图保守他们行当的"秘密"，包括如何创造极为令人向往的蓝颜色，尤其是贱金属之上（或与其结合）的金色外观。

(*Picatrix*),其教导中包括魔法和占星术元素。并不奇怪,它立即就被接受了,因其中保存了一种信仰,认为天上的活动与地上的影响之间有类似神秘魔法式的对应关系,可用"天人感应"来概括。所以,在12世纪重新引入物理炼金术,及其在15世纪的神秘化(spiritualisation),都有在其中生根发芽的沃土。[1]

物质和精神炼金术士达成其目标,都靠一种对规程的线性理解:通过一系列原因和结果,对象就会转变为所寻求的最终形式——哲人之石(the Philosopher's Stone),在物质世界中就是最纯粹的金属——黄金,在精神世界中,完善的**元气/灵魂**属于个别炼金术士。由于此规程没有某种协助就无法完成,在物理炼金术中,这种协助就采用了墨丘利(Mercurius)的形象,他是对立面的协调者,就精神而言他就是圣灵,后者与墨丘利的相似性早就被人注意到了。[2]

---

[1] 大部分"技术赫耳墨斯秘籍"没有传世。技术和哲学赫耳墨斯秘籍,据说赫耳墨斯·特瑞思默吉斯托斯是其作者;然而,卡索邦(Isaac Casaubon 1559—1614)证实,这些文献原本以纪元2世纪和3世纪希腊化时期的希腊语写成。参见格拉芙通(Grafton 1983)的讨论。关于《赫耳墨斯秘籍》,参见哥本哈维(Copenhaver 1992);关于其接受,参见耶茨(Yates 2002 [1964])、塞兹内克(Seznec 1995)。关于斐奇诺与炼金术,参见克拉克(Clark 1983)。

[2] 关于精神炼金术,参见沃斯(Voss 1998)。关于墨丘利的力量在神秘的文艺复兴思想中如何居于核心地位,可以在卡瓦尔拉罗(Cavallaro's 2006)关于迪(John Dee)的《象形文字单子》(*Monas Hieroglyphica*)的讨论中获得一些见解。

不过，炼金术的实施，或所谓"练功"（opus），并不为所有人所认可，如17世纪早期，约恩森（Ben Jonson）的两部作品有趣地证明了这一点。1610年，他创作了一部喜剧，名为《炼金术士》（*The Alchemist*），嘲笑了那些热衷于练功的人。1615年，继之假面剧《墨丘利由炼金术士在法庭上辩护其无罪》（*Mercury Vindicated from the Alchemists at Court*，1615）以寓言的形式呈现，由"乌尔坎"（Vulcan）作为金属工匠，试图将汞用于其制作黄金的活动。汞的精气，完全被理解为一种神圣的力量，以其非凡的性质激活和赋予实物，重演了其在炼金过程中所用器具中的遭遇：

> 这就是我，被腐蚀，被高举，被升华，被缩减，被提取，被过滤，被淘洗，被擦拭；它们盐与硫、油与酒石、卤水、醋之间发生了什么……我全部的生命与它们一道遭受了一场折磨。

这种剧烈转变，"墨丘利"在其中既是动力又是对象，以象征方式表现出来，就是这些雄狮和母狮在殊死搏斗中，在此进程阶段，墨丘利是居主导地位的母狮（参见图8.2）。

不久以后，在约恩森的假面剧中，墨丘利表示他完全理解乌尔坎试图达成什么，但他不同意：

图 8.3：大理石步道上的赫耳墨斯·特瑞思默吉斯托斯的细节，1488 年，乔万尼设计（Detail of Hermes Trismegistos from marble pavement, 1488, designed by Giovannide Stefano da Siena. Duomo; Scala / Art Resource, NY）

我知道你的目的是什么，阁下，你想从我的头上和脚跟扯下飞翼，用我的封印把我封在瓶中，你就可以夺走我手中的节杖，以奸淫和败坏自然，用它你就可以接近她，更容易地羞辱她。

在此，约恩森本人利用了墨丘利/汞（M/mercury）的精气，同时既搞乐子又批评，但这不会被误认为是那位古老的神。①

在14世纪，没有人认为希腊的赫耳墨斯是一位神，如培根（Roger Bacon）对两个赫耳墨斯的解释揭明：

事实上，阿特拉斯……才是赫耳墨斯、更伟大的墨丘利的外祖父，因其精于伟大技艺而闻名。因为他教过这两人，死后被崇拜为神……他的孙子是赫耳墨斯·墨丘利，被称为特瑞思默吉斯托斯，是为了区别于另一个墨丘利。

(*Opus Majus*, I.54—55)

与此类似，在15世纪60年代，斐奇诺有一个相当不同的谱系，但仍然没有将其归属于神；从《论证》（*Argumentum*）

---

① 关于乔叟参与炼金术的情形，参见弗莱（Fleay 1879）。顿坎（Duncan 1942）、坎宁汉（Cunningham 1955）和弗拉赫曼（Flachmann 1977）提供了关于约恩森炼金术事业的讨论。

开始，他引入了斐奇诺翻译的《赫耳墨斯秘籍》，记述说：

> 在摩西出生的时代，占星家阿特拉斯声名显赫，他是自然学家普罗米修斯的兄弟，也是年长的墨丘利的娘舅，墨丘利的外甥就是墨丘利·特瑞思默吉斯图斯。①

由此显而易见，无论培根还是斐奇诺，都未能将希腊罗马的神赫耳墨斯/墨丘利与所假定的《赫耳墨斯秘籍》的作者联系在一起。这也不奇怪：无论是赫耳墨斯还是墨丘利，都不被当成"真实的"神已好几个世纪了。在哲学著作家和最后的基督教作家的寓言解释中，他们已然被剥去了神性，墨丘利所指只剩下两个：行星和金属。随着**赫耳墨斯秘籍**重新被引入，现在有了第三个所指，这就是古老的墨丘利（赫耳墨斯）·特瑞思默吉斯图斯，他的舅父（或外祖父）是"年长的墨丘利"，这位赫耳墨斯化的有死者，等同于这位早期的希腊神灵。

所以在很多炼金术文献中，汞这种金属的大写形式最常见，或许是出于对其所包含的精气的崇敬，它在炼金术规程的每一阶段上都实现了变形任务。对于一位更熟悉其神话叙事的现代读者而言，可能具有挑战性的是记住：当中世纪和文艺复兴时

---
① 如耶茨所引（Yates 2002：15）。

代的人看到这个名字时,他们不会首先想到这位神,而是会想到在这种金属内部和通过这种金属发挥作用的"不可见的力量"。不过,"汞"(mercury)这个名字的冶金学品质,也是古希腊和古罗马这位神所共享的品质:迅速、多功能、可变形、不可见和灵巧,还结合了一种服务意愿。无论有意无意,赫耳墨斯作为宙斯代理的身份,似乎已然传达了对这种金属的命名,就像赫耳墨斯之于宙斯和圣灵之于上帝,都充当了完成主人意愿的代理。

小结

作为寓言、占星术和西方基督教化的一个结果,可以准确地说,在纪元 500 年之后,赫耳墨斯不再作为一位神而存在,也不再作为墨丘利(Mercury)而存在:相反,后者要么是一种诗意的设计、一种金属,要么是一个行星,代表各种为某些人类共有的属性和能力,以及那些能够影响某人生命历程的属性和能力,还延伸到了魔法和炼金术技艺之领域。考虑到拉丁语是西方最早从中获得关于这位神的传奇故事的古代语言,罗马传奇故事中的墨丘利,而非希腊的赫耳墨斯,才是文艺复兴前数世纪西方最熟悉的神。所有思想的溪流,从寓言流向炼金术,再流向魔法，混合为一体，形成了一个复杂却又相对稳定的关于这位神的图像。他穿越古代晚期和中世纪，仍然是一个代表言辞的形象——雄辩大师，甚至是雄辩的化身，但这些方面的表现，有可能是积极的，也有可能是消极的。不过，与这位如此密切关联运动和变化的神最相符合的是，赫耳墨斯发现自己在穿越了不同世纪和时期后被移动和改变了。但记住一点十分重要：从古代晚期直至19世纪，文学作品中涉及墨丘利，要么指这个名字所代表的事物（主要是行星的属性），要么在15世纪以后，指埃及的特瑞思默吉斯图斯，赫耳墨斯的外孙或外甥。

九、变形 II：从高级文化到流行文化

赫耳墨斯/墨丘利在流行文化中总是具有特殊的吸引力：从他早期在希腊陶罐上的艺术表现，到纪元前5世纪在雅典悲剧和喜剧"舞台上亮相"，直至现代出现在艺术、音乐、散文和诗歌中，并且随着交流形式的变化和多样化，他对遍及西方世界的理论家、广告商，乃至航空工业，都保持着吸引力，甚至作为外来者渗入到了某些文化之中。

图像化的赫耳墨斯

尽管在6世纪和10世纪之间，所有对诸神的描绘都停止了，但随着其在10世纪末重新由拜占庭引入，西方也重新从古典时代引入了这位神的更为准确的形象。赫耳墨斯/墨丘利相当频繁地出现在文艺复兴和随后数世纪的艺术中，直到如今，仍常常保留着其种种物理属性，这些是在此前数世纪的神话写作、评

注和辞书中赋予他的。然而，在伴随阿拉伯人的占星术和其他文献而来的形象影响下，赫耳墨斯/墨丘利暂时呈现出一种极具异域特色的外表。当他出现在1488年的地板马赛克上时，看起来与赫耳墨斯·特瑞思默吉斯图斯本身的形象非常相像，天上的墨丘利穿上了一位学者的装束，他标志性的节杖为一本书所取代，显示他对语言的精通和博学。在占星术手册中，刻画他的方式是让他坐在一辆马车中飞越了他的"孩子们"，也就是他所掌控的那些人物和地方，如我们可以在图9.1中所见到的那样。

所有在下方忙碌的形象，代表法律、教会和教育职业的成员，以及那些涉及各种创造性事业的人。这与出自15世纪和16世纪的画家和雕刻家的方式一致，他们通常为这些形象穿上当时样式的服装。所以，在哥本哈根皇家图书馆（Copenhagen Royal Library Thottske slg, 399）1480年左右的一份手稿中的一幅彩图上，墨丘利穿着当时的服装，左手拿一根长笛放在唇边，右手持一把适度弯曲的剑和杖，上面不是缠绕的蛇，而是两条带翼的小龙蜿蜒到顶。在墨丘利左边立着一只雄鸡，右边是阿耳戈

图9.1：墨丘利（行星）的属性，1531年的徽章［Mercury（planet）with attributes, 1531 CE Emblem. HIP / Art Resource, NY］

赫耳墨斯

斯的形象，因墨丘利悦耳的演奏合上了双眼。①

  这些都是简单的推断，出自他所认为的他的智力天赋的漫长历史；其他更多不和谐的刻画，出于对他身体特征的早期描述的误解。这包括不断拉长的节杖，上面原本以数字 8 的样式整齐缠绕的蛇，变成了三条或四条环形带翼的龙。墨丘利的帽子也由旅者的一种宽边皮帽变成了一顶带翼的金属头盔，有时候这只是恢复了一种较少军事特点的外形。他带翼的靴子也几经变化，其中最极端的一种变化是改为露趾及膝长靴，两侧都有像钉子一样的突出部分，从脚踝直至膝盖，意在代表羽毛：蒙塔纳（Mantegna）1497 年的画作，题名为《帕纳索斯山》（*The Parnassus*），提供了这种演变的绝佳例证。可是，1519 年，他的手法要克制得多，画了一幅墨丘利肖像，根据匿名出版的塔罗牌（Tarocchi/Tarot）版画，后者印制于 1465 年至 1475 年之间：画中保留了齐膝高的长靴，上面有十分小巧的鸟儿尺寸的飞翼连着脚踝。然而，他的节杖如今带有两条饰以羽冠和飞翼的蛇，

---

① 帕诺夫斯基（Panofsky 1960：50—54）讨论了重新将诸神形象引入西方的主题。关于采用阿拉伯造型的服饰和行业，参见帕诺夫斯基和萨克斯尔（Panofsky and Saxl 1933：241）；关于使用当时当地的服饰，参见帕诺夫斯基（Panofsky 1960：83）。帕诺夫斯基和萨克斯尔（Panofsky and Saxl 1933：246）还讨论了皮桑（Christine de Pisan）的《奥泰亚书简》（*Épître d'Othéa*）中关于墨丘利的孩子们的插画。

下半身紧紧地蜷曲靠近权杖顶端，巨大躯干上的脖子也完成了最后一次扭动，以相当敌对的姿势看向对方。三个世纪后，一种更为复杂的将墨丘利与他所掌控的职责和天赋联系起来的方式，出自夏尔丹（Jean-Baptiste Chardin 1766）之手，他描绘了一尊这位神的雕像，坐落在具代表性的物品之间，它们都与所谓他的"孩子"有关，背景是一座图书馆或研究场所（图9.2）。①

图9.2："艺术的属性及其奖赏"，夏尔丹，1766年（"The attributes of the arts and their rewards", Jean-Baptiste Chardin, 1766. Painted for the scuptor Pigalle, whose statue "Mercure" is in the centre of the painting. Minneapolis Institute of Arts, Minneapolis Minnesota; Erich Lessing / Art Resource, NY）

---

① 蒙塔纳《帕纳索斯山》的进一步讨论，参见莱曼（Lehmann 1973）。米奇奥雷克（Mizioɫek 1993：68—70）包含了关于赫耳墨斯在中世纪艺术中发展出大为扩展的肩部和有翼脚踝的路线的翔实讨论。

从 14 世纪直至 19 世纪，最受欢迎的一个艺术场景是，赫耳墨斯在杀阿耳戈斯之前哄他入睡。角色通常容易确认，因为墨丘利会持他的节杖，戴宽边帽，有时候还带翼，而阿耳戈斯会是一个不吸引人的沉睡的男子。背景中会有一头母牛，代表变形后的伊娥。受欢迎程度第二的神话场景是墨丘利造访赫泽（Herse），艺术家成功的努力程度不一，表现了阿格劳洛斯（Aglauros）变成石头的场景。似乎（而且或许令人惊奇的是）较不常见的场景，描绘了墨丘利下到凡间，在梦中向埃涅阿斯分享朱庇特的信息，依据是维吉尔的《埃涅阿斯纪》（*Aeneid* 4）。不过，在 18 世纪，蒂耶波洛（Giambattista Tiepolo）受到激发画出了这个场景（图 9.3），他在其中让墨丘利从翻滚的乌云中下降，左手持一根最精美的节杖接近埃涅阿斯，后者平躺在一块石头上，有一块突出的岩石保护他，墨丘利从上方抵达。事实上，名气不小的鲁本斯（Peter Paul Rubens）也画过这个场景。

蒂耶波洛的这幅画，与早期一幅尝试描绘墨丘利前来激发埃涅阿斯行动的画形成了鲜明对比。在这幅由沃尔泰拉（Daniele de Volterra）创作于 1555 年的版本中，观者面对的是一个相当意外的场景，他们发现自己正在凝视狄多（Dido）的卧房，埃涅阿斯衣冠不整，女王也已躺在床上了。墨丘利出现在床上方，相当幽默的是，他显得像是失去了平衡，正在从屋椽上跌落，

图9.3:"墨丘利敦促埃涅阿斯离开",蒂耶波洛(1696—1770)["Mercury urging Aeneas to depart", Giambattista Tiepolo (1696–1770). Villa Valmarana, Vicenza, ltaly; Scala / Art Resource, NY]

床的顶罩就悬在屋椽上;他的脚远高于头部,身体部分扭曲的位置也有助于造成幽默效果。①

这幅场景固然美丽,但没有哪幅墨丘利形象对学者讨论的吸引力超过了波提切利(Botticelli)《春》(*Primavera*)当中的墨丘利形象。从观者的视角看,墨丘利站在画的最左边,背对着画面中其他神圣参与者。这个位置、他的姿态及其意味,正是论辩的焦点。因为这是他赞助人的儿子委托的一幅作品,贡布里希(Gombrich 1945)偏爱的解释,更符合布朗克特伯爵(Count Plunkett)的提议,墨丘利用他的剑示意的方向,指示着人必须寻找真理的方向:朝向天国。他的手势所要指引的人是年轻的洛伦佐(Lorenzo),即这幅画指定的接收者。为了表明墨丘利之难题,贡布里希吁求拉丁语诗人阿普莱乌斯,他对帕里斯的评判的处理,就在这位著作家的传奇故事中。②

---

① 从16到19世纪,经常引起人们兴趣的还有绘画和其他艺术品,描绘墨丘利护送普绪克抵达奥林坡斯,都以2世纪传奇故事《变形记》(更为著名的英译名是《金驴记》)为根据,出自拉丁语著作家阿普莱乌斯,诸如拉斐尔(Raphael,约1517)装饰天花板的壁画,房间名为"普绪克凉廊"(Loggia of Psyche),在罗马的法尔内斯纳庄园(Villa Farnesina)中(参见本书第七章图7.1),墨丘利在其中发挥了赫耳墨斯作为真正的"灵魂(普绪克)向导"的功能。但请注意节杖延伸的长度和盘绕其上的蛇的准确对称,还有顶部附属飞翼,如今对节杖更为恰切的称呼是权杖而非魔杖。

② 亦参见帕诺夫斯基(Panofsky 1960:193—200)、邓普西(Dempsey 1968)和马尔默(Marmor 2003),对波提切利《春》当中的墨丘利的讨论。

有趣之处还在于指出，选择涉及赫耳墨斯/墨丘利的场景来装饰意大利大箱（嫁妆箱），通常作为新娘的礼物。有 10 幅场景出自《奥德修纪》卷十、卷十一和卷十二，画在一个意大利大箱的前箱板上，出自乔万尼（Apollonio de Giovanni）之手，题名《尤利西斯（奥德修斯）的冒险》（*The Adventures of Ulysses* [*Odysseus*]），这是 15 世纪的作品，首次展示了墨丘利警告尤利西斯和基尔克并赐给他茉吕的场景：他出现在中间靠右较低的区域，后面是一群猪，表现尤利西斯的船员的变形。在第二块意大利大箱长箱板上，取材于《奥德修纪》七卷书，墨丘利出现在画面上方，向卡吕普索显现，后面是正在建造木筏的尤利西斯形象。墨丘利还出现在了另一块箱板上，提供了一个更精简版的尤利西斯的冒险。以此比较这位神缺席的另一个装饰有帕里斯评判的意大利大箱：两幅场景中我们都期待看到这位神，但他却被忽略了。考虑到第一个意大利大箱上他的神圣干预拯救尤利西斯免于女性诱惑，而另一个意大利大箱描绘的传奇故事忽略了他，是因为传统上他是不忠的促成者，这看来是深思熟虑地利用这位神来激励新娘要对新婚忠诚。[1]

---

[1] 关于第一个意大利大箱的讨论，参见米奇奥雷克（Miziołek 2006）；关于第二个意大利大箱的讨论，参见米奇奥雷克（Miziołek 2007）。关于以赫耳墨斯为主题或作为重要形象出现于其中的艺术作品更为完整的列表，参见莱德（Reid 1993：563—572）。

漫画和动画

虽然饰有壁画的天花板和油画或水彩杰作,也许不再主导我们今日的审美品位,但这并不意味着赫耳墨斯不再出现在视觉艺术中。赫耳墨斯(通常称为墨丘利)出现在漫画书中,其实已有相当长的历史,尤其是在由 DC 和漫威原创的漫画中。首次以其罗马名字出现在 20 世纪 40 年代的漫威产品中,这位神就被派去把维纳斯(阿芙洛狄忒)连同她的有死者情人从地球上拯救回来,这两人正在那里接受审判。他接着出现在 20 世纪 50 年代进一步发布的三期作品中,其中维纳斯再次与有死的人发生了纠葛。如人们所期待的那样,漫威的赫耳墨斯是在奥林波斯诸神中速度最快的神,也天赋创造性和灵巧;然而,在其他能力方面,诸如力量、战斗技巧(尤其徒手搏斗)、耐力,相当令人称奇,在才智方面,他在十位神中只居第五。有人怀疑,作为宙斯发言人和"奔走者"的观念,在现代思想看来,导致剥夺了他属于自己的理智能力!最近,以他的希腊名字现身的赫耳墨斯,用别名(外号)"狄阿克托罗斯",38 次在新丛书"地球 616"(Earth–616)中出场。他也出现在 DC 漫画出品的漫画页面上 98 次,包括出现在 DC 的三期《神奇女侠》(*Wonder*

Woman vols. 2, 51, 59, 132）和《诸神之战》（*War of the Gods* vols. 1, 4; vols. 2, 5）中。DC漫画也利用赫耳墨斯的罗马名字及其与汞元素的关联，来创造以这个名字命名的角色："墨丘利"在《金属战队》（*Metal Men*）中是一个机器人，由液态金属制成，有能力保持固体形状。或许，元素汞被用于老式温度计来测量热度，是因为温度上升时它会迅速膨胀，所以《金属战队》的创作者康奈尔（Robert Kanigher）和安德鲁（Ross Andru），将其变成了一个极容易"失去冷静"的形象。

赫耳墨斯对于政治卡通也不是陌生的：在帕特里齐（B. Partridge）为《笨拙》（*Punch*，194［1938］687）杂志撰写的一篇艺术讽刺评论中，英国广播公司（BBC）主管瑞斯爵士（Sir John Reith）被幽默地刻画为墨丘利。他的头和脚踝都长出了机翼，一个用麦克风代表的节杖扔在一边，公文包代替了他的钱袋，这位近乎全裸的前高管从英国广播公司的工作岗位上，飞到了帝国航空（Imperial Airways）总裁的新职位上。这幅政治卡通出现在肉眼可见的水星凌日的次年，或许利用了重新燃起的对墨丘利的兴趣，此类现象常常会激起人们的兴趣。①

正如漫画不可能忽略这位多面相的希腊神，迪士尼公司

---

① 关于这部政治卡通的素材，参见托宾（Tobin 2013）。托宾也揭示，维纳斯穿越太阳所激发的艺术作品，要比墨丘利多得多。

（Disney Studios）1997年的长篇动画电影《赫库勒斯》（*Hercules*）也没能离开他。除了戴着眼镜，他看起来有点像一个裸露而又快乐版的动画形象格林奇（Grinch），迪士尼的赫耳墨斯保留了其作为奥林波斯诸神的神圣信使的地位，也被当成旅者的保护神；尽管具有讽刺意味的是，他的节杖在其中看上去更像是阿斯克莱庇奥斯而非他自己的象征。动画师也给了他带翼的帽子，这一出现在这位神的历史上相当晚近。他首次出现在电影中是在一场为赫库勒斯举办的宝宝派对上，他对宙斯的评论显示，他是此类庆典的行家里手，利用了这位神不光彩的食欲！赫库勒斯成人后，赫耳墨斯碰巧看到提坦神（Titans）准备对奥林波斯发动攻击，就及时警告他的奥林波斯家族准备迎战。作为最后一个被俘获的神，他还要受人格化了的痛苦神（Pain）和惊慌神（Panic）的折磨，在赫库勒斯营救他之后，他用他像短棒的节杖反击他们。然而，当故事接近尾声时，赫库勒斯在奥林波斯家族中受到欢迎，赫耳墨斯指挥着神圣的歌队缪斯女神，唱了一首歌以荣耀这位新神。①

赫耳墨斯（赫鲁墨苏［Herumesu］），这是麦克劳克林

---

① 在迪士尼题名为《赫库勒斯系列动画》（*Hercules: The Animated Series*）的系列动画中，在赫库勒斯青年时为未来作准备的岛屿上，赫耳墨斯也是一位受欢迎的到访者。

（Benjamin McLaughlin）按英语发音的读法，也是改编自青少年小说和日本漫画（manga）的几集日本动画电视片中的一个主角。在《地城邂逅》（*DanMachi*）和《剑姬神圣谭》（*Sword Oratoria*）中，赫耳墨斯都是引领赫耳墨斯家族的神，他们家族的居所被称为"旅者小店"。这个家族的所有成员都是逐利者，但他们也帮助行会追捕黑市商人（Black Marketeers）。如赫耳墨斯的希腊神话所清楚表明的那样，这个家庭的象征是一顶带有一根羽毛的帽子，羽毛的背景风格是两边带翼。在另一部有趣的日本动画剧集中，一个"摇滚"团体名叫 *Sekkou Boys*（意为"摇滚一族"），标志由过去的四个有名的胸像构成，赫耳墨斯是其中之一。一个难题是把这些"摇滚歌手"变成"偶像"！但是，的确作为赫耳墨斯更为常见的表现之一，是他没有变成"摇滚明星"，而是成了日本小说系列小说《奇诺之旅：美丽世界》（*Kino's Journey: The Beautiful World*）中一辆摩托车的名字，小说的作者是时雨泽惠一（Keiichi Sigsawa），插画师是饭冢武史（Kouhaka Kurobushi）。赫耳墨斯摩托车，尽管设计基于超级布拉夫（Brough Superior）摩托，却不一般；相反，他是一辆会说话的超速摩托车，充当奇诺（Kino）的旅行伴侣和交通工具，伴她游历了一系列异国他乡和民族。这个传奇故事有几部改编的动画电视剧，还有两部半小时短剧，其中第一部展现奇诺通过骑乘赫耳墨斯提高了驾驶技能。显然,正是赫耳墨斯作为旅者保护神和速度之神的名望,甚或还有他作为交流之神的地位,决定了这辆早熟的摩托车的命名。①

赫耳墨斯,这辆会说话的摩托车,不仅可以在印刷品和动画片中看到,他也出现在2003至2007年间,两款为"游戏站2"(PlayStation 2)发布的电子冒险游戏中,针对日本的奇诺迷。毫不令人惊奇,赫耳墨斯也作为神出现在了大量英语电子游戏中,故事要么发生古希腊罗马文献中,要么根据这些文献创作而成,尤其是神话传奇故事,诸如《尤利西斯与金羊毛》(*Ulysses and the Golden Fleece*)和《佩耳修斯与安德洛美达》(*Perseus and Andromeda*)。在两款游戏中,玩家必须发现他并与其他角色交换物品,以获得奖励或其他工具,助力他抵达更上一层次。在后一款游戏中,一旦最初一套基本交换完成,为玩家设定的任务就要从一尊赫耳墨斯雕像上获得一套带翼的靴子。同一种礼物"速度",在游戏《阿耳戈船英雄崛起》(*Rise of the*

---

① 赫耳墨斯首次出现在青年成人小说中,是在《地城邂逅》卷五和《剑姬神圣谭》卷三中;他首次出现在日本漫画中是在《剑姬神圣谭》章一中;他在动画中首次出现,是在《地城邂逅》第1集和《剑姬神圣谭》第7集中。迄今为止关于另一种动画/漫画故事中表现为女性赫耳墨斯的讨论,参见图尼(Thouny 2009)。"摇滚一族"其他成员是圣乔治(St. George)、玛尔斯(Mars)和美迪奇(Medici);这个剧集持续时间短暂,始于2016年1月8日,结束于同年3月25日。

Argonauts）中，也要由赫耳墨斯赐予玩家。至于这位神在这款游戏中的角色，一位设计者的描述是：

> 赫耳墨斯，这位敏捷之神，将奖赏伊阿宋（Jason）不断增长的迅捷和战斗能力。他选择的武器是剑，所以献给赫耳墨斯的事迹，将带给玩家更迅捷、更快速的战斗节奏。他也是狡猾之神，非常善于摆布他人，这让伊阿宋可以赢回同伙伊奥尔坎人（Iolcans）的心智，通过在理智上超越他们。①

赫耳墨斯在另一款战斗游戏中的角色和偏好方面都要复杂得多，这就是《神话时代》（*The Age of Mythology*）。每个神监督一种特殊的战斗力，后者也代表玩家的一种特殊优势。每个玩家都有四组三个神的选项，每组只能选择其中一个神：赫耳墨斯出现在第二组，监督骑兵，后者代表速度和机动，且有能力在游戏地图上看到远处发生的事情。此外，赫耳墨斯还供给玩家（或更准确地说，他控制玩家的单元）战术技巧，这对于赢得竞赛往往至关重要。所以，选择由赫耳墨斯来给予玩家的指挥者以"额外"速度奖赏，还利用他作为官方传令官，从

---

① 参见 http://gameinfowire.com/news.asp?nid=l2435，查看游戏测试版细节。

而也是人间传令官们的保护神的神话地位,尤其在其制定条约和休战方面,赫耳墨斯还给予玩家宣布休战和重组战士的能力。

尽管事实上在希腊神话中,奥林波斯诸神是不死的,但在"游戏站3之《战神III》"(PlayStation 3's *God of War III*)中,情况却并非如此:在这款游戏中,有可能会杀死几个神,包括疾行者赫耳墨斯,方式生猛。在一个场景中,一个斯巴达人,一心要毁灭这位神,却为赫耳墨斯所嘲笑,因其速度相对较慢,当他和战士玩"如果你能,就来抓我"的游戏时。但赫耳墨斯的确需要小心谨慎:尽管他速度极快,有能力迅速愈合伤,却无法再生新的身体部位;失去肢体有可能导致这位神的毁灭,在这款游戏中这是致命的。

舞台和荧幕

除了电子游戏,赫耳墨斯在电视电影中也未缺席。1997年贺曼公司(Hallmark)版本的《奥德修纪》(*Odyssey*)中,由道格拉斯(Freddy Douglas)扮演这位神,他迎面飞向奥德修斯,向他展示药草(茉吕),它可以保护他抵挡基尔克的魔药。他也出现在《无限正义联盟》(*Justice League Unlimited*)中(由巴特曼[Jason Bateman]配音),带指令给神奇女侠(Wonder

Woman），要她协助哈得斯与福斯特（Felix Faust）战斗。在英国，一部哈里森（Tony Harrison）的舞台剧版的电影《普罗米修斯》（*Prometheus*）（该剧基于纪元前5世纪埃斯库罗斯的希腊悲剧《被缚的普罗米修斯》），1998年在四频道（Channel 4）播出。在霍尔（Hall 2002）看来，

> 这部影片……为这些年激进的政治目的提供了最重要的古典神话改编，而且是（可能除他的舞台剧《奥克西林霍斯的追踪者》[*The Trackers of Oxyrhynchus*]之外）哈里森迄今最辉煌的艺术作品。

在原版和哈里森的改编中，赫耳墨斯表现为一个最无同情心的角色，他履行的职责是超越力量的代言人，带着超然的驾轻就熟，无丝毫同情心。他在电影中的第一句台词，口气刻薄又居高临下，不像埃斯库罗斯剧作中，是对普罗米修斯说的，而是对北境矿工们说的，当时他们正在下到矿井中去。在哈里森的电影中，第四首《荷马颂诗》中让阿波罗着迷的竖琴音乐，变成了这位神（由费斯特[Michael Feast]扮演）敲击纽卡斯特亨伯河桥（Newcastle's Humber Bridge）悬索时发出的怪异的

金属声。①

赫耳墨斯甚至也出现在"大银幕"上：早在1935年，他被表现为大都会艺术博物馆（Metropolitan Museum of Arts）收藏的几尊希腊神雕像中的一尊，有一位古怪的科学家发现，他的实验产生了一枚戒指，用它可以把活物变成雕像，又可以把雕像变成活物时，他把这些雕像变活了。这部影片是由1931年的小说《诸神的夜生活》（*The Night Life of the Gods*）改编的，小说的作者是史密斯（Thorne Smith）。赫耳墨斯也作为宙斯的官方代理，以其必不可少的形象出现在了1963年版的《伊阿宋和阿耳戈船英雄》（*Jason and the Argonauts*）中，为欺骗入侵军队的先知，赫耳墨斯（由格文［Michael Gwynn］扮演）阻止了篡位者佩利阿斯（Pelias）的攻击，直至婴儿伊阿宋被安全转移。赫耳墨斯在这里不仅是宙斯的代理，而且他与保姆和占卜的关联，似乎传达了选择这位神在这则传奇故事中扮演此特殊角色的原因。最近，赫耳墨斯首次出现在2010年的系列电影《佩西·杰克逊》（*Percy Jackson*）之《佩西·杰克逊与奥林波斯诸神：闪电盗贼》（*Percy Jackson and the Olympians: The Lightning Thief*）中。

---

① 网址 www.imdb.com/ characters 上，列举了1918至2015年，赫耳墨斯/墨丘利出现于其中的119种演出和五种电子游戏。

在舞台作品中，赫耳墨斯以最为引人瞩目的方式出现在2010年的音乐剧《墨丘利的祭仪：一部摇滚歌剧》（*The Rite of Mercury: A Rock Opera*）中，休厄尔（Jon Sewell）在其中扮演这位神，同名的这颗行星的精魂。这是基于七部神秘剧套剧《厄琉西斯密仪》（*Rites of Eleusis*）的系列音乐剧之一，这些神秘剧由著名的神秘学家克劳利（Aleister Crowley 1875—1947）编剧，首演于1910年。墨丘利也出现在奥芬巴赫（Jacques Offenbach）的《奥耳弗斯在下界》（*Orpheus in the Underworld*）中，这是一出两幕歌剧，1858年10月首演于巴黎。奥芬巴赫并未尊重他的"版本"所依据的关于奥耳弗斯和欧律狄刻的传奇故事；的确，在这部歌剧中，欧律狄刻爱上了下界之主，后者伪装为一个英俊青年，当奥耳弗斯设计伤害这个青年，却不料杀死了他的妻子时，普鲁托（Pluto）开心地让她复活，将她带到下界与他生活在一起。场景转换到奥林波斯后，墨丘利出场了，这位神完成了任务从下界返回，他是去调查欧律狄刻身上究竟发生了什么，显然这是在履行他的传统角色：作为朱庇特的代理人、侦察者和下界向导。[1]

---

[1] 奥芬巴赫歌剧的剧本，由克雷米厄和哈勒维（Hector Crémieux and Ludovic Halévy）创作。1858年的演出，由男高音贝特利尔（Jean-François Berthelier）扮演墨丘利。

赫耳墨斯不仅是舞台剧中的一个角色,还能为其他几部作品的作者提供灵感来创造其他非神性角色,在这些作品中,一个或多个角色被赋予了他的一个或多个经典天赋才能。所以,尽管他本身不是剧中角色,但可以确认赫耳墨斯对美国西部片中几个角色的构建产生了影响,故事的背景设定在20世纪60年代,发生在墨西哥边境附近。霍尔茨马克(Holtsmark 2001)认为,《百支快枪》(*100 Rifles*,1969)中的警长是英雄人物与赫耳墨斯的某种混合,创造了一个形象有能力进入类似下界的地域,代表他追捕的非法分子的逃亡地墨西哥。在同年上映的另一部西部片《狂野一族》(*The Wild Bunch*)中,一个上了年纪的帮派成员名叫塞拉斯(Sylas),他所具有的品质源于赫耳墨斯和喀戎(Charon)。霍尔茨马克评论说,"夏普(Sharp)这种黑人,现代电影中常见,是一个赫耳墨斯式的形象,**灵魂向导**……他不仅引导英雄进入下界,也襄助其返归上界"(2001:31)。

在詹金斯(Len Jenkins)的剧作《我们五个》(*Five of Us*)中,"赫尔曼"(Herman,代表赫耳墨斯的形象)生命中的每一个新事件,都展现了这位神的一个新面相。观者在第一幕中看到,赫尔曼受雇作为信使从事递送业务,他编造了一个计划来欺骗他的雇主,事关他偷窃的一个包裹,声称他在试图投递时遭到攻击。为此，他用石头砸破了自己的头。他这个人对到远方旅行很着迷，甚至会预订酒店，好让他的梦想更为真实；可是，他总是及时取消了预订。赫尔曼的隔壁公寓住着两对夫妻，每一对都有自己的一套安全问题；两位妇女出门期间，两个男人闯入赫尔曼的公寓，打算偷些值钱的东西。不料，赫尔曼在家，情况复杂化了，他们就将他监禁起来。这种情况下，赫尔曼通过他的神秘力量揭示，他晚上能和他们一起睡在床上，还能通过心灵感应听到和看到他们一直在做什么和计划什么；现在他们偷了他偷来的项链，他把它"送给"他们，作为一种表示和平的礼物。后来，经过意外扣押，赫尔曼死了；这起事件，实际上为每一对夫妇遇到的难题提供了解决方案，他们现在都可以用不同的方式看待这个世界了。

诗歌与散文

就影响或激发灵感而言，的确，对于19世纪的某些作家，诸如乔伊斯（James Joyce）及其以后的作家而言，赫耳墨斯-托特的混合形象，成了作家的保护神，也成了他们作品的个人灵感来源。雪莱对这位神如此着迷，以至于他用诗体翻译了《荷马颂诗：致赫耳墨斯》，由97个八行诗节组成，第一诗节如下：

> 歌唱吧，缪斯，歌唱这迈娅和朱庇特之子
> 这位孩童传令官，这阿卡迪亚的王子
> 所有田园山岗的王子，在甜蜜的爱中交织
> 羞怯的五月处子
> 承载着天上可怕的至高神，这古老的林子
> 遮挡了洞穴，爱人合欢在此
> 漆黑的深夜里，神和人伸手不见五指
> 白臂朱诺打个盹儿睡去多甜蜜。①

前文已提及两部小说，有几部电影以其为依据。此外，还有大量根据古代奥林波斯诸神创作的儿童书籍，赫耳墨斯概莫能外。斯扎克（Murielle Szac）的《小偷之神赫耳墨斯的冒险》（*The Adventures of Hermes, God of Thieves*），就是这样一部儿童小说，其中有100则冒险传奇，以赫耳墨斯为主角或涉及赫耳墨斯。其他还有诸如《赫耳墨斯：强盗之王》（*Hermes, Lord*

---

① 参见廷德尔（Tindall 1954）、纽曼（Newman 1992）和弗雷泽（Fraser 1999），关于乔伊斯涉及赫耳墨斯的讨论；关于雪莱，参见卡汉（Kahan 1992）。他的《赫耳墨斯颂歌》（*Hymn to Mercury*）见于诗集《遗诗集》（*Posthumous Poems*），1824年由他的妻子出版。

of Robbers），作者是帕德罗（Penelope Paddrow），插画师是库尼（Barbara Cooney），这部儿童小说简单地重述了第四首《荷马颂诗》中的故事，使用的术语更具时代感：这个特殊的版本，附有特别漂亮的插图。斯宾娜（Stephanie Spinner）在她的小说中，以新奇方式，从赫耳墨斯的视角，呈现了某些闻名遐迩的神话传说，读者对象是青年成人，小说题名《闪银》（*Quicksilver*），显然在映射汞元素的另一个名字，与炼金术中的这位神关系密切。①

尽管人们预料赫耳墨斯会是儿童小说中的热门角色，但他也出现在成人小说当中。赫耳墨斯在 1998 年纳多尔尼（Sten Nadolny）翻译的漫画小说中扮演主角，故事设定在 20 世纪最后几十年，题名为《无礼之神》（*The God of Impertinence*, B. Mitchell, trans.）。讲述了赫耳墨斯从一座火山中脱身的传奇故事，为了协助赫菲斯托斯毁灭世界，他被困其中 2000 年。然而，赫耳墨斯对他所看到的感到沮丧，决定通过读心术尽可能多地了解 20 世纪的生活，切实进入他所选择的有死者的头脑中。当他认识到有死者需要他的帮助后，就设法说服赫菲斯托斯，冒着失去世界统治权的风险去赌一场扑克游戏——对于"运气"和

---

① 这本描写赫耳墨斯冒险的书，出版于 2015 年，作者是斯扎克，译者是普拉瓦塔－卡罗纳（Mika Pravata-Carlone）。

"机会"之神而言,这是相当聪明的一步棋!尽管基调轻松愉快,但这则传奇故事与哈里森的《普罗米修斯》中的描述有相似主题;然而,纳多尔尼并没有把人的状况归责于科技之神(在哈里森看来,就是普罗米修斯、宙斯和他的下属赫耳墨斯),他把赫菲斯托斯凌驾于人类之上的力量,归因于人类自身对舒适的渴望,从而把赫耳墨斯当成了人类潜在的救主。

赫耳墨斯在近两个世纪的诗作中也有位置。诗人杜立德(H. D.)创作了一首诗,题名为《道路之神赫耳墨斯》(*Hermes of the Ways*),她在其中称赫耳墨斯"面对着三岔路,欢迎行脚人",让人回想起赫耳墨斯的赫姆石柱,常常是它为古代旅者提供慰藉和方向;的确,尤其让人想起讽刺诗(epigram III.314),说有一个赫姆石柱立在"灰色长滩"上。在杜立德这首诗第二节末尾,具名提到这位神两次:

赫耳墨斯,赫耳墨斯
大海泡沫泛起,
对我咬牙切齿;
可你等待在此,
海草纠缠着
岸草

——暗示这位神故意在此等待他的到来，或许正是他确保了他能按期抵达此地。

1905年，里尔克（Rainer Maria Rilke）发表了一首95行诗，题名为《奥耳弗斯，欧律狄刻，赫耳墨斯》（*Orpheus. Eurydike. Hermes.*），显然是在看过三个形象的浮雕后创作的，展现了赫耳墨斯即将引导欧律狄刻回归下界的时刻。[①] 在里尔克的散文诗中，奥耳弗斯获允大步前行，但他的妻子无法跟上他的脚步，只因腿上的裹尸布太紧。在描述这幅上升场景时，里尔克让赫耳墨斯脚踝处的双翼轻轻扇动，他走在欧律狄刻上升之路的前面，一手拿着他的**权杖**，一手牵着他的当事人；或许，如此关注这位神的双翼扇动，是为了抵消奥耳弗斯妻子的相对迟钝。然后，通过一种新奇的转变，里尔克让欧律狄刻在上升过程中逐渐认识到自己的自由和独立，这使得她对赫耳墨斯的手的触摸感到不适。所以，尽管赫耳墨斯对奥耳弗斯失去欧律狄刻感到痛苦，他声言"他背过了身子"，可是欧律狄刻却无任何失落之感：的确，赫耳墨斯必须顺应她的心意，因为她已开始走向通往另一方向的道路，回到哈得斯的领地。在这首诗中，赫耳墨斯如往常那样，是一位起支持作用的角色，将他敏感地刻画成了一位能与他所监督的有死者一起受苦的神，尽管他并

---

① 参见格林尼和赫特（Greene and Herter 1945：389）。

不完全理解他们的痛苦。

挪用

尽管发现赫耳墨斯/墨丘利出现在现代西方社会的艺术和文学中,也许并不会让人过于奇怪,但在现代生活的其他领域遇到他,还真会让人大为不解。但赫耳墨斯是一位如此多才多艺的神,以至于可以证明他在很多领域都有魅力,甚至在有些最不希望他出现的领域。

哲学

从心理学到哲学直至文化研究,很多领域的学者都采用赫耳墨斯作为最能代表他们的进路或发现的古老力量。一定程度上要感谢柏拉图命名这个知识领域,那些依赖于根据这位神来"解释"其证据的学科,尤其是语言学上的证据,这些学科不同程度地关涉"解释学"(hermeneutics)的实践:如已重述过的那样,这个表示"解释"或"发现"含义的术语,当中包含这位神的名字,他是监督此项实践的神。穆勒斯(Moules)以一段论述赫耳墨斯的话,开启了她对解释学史上关键人物的概述,他是一位带来消息的神,一位"诱发解释"的神(2002:2)。

迪格斯（Diggs 2010）可以求助于赫耳墨斯来解释伽达默尔（Hans-Georg Gadamer）的解释学，20世纪哲学家塞雷斯（Serres）也利用这位神及其各种属性作为他的解释力量，来评判人文科学、自然科学和技术的不足（从个人和集体角度），以认识、理解和采纳其相互关联，目的是维护人道。的确，1993年在魁北克电台（Radio Quebec）一次与比罗（Stéphan Bureau）的访谈节目中，塞雷斯表示，赫耳墨斯正是他的"领航者"，贯穿他的写作活动，就好像赫耳墨斯让他注意到了这些事情。尽管如此，塞雷斯也意识到，赫耳墨斯似乎与普罗米修斯合谋，将来自纯应用科学的知识凌驾于同样重要的人文科学之上。①

赫耳墨斯也是桑塔亚纳（George Santayana）获得灵感的希腊神话形象。1922年，他将"独白55"（soliloquy 55）献给了这位神，题名为《赫耳墨斯：解释者》（*Hermes, the Interpreter* 259—264）。根据第四首《荷马颂诗》中提出的关于赫耳墨斯的观念，桑塔亚纳在这位神那里发现了对其哲学的生动表达，说句粗鲁的话，并不像 *que sera sera*（意为"要发生的总会发生"）

---

① 塞雷斯的主要著作有五卷，以这位神命名，卷一尤为显著地命名为《赫耳墨斯I: 交流》（*Hermès I: La Communication*, 1968）。对于塞雷斯而言，赫耳墨斯成为自然科学、人文科学和应用科学（技术）领域之间的神话促动者，例如在他1982年的著作《赫耳墨斯：文学，科学，哲学》（*Hermes — Literature, Science, Philosophy*）中。

那么简单，而几乎可以说：桑塔亚纳在赫耳墨斯身上看到了一种"迷人的结合……年轻有经验，活泼又审慎，谦逊加笑声，伶俐的舌头与健全的心灵"，这位神的"嘲弄"变成了"礼貌与乐于助人"，他的"谎言……只是玩笑"（259），他也经得起开玩笑（260）。对于桑塔亚纳而言，赫耳墨斯"根本不关心谁会赢利或谁会囤积财宝，他的睿智和繁忙营生本身，就让他自己感到愉快"（261），这位神"爱谜语，正因于他而言，它们并不是谜语"（263）。

心理学

或许，对采用赫耳墨斯作为评估和分析现代文化的古希腊神话形象影响最为重大的唯一因素，就是心理学家荣格（Carl Jung）学术发现的传播。荣格是弗洛伊德（Freud）的学生，他与老师分道扬镳，提出了自己关于精神疾病成因的理论，其中包含的假说是，人的心灵由普遍原型塑造而成，诸如"母亲""永恒少年"和"阴影"，等等。据希腊神话，荣格将赫耳墨斯确认为永恒"男孩"（puer），他拒绝长大。荣格归于此心灵原型的属性，雷丁（Paul Radin）在一类特殊的神话角色身上辨别出来了，这类角色就出现在由加拿大和美国的原住民所讲述的故事中。雷丁称其为骗子（trickster）。不过，炼金术对墨丘利的理解和塑造荣格的心理原型发挥了主要作用。首先,墨丘利代表无意识本身,这是生命的本质。但是,按照他的原型,墨丘利是"永恒少年",这个永远不会长大的男孩是个骗子。这是因为荣格将无意识理解为绝对"奇妙又有创造性",与此同时,作为超自然神秘(numinosity)的一个结果,它也充满了"危险的欺骗"。①

考虑到早期和演变后的炼金术和占星术的深刻洞见,对于荣格自己的原型理论极具重要性,有一位现代心理学家,将荣格关于墨丘利的思想应用于一种新的进路,她称其为心理学炼金术,就没有什么好奇怪的。爱迪斯(Edis)相信墨丘利被这门学科当前的实践者们低估了,她报告说:

占星术士知道,墨丘利和第三宫(the third house)表明,哪些相互作用有可能发生在兄弟姐妹之间,但不太知道这些关系影响了孩子后来开始接触某个朋友或同龄群体的方式。(1995:6)

按照类似的脉络,她提醒说,对希腊人和埃及人之间有可

---

① 关于墨丘利作为无意识因素,参见《荣格文集·卷14:婚姻的秘密》,以及卷16中的"移情心理学"(Jung's *Collected Works*, vol. 14: *Mysterium coniuctionis*, 2nd ed. (1970) and 'The Psychology of Transference' in vol. 16)。

能存在的相互关系缺乏考察，说明"我们以传统方式从希腊的赫耳墨斯身上获知的内容……也许非常片面、受局限和以欧洲为中心"（1995：12）。所以，爱迪斯提议，要更全面地理解墨丘利超越"永恒少年"的所有作用和能力，在此基础上重新评估和融合较为传统的荣格原型。

在另一项基于占星术的以墨丘利为中心的研究中，佩伊（Peay 2004）考察了任何既定年份中发生的墨丘利的三次（有时候是四次）"倒退"，目的是揭示出现这些特殊星象的时机与大致21天周期之间的关系，在此周期中，我们的计划受挫要比预想的严重，从而为如何充分利用生命中这些时期提供建议。尽管所有行星周转过程中都有明显倒行（逆行）的周期，墨丘利作为最接近太阳的行星完成周转的频次更高，据信对地球的影响要大于其他行星，根据是古老的"同情"信念，这种信念影响了古代的占星术还有炼金术和魔法实践。这样一来，佩伊也就解释了，墨丘利的退行周期是重访（字面上和作为隐喻）人、计划和活动的一个恰当时机，这些在日常生活过程中都被搁置了。此项研究，就像爱迪斯基于占星术的心理学，涉及希腊赫耳墨斯的"历史"背景因素，来源于基本的希腊罗马神话和更广泛的地域，正如古代占星术的习惯做法，目的是提供一种治疗建议，以应对水星逆行期的影响，以增强人的生命力。①

词源学

更高等级的教育，大都致力于更好地理解我们这个世界，大多数情况下这些努力，仍然有赖于对赫耳墨斯活动的解释。20 世纪早期，最需要说明和解释的问题是这位神本身的起源。此项起源研究，受杜梅齐尔（Georges Dumézil）的著作激发，他的印欧假说显示，可以在其他民族中发掘出赫耳墨斯的可能先驱或对等形象，这些民族的语言有共同的印欧（I–E）词根。对基于吠陀经的语言的民族的种种神灵的研究，成果尤为丰硕。霍卡特（Hocart 1970）发表了一项关于赫耳墨斯与阿耆尼（Agni）的比较研究，后者是吠陀经中的火神，提出两位神的属性和活动大概有 26 点相似之处。霍卡特还提出，吠陀经中的婆罗门（the Vedic Brahman）掌控的职责，等同于希腊这位传令官的职责，根据是每个神都承担类似数目的义务，杜梅齐尔的假说认为，语言上的相似性趋向于导致社会结构上的相似性。凡·伯格（van Berg 2001）批评了霍卡特，试图表明阿耆尼和赫耳墨斯"同源"，

---

① 赫耳墨斯在一些心理援助流派中具有很强的吸引力。艾丁格（Edinger 1994：31）相信，深度心理学将赫耳墨斯作为其保护神，亦参见坎施福德（Cashford 2011, 2015）。

表现在"祭祀、音乐、诗歌灵感和预言"方面,就赫耳墨斯而言,这些方面都被转移给了阿波罗。最近,赫耳墨斯与称为干闼婆(Gandharvas)的印度半神,被阿伦和伍达德(Allen and Woodard 2013)认为是同一个神,指出他们共有印欧语起源,在杜梅齐尔的框架语境中,他们属于发挥第三种功能的神,布里奎尔(Briquel 1985)辩称,赫耳墨斯与印度的跋伽(Bhaga)和阿厘耶门(Aryaman)都是最高统治权的"辅佐"。基于印欧假说,拉尔森(Larson 2005)还揭示,《荷马颂诗》中赫耳墨斯的冒险与印度卢伽尔班达(Lugalbanda)的英雄成长传奇故事模式具有相似性。这些发现尚未获得普遍接受,不过,它们都为认识语言如何能够塑造我们对环境的理解,提供了有价值的洞见。①

---

① 尽管杜梅齐尔的假设不太适用于古希腊语(虽然希腊语显然是印欧语族的一个分支),应用于其他语言却得出了有趣的结论,尤其在杜梅齐尔本人1970年关于拉丁语和罗曼语族的研究中,可参见克纳普(P. Knapp 1966)英译本;亦参见瓦特金斯(Watkins 1970)。阿伦和伍德沃德(Allen and Woodard 2013)确认了赫耳墨斯与印度干闼婆之间的几点对应之处,与此同时,莱杜(Leduc 2005: 16)顺便指出赫耳墨斯—阿耆尼—火之关系,尽管他并未进一步肯定其作为印欧火神之地位。杜舍明(Duchemin 1960)从完全不同的视角研究了赫耳墨斯与阿波罗,发现在田园诗作家与苏美尔人(Sumerian)和印度人的叙事之间的关系,与希腊语材料中的关系一样接近。

贸易

在对理念或起源类型的探究与荣格提出的原型之间，存在一种有趣的关联。我们期待荣格心理学的现代实践者，在解释心灵的某些方面时继续求助于赫耳墨斯，与此同时，荣格的原型在他的发现中已有惊人的应用。最近，哈特（Harter 2016）表示，赫耳墨斯与赫斯提娅的关系，如韦尔南在其对两位神的开创性研究中所认定的那样，被采纳为一种"关于领导权研究的解释学"：这位神"自由散漫，麻痹痉挛，乐于匆忙传递毫无意义和无任何约束力的信息，这样那样摇晃他的受害者，生活在可预期的焦虑之中"，赫耳墨斯需要赫斯提娅那种沉着稳重的基础来充分发挥他想象的理念。伯德（Bird 1992）偏向于认为墨丘利是典型的企业家，强调他的"欲望""可能性愿景"、改变方向和迅速采取行动的能力，以及他对人脉（作为道路之神）的兴趣，都是这号人成功的关键因素。[①]

赫耳墨斯的名字也被挪用于标识竞赛奖项，"以表彰传统和新兴媒体的传播者和创造者"，其被称为"赫耳墨斯创造奖"

[①] 哈特的观点，并未受荣格直接影响，而是通过希尔曼（James Hillman）对荣格洞见的再解释而受到影响（参见 Hillman 1979）。关于从荣格的视角出发对赫耳墨斯与商务关系的更为广泛的研究，参见内维尔（Neville 2003）。

(Hermes Creative Awards),由美国市场营销与传播专业人士协会主办,尽管竞赛是国际性的。声明奖项的名称源于赫耳墨斯这位"古希腊信使",《市场营销新闻周刊》(*Marketing News Weekly*, 22 May 2010)上的匿名告示,进一步解释了这个奖项名称背后的理由:"在希腊神话中,赫耳墨斯也是奥林波斯的演说和机智风趣之神、文学和诗人之神、所有发明和商业之神。"为这个名称所提供的解释表明,那些参与奖项竞争的人,也许不熟悉这个神话形象,从而认识不到这个名字的重要性。

这只是商业界为自己的目的挪用赫耳墨斯及相关内容的一个例证,肯定还有其他例证。从剽窃到计算机黑客活动,尼基提纳(Nikitina 2012: 135)提出赫耳墨斯作为很多骗子形象之一,这些形象也许"就是黑客的工作原型",他还提出四种品质或要素来刻画这位骗子之神和黑客:"表里不一……穿越界限……颠覆权力……[还有]创造性和精工细作"(2012: 136)。尽管尼基提纳总结说,黑客的活动实际上并不像赫耳墨斯的活动那样具有创造性,其他著作家却利用这位神与世上的骗子的相似性,将其高举为变化的代理人,这号人,哈特利(Hartley 2010)称其为"范式转换者",因其有能力挑战自满和激发变化。帕特森(Patterson 2001)诉诸赫耳墨斯作为骗子的方方面面,以及与其监督竞赛的关联,表明这样的人代表"反对行政管理的反面英雄";也就是说,他能够看到对敌意"有想象力的"运用。

卡尔皮(Daniela Carpi 2003)以赫耳墨斯的另一方面为起点,他试图主张,这位神创造性地挪用他人财产,可以代表出现在20世纪末的巧妙的文学生产。尽管卡尔皮在她论文的标题中提到赫耳墨斯,却没有再提及这位神,她假定她的读者知道这位神,也有能力"读进"也从而"读出"这种关系:她知道在她的论点和决定在标题中使用他的名字之间存在关系。与"读进"和"读出"文学"意义"有关的难题,也碰巧是一个与赫耳墨斯有关的难题,如已讨论过的那样。当然,试图利用操纵语言的大师和解释学的监督者,作为自己的解释工具,这真是具有讽刺意味。

徽标和广告商

借用赫耳墨斯/墨丘利的形象就会更成功,这已成为一种特别流行的方式,就是用他来表示产品推广领域的"速度""商业活动"和"沟通"。这位神长久以来被作为国际花商网络"全球花商快递"(Florist Transworld Delivery FTD)的徽标,他的头盔和脚踝带翼,快步向前,右臂向后伸出,手中拿着花束。这个形象如此熟悉,以至于迪士尼会利用它与赫耳墨斯和"全球花商快递"的关系,让赫耳墨斯首次出现在《大力神》

(*Hercules*)中是作为一个快递男孩,正在为赫拉送去一束鲜花,他说这是他让奥耳弗斯"安排"的——这里过分强调的事实是,音乐和鲜花都被说成是"安排"的(而俄耳甫斯是另一个演奏竖琴的乐手)。所以,在此赫耳墨斯也是一位"机智的"神,除了在此场景中发挥作用的其他关系方面。

能量饮料的制造商利用赫耳墨斯与速度之间的联系,采用这位神作为其电视广告片上频繁出现的形象,(半开玩笑地)声称他们的产品"为您添翼"。早在20世纪90年代,一家德国汽车公司为了强调他们最新款车型的加速能力,让赫耳墨斯与这款车比赛,显然是这款车赢了:一开始,过于自信的赫耳墨斯飞到汽车的前面,盯着挡风玻璃看,但当他试图绝尘而去时,汽车突然加速,把赫耳墨斯甩在了后面。在这两则广告中,第一则广告不要求观者将带翼的形象认作赫耳墨斯;在第二则广告中,如果观众不知道有翼的形象是以超级速度闻名的神,就会错失比赛的意义所在。

在科罗拉多的丹佛(Denver, Colorado),有一家运输公司自称"全球赫耳墨斯"(Hermes Worldwide),提供雇佣司机往返机场运送,并为世界各地主要中心城市举办的特殊活动提供运输。"特快专递"这个概念,与荷马《伊利亚特》中(2.100—108)赫耳墨斯为宙斯提供的特许服务有些类似,也许是其决定使用这位神的名字的真正原因；还有赫耳墨斯引导和保护旅者。新西兰（New Zealand）非常靠南的地方，有一家电力公司，将其标识上一个跑步姿态的形象称为"墨丘利"，类似于"全球花商快递"的标识形象，只是现在他举起的左手中有一道电光，或许，这是将雷电之神宙斯（朱庇特）和他的快递男孩赫耳墨斯（墨丘利）联系了起来。①

这些对赫耳墨斯及其属性的利用，都可以理解；可是，为什么赫耳墨斯的**权杖**会变成医生和医疗职业的徽标，似乎是错误建立同一性的结果。根据《纽约时报》（New York Times, 1 October 1985）上的一则告示，纽约罗切斯特大学（University of Rochester in New York）为其医学从业者考虑，决定弃用赫耳墨斯节杖，1856年美国海军医院服务处（United States Marine Hospital Service）采用它作为这个职业的徽标年岁已久，代之以更合适的阿斯克莱庇奥斯的符号，就是上面有一条蛇盘绕而上的权杖。与此类似，一项取代墨丘利节杖，代之以与伊朗（Iran）医学界更相关的符号的提议，2010年由一位伊朗医生提出，他质疑赫耳墨斯和他的魔杖与医学职业的相关性。②

---

① 2016年8月，墨丘利电力公司将其标志从手持闪电大步行走的形象改为大黄蜂形象，大黄蜂的翅膀设计为一个不完整的8字形的无限符号，以节点限定线的末端，暗示这是电路。

② 这是一份匿名声明，由报纸科学编辑部代表报纸发出。

大众传媒

与传播(communication)观念更具有明显关联的是书籍、报纸、杂志和视听媒体,这些都是21世纪西方人日常生活的基础。毫不奇怪,很多早期报纸和杂志都采用了赫耳墨斯的名字,而且墨丘利的名字更常见,这个名字非常适合每日和每周提供的出版物,其中报道的事件和决定,有可能直接影响读者的生活。英语世界发行的无数报纸,继续被称为《信使报》(*The Mercury*),通常将他们城市的名字插入其中,作为这位神的一个外号:《昆士兰信使报》(*The Queensland Mercury*, Australia)、《里兹信使报》(*Leeds Mercury*, UK),如此等等。[①]

现代希腊早期有一份十分重要的杂志,名为《赫耳墨斯:学者(能言善辩者)》(*Hermes the Scholar* [*o Logios*]),1811年至1821年间,在奥地利维也纳(Vienna, Austria)创刊发行,旨在让奥斯曼帝国(Ottoman Empire)中的希腊人了解整个欧洲和其他地区的艺术和科学的主要趋势和发展。1921年,这份杂志因希腊独立战争爆发而停刊。另一份期刊,由渥太华国家人类博物馆(National Museum of Man, Ottawa)出版(由同样位

---

① 关于《雅典信使报》(*Athenian Mercury*)的讨论,参见斯塔尔(Starr 1967)。

于渥太华的加拿大国家博物馆［National Museums of Canada］运营），名为《加拿大民族学服务处信使杂志》(*The Canadian Ethnology Service Mercury Series*)，始于 1972 年，授权向读者通报涉及服务处关切事项的重要出版物。这些出版物涉及的机构有"历史、教育和文化事务及民族保护司（History, Education and Cultural Affairs and National Programmes Divisions）、加拿大民族学服务处（Canadian Ethnology Service）、加拿大考古学调查局（Archaeological Survey of Canada）、加拿大民间文化研究中心（Canadian Centre for Folk Culture Studies）和加拿大战争纪念事务局（Canadian War Memorial）"。显然，采用"墨丘利"作为这份出版物的名字，是基于这位神在奥林波斯的功能是向他者传达重要消息。①

所以，不足为奇，第一批发射到太空的通信卫星中有一颗名为"赫耳墨斯"，设计这颗通信技术卫星是为了测试一种可行性：用"直播卫星"发送高功率的信号，由小得多的个别碟形天线来接收。这颗卫星于 1976 年 1 月初在卡纳维拉尔角（Cape Canaveral）发射，是加拿大、美国和欧洲航天局（European Space Agency）的合作项目。其性能得到了有趣展示，用来向驻

---

① 关于这份信使期刊的主题内容，参见齐莫利（Zimmerly 1980）。

秘鲁(Peru)的加拿大外交官转播斯坦利杯曲棍球季后赛(Stanley Cup hockey playoffs),从而证明了它有用于国际社会。

结果赫耳墨斯和墨丘利都成了各种航天器广受欢迎的名称,理由显而易见。美国1958年至1963年间启动了一项"墨丘利计划"(Project Mercury):它的任务是设计第一个能够将人类送入地球轨道并安全返回的航天舱和火箭。计划发射的首个航天舱,名为墨丘利-阿特拉斯一号(Mercury-Atlas 1);随后发射了墨丘利-红石一号(Mercury-Redstone 1),最后是墨丘利-阿特拉斯三号(Mercury-Atlas 3)。这些在1960年和1961年发射的航天舱都是无人航天舱,先于1961年5月美国首次发射的载人航天舱。20世纪80年代中期和20世纪90年代早期,法国在德国和意大利协助下,大力投入发展能够将欧洲人送上太空生活30天到90天的航天飞机:它们为航天飞机预想的名字也是赫耳墨斯。还有其他以赫耳墨斯命名的航天器:1944年,美国通用电气公司(General Electric)获得了发展一种名为赫耳墨斯的弹道导弹的合同,1954年无果而终。不过,1946年,通用电气公司的确生产出了一种战术弹道导弹,名为赫耳墨斯C-1,设计上经过一些变化后,于1953年生产出了红石导弹。也是在20世纪90年代,美国再次使用了这位信使之神的名字,用他来称呼他们的计划,发射三颗间谍卫星墨丘利。最后,在

2011年3月，一艘名为信使号（Messenger）的无人飞船，成为首个在水星轨道上拍摄水星照片的飞船。我们必须承认，"信使号"刺探的这颗行星的名字，实际上就是这种活动的代名词，还真是一种讽刺。最近，在电影《火星救援》（*The Martian*，2015）中，一架往返火星与地球的航天飞机名为"赫耳墨斯"，所属空间计划有一个不吉利的名字"阿瑞斯"！

但是，早在有通信卫星和载人飞船前，当电话首次对公众开放时，对远距离通信前景的描述，甚至是扩展人类与行星共享信息的能力。尽管墨丘利不是1877年这张宣传海报上唯一的行星（图9.4），他却直接位于"索尔"（Sol，太阳）之下，其所处的位置，吸引观者在观察右上角一簇行星之前先将目光投向他。最近，南美国家厄瓜多尔（Ecuador），2009年用赫耳墨斯为他们首次在高速互联网通信领域的尝试命名，开发了一种服装贴片，刻画了一个男性形象，脚上饰有飞翼，连接卫星信号与覆盖地球的信号网络：1877年的电话线，如今已经变成了微波，通过这位看不见的通信之神，以纳秒快速传播。[①]

[①] 因为英语的读法是从左至右、从上到下，所以，广告商明白，我们的阅读习惯，倾向于偏爱一个页面的左侧，并且是从上到下；较少引起注意的位置，就是任何页面的右下角。这就是你在报纸或杂志上这部分找不到小广告的原因：如果广告真出现在这里，它们通常都是大幅广告，图形也吸引眼球。

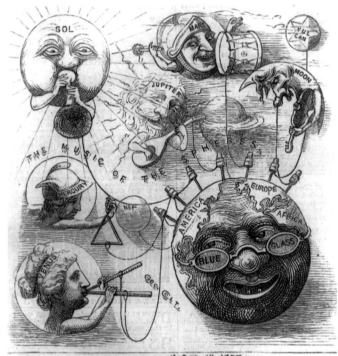

图9.4："电话。未来之乐（并非后瓦格纳）。献给地球母亲的小夜曲"，1877年。卡通主题是星际电讯，与新近电话发明有关（专利年份是1876年）["The telephone. The music of the future (not after Wagner). Serenade to Mother Earth", 1877. Cartoon on the theme of interplanetary telecommunications, relating to therecent invention of the telephone (patented in 1876). HIP / Art Resource, NY]

既然我们在荷马那里第一眼看到，赫耳墨斯就是一位多才多艺的神，就不会奇怪，在他伴我们走过的各个时期，他都被迎进了同一时期如此之多的西方文化领域。有人猜测，正是他最具吸引力的通用性与必要性的结合，使他实际上成为任何时代都必须涉及的不可或缺的要素：从视觉艺术到文学艺术，从心理研究到宇宙研究，赫耳墨斯都有表现和涉及，他作为精神因素激发和指引（偶尔也会阻碍）理解和发现。他很容易"转译"进入新的处境，也很容易"变形"以满足那些与之打交道的人的需要。

正是其机动性和通用性，使赫耳墨斯有理由受到召唤，在"转变"时期提供帮助，甚至在有些表现为"置换"既定规范的时期，以"转换"一个社会对其自身及其与世界关系的理解。可以说，几乎不存在一个看不到赫耳墨斯在其中发挥作用的生活领域：赫耳墨斯本质上是一位"交易型"的神，就此而言，甚至对于今天的我们，他仍然代表建立联系和建构关系的力量。

拓展阅读

与这位神本身相当相像,关于赫耳墨斯的讨论,往往"隐藏"在一部更大的作品中,它研究的是其他某个主题内容,诸如祭祀或《荷马颂诗》,或5世纪雅典的宗教。通常情况下,对于赫耳墨斯的研究,可以在个别期刊文章和书籍章节中找到,它们只研究赫耳墨斯神话的某些方面。因为本书是以主题方式研究这位神,所以列述于"一般研究"(参见下文)之下的大部分文献,都会涉及本书中分散在第一至第七章中的多数材料,研究了这位神在希腊和罗马的表现,也会涉及第八、九章研究对这位神的接受。所以列述于各章标题之下的文献条目,限于处理各章研究的赫耳墨斯特定方面的文献,或指示本章主题所直接涉及的重要书籍或章节(譬如,列述了研究第四章中的古希腊互惠关系的作者)。

一般研究

法内尔（Farnell 1909）在其五卷本巨著《希腊城邦的宗教崇拜》（*The Cults of the Greek States*）中，提供了首次大篇幅研究赫耳墨斯的英语著述（页84）；尽管著述年代久远，但仍然提供了宝贵信息和洞见，大部分至今仍获认可。另一种关于这位神的早期研究，出自奥托（Otto 1954：104—124），原文为德语，有英译。尽管他的解释现代学者一般不予采信，但他的研究无疑具有历史意义。这两种研究之后，克莱（Clay 1989）关于四首主要《荷马颂诗》的研究，在聚焦于第四首《荷马颂诗》的一章中，提出了对赫耳墨斯本性的令人耳目一新的洞见。在此期间，布朗（Brown）和克莱为大部分后来的研究奠定了基础，尽管两者都借鉴了英语以外的其他研究。自从21世纪早期以来，有一场对这位神的兴趣复兴，几篇以各种语言写就的重要期刊文章和著作篇章可以证明，其中最浅显易懂的是弗斯内尔的著作（Versnel 2011），其中第四章详细研究了《荷马颂诗》中的赫耳墨斯，而且这本书不断涉及这位神。其他关于赫耳墨斯的大篇幅研究，可见于本书注释中涉及的期刊或著作章节和"参考文献"。

关键主题

天赋

格林尼（Greene 2005）提供了一项内容翔实的研究，主题是《荷马颂诗：致赫耳墨斯》中外号的使用。关于某一位神的"同中有异"的观念是如何产生的，如今可参考费斯内尔（Versnel 2011: ch. 1, 尤其页 37—84）。关于赫耳墨斯作为符号制造者/解释者，卡恩（Kahn 1978, French）的研究仍然值得参考；施泰纳（Steiner 1994: 40—49, 尤其页 40）更便于参考，他考察了赫耳墨斯的符号制造，称其为符号学家（semiotician）。要追究对符号和象征本身的兴趣，请参考普莱尔（Prier 1985），他讨论了它们在古风诗歌中的使用；关于符号（semata/signs）的来源和使用，以及与铸币的可能关联，请参考施皮尔（Spier 1991）。

传达

要进一步追究厄琉西斯秘仪和赫耳墨斯与它们的关联，参见克林顿（Clinton 1974, 1979, 2004）、弗里（Foley 1994）和帕特拉（Patera 2010）。布洛克和兰伯特（Blok and Lambert 2009: 116—119）提供了一项关于凯吕克斯（Kerykes）祭师身份的讨论。参见凯利（Kelly 2016：尤其页 249）关于传令官不可侵犯的标准声明；更进一步，参见伽涅（Gagné 2015：296—306）关于"塔尔提比奥斯的暴怒"（The Wrath of Talthybios）的讨论。关于传令官在伯罗奔半岛战争中的角色，参见拉泰纳（Lateiner 2001）；亦参路易斯（Lewis 1996）关于消息、流言和报告在古希腊的重要性的研究。

转变

关于赫耳墨斯作为边界制造者，譬如，参见高德曼（Goldman 1942）、齐腾登（Chittenden 1947a）、布尔克特（Burkert 1983：39—41）。关于获得奠酒和奉献的赫姆石柱形象，参见 *LIMC* (5.2：208—213)。关于塔纳格拉人举行的两个节庆的深入分析，参见雅亚尔（Jaillard 2007b, French）；亦参普拉特（Platt 2011：17）。约斯特（Jost 1990：214）指出，在阿卡迪亚东北地区也有大量赫耳墨斯·克里奥弗洛斯（Hermes Kriophoros）青铜雕像。更为详尽的描述，参见兰姆（Lamb 1925/1926）、罗马诺和沃亚齐斯（Romano and Voyatzis 2014）。关于赫耳墨斯作为家神的活动性与赫斯提娅作为女家神的稳定性相反，参见韦尔南（Vernant 1983：127—175）。关于雅典以外的赫姆石柱的讨论，参见梅多尼（Medoni 1989）。布尔克特（Burkert

1979）、考斯塔（Costa 1982, Italian）、维达尔－纳凯（Vidal-Naquet 1986）还有最近的马约雷（Marjorel 2003, French），这一班学者都认可，赫耳墨斯很可能是一位与青年成人仪式有关的神。关于古希腊的年龄分级，亦参见帕帕拉斯（Papalas 1991）、斯坎隆（Scanlon 2002）、凯尔（Kyle 1987）；关于周期性举行的竞赛中的年龄分级，参见桑索内（Sansone 1992）、斯坎隆（Scanlon 1998）；关于斯巴达的年龄分级，参见杜卡（Ducat 2000, French）。

交易

古希腊有几种不同的祭仪：斯伽里昂（Scullion 1994）提供了一项对奥林波斯与亡灵祭仪的对比研究；埃克洛特（Ekroth 2002）提供了一项关于英雄崇拜祭仪的扩展研究，对奥林波斯／亡灵祭仪二分质疑。吉尔、鲍斯特维特和西福德（Gill, Postlethwaite and Seaford 1998）提供一个论文集，主题是互惠之于希腊人的重要性；关于互惠在荷马史诗中的地位，参见东隆（Donlon 1982）；关于古风时期的希腊，参见莫里斯（Morris 1986）。作为否定性互惠的一种形式，诅咒可以证实是一种对破裂关系的非常令人满意的回应；对这种活动的更为全面的讨论，譬如，参见法拉奥尼（Faraone 1985, 1991）、盖哲（Gager

1992）、库尔贝拉和乔丹（Curbera and Jordan 1998）、埃尔德金（Elderkin 1936）。

转移

无论对错与否，在所有已发现的骗子形象与赫耳墨斯之间的相似性中，正是这种越界潜力最能抓住想象力。关于骗子的一般性研究，参见拉丁（Radin 1956）、海因斯和多迪（Hynes and Doty 1993：1—45）、海德（Hyde 1999）。这几位学者，要么视普罗米修斯为骗子，要么视其为文化英雄，或者两者兼具：科伦依（Kerényi 1963）、巴勃考克 - 亚伯拉罕斯（Babcock-Abrahams 1975）、考依平（Koepping 1985）、比奥（Beall 1991）、多尔蒂（Dougherty 2006；尤其是页27—45）。最早研究赫耳墨斯作为骗子形象的学者是科伦依（Kerényi 1963），但对骗子的一般性研究，通常都包括对赫耳墨斯的讨论。关于这位骗子作为魔法师，参见布朗（Brown 1969：11—32）（尽管科伦依［Kerényi 1996：182—183］不同意）；亦参见马卡里乌斯（Makarius 1974）；关于魔法反噬骗子，参见卡诺尼奇（Canonici 1994）。对赫耳墨斯之于希腊喜剧中笑的创造的品鉴，参见博维（Bowie 1993）；关于颂诗中此类情形，参见费伽多斯（Vergados 2011）和本伽德（Bungard 2011）。

超越

考虑到赫耳墨斯在众神中的地位一般被认为是次要的，大部分研究都保留了对这位神作为"骗子""小偷"和"跟班"的强调。与布朗（Brown 1969）认为赫耳墨斯的地位随着社会变迁越来越小的论点相左，阿塔纳斯萨吉斯（Athanassakis 1989）辩称变化方向与此相反。格林尼（Greene 2005）提出一个有趣的观点，关于赫耳墨斯在第四首《荷马颂诗》中逐步由一个无法无天的孩子变成宝贝儿子的过程，哈夫特（Haft 1996）却表明，"偷窃"不一定就是一种负面活动。圣·约翰斯顿（S. Johnston 2002）与哈夫特相像，认为颂诗中的细节与"过渡仪式"和成熟传奇故事有关：尽管并未聚焦于赫耳墨斯的重要性，哈夫特和约翰斯顿的确处理了一个与其密切相关的转变时刻：由男孩转变为男人，以及与之伴随的在古希腊的地位提升。霍卡特（Hocart 1970）对一位国王的陪臣的考察，某种程度上为赫耳墨斯向统治位置的"转译"（translation）提供了思路，但其中还是有些方法论难题。

转译

或许，由于赫耳墨斯在罗马宗教中的化身的作用之狭隘，在罗马思想中没有关于墨丘利的集中研究，因此在罗马文学和/

或艺术中，也没有只关注墨丘利地位的作品。劳（Rauh 1993）对罗马人在希腊德洛斯岛上的商业活动的评估，就墨丘利在此领域中关联所具有的力量，提出了一项十分宽广的研究，而怀斯曼（Wiseman 1995）恰当地考察了埃特鲁利亚人的罗马建城故事中的"赫耳墨斯"。文学中的墨丘利的情况稍好一些，但只是在较大篇幅的关于诗歌与叙事的讨论中，他出现于其中。这些讨论主要是期刊论文，尽管如此，凯恩斯（Cairns 1983）和霍顿（Houghton 2007）关于贺拉斯的研究，李特伍德（Littlewood 2001）关于奥维德的研究，都值得参究，还有米勒（Miller 1991）和菲利普斯（Phillips 1992）的研究。

赫耳墨斯效应

变形 I

没有一项研究单独追踪赫耳墨斯/墨丘利从古代晚期直至文艺复兴，也没有一项研究唯独致力于文艺复兴或此后任何时期中的这位神。难以避免，研究对他的接受，必须追踪大量著作、文章，有时候还要追踪有关著作章节，其中讨论了诗人、著作家和艺术家的个别作品或更大范围的研究，其中有对这位神的描绘或对这位神的活动的讨论。

朗（Long 1992）讨论了斯多亚派对荷马的寓意式解读，而兰博顿（Lamberton 1992b）为新柏拉图派对后来以寓意解释荷马的影响提供了一项通俗易懂的研究。富顿（Fowden 1986）和凡·布拉德尔（van Bladel 2009）很快离开了这位希腊－罗马的神，集中讨论了托特/赫耳墨斯和他的接受；不过，他们对赫耳墨斯生涯中这个特别重要的阶段提供了富有信息的细节。

变形 II

关于从古代晚期直至中世纪末期，钱斯（Jane Chance）的两卷本著作频繁简短地论及赫耳墨斯/墨丘利出现在艺术和文学中。阿伦（Allen 1970）关于文艺复兴时期这位神的研究，与钱斯对这位神在此前时期的研究一样。塞兹内克（Seznec 1995），尽管是最早考察希腊诸神在文艺复兴时期"重生"的人之一，但他的研究很有价值；布尔（Bull 2005）对文艺复兴时期"异教"诸神表现的考察，也包括对赫耳墨斯/墨丘利现象的简短讨论。叶芝（Yates 2002）对赫耳墨斯文学的引入及其对文艺复兴思想的影响，提供了一项极好的背景研究；阿伦（Allen 2001）提供了一项进入斐奇诺思想的重点聚焦又通俗易懂的导论性研究。博文（Bowen 1985）是为数不多的几项研究之一，唯独聚焦于研究一种艺术形式中的墨丘利——徽标。

关于现代对这位神的接受，在 20/21 世纪的西方学术界，没有对赫耳墨斯的独立研究。这同样适用于对赫耳墨斯与印欧语族中其他众神的相似性的整体研究。与对这位神的现代接受最接近的研究，见于哲学和心理学理论家，他们以这位神的神话、性格和能力作为其解释工作的出发点：包括科伦依（Kerényi 1996）、荣格（Jung 1969, as well as 1968, especially [but not solely] in volume 14）、希尔曼（Hillman 1979），还有塞雷斯（Serres 1968—1980）承担的一系列研究。

参考文献

Allan, A. (2004) "Hermes *Agônistês* to Hermes *Agônios*: Chaos, Conflict and Hermes in Gamesand Competitive Festivals", in P.S.W. Bell & G.M. Davis (eds.) *Games and Festivals in ClassicalAntiquity*. London, 45–54.

Allen, D. (1970) *Mysteriously Meant: The Rediscovery of Pagan Symbolism and AllegoricalInterpretation in the Renaissance*. Baltimore, MD.

Allen, M. (2001) "Introduction", in M, Allen & V. Rees (eds.) *Marsilio Ficino: His Theology, HisPhilosophy, His Legacy*. Leiden, xiii–xxii.

Allen, N. and R. Woodard (2013) "Hermes and Gandharvas", *Nouvelle Mythologie Comparée* 1:1–55.

Allen, T. & Sikes, E. (eds., 1936) *The Homeric Hymns*. Oxford.

Allen, T., Halliday, W. & Sikes, E. (eds., 1963) *The Homeric Hymns*. 2nd ed., Oxford.

Al-Salihi, W. (1983) "The Shrine of Nebo at Hatra", *Iraq* 45: 140–145.

Ando, C. (2005) "Interpretatio Romana", *Classical Philology* 100:41–51.

Anonymous (2010) "PIA National Wins Four Hermes Creative Awards", *Marketing New Weekly*, 22 May 2010:41.

Anonymous, Science Desk (1985) "Mercury, Patron of Thieves Is Found Unsuitable", *New York Times*, 1 October.

Ascough, R., Harland, P. & Kloppenborg, J. (2012) *Associations in the Greco-Roman World: A Sourcebook*. Waco, TX.

Astley, T. (1995) "The Transformation of Recent Japanese New Religion: Ōkawa Ryūhō andKōfuku no Kagaku", *Japanese Journal of Religious Studies* 22: 343–380.

Athanassakis, A. (1989) "From Phallic Cairn to Shepherd God and Divine Herald", *Eranos* 87:33–49.

Athanassakis, A. (1992) "Cattle and Honour in Homer and Hesiod", *Ramus* 22:156–186.

Athanassiadi, P. (1977) "A Contribution to Mithraic

Theology: The Emperor Julian's *Hymn to King Helios*", *Journal of Theological Studies* 28:360–371.

Athanassiadi, P. (1992) *Julian: An Intellectual Biography*, London.

Babcock-Abrahams, B. (1975) " 'The Tolerated Margin of Mess' : Trickster and His Tales Reconsidered", *Journal of the American Folklore Institute* 11:147–186.

Bain, D. (2007) "Low Words in High Places: Sex, Bodily Functions, and Body Parts in Homeric Epic and Other High Genres", in P.J. Finglass, C. Collard & N.J. Richardson (eds.) *Hesperos: Studies in Ancient Greek Poetry Presented to M. L. West on his Seventieth Birthday.* Oxford, 41–58.

Bakker, E.J. (2005) *Pointing at the Past: From Formula to Performance in Homeric Poetics.* Cambridge, MA.

Bakker, E. (2013) *The Meaning of Meat and the Structure of the Odyssey.* Cambridge.

Bakola, E. (2005) "Old Comedy Disguised as Satyr Play: A New Reading of Cratinus' *Dionysalexandros* (P.Oxy. 663)", *Zeitschrift für Papyrologie und Epigraphik* 154:46–58.

Baldwin, Barry (1988) "Fulgentius and His Sources",

Traditio 44:37-57.

Baratta, G. (2001) *Il Culto di Mercurio nella Penisola Iberica*. Barcelona.

Bar-Oz, G. (2001) "An Inscribed Astragalus with a Dedication to Hermes", *Near Eastern Archaeology* 64:215-217.

Barton, T. (1994) *Ancient Astrology*. London.

Barrett, J. (2002) *Staged Narrative Poetic and the Messenger in Greek Tragedy*. Berkeley, CA.

Baswell, C. (1985) "The Medieval Allegorization of the *Aeneid*: Ms Cambridge, Peterhouse 158", *Traditio* 41:181-237.

Bawcutt, P. (1981) "Henryson's 'Poeit od the Auld Fassoun' ", *The Review of English Studies* 32:429-434.

Beall, E. (1991) "Hesiod's Prometheus and Development in Myth", *Journal of the History of Ideas* 52:355-371.

Beck, R. (1988) *Planetary Gods and Planetary Orders in the Mysteries of Mithras*. Leiden.

Beck, R. (2006) *The Religion of the Mithras Cult in the Roman Empire: Mysteries of the Unconquered Sun*. Oxford.

Beck, R. (2012) *A Brief History of Ancient Astrology*. Hoboken, NJ.

Bednarz, J. (1996) "The Collaborator as Thief: Ralegh's

(Re)vision of *The Fairae Queene*", *ELH* 63:279–307.

Bell, H. (1948) "Popular Religion in Graeco-Roman Egypt: I, The Pagan Period", *Journal of Egyptian Archaeology* 34:72–97.

Benveniste, E. (1973) *Indo-European Language and Society*, E. Palmer (trans.). London.

Berg, W. (1974) "Hecate: Greek or Anatolian?", *Numen* 21:128–140.

Best, J. (2015) "Roadside Assistance: Religious Spaces and Personal Experience in Athens", in M. Miles (ed.) *Autopsy in Athens: Recent Archaeological Research on Athens and Attica*. Oxford, 100–107.

Betz, H. (1986) *The Greek Magical Papyri in Translation*. Chicago, IL.

Bird, B. (1992) "The Roman God Mercury: An Entrepreneurial Archetype", *Journal of Management Inquiry* 1:205–212.

Björklund, H. (2015) "Invocations and Offerings as Structural Elements in the Love Spells in *Papyri Graecae Magicae*", *Journal for Late Antique Religion and Culture* 9:29–47.

Blakely, S. (2012) "Towards an Archaeology of Secrecy: Power, Paradox, and the Great Gods of Samothrace", *Archaeological*

Papers of the American Anthropological Association 21:49–71.

Blok, J. & S. Lambert (2009) "The Appointment of Priests in an Attic Gene", *Zeitschrift für Papyrologie und Epigraphik* 169:95–121.

Bloomfield, M. (1958) "The Eighth Sphere: A Note on Chaucer's Troilus and Criseyde, V 1809", *Modern Language Review* 53:408–410.

Bobar, P. (1946) "The Mithraic Symbolism of Mercury Carrying the infant Bacchus", *HarvardTheological Review* 39:75–84.

Bowen, B. (1985) "Mercury at the Crossroads in Renaissance Emblems", *Journal of the Warburgand Courtauld Institutes* 48:222–229.

Bowie, A. (1993) *Aristophanes; Myth, Ritual and Comedy.* Cambridge.

Bremer, J. (1998) "Greek Cult Poetry: Some Ideas behind a Forthcoming Edition", *Mnemosyne* 51:513–525.

Brillante, C. (1990) "Scene oniriche nei poemi omerici", *Materiali e discussioni per l'analisi deitesti classici* 24:31–46.

Briquel, D. (1985) "Some Remarks about the Greek God Hermes", *Mankind Quarterly* 26:75–97.

Brown, N. (1969) *Hermes the Thief: The Evolution of a Myth.* New York, NY.

Buchan, J. (1997) *Frozen Desire: An Inquiry into the Meaning of Money*. London.

Buchholz, P. (1984) "Odin: Celtic and Serbian Affinities of a Germanic Deity", *Mankind Quarterly; retrieved* 27/08/2014. http://www.fornsedclergy.tripod.com/sitebuildercontent/sitebuilderfiles/celtsberodin.pdf.

Bull, M. (2005) *The Mirror of the Gods: How the Renaissance Artists Rediscovered the Pagan Gods*. Oxford.

Bungard, C. (2011) "Lies, Lyres and Laughter: Surplus Potential in the *Homeric Hymn to Hermes*", *Arethusa* 44; 143–165.

Burke, R. trans. (1928) *Roger Bacon: Opus Majus*. New York, NY.

Burkert, W. (1979) *Structure and History in Greek Mythology and Ritual*. Berkeley, CA.

Burkert, W. (1983) "Argos and Argeiphontes", in *Homo Necans: The Anthropology of Ancient Greek Sacrificial Ritual and Myth,* P. Bing (trans.), Berkeley, CA, 161–168.

Burkert, W. (1984) "Sacrificio–sacrilegio: il 'trickster' fondatore", *Studi Storici* 4:835–845.

Burkert, W. (1985) *Greek Religion: Archaic and Classical,* L. Raffan (trans.). Oxford.

Burkert, W. (1993) "Concordia discors: The Literary and the Archaeological Evidence onthe Sanctuary of Samothrace", in N. Marinatos & R. Hagg (eds.) *Greek Sanctuaries: New Approaches*, London, 178–191.

Burnell, F. (1948) "Staves and Sceptres", *Folklore* 59:157–164.

Burnett, C. (1976) "The Legend of the Three Hermes and Abū Ma' Shar's Kitāb *Al-Ulūfin* the Latin Middle Ages", *Journal of the Warburg and Courtauld Institutes* 39:231–234.

Burriss, E. (1935) "The Place of the Dog in Superstitions as Revealed in Latin literature", *Cilassical Philology* 30:32–42.

Burton, D. & D. Grandy (2004) *Magic, Mystery and Science: The Occult in Western Civilization*. Bloomington, IN.

Bush, D. (1963) *Mythology and the Renaissance Tradition in Early English Poetry*. New York, NY.

Butler, G.(2002) " 'And That a Winged Mercury Did Bear' : Shakespeare's Mercury in" *The Tragedy of Richard the Third*, *English Language Notes* 39:18–27.

Cairns, F. (1983) "Alceaus' *Hymn to Hermes, P.Oxy*.2734 Fr.l and Horace *Odes* 1.10", *Quaderni Urbinati di Cultura Classica* 13:29–35.

Calame, C. (2011) "The *Homeric Hymns* as Poetic Offerings: Musical and Ritual Relationships with the Gods", in A. Faulkner (ed.) *The Homeric Hymns: Interpretative Essays*. Oxford, 334–357.

Callaway, C. (1993) "Perjury and the Unsworn Oath", *Transactions of the American Philological Association* 123:15–25.

Camp, J. (1996) *The Athenian Agora: Excavations in the Heart of Classical Athens*. London.

Canonici, N. (1994) "Hermes and the Zulu Tricksters", *Southern Africa Journal of Folklore Studies* 5:1–25.

Carastro, M. (2007) "Quand Tirésias devint un mágos: Divination et magie en Grèce ancienne (V e IV e siècle av.n. è.)", *Revue de l'histoire des religions* 224:211–230.

Carpenter, R. (1950) 'Argeiphontes: A Suggestion', *America Journal of Archaeology* 54:177–183.

Carpi, D. (2003) "Hermes: God of Thieves: Plagiarism in Twentieth Century Literature", *Law and Critique* 14:213–223.

Cashford, J. (2011) "The Myth of the Messenger", *ARAS Connections* 3:1–20.

Cashford, J. (2015) "How Hermes and Apollo Came to Love Each Other in the Homeric *Hymn to Hermes*: Imagination and Form in Ancient Greece and Modern Psyche", in V, Rutter& T. Singer (eds.) *Ancient Greece, Modern Psyche: Archetypes Evolving*. New York, NY, 101–146.

Cassio, A. (1981) "A Typical Servant in Aristophanes (Pap. Flor. 112, Austin 63, 90ff)", *Zeitschrift für Papyrologie und Epigraphik* 41:17–18.

Cavallaro, F. (2006) "The Alchemical Significance of John Dee's *Monas Hieroglyphica*", in S. Clucas, (ed.) *John Dee: Interdisciplinary Studies in English Renaissance Thought*. Dordrecht, 159–176.

Chance, J. (1990) "Mercury in the Garden: Mythographical Methods in the *Merchant's Tale* and *Decameron* 7.9", in J. Chance & R. Hamilton (eds.) *The Mythographic Art: Classical Fable and the Rise of the Vernacular in Early France and England*. Gainesville, FL, 192–214.

Chance, J. (1994a) *Medieval Mythography: From Roman North Africa to the School of Chartres A.D.433–1177*. Gainesville, FL.

Chance, J. (1994b) *Medieval Mythography: From the School of Chartres to the Court at Avignon 1177–1350*. Gainesville, FL.

Chaniotis, A. (1988) "Habgierige götter-habgierige städte: Heiligtumsbesitz und gebietsanspruch in den kretischen

Staatsverträgen", *Ktema* 13:21–39.

Chittenden, J. (1945) "Hermes-Mercury, Dynasts and Emperors", *Numismatic Chronicle and Journal of the Royal Numismatic Society*, 5:41–57.

Chittenden, J. (1947a) "The Master of Animals", *Hesperia* 16:69–114.

Chittenden, J. (1947b) "Some Methods of Research into the Origin of Greek Deities", *Greece and Rome* 16:98–107.

Chittenden, J. (1948) "Diaktoros Argeiphontes", *America Journal of Archaeology* 52:24–33.

Christopoulos, M. (2006) "Αὔλειος θύρα et cadre religieux: le rencontre du public et du privé", *Kernos* 19:303–312.

Ciardi, J. (1965) "Dante Alighieri *Paradiso*: Canto Five", *Poetry* 107:75–84.

Cinquemani, A.M. (1970) "Henry Reynolds' *Mythomystes* and the Continuity of Ancient Modes of Allegoresis in Seventeenth-Century England", *Proceedings of the Modern Languages Association* 85:1041–1049.

Clark, J. (1983) "Marsilio Ficino among the Alchemists", *Classical Bulletin* 59:50–54.

Clay, D. (1977) "A Gymnasium Inventory from the Athenian Agora", *Hesperia* 46:259–267.

Clay, J. (1972) "The *Planktai* and *Moly*: Divine Naming and Knowing in Homer", *Hermes* 100:127–131.

Clay, J. (1981–2) "Immortal and Ageless Forever", *Classical Journal* 77:112–117.

Clay, J. (1987) "Hermes' Dais by the Alpheus', *Hymn to Hermes* 105–41", *Metis* 2:221–234.

Clay, J. (1989) *The Polittics of Olympus: Form and Meaning in the Major Homeric Hymns*. Princeton, NJ.

Clinton, D, (1974) "The Sacred Officials of the Eleusinian Mysteries", *Transactions of the American Philological Society* 64.3.

Clinton, D, (1979) "*IG* I2 5, Elusinia and the Eleusinians", *American Journal of Philology* 100:1–12.

Clinton, D. (2004) "A Family of Eumolpidai and Kerykes Descended from Pericles", *Hesperia* 73:39–57,

Cohen, D. (1983) *Theft in Athenian Law*. München.

Cole, J. (1997) "The Muses of Homer and Hesiod: Comparative Musings", *Scholia* 6:168–177.

Cole, S. (1996) "Oath Ritual and the Male Community at

Athens", in J. Ober & C. Hedrick (eds.) *Dêmokratia: A Conversation on Democraciles Ancient and Modern*. Princeton, NJ, 227–248.

Collins, D. (2008) *Magic in the Ancient Greek World*. Hoboken, NJ.

Combellack, F. (1945) "Speakers and Scepters in Homer", *Classical Journal* 43:209–217.

Conacher, D, (1980) *Aeschylus*' Prometheus Bound: *A Literary Commentary*. Toronto.

Constantakopoulou, C. (2015) "Regional Religious Groups, Amphictionies, and Other Keagues", in E. Eidinow & J. Kindt (eds.) *Oxford Handbook of Ancient Greek Religion*. Oxford, 274–290.

Cooke, J. (1927) "Euhemerism: A Mediaeval Interpretation of Classical Paganism", *Speculum* 2:396–410.

Copenhaver, B. (1992) *Hermetica, The Greeh Corpus Hermeticum and the Latin Asclepius in a New English Translation, with Notes and Introduction*. Cambridge.

Corbett, P. (1970) "Greek Temples and Greek Worshippers: The Literary and ArchaeologicalEvidence", *British Institute of Classical Studies* 17:149–158.

Costa, G. (1982) "Hermes dio delle iniziazioni", *Civiltà classica e cristiana* 3:277–295.

Croissant, F. & F. Salviat (1966) "Aphrodite gardienne des magistrats: gynéconomes de Thasos etpolémarques de Thèbes', *Bulletin de correspondance hellénique* 90:460–471.

Crummy, N. (2007) "Brooches and the Cult of Mercury", *Britannia* 38:225–250.

Cunningham, D. (1955) "The Jonsonian Masque as a Literary Form", *ELH* 22:108–124.

Curbera, J. & D. Jordan (1998) "A Curse Tablet from the 'Industrial District' Near the Athenian Agora", *Hesperia* 67:215–218.

Cursaru, G. (2014) "Les Plantes, jalons du parcours catabasuque d'Hermès dans l'Hymn homer-ique à Hermès", *Prometheus* 40:38–69.

Davidson, H. (1993) *The Lost Beliefs of Northern Europe*. London.

Davidson, J. (1992) "Tragic Daughter of Altas?", *Mnemosyne* 45.1:367–371.

Davis, S. (1953) "Argeiphontes in Homer: The Dragon-Slayer", *Greece and Rome* 22:33–38.

Deacy, S. (2007) *Athena*. London.

Dee, J. (1994) *The Epithetic Phrases for the Homeric Gods (Epitheta deorum apud Homerum)*. New York, NY.

De Grummond, N. (2006) *Etruscan Myth, Sacred History and Legend*. Philadelphia, PA.

De Jáuregui, M. (2011) "Priam's Catabasis: Traces of the Epic Journey to Hades in *Iliad* 24", *Transactions of the American Philological Association* 141:37–68.

Dempsey, C. (1968) "Mercurius Ver: The Sources of Botticelli's *Primavera*", *Journal of the Warburg and Courtauld Institutes* 31:251–273.

Detienne, M. & J.-P. Vernant (1991) *Cunning Intelligence in Greek Culture and Society,* J. Lloyd (trans.). Chicago, IL.

Devereaux, R. (2005) "Reconstructing Byzantine Constantinople: Intercession and Illumination at the Court of Phillipe le Bon", *French Studies* 59:297–310.

De Waele, F. (1927) *The Magic Staf or Rod in Graeco-Roman Antiquity*. Ghent.

Dickie, M. (2010) *Magic and Magicians in the Greco-Roman World*. London.

Dietrich, B.C. (1983) "Tradition in Greek Religion", in R

Hägg, (ed.) The Greek Renaissance of the Eighth Century B.C.: Tradition and Innovation. Proceedings of the Second International Seminar on Ancient Greek Cult, organized by the Swedish Institute at Athens, 1-5 June 1981. Stockholm: 85-89.

Diggs, R. (2010) "The Divine Messenger and the Character of Hermeneutics", *Mythological Studies Journal* 1:1-11.

Dillon, M. (2015) "Households, Families, and Women", in E. Eidinow & J. Kindt (eds.) *Oxford Handbook of Ancient Greek Religion*. Oxford, 241-250.

Dobrov, G. (2007) "Comedy and Satyr-Chorus", *Classical World* 100:251-265.

Donlon, W. (1982) "Reciprocities in Homer", *Classical World* 75: 137-175.

Doty, Wm. (1978) "Hermes" Heteronymous Appellations', *Arche* 2:17-35.

Dougherty, D. (2006) *Prometheus*. London.

Dowden, K. (1992) *Religion and the Romans*. London.

Downes, W. (1904) "The Offensive Weapon in the Pyrrhic", *Classical Review* 18:101-106.

Ducat, J. (2000) "Perspectives on Spartan Education in the

Classical Period", in S. Hodkinson & A. Powell (eds.) *Sparta: New Perspectives*. London: 43–66.

Duchemin, J. (1960) *La Houlette et la Lyre I: Hermès et Apollon*. Paris.

Dumézil, G. (1996) *Archaic Roman Religion*, 2 vols, P. Knapp (trans.). Baltimore, MD.

Duncan, E. (1942) "The Alchemy in Jonson's *Mercury Vindicated*", *Studies in Philology* 39:625–637.

Easterling, P. (1989) "Agamemnon's SKĒPTRON in the Iliad", in M. MacKenzie & C. Rouché (eds.) *Images of Authority: Papers Presented to Joyce Reynolds on the Occasion of her 70th Birthday*. Proceedings of the Cambridge Philological Society Supp.16, Cambridge, 104–121.

Edinger, E. (1994) *The Eternal Drama: The Inner Meaning of Greek Mythology*. Baltimore, MD.

Edis, F. (1995) *The God Between: A Study of Astronomical Mercury*. London.

Ege, U. (2000) "The Portrayals of the Universe in Medieval Literature", *Ankara Üniversitesi Dil ve Tarih-Cografya Fakültesi Dergisi* 40:255–274.

Eichholz, D, (1949) "Aristotle's Theory of the Formation of Metals and Minerals", *Classical Quarterly* 43:141–146.

Eidinow, E. (2003) "Dido, Aeneas, and Iulus: Heirship and Obligation in *Aeneid* 4", *Classical Quarterly* 53:260–267.

Ekroth, G. (2002) *The Sacrificial Rituals of Greek Hero-Cults in the Archaic and Classical Periods*, Kernos Supp.12. Liège.

Elderkin, G. (1936) "An Athenian Maledictory Inscription on Lead", *Hesperia* 5:43–49.

Elmore, J. (1931) "Horace and Octavian (*Car*. I. 2)", *Classical Philology* 26:258–263.

Entraglo, P. (1970) *The Therapy of the Word*, L. Rather & J. Sharp (trans.). New Haven, CT.

Erder, Y. (1990) "The Origin of the Name Idrīs in the Qur'ān: A Study of the Influence of QumranLiterature on Early Islam", *Journal of Near Eastern Studies* 49:339–350.

Erickson, B. (2009) "Roussa Ekklesia, Part 1: Religion and Politics in East Crete", *American Journalof Archaeology* 113:353–404.

Evans, M. (1975) 'Mercury versus Apollo: A Reading of Love's Labor's Lost', *Shakespeare Quarterly* 26:113–127.

Evelyn-White, H. (1914) *Hesiod*, Works and Days, Theogony

and the Homeric Hymns. Cambridge, MA.

Evelyn-White, H. (1926) *Hesiod, the* Homeric Hymns *and* Homerica. London.

Fachard, S. & D. Pirisino (2015) "Routes Out of Attica", in M. Miles (ed.) *Autopsy in Athens: Recent Archaeological Research on Athens and Attica.* Oxford, 139–153.

Faivre, A. (1995) *The Eternal Hermes: From Greek God to Alchemical Magus,* J. Godwin (trans.). Grand Rapids, MI.

Faraone, C. (1985) "Aeschylus' ὕμνος δέσμιος (*Eum.* 306) and Attic Judicial Curse Tablets", *Journal of Hellenic Studies* 105:150–154.

Faraone, C. (1991) "The Agonistic Context of Early Greek Binding Spells", in C. Faraone & D. Obbink (eds.) *Magika Hiera: Ancient Greek Magic and Religion.* Oxford, 3–32.

Faraone, C. (1992) *Talisman and Trojan Horses: Guardian Statues in Ancient Greek Myth and Ritual.* New York, NY.

Farnell, L. (1909) "The Cults of Hermes", in *The Cults of the Greek States,* vol. 5. Oxford, 1–84.

Felson, H. (2011) "Children of Zeus in the *Homeric Hymns:* Generational Succession", in A. Faulkner (ed.) *The Homeric Hymns: Interpretative Essays.* Oxford, 254–279.

Ferguson, J. (1994) *The Religion of the Roman Empire.* Ithaca, NY.

Fleay, F. (1879) "Some Folk-Lore from Chaucer", *The Folk-Lore Record* 2:135–162.

Flachmann, M. (1979) "Ben Jonson and the Alchemy of Satire", *Studies in English Literature*, 1500—1900, 2:259–280.

Fletcher, J. (2008) "The Trickster's Oath in the Homeric Hymn to Hermes", *American Journal of Philology* 129:19–46.

Fodor, A. (1970) "The Origins of the Arabic Legends of the Pyramids", *American Journal of Archaeology* 103:485–520.

Foley, H. (1994) The Homeric Hymn to Demeter: *Translation, Commentary and Interpretative Essays.* Princeton, NJ.

Foley, J. (1999) *Homer's Traditional Art.* University Park, PA.

Fowden, G. (1986) *The Egyptian Hermes: A Historical Approach to the Late Pagan Mind.* Princeton, NJ.

Fowden, G. (1987)"Pagan Versions of the Rain Miracle of A.D. 172", *Historia* 36:83–95.

Frame, D. (1978) *The Myth of Return in Early Greek Epic.* New Haven, CT.

Franke, W. (1994) "Dante's Hermeneutic Rite of Passage: Inferno 9", *Religion and Literature* 26:1–26.

Fraser, J. (1999) "Intertextual Turnarounds: Joyce's Use of the Homeric *Hymn to Hermes*", *James Joyce Quarterly* 36:541–557.

Freis, R. (1971) "A Note on Horace's Hymn to Mercury (*Odes* 1.10)", *Classical Philology* 66:182–183.

Friedman, J. (1985) "Henryson's *Testament to Cresseid* and the *Judicio Solis in Conviviis Saturni* of Simon of Couvin", *Modern Philology* 83:12–21.

Frothingham, A. (1916) "Babylonian Origin of Hermes the Snake-God, and of the Caduceus", *American Journal of Archaeology* 20:175–211.

Furley, W. (1995) 'Praise and Persuasion in Greek Hymns', *Journal of Hellenic Studies* 115: 26–46.

Furley, W. & J. Bremer (2001) *Greek Hymns: Selected Cult Songs from the Archaic to the Hellenistic Period*, vol. 1: Texts in Translation. Tübingen.

Gagarin, M. (1973) "Dikê in the Works and Days", *Classical Philology* 68:81–94.

Gagarin, M. (1989) *Early Greek Law*. Berkeley, CA.

Gager, J. (1992) *Curse Tablet and Binding Spells from the Ancient World*. Oxford.

Gagné, P. (2015) "Literary Evidence: Poetry", in E. Eidinow & J. Kindt (eds.) *Oxford Handbook of Ancient Greek Religion*. Oxford, 84–97.

Gantz, T. (1996) *Early Greek Myths: A Guide to Literary and Artistic Sources,* 2 vols. Baltimore, MD.

Garin, E. (1983) *Astrology in the Renaissance: The Zodiac of Life,* C. Jackson & J. Allen (trans.). London.

Gentili, B. (1988) *Poetry and its Public in Ancient Greece*. Baltimore, MD.

Georgoudi, S. (2010) "Sacrificing to the Gods: Ancient Evidence and Modern Interpretations", in J. Bremmer & A. Erskine (eds.) *The Gods of Ancient Greece: Identities and Transformations*. Edinburgh, 92–105.

Gibbs, L. (2002) *Aesop's Fables: A New Translation*. Oxford.

Gilhus, I. (1997) *Laughing Gods, Weeping Virgins: Laughter in the History of Religion*. London.

Gill, C., N. Postlethwaite & R. Seaford, eds. (1998) *Reciprocities in Ancient Greece*. Oxford.

Gill, D. (1991) *Greek Cult Tables*. New York, NY.

Gilmour, G. (1997) "The Nature and Function of Astragalus

Bones from Archaeological Contexts in the Levant and Eastern Mediterranean", *Oxford Journal of Archaeology* 16:167–175.

Girard, R. (1989) *Violence and the Sacred,* P. Gregory (trans.). Baltimore, MD.

Goblet-Cahen, C. (2007) "Le héraut entre l'éphèbe et le satyre", *Revue historique* 309 (642): 259–283.

Goldman, H. (1942) "The Origin of the Greek Herm", *American Journal of Archaeology* 46:38–68.

Gombrich, E. (1945) "Botticelli's Mythologies: A Study in the Neoplatonic Symbolism of his Circle", *Journal of the Warburg and Courtauld Institutes* 8:7–60.

Görgemanns, H. (1976) "Rhetorik und poetik im homerischen Hermeshymnus", in H. Görgemanns & E. Schmidt (eds.) *Studien zum antiken Epos*. Meisnheim am Glan, 113–128.

Graf, F. (1999) *Magic in the Anclent World,* F. Philip (trans.). Cambridge.

Gräfe, G. (1973) "Der homerische Hymnus auf Hermes", *Gymnasium* 70:515–526.

Grafton, A. (1983) "Protestant versus Prophet: Issac Casaubon on Hermes Trismegistus", *Journal of the Warburg and*

Courtauld Institutes 46:78–93.

Greaves, A. (2012) "Divination at Archaic Branchida-Didyma: A Critical Review", *Hesperia* 81:177–206.

Greene, E. (2005) "Revising Illegitimacy: The Use of Epithets in the *Homeric Hymn to Hermes*", *Classical Quarterly* 55:343–349.

Greene, J. & M. Herter (1945) *Letters to Rainer Maria Rilke: 1897–1910*. New York, NY.

Greenewalt, C. Jr. (1976) *Ritual Dinners in Early Historic Sardis*. Berkeley, CA.

Greenwood, D. (2014) "Crafting Divine Personae in Julian's *Oration 7*", *Classical Philology* 109:140–149,

Grether, G. (1932) "Pompeian Ministri", *Classical Philology* 27:59–65.

Griffin, A. (1991) "Philemon and Baucis in Ovid's *Metamorphoses* (Book 8, 611–724)", Hermathena 151:51–62.

Griffith, J. (1960) "The Flight of the Gods before Typhon: An Unrecognized Myth", *Hermes* 88:374–376.

Griffith, M. (2015) "The Earliest Greek Systems of Education", in W. Bloomer (ed.) *A Companionto Ancient Education*. Chichester, 26–60.

Griffith, R. (2008) "Heralds and the Beginning of the Peloponnesian War (Thuc. 2.1)", *Classical Philology* 103:182–184.

Gulizio, J. (2000) "Hermes and *e-ma-a2*: The Continuity of His Cult from the Bronze Age to theHistorical Period", *Živa Antika* 50:105–116.

Haden, J. (1983) "Friendship in Plato's Lysis", *Review of Metaphysics* 37:327–356.

Hadzisteliou-Price, T. (1978) *Kourotrophos: Cults and Representations of the Greek Nursing Deities*. Leiden.

Haft, A. (1996) "The Mercurial Significance of Raiding: Baby Hermes and Animal Theft in Contemporary Crete", *Arion* 4:27–48.

Hägg, R. & B. Alroth, eds. (2005) *Greek Sacrificial Ritual, Olympian and Chthonian: Proceedings of the Sixth International Seminar on Ancient Greek Cult,* organized by the Department of Classical Archaeology and Ancient History, Göteborg University, 25–27 April 1997, Stockholm.

Hall, E. (2002) "Tony Harrison's *Prometheus:* A View from the Left", *Arion* 3rd Series, 10:129–140.

Hamel, D. (2012) *The Mutilation of the Herms: Unpacking an*

Ancient Mystery. New Haven, CT.

Hamlin, B. (1974) "Astrology and the Wife of Bath: A Reinterpretation", *Chaucer Review* 9:153–165.

Harrell, S. (1991) "Apollo's Fraternal Threats: Language of Succession and Domination in the *Homeric Hymn to Hermes*", *Greek Roman and Byzantine Studies* 31:307–329.

Harries, B. (1989) "Causation and the Authority of the Poet in Ovid's *Fasti*", *Classical Quarterly* 39:164–185.

Harrison, E. (2000) "Eumolpos Arrives at Eleusis", *Hesperia* 69:267–291.

Harrison, G., ed. (2005) *Satyr Drama: Tragedy at Play*. Swansea.

Harter, N. (2016) "On the Archetypes Hermes and Hestia; Notes towards a Hermeneutics of Leadership Studies", *Integral Review* 12:111–117.

Hartley, J. (2010) "Paradigm Shifters: Tricksters and Cultural Science", *Cultural Science Journal* 13:1–19.

Hasenohr, C. (2001) "Les monuments des collèges italiens sur 'L'Agora des Compétaliastes' à Délos (IIe-Ier av, J.-C)", *Bulletin de correspondance hellénique*, Supp. 39:329–348.

Headlam, W. (1902) "Ghost-Raising, Magic and the Underworld", *Classical Review* 16:52–61.

Heather, P. (1943) "The Seven Planets", *Folklore* 54:338–361.

Heiden, B. (2010) "Truth and Personal Agreement in Archaic Greek Poetry: The *Homeric Hymn to Hermes*", *Philosophy and Literature* 34:409–424.

Henderson, J., ed. and trans. (2008) *Aeschylus III: Fragments*. Cambridge, MA.

Henig, M., R. Cleary & P. Purser (1993) "A Roman Relief of Mercury and Minerva from Aldsworth, Gloucestershire", *Britannia* 31:362–363.

Henriskén, C. (2012) *Commentary on Martial,* Epigrams *Book 9,* Oxford.

Herman, G. (1987) *Ritualized Friendship and the Greek City*. Cambridge.

Herren, M. (2012) "John Scottus and Greek Mythology: Reprising an Ancient Heremeutic in the Paris Commentary of Martianus Capella", *Journal of Medieval Latin* 22:95–116.

Herter, H. (1976) "Hermes: ursprung and wesen eines griechischen gottes", *Rheinisches Museum für Philologie* 119:193–241.

Hexter, R. (1987) "Medieval Articulations of Ovid's *Metamorphses:* From Lactantian Segmentationto Arnulfian Allegory", *Mediaevalia: A Journal of Medieval Studies* 13:63–82.

Hillman, J. (1979)"Notes on Opportunism", in J. Hillman (ed.) *The Puer Papers*. Dallas, Tx, 152–165.

Hocart, A. (1970) *Kings and Councillor: An Essay in the Comparative Anatomy of Human Society*. Chicago, IL.

Holland, J. (1970) "The Gods of *The Winter's Tale*", *Pacific Coast Philology* 5:34–38.

Holmyard, E.J. (1957) *Alchemy*. Harmondsworth.

Holtsmark, E. (2001) "The *katabasis* Theme in Modern Cinema", in M. Winkler (ed.) *Classical Myth and Culture in the Cinema*. Oxford, 23–56.

Hopkins, A. (1934) *Alchemy, Child of Greek Philosophy*. New York, NY.

Hornblower, G. (1943) "The Egyptian Fertility-Rite: Postscript", *Man* 43:26–34.

Houghton, L. (2007) "Horace, *Odes* I.10: A Very Literary Hymn", *Latomus* 66:636–641.

Hübbe, R. (1959) "Decrees from the Precinct of Asklepios at

Athens", *Hesperia* 28:169–201.

Hübner, W. (1986) "Hermes als musischer gott", *Philologus* 130:153–174.

Huizinga, J. (1971) *Homo Ludens: A Study of the Play Element in Culture*. London.

Humphrey, C. & S. Hugh-Jones (1992) 'Introduction: Barter, Exchange and Value', in C. Humphrey & S. Hugh-Jones (eds.) *Barter, Exchange and Value: An Anthropological Approach*. Cambridge, 1–20.

Hussey, G. (1890) "The Distribution of Hellenic Temples", *American Journal of Philology* 6:59–64.

Hyde, L. (1999) *Trickster Makes This World: Mischief, Myth and Art*. New York, NY.

Hyde, W. (1946) "Roman Ideas of the Hereafter", *Classical Weekly* 39:157–160.

Hynes, W. & Wm. Doty, eds. (1993) *Mythical Trickster Figures*. Tuscaloosa, AL.

Ingman H. & F. Ingman (1989) "Silence, Harpocrates and the *Cymbalum Mundi*", *Bibliothèque d'Humanisme et Renaissance* 51:569–577.

Ingram, J. (2012) " 'You Ha'done me a Charitable Office' : Autolycus and the Economics of Festivity in *The Winter's Tale*", *Renascence: Essays on Values in Literature* 65:63–74.

Isrealowich, I. (2008) "The Rain Miracle of Marcus Aurelius; (Re-)Construction of Consensus", *Greece and Rome* 55:83–102.

Jaillard D. (2001) "Le pilier hermaïque dans l'espace sacrificiel", *Mélanges de l'Ecole française de Rome. Antiquité,* 113:341–363.

Jaillard, D. (2007a) Configurations d'Hermès: Un "théogonie hermaïque", *Kernos* Supp. 17, Liège.

Jaillard, D. (2007b) "Les functions du mythe dans l'organization spatiale de la cité", *Kernos* 20:131–152.

Jameson, M. (1991) "Sacrifice before Battle", in V. Hanson (ed.) *Hoplites: The Classical Greek Battle Experience*. London, 197–227.

Jameson, M. (1994) "Theoxenia", in R. Hagg (ed.) *Ancient Greek Cult Practice from the Epigraphical Evidence*. Proceedings of the Second International Seminar on Ancient Greek Cult organized by the Swedish Institute at Athens, 22–24 November 1991, Stockholm, 35–57.

Janko, R. (1982) *Homer, Hesiod and the Hymns: Diachronic*

Development in Epic Diction. Cambridge.

Jannot, J.-R. (2000) "Etruscans and the Afterworld", *Etruscan Studies* 7:81–99.

Johnston, R. & D. Mulroy (2009) "The *Hymn to Hermes* and the Athenian Altar of the Twelve Gods", *Classical World* 103:3–16.

Johnston, S. (1990) *Hekate Soteira: A Study of Hekate's Roles in the Chaldean Oracles and Related Literature*. Atlanta, GA.

Johnston, S. (1991) "Crossroads", *Zeitschrift für Papyrologie und Epigraphik* 80:214–224.

Johnston, S. (1999) *The Restless Dead: Encounters between the Living and the Dead in Ancient Greece*. London.

Johnston, S. (2002) "Myth, Festival, and Poet: The *Homeric Hymn to Hermes* and its Performative Context", *Classical Philology* 97:109–132.

Jones, J. Jr. (1987) "*Aeneid* 4.238–278 and the Persistence of an Allegorical Interpretation", *Vergilius* 33:29–37.

Jones, J. Jr. (1989) "The So-called Silverstris Commentary on the *Aencid* and Two Other Interpretations", *Speculum* 64:835–848.

Jones, N. (2015) "Phantasms and Metonyms: The Limits of Representation in Fifth-Century Athens", Art History 38:814–837.

Jost, M. (1985) *Sancluaires et cules d'Arcadie*. Paris.

Jost, M. (1990) "Sanctuaires ruraux et sanctuaires urbains en Arcadie", in A. Schachter (ed.) *Le Sanctuare grec: huit exposes suivis de discussions*. Genève, 205–239.

Jung, C. (1968) *The Collected Works of C.G. Jung XIV: Alchemical Studies*. New York, NY.

Jung, C. & Kerényi, K. (1969) *Introduction to a Science of Mythology: The Myth of the Divine Child and the Mysteries of Eleusis*. New York, NY.

Kadletz. E (1981) "The Tongues of Greek Sacrificial Victims", *Harvard Theological Reuiew* 74:21–29.

Kahan, C. (1992) "Shelley's *Hymn to Mercury:* Poetic Praxis and the Creation of Value", Studies in Romanticism 31:147–169.

Kahane, H. & A. Pietrangeli (1966) "*Picatrix* and the Talismans", *Romance Philology* 19:574–593.

Kahn, L. (1978) *Hermès Passe: les ambiguïtés de la communication*. Paris.

Kaimio, M. (1974) "Music in the *Homeric Hymn to Hermes*", *Arctos: Acta Philologica Fennica* 8:29–43.

Kaufman-Heinimann, A. (2007) "Religion in the House", in J.

Rüpke (ed.) *A Companion to Roman Religion*. Oxford, 188–201.

Kelly, D. (2016) "Diplomacy", in S. Phong, T. Spence, D. Kelly & P. Londry (eds.) *Conflict in Ancient Greece and Rome: The Definitive Political, Social and Military Encyclopedia*. SantaBarbara, CA, 249–251.

Kelly, E. (2009) "A Note on the Name Hermoathena and its Lepidopteran Nanesakes", *Hermathena* 186:59–76.

Kerényi, K. (1963) *Prometheus: Archetypal Image of Human Existence,* Ralph Manheim (trans.). New York, NY.

Kerényi, K. (1996) *Hermes, Guide of Souls,* revised ed., M. Stein (trans.). Woodstack, CT.

Kidron, C. (2006) "The *Homeric Hymn to Hermes:* A Journey across the Continuation of Paradox", *Semiotica* 158:35–69.

Kirkland, S. (2007) "*Logos as* Message from the Gods: On the Etymology of 'Hermes' in Plato's *Cratylius*", *Bochumer Philosophisches jahrhuch für Antike under Mittelalter* 12:1–14.

Klauck, H. (1994) "With Paul in Paphos and Lystra: Magic and Paganism in the Acts of the Apostles", *Neotestamentica* 28:93–108.

Klibansky, R., E. Panofsky & F. Saxl (1964) *Saturn and Melancholy: Studies in the History of Natural Philosophy, Religion and Art*. New York, NY.

Klingshirn, W. (2003) "Isidore of Seville's Taxonomy of Magicians and Diviners", *Traditio* 58:59–90.

Knudson, R. (2012) "'I Wasn't Born Yesterday': Sophistic Argumentation in the *Homeric Hymn to Hermes*", *Classical Philology* 107:341–349.

Koepping, K.-P. (1985) "Absurdity and Hidden Truth: Cunning Intelligence and Grotesque Body Images as Manifestations of the Trickster", *History of Religions* 24:191–214.

Kopestonsky, T. (2016) "The Greek Cult of the Nymphs at Corinth", *Hesperia* 85:711–777.

Kouser, R. (2015) "The Mutilation of the Herms: Vialence towards Images in the Late Fifth Century", in M. Miles (ed.) *Autopsy in Athens: Recent Archaeological Research on Athens and Attica*. Oxford, 76–84.

Krauskopf, I. (2006) "The Grave and Beyond in Etruscan Religion", in E. Simon & N. de Grummond (eds.) *The Religion of the Etruscans: The Sixth Annual Langford Conference, Florida State University, Tallahassee 18–20-2, 1999*. Austin, Tx, 66–89.

Kurke, L. (1991) *Traffic in Praise: Pindar and the Poetics of*

Social Economy. Ithaca, NY.

Kurke, L. (1995) "Herodotus and the Language of Metals", *Helios* 22:36–64.

Kurke, L. (1999) *Coins, Bodies, Games and Gold: The Politics of Meaning in Archaic Greece*. Princetan, NJ.

Kyle, D. (1987) *Athletics in Ancient Athens*. Leiden.

Laird, A. (2003) "Figures of Allegory from Homer to Latin Epic", in G.R. Boys-Stones (ed.) *Metaphor, Allegory, and the Classical Tradition: Ancient Thought and Modern Revisions*. Oxford, 152–176.

Laird, E. (1972) "Astrology and Irony in Chaucer's *Complaint of Mars*", *Chaucer Review* 6:229–231.

Lamb, W. (1925/6) "Arcadian Bronze Statuettes", *Annual of the British School at Athens* 27:133–148.

Lamberton, R. (1986) *Homer the Theologian: Neoplatonist Allegorical Readings and the Growth of the Epic Tradition*. Berkeley, CA.

Lamberton, R. (1992a) "Introduction", in R. Lamberton & D, Keaney (eds.) *Homer's Ancient Readers: The Hermeneutics of Greek Epic's Earliest Exegetes*. Princeton, NJ, 7–24.

Lamberton, R. (1992b) "The Neoplatonists and the Spiritualization of Homer", in R. Lamberton & D. Keaney (eds.) *Homer's Ancient Readers: The Hermeneutics of Greek Epic's Earliest Exegetes,* Princeton, NJ, 115–133.

Lamont, J. (2015) "Asklepios in the Pireaus and the Mechanisms of Cult Appropriation", in M. Miles (ed.) *Autopsy in Athens: Recent Archaeological Research on Athens and Attica.* Oxford, 37–50.

Langdon, S. (1918) "The Babylonian Conception of the Logos", *The Journal of the Royal Asiatic Society of Great Britain and ireland* (July): 433–449.

Larson, J. (1997) "The Corycian Nymphs and the Bee Maidens of the *Homeric Hymn to Hermes*", *Greek Roman and Byzantine Studies* 36; 341–357.

Larson, J. (2001) *Greek Nymphs: Myth, Cult, Lore.* Oxford.

Larson, J. (2005) "Lugalbanda and Hermes", *Classical Philology* 100:1–16.

Larson, J. (2007) *Ancient Greek Cults: A Guide.* London.

Larson, J. (2016) *Understanding Greek Religion.* London.

Lateiner, D. (2001) "Humiliation and Immobility in Apuleius'

Metamorphoses", *Transactions of the American Philological Association* 131:217–255.

Lavelle, B. (1985) "Hipparchos' Herms", *Echoes du Monde Classique* 29:411–420.

Lebedev, A. (1996) "Pharnabazos, the Diviner of Hermes: Two Ostraka with Curse Letters from Olbia", *Zeitschrift für Papyrologie und Epigraphik* 112:268–278.

Lebessi, A. (1976) "A Sanctuary of Hermes and Aphrodite in Crete", P. Muhly (trans.), *Expedition* 3:2–13.

Lebessi, A. & P. Muhly (1987) "The Sanctuary of Hermes and Aphrodite at Syme, Crete", *National Geographic Research* 3:102–113.

Lebessi, A. & P. Muhly (1990) "Aspects of Minoan Cults, Sacred Enclosures: The Evidence from the Syme Sanctuary (Crete)", *Archaologischer Anzeiger*, 315–336.

Leduc, C. (2005) " 'Le Pseudo-sacrifice d'Hermès' , *Hymne homérique à Hermès 1,* vers 112–142", Kernos 18:141–165.

Lehmann, P. & K. Lehmann (1973) "The Sources and Meaning of Mantegna's Parnassus", in *Samothracian Refections: Aspects of the Revival of the Antique*. Princeton, NJ.

Leigh, M. (2002)"Ovid and the Lectisternium (*Metamorphoses*

8.651–660)", *Classical Quarterly* 52:625–627.

Leventi, I. (2007) "The Mondragone Relief Revisited: Eleusinian Cult Iconography in Campania", *Hesperia* 76:107–141.

Lewis, D. (1996) *News and Society in the Greek Polis*. London.

Liebeschuetz, J. (1979) *Continuity and Change in Roman Religion*. Oxford.

Lincoln, B. (1976) "The Indo-European Cattle Raiding Myth", *Harvard Theological Review* 16:42–65.

Lincoln, B. (1982) "Mithra(s) as Sun and Saviour", in U. Bianchi & M. Vermaseren (eds.) La *Soteriologie dei Culti Orientali nell lmpero Romano*. Leiden, 505–526.

Lintott, A. (1982) *Violence, Civil Strife and Revolution in the Classical City*. London.

Littlewood, R. (1975) "Two Elegaic Hymns: Propertius 3.17 and Ovid *Fasti* 5.663–692", *Latomus* 34:622–674.

Littlewood, R. (2001) "Ovid among the Family Dead: The Roman Founder Legend and Augustan Iconography in Ovid's *Feralia and Lemuria*", *Latomos* 60:916–935.

Llewellyn-Jones, L. (2003) *Aphrodite's Tortoise: The Veiled Women of Ancient Greece*. Swansea.

Lloyd-Jones, H. (2003) "Zeus, Prometheus, and Greek Ethics", *Harvard Studies in Classical Philology* 101:49–72.

Long, A. (1992) "Stoic Reading of Homer", in R. Lamberton & D. Keaney (eds.) *Homer's Ancient Readers: The Hermeneutics of Greek Epic's Earliest Exegetes*, Princeton, NJ, 41–66.

Lonsdale, S. (1993) *Dance and Ritual Play in Greek Religion*. Baltimore, MD.

López-Ruiz, C. (2015) "Gods: Origins", in E. Eidinow & J. Kindt (eds.) *Oxford Handbook of Ancient Greek Religion*. Oxford, 369–382.

Lowe, J. (2009) "Terence and the Running Slave Routine", *Rheinisches Museum für Philologie* 152:225–234.

Luraghi, N. (2009) "The Importance of Being λόγιος", *Classical World* 102:439–456.

Lyne, R, (2005) "Horace *Odes* Book 1 and the Alexandrian Edition of Alcaeus", *Classical Quarterly* 55; 542–558.

MacFarlane, K. & Isidore of Seville (1980) "Isidore of Seville on the Pagan Gods (*Origines* Ⅷ.11)", *Transactions of the American Philosophical Society* 70:1–40.

Maier, B. (1996) "Is Lug to be Identified with Mercury (*Bell.*

Gall. VI 17.1)? New Suggestions on an Old Problem", *Ériu* 47:127–135.

Mairs, R. (2011) "*Translator, Traditor:* The Interpreteur as Traitor in Classical Tradition", *Greece and Rome* 58:64–81.

Makarius, L. (1974) "The Magic of Transgressian", *Anthropos* 69:537–552.

Marchetti, P. (1993) "Reserches sur les myths et la topographie d'Argos, I. Hermès et Aphrodite", *Bulletin de correspondance hellénique* 117:211–223.

Marinatos, N. (2000) *The Goddess and the Warrior: The Naked Goddess and Mistress of Animals in Early Greek Religion.* London.

Marjorel, F. (2003) "Hermès ou le movement spiralé de l'initiation", *Bulletin de l'Association Guillaume Budé* 1:53–81.

Marmor, M. (2003) "From Purgatory to *Primavera:* Some Observations on Bot ticelli and Dante", *Artibus et Historiae* 24.48:199–212.

Martin, L. (1995) "Gods or Ambassadors of God? Barnabus and Paul in Lystra", *New Testament Studies* 41: 152–156.

Martin, R. (2010) "Apolo, el ejecutante", in A.M. González

de Tobia (ed.) *Mito y performance: De Grecia a la Modernidad.* La Plata, 17–42.

Matsumoto, M. (2013) "Divine Interventions: Invocations of Deities in Personal Correspondencefrom Graeco-Roman Egypt", *Classical World* 106:645–663.

Matthews, V. (1974) "The *Hermerodromoi:* Ultra Long-Distance Running in Antiquity", *Classical World* 68: 161–169.

Maury, L.-F.A. (1857) *Histoire des religions de la Grèce antique.* Paris.

Mauss, M. (1990) *The Gift: The Form and Reason for Exchange in Archaic Societies,* W.D. Halls (trans.). London.

McDonnell, M. (1986) "Ambitus and Plautus" *Amphitruo* 65–81', *American Journal of Philology* 107:564–576.

McInverney, J. (2010) *The Cattle of the Sun: Cows and Culture in the World of the Ancient Greeks.* Princeton, NJ.

Medoni, L. (1989) "More Inscriptions from Keos", *Annual of the British School at Athens* 84:289–296.

Michaelowski, C. (1930) "Les Hermès du gymnase de Délos", *Bulletin de correspondance hellé-nique* 54:131–146.

Mikalson, J. (1998) *Religion in Hellenistic Athens.* Berkeley, CA.

Milik, J. & J. Teixidor (1961) "New Evidence on the North-Arabic Deity Aktab-Kutbâ", *Bulletin of the American Schools of Oriental Research* 163:22–25.

Millar, S. (1974) "The Altar of the Six Goddesses in Thessalian Pherai", *California Studies in Classical Antiquity* 7:231–252.

Miller, J. (1993) "Ovidian Allusion and the Vocabulary of Memory", *Materiali e discussion per l'analisi dei testi classici* 30:153–164.

Miller, P. (1991) "Horace, Mercury and Augustus, or the Poetic Ego of Odes 1–3", American Journal of Philology 112:365–388.

Mitchell, L. (1997) *Greeks Bearing Gifts: The Public Use of Private Relationships in the Greek World*, 435–323 B.C. Cambridge.

Miziolek, J. (1993) "Europa and the Winged Mercury on Two Cassone Panels from the Czartoryski Collection", *Journal of the Warburg and Courtauld Institutes* 56:63–74.

Miziolek, J. (2006) "The Odyssey Cassone Panel from the Lanckoronski Collection; On the Originsof Depicting Homer's Epic in the Art of the Italian Renaissance", *Artibus et Historiae* 53:57–88.

Miziotek, J. (2007) "The Awakening of Paris and the Beauty of the Goddesses: Two 'Cassoni' from the Lanckoronski Collection", *Mitteilungen des Kunsthistorischen Institutes in Florenz* 51:299–336.

Mondi, R. (1980) "Σκηπτοῦχοι Βασιλεῖς: An Argument for Divine Kingship in Early Greece", *Arethusa* 13:203–216.

Morris, I. (1986) "Gift and Commodity in Archaic Greece", *Man* 21:1–17.

Morris, I. & B. Powell, eds. (1997) *A New Companion to Homer*. Leiden.

Mortley, R. (1972) "Apuleius and Platonic Theology", *American Journal of Philology* 93:584–590.

Most, G. (1989) "Cornutus and Stoic Allegoresis: A Preliminary Report", *Aufstieg und Niedergang der römischen Welt* 2.36.3:2014–2065.

Motte, A. (2008) "L'expression de l'émotione musicale dans les *Hymnes homerique* de l'épochearchaïque", *Kernos* 21:155–172.

Moules, N. (2002) "Hermeneutic Inquiry: Paying Heed to History and Hermes an Ancestral, Substantive, and Methodological Tale", *International Journal of Qualitative Methods* 1:1–21.

Muratov, M. (2015) "The Northern Black Sea: The Case of the Bosporan Kingdom", in E. Eidinow & J. Kindt (eds.) *Oxford*

Handbook of Ancient Greek Religion. Oxford, 590–605.

Murgatroyd, P. (2003) "Ovid, Fasti 2.585–616 and Virgil Aeneid 12", *Classical Quarterly* 53:311–313.

Murgia, C. (1988) "*Aeneid* 9.236: An Unrecognized Vergilian Variation", *Hermes* 116:493–499.

Muse, K. (2005) " 'Don't Dally in this Valley' : Wordplay in *Odyssey* 15.10 and *Aeneid* 4.271", *Classical Quarterly* 55:646–649.

Mylonopoulos, J., ed. (2010) *Divine Images and Human Imaginations in Ancient Greece and Rome*. Leiden.

Nagy, G. (1989)"Early Greek Views of Poets and Poetry", in G. Kennedy (ed.) *Cambridge Literary Criticism I*. Cambridge, 1–77.

Nagy, G. (1990) *Pindar's Homer: The Lyric Possession of the Epic Past*. Baltimore, MD.

Nagy, G. (2004) *Homer's Text and Language*. Urbana, IL.

Nagy, J. (1983) "The Deceptive Gift in Greek Mythology", *Arethusa* 16:191–204.

Naiden, F. (2012) *Smoke Signals for the Gods: Animal Sacrifice from the Archaic through Roman Periods*. Oxford.

Nelson, M. (2001) "A Note on Apuleius" Magical Fish', *Mnemosyme* 54:85–86.

Nesselrath, H.-G. (1995) "Myth, Parody, and Comic Plots: The Birth of Gods in Middle Comedy", in G, Dobrov (ed.) *Beyond Aristophanes: Transition and Diversity in Greek Comedy*. Atlanta, GA, 1–27.

Neville, B. (2003) "Taking Care of Business in the Age of Hermes", *Trickster's Way* 2:1, Article 4, at http://digitalcommons.trinity.edu/ trickstersway/vol2/issl/4.

Newman, R. (1992) "Narrative Transgression and Restoration: Hermetic Messengers in *Ulysses*", *James Joyce Quarterly* 29:315–337.

Nikitina, S. (2012) "Hackers as Tricksters of the Digital Age: Creativity in Hacker Culture", *Journal of Popular Culture* 45:133–152.

Nisbet, R. & M. Hubbard (1970) *A Commentary of Horace: Odes Book 1*. Oxford.

Norris, E. (1935) "Hermes and the Nymph in *Lamia*", *ELH* 2:322–326.

Nowotny, K. (1949) "The Construction of Certain Seals and Characters in the Work of Agrippa of Nettesheim", *Journal of the arburg and Courtauld Institutes* 12:46–57.

Ogden, D. (2001) *Greek and Roman Necromancy*. Princeton, NJ.

Ogden, D. (2008) *Night's Black Agents: Witches, Wizards and the Dead in the Ancient World*. London.

Ogilvie, R. (1969) *The Romans and their Gods in the Age of Augustus*. New York, NY.

Olmstead, G. (1994) *The Gods of the Celts and the Indo-Furopeans*. Budapest.

Orgogozo, J. (1949) "L'Hermès des Achéens", *Revue de l'histoire des religions* 136:10–30, 139–179.

Osanno, M. (1992) "Il culto do Hermes Agoraios ad Atene", *Reuisita di antichità* 1:215–222.

Otto, W. (1954) "Hermes", in *The Greek Gods*, M. Hadas (trans.). New York, NY, 104–124.

Page, D. (1979) *Sappho and Alcaeus: An Introduction to the Study of lesbian Poetry*. Oxford.

Page, S. (2006) "Image-Magic Texts and a Platonic Cosmology at St. Augustine's Canterbury, in the Late Midle Ages", in C. Burnett & W. Ryan (eds.) *Magic and the Classical Tradition*. London, 69–98.

Palmer, L. (1998) *The Interpretation of Mycenaean Greek Texts*. Oxford.

Panofsky, E. (1960) *Renaissance and Renascences in estern Art*. Stockholn.

Panofsky, E. & F. Saxl (1933) "Classical Mythology in Mediaeval Art", *Metropolitan MuseumStudies4*:228-280.

Papakonstantinou, Z. (2007) "Legal Procedure in the Homeric *Hymn to Hermes*", *Revue international des droits de l'antiquité* 54:83-110.

Papalas, A. (1991) "Boy Athletes in Ancient Greece", *Stadion* 17:165-192.

Parker, R. (1996) *Athenian Religion: A History*. Oxford.

Parker, R. (2005) *Polytheism and Sociely al Athens*. Oxford.

Patera, I. (2010) "Light and Lighting Equipment in the Eleusinian Mysteries", in M. Christopoulos, E.D. Karakantza & O. Levaniouk (eds.) *Light and Darkness in Ancient Greek Myth and Religion*. Lanharm, MD, 261-275.

Patterson, P. (2001) "Imagining Anti-administration's Anti-hero (Antagonist? Protagonist?Agonist?)", *Administrative Theory & Praxis* 23:529-540.

Patton, K. (2009) *Religion of the Gods: Ritual, Paradox and Reflexiuity*. Oxford.

Peay, P. (2004) *Mercury Retrograde: Its Myth and Meaning*. New York, NY.

Penglase, C. (1994) *Greek Myths and Mesopotamia: Parallels and Influences in the Homeric Hymns and Hesiod*. London.

Pépin, J. (1958) *Mythe et allégorie*. Aubeir.

Petrovic, I. (2010) "The Life Story of a Cult Statue as an Allegory: Kallimachos' Hermes Perpheraios", in J. Mylonopoulos (ed.) *Divine Images and Human Imaginations in Ancient Greece and Rome*. Leiden, 205–224.

Phillips. C. III (1992) "Roman Religion and Literary Studies of Ovid's *Fasti*", *Arethusa* 25:55–80.

Pingree, D. (2001) "From Alexandria to Baghdād to Byzantim: The Transmission of Astrology", *International journal of the Classical Tradition* 8:3–37.

Platt, V. (2011) *Facing the Gods: Epiphany and Representation in Graeco-Roman Art, Literature and Religion*. Cambridge.

Poddrow, P. (1971) *Hermes, Lord of Robbers,* with B. Cooney, llustrator. Garden City, NY.

Podlecki, A., ed. (2005) *Aeschylus: Prometheus Bound*. Oxford.

Pollitt, J. (1965) "The Egyptian Gods in Attica: Some Epigraphical Evidence", *Hesperia* 34:125–130.

Preller, L. & Robert, C. (1894) *Greichische Mythologie,* 4th ed., 2 vols. Berlin.

Prier, R. (1985) *Thauma Idesthai: The Phenomenology of Sight and Appearance in Archaic Greece*. Tallahassee, FL.

Puttfarken, T. (1980) "Golden Age and Justice in Sixteenth-Century Florentine Political Thoughtand Imagery: Observations on Three Pictures by Jacopo Zucchi", *Journal of the Warburg and Courtauld Institutes* 43:130–149.

Radin, P. (1956) *The Trickster: A Study in American Indian Mythology*. New York, NY.

Raingeard, P. (1934) *Hermès Psychagogue: Essai sur les origines du culte d'Hermès*. Paris.

Rauh, N. (1993) *The Sacred Bonds of Commerce: Religion, Economy, and Trade Society at Hellenistic Roman Delos, 166–187BC*. Amsterdam.

Reece, S. (1997) "A Figura Etymologica in the *Homeric Hymn to Hermes*", *Classical Journal* 93:29–39.

Reece, S. (2007) "Homer's Asphodel Meadow", *Greek, Roman and Byzantine Studies* 47:389–400.

Reid, I. with C. Rohmann (1993) *The Oxford Guide to Classical Mythology in the Arts, 1300—1990s*. New York, NY.

Relihan, J. (1993) "Martianus Capella", in *Ancient Menippean Satire*. Baltimore, MD, 137–151.

Richardson, L. (1973) "The Name 'Hermathena'", *Hermathena* 115:13–18.

Richardson, N. (1992) "Aristotle's Reading of Homer and its Background", in R. Lamberton & D. Keaney (eds.) *Homer's Ancient Readers: The Hermeneutics of Greek Epic's Earliest Exegetes*. Princeton, NJ, 30–40.

Richardson, N. (2010) *Three Homeric Hermes to Apollo, Hermes and Aphrodite*. Cambridge.

Ricketts, M. (1966) "The North American Indian Trickster", *History of Religions* 5:327–350.

Ridgely, B. (1963) "The Cosmic Voyage in French Sixteenth-Century Learned Poetry", *Studies in the Renaissance* 10:136–162.

Ridley, R. (1968) "Notes on the Establishment of the Tribunate of the Plebs", *Latomus* 27:535–554.

Rives, J. (2007) *Religion in the Roman Empire*. Malden, MA.

Rives, J. (2011) "Roman Translation: Tacitus and Ethnagraphic Interpretation", in P. Harland (ed.) *Travel and Religion in Antiquity*. Kitchener, ON, 165–183.

Robbins, F.E. (1916) "The Lot Oracle at Delphi", *Classical Philology* 11:278-292.

Robinson, M. (2011) *Ovid* Fasti *Book* 2. Oxford.

Roisman, H. (1990) "Kerdion in the Iliad: Profit and Trickiness", *Transactions of the American Philological Association* 120:23-35.

Rolet, A. (2009) "Les métamorphoses d'Hermès/Mercure dans les *Symbolicae Quaestiones d'Achille Bocchi*", in R. Duits & F. Quiviger (eds.) *Images of Pagan Gods: Papers of a Conference in Memory of Jean Seznec*. London, 199-249.

Romano, D. & M. Voyatzis (2014) "Mt. Lykaion Excavation and Survey Project, Part l: The Upper Sanctuary", *Hesperia* 83:569-552.

Roos, A. (2008) " 'Magic Coins' and 'Magic Squares' " : The Discovery of Astrological Sigils in the Oldenberg Letters', *Notes and Records of the Royal Society* 62:271-288.

Rothchild, V, (1984) "*The Parliament of Fowls:* Chaucer's Mirror up to Nature?", *Review of EnglishStudies* 35:164-184.

Sahlins, M. (1968) "Poor Man, Rich Man, Big Man, Chief: Political Types in Melanesia and Polynesia", in A.P. Vayda (ed.) *Peoples and Cultures of the Pacific: An Anthropological Reader*.

New York, NY, 157–176.

Salviat, F. (1964) "Religion populaire et timbres amphoriques: Hermès; Hélène et les Δοκανα", *Bulletin de correspondence hellénique* 88:486–495.

Sansone, D. (1992) *Greek Athletics and the Genesis of Sport*. Berkeley, CA.

Saylor, C. (1979)"Horace, C. 1.2 and Vergil's Storm (*Aen.* 1.81 ff)", *Vergilius* 25:20–25.

Saxl, F. (1970)"The Revival of Late Antique Astrology", in H. Honour & J. Fleming (eds.) *The Heritage of Images: A Selection of Lectures by Fritz Saxl*. Harmondsworth, 27–41.

Scanlon, T. (1998) "*Gymnikê Paideia:* Greek Athletics and the Construction of Culture", *Classical Bulletin* 74:143–157.

Scanlon, T. (2002) *Eros and Greek Athletics*. Oxford.

Schachter, A. (2000) "Greek Deities: Local and Panhellenic Identities", in P. Flensted-Jensen, T.H. Nielsen & L. Rubinstein (eds.) *Polis and Politics: Studies in Ancient Greek History*. Copenhagen, 9–17.

Schachter, A. (2003) "Evolutions of a Mystery Cult: The Theban Kabiroi", in M. Cosmopoulos (ed.) *Greek Mysteries: The Archaeology and Ritual of Ancient Greek Secret Cults*. London, 112–142.

Schachter, A. (2016) *Boiotia in Antiquity: Selected Papers*. Cambridge.

Scheinberg, S. (1979) "The Bee Maidens of the Homeric *Hymn to Hermes*", *Harvard Studies in Classical Philology* 83:1–28.

Schnur, H. (1972) "Petronius: Sense and Nonsense", *Classical World* 66:13–20.

Schumacher, R. (1993) "Three Related Sanctuaries of Poseidon: Geraistos, Kalaureia and Tainaron", in N. Marinatos & R. Hagg (eds.) *Greek Sanctuaries: New Approaches*. London, 62–87.

Scott, F. (1956)" The Seventh Sphere: A Note on *Troilus and Criseyde*", *Modern Language Review* 51:1–5,

Scott, K. (1928) "Mercur-Augustus und Horaz C.1.2", *Hermes* 63:15–33.

Scranton, R. (1951) *Corinth I.iii: Monuments in the Lower Agora and North of the Archaic Temple*. Princeton, NJ.

Scullard, H. (1981) Festivals *and Ceremonies of the Roman Republic*. Ithaca, NY.

Scullion, S. (1994) "Olympian and Chthonian", *Classical Antiquity* 13:75–119.

Seaford, R. (1994) *Reciprocity and Ritual: Homer and*

Tragedy in the Developing City-State. Oxford.

Sealey, R. (1976) "The Pit and the Well: The Persian Heralds of 491 B.C.", *Classical Journal* 72:13–20.

Serres, M. (1968–80) *Hermes*, 5 vols. Paris.

Serres, M., J. Harari & D. Bell (1982) *Hermes: Literature, Science, Philosophy*. Baltimore, MD,

Seznec, J. (1995) *The Survival of the Pagan Gods: The Mythological Tradition and Its Place in Renaissance Humanism and Art*, B. Sessions (trans.). Princeton, NJ.

Shaw, C. (2010) "Middle Comedy and the 'Satyric Style'", *American Journal of Philology* 131:1–22.

Shelmerdine, S. (1981) "The Homeric *Hymn to Hermes:* A Commentary, 1–121", Unpub. PhD Diss., Michigan.

Shelmerdine, S. (1984) "Hermes and the Tortoise: A Prelude to Cult", *Greek, Roman and Byzantine Studies* 25:201–208.

Siebert, G. (1990) "Hermes", in *Lexicon iconographicum mythologiae classicae*, Vol. 5.1 and 5.2. Zurich.

Siebert, G. (2005) "Nommer Hermès dans la tragódie Grecques", in N. Belayche, P. Brulé, G. Greyburger, Y. Lehmann, L. Pernot & F. Prost (eds.) *Nommer des dieux: théonymes, épithète, épiclèses dans l'Antiquité*. Turnhout, 263–269.

Silver, Isidore (1971) "Ronsard's Theory of Allegory: The Antinomy between Myth and Truth", *Kentucky Romance Quarterly* 18:363–407.

Simpson, C. (2002) "Exegi monumentum: Building Imagery and Metaphor in Horace, *Odes* 1–3", *Latomaus* 61:57–66.

Smith, R. (1995) *Julian's Gods: Religion and Philosophy in the Thought and Action of Julian the Apostate*. London.

Smyser, H. (1970) "A View of Chaucer's Astronomy", *Speculum* 45:359–373.

Sokolowski, S. (1964) "Aphrodite as Guardian of Greek Magistrates", Harvard Theological Review 57:1–8.

Sommerstein, A. & J. Fletcher, eds. (2007) *HORKOS: The Oath in Greek Society*. Exeter.

Sowa, C. (1984) *Traditional Themes and the Homeric Hymns*. Chicago, IL.

Spier, J. (1991) 'Two Hellenistic Gems Rediscovered', *Antike Kunst* 34:91–96.

Spiers, J. (2006) "A Revival of Antique Magical Practice in Tenth-Century Constantinople", in C. Burnett & W. Ryan (eds.)

Magic and the Classical Tradition. London, 29–36.

Stafford, E. (2012) *Herakles.* London.

Stahl, W. & R. Johnson, with E. Burge, eds. and trans. (1977) *Martianus Capella and the Seven Liberal Arts, Vol. II: The Marriage of Philology and Mercury.* New York, NY.

Stahl, Wm. (1965) "To a Better Understanding of Martianus Capella", *Speculum* 40:102–115.

Stančo, L. (2012) *Greek Gods in the East: Hellenistic Iconographic Schemes in Central Asia.* Prague.

Starnes, T. & E. Talbert (1955) *Classical Myth and Legend in Renaissance Dictionaries: A Study of Renaissance Dictionaries in their Relation to the Classical Learning of Contemporary English Writers.* Chapel Hill, VA.

Starr, G. (1967) "From Casuistry to Fiction: The Importance of the *Athenian Mercury*", *journal of the History of Ideas* 28:17–32.

Stavrianopoulou, E., ed. (2006) *Ritual and Communication in the Graeco-Roman World, Kernos* Supp.16, Centre International d'Etude de la Religion Grecque Antique. Liège.

Stearns, M. (1944) "The Planet Portraits of Robert Henryson", *Publications of the Modern Languages Association* 59:911–927.

Steiner, D. (1994) *The Tyrant's Writ: Myths and Images of Writing in Ancient Greece*. Princeton, NJ.

Steiner, D. (2001) *Images in Mind: Statues in Archaic and Classical Literature and Thought*. Princeton, NJ.

Stevenson, W. (1972) "*Lamia:* A Stab at the Gordian Knot", *Studies in Romanticism* 11:241–252.

Stewart, A. (2003a) "Alkamenes at Ephesus and in Athens", *Zeitschrift für Papyrologie und Epigraphik* 143:101–103.

Stewart, A. (2003b) "Alkamenes' 'Two Hermes' Again", *Zeitschrift für Papyrologie und Epigraphik* 145:107–108.

Stewart, G. (1976) "Lamia and the Language of Metamorphosis", *Studies in Romanticism* 15:3–41.

Stillwell, G. (1956) "Convention and Individuality in Chaucer's *Complaint of Mars*", *Philological Quarterly* 35:69–89.

Stinton, T. (1965) *Euripides and the Judgement of Paris*, Supp. 11, Society for the Promotion ofHellenic Studies. London.

Storey, I. (2011) *Fragments of Old Comedy*, vols 1–3. Cambridge, MA.

Strugnell, J. (1959) "The Nabataean Goddess Al-Kutbā and Her Sanctuaries", *Bulletin of the American Schools of Oriental*

Research 156:29–36.

Sutton, D. (1980) *The Greek Satyr Play*. Meisenheim am Glan.

Tate, J. (1929a) "Plato and Allegorical Interpretation", *Classical Quarterly* 23:142–154.

Tate, J. (1929b) "Cornutus and the Poets", *Classical Quarterly* 23:41–45.

Taylor, F. (1951) *The Alchemists: Founders of Modern Chemistry*. New York, NY.

Thalmann, W. (1984) *Conventions of Form and Thought in Early Greek Epic Poetry*. Baltimore, MD.

Thompson, C. (2002) *Alchemy and Alchemists*. New York, NY.

Thompson, D. (1967) "Dante's Ulysses and the Allegorical Journey", *Dante Studies* 85:33–58.

Thompson, P. (2002) *The Accidental Theorist: The Double Helix of Everyday Life, Book 1, The Hestia Trilogy*. New York, NY.

Thouny, C. (2009) "Waiting for the Messiah: The Becoming-Myth of *Evongelion* and 'Densha otoko'", *Mechademia* 4:111–129.

Tindall, W. (1954) "James Joyce and the Hermetic Tradition", *Journal of the History of Ideas* 15:23–39.

Tobin, W. (2013) "Transits of Venus and Mercury as Muses",

Journal of Astronomical History and Heritage 16:224-249.

Too, Yun Lee (1996) "Statues, Mirrors, Gods: Controlling Images in Apuleius", in J. Elsner (ed.) *Art and Text in Roman Culture*. Cambridge, 133-152.

Toutain, J. (1932) "Hermès dieu social chez les Grecs", *Revue d'histoire et de philosophie religieuses* 12:289-329.

Trypanis, C., ed. (1978) *Callimachus, Aetia, Iambi, Lyric Poems, Hecale, Minor Epic and Elegiac Poems and Other Fragments: Text, Translation and Notes*. Cambridge, MA.

Tsoukala, V. (2009) "Honorary Shares of Sacrificial Meat in Attic Vase Painting: Visual Signs of Distinction and Civic Identity", *Hesperia* 78.1:1-40.

Turcan, R. (2001) *The Gods of Ancient Rome: Religion in Everyday Life from Archaic to Imperial Times*, A. Nevill (trans.). London.

Tzifopoulos, Y. (2000) "Hermes and Apollo at Onchestos in the *Homeric Hymn to Hermes:* The Poetics and Performance of Proverbial Communication", *Mnemosyne* 53:148-163.

Usener, H. (1904) "Psithyros", *Rheinisches Museum für Philologie* 59:623-624.

Valvo, M. (1978) "'*Tu princeps auctorque sacri, Cyllene, tanti...*': La rivincita dell' uomoManiliano bel segno di Hermes", Sileno4:111-128.

Van Berg, P.-L. (2001) "Hermes and Agni: A Fire-God in Greece?", in M. Huld, K. Jones-Bley, A. Volpe & M. Dexter (eds.) *Journal of Indo-European Studies Monograph Series,* No, 40. Washington, DC, 189-204.

Van Bladel, K. (2009) *The Arabic Hermes: From Pagan Sage to Prophet of Science.* Oxford.

Van Der Sluijs, M. (2009) "Who are the 'Attendants of Helios'?", *Journal of American Oriental Studies* 129:169-177.

Van Straten, F. (1995) *Hiera Kala: Images ofAnimal Sacrifice in Archaic and Classical Greece.* Leiden.

van Wees, H. (1992) *Status Warriors: War, Violence and Society in Homer and Society.* Amsterdam.

Van Windekens, A. (1961) "Réflexions sur la nature et l'origine du dieu Hermès", *Rheinisches Museum für Philologie* 104:289-301.

Van Windekens, A. (1962) "Sur le nom de la divinité grecque Hermès", *Beitrage zur Namensforschung* 13:290-292.

Venit, M. (1988) "The Painted Tomb from Wardian and the

Decoration of Alexandrian Tombs", *Journal of the American Research Center in Egypt* 25:71–91.

Ventris, M. & J. Chadwick (1956) *Documents in Mycenaean Greek*. Cambridge.

Vergados, A. (2011) "The Homeric Hymn to Hermes: Humour and Epiphany", in A. Faulkner (ed.) *The Homeric Hymns: Interpretative Essays*. Oxford, 82–104.

Vernant, J.-P. (1983) "Hermes-Hestia: The Religious Expression of Space and Movement in Ancient Greece", in *Myth and Thought among the Greeks*. London, 127–175.

Versnel, H. (2011) "A God: Why is Hermes Hungry?", in *Coping with the Gods: Wayward Readings in Greek Theology*. Leiden, 309–377.

Vidal-Naquet, P. (1986) *The Black Hunter: Forms of Thought and Forms of Society in the Greek World,* A. Szegedy-Maszak (trans.). Baltimore, MD.

Volk, K. (2009) *Manilius and His Intellectual Background*. Oxford.

Volokhine, Y. (2004) "Le dieu Thot et la parole", *Revue de l'histoire des religions* 221:131–156.

von Eitrem, S. (1906) "Der Homeriche Hymnus an Hermes", *Philologus* 65:248–282.

von Reden, S. (1995a) *Exchange in Ancient Greece*. London.

von Reden, S. (1995b) "Poetry and its Value Reconsidered", *Classical Quarterly* 45:30–50.

von Rudloff, R. (1999) *Hekate in Ancient Greek Religion*. Victoria, BC.

Voss, K (1998) "Spiritual Alchemy: Interpreting Representative Texts and Images", in R. Broek & W. Hanegraaff (eds.) *Gnosis and Hermeticism from Antiquity to Modern Times*. Albany, NY, 147–181.

Waddington, R. (1970) "The Iconography of Silence and Chapman's Hercules", *Journal of the Warburg and Courtauld Institutes* 33:248–263.

Walbridge, J. (1998) "Explaining Away the Greek Gods in Islam", *Journal of the History of Ideas* 59:389–403.

Walcot, P. (1978) "Cattle Raiding, Heroic Tradition and Ritual: the Greek Evidence", *History of Religions* 18:326–351.

Walsh, G. (1984) *Varieties of Enchantment: Early Greek Views of the Nature and Function of Poetry*. Chapel Hill, VA.

Warburg, A. (1999) "On Images of Planetary Deities in the Low German Almanac of 1519 [1908]", in D. Britt (trans.) *The Renewal of Pagan Antiquity: Contributions to the Cultural History of the European Renaissance*. Los Angeles, CA, 593–596.

Ward, J. (1980) "Witchcraft and Sorcery in the Later Roman Empire and the Early Middle Ages", *Prudentia* 12:93–108.

Ward, J. (1988) "Magic and Rhetoric from Antiquity to the Renaissance: Some Ruminations", *Rhetorica* 6:57–118.

Watkins, C. (1970) "Studies in Indo-European Legal Language, Institutions and Mythology", in G. Cardona, H.M. Hoenigswald & A. Senn (eds.) *Indo-European and Indo-Europeans*. Philadelphia, PA, 321–354.

Watson, E. (1993) "The Mythological Union of Eloquence and Wisdom", in *Achille Bocchi and the Emblem Book as Symbolic Form*. Cambridge.

Webster, G. (1986) *The British Celts and Their Gods Under Rome*. London.

Webster, J. (1995) "'Interpretatio': Roman Word Power and the Celtic Gods", *Britannia* 26:153–161.

Webster, T.B.L. (1948) "South Italian Vases and Attic

Drama", *Classical Quarterly* 42:15–27.

Webster, T.B.L. (1975) "Homeric Hymns and Society", in J. Bingen, G. Cambier & G. Nachtergael (eds.) *La Monde grec: pensée, littérature, histoire, documents: hommage à Claire Préaux*. Bruxelles, 86–93.

Weill-Parot, N. (2006) "Contriving Classical References for Talismanic Magic in the Middle Ages and the Early Renaissance", in C. Burnett & W. Ryan (eds.) *Magic and the Classical Tradition*. London, 163–176.

Welcker, F. (1957) *Griechische Götterlehre,* vol. 3. Göttingen.

West, M., ed. (1966) *Hesiod's Theogony*. Oxford.

West, M., ed. (1978) *Hesiod's Works and Days*. Oxford.

West, M. (1997) *The East Face of Helicon: West Asiatic Elements in Greek Poetry*. Oxford.

West, M., ed. and trans. (2003) *Homeric Hymns, Homeric Apocrypha, Lives of Homer*. Cambridge, MA.

West, S. (1969) "The Greek Version of the Legend of Tefnut", *Journal of Egyptian Archaeology* 55:161–183.

Westgate, R. (2015) "Space and Social Complexity in Greece from the Early Iron Age to the Classical Period", *Hesperia* 84:47–95.

Whitman, J. (1987) *Allegory: The Dynamics of an Ancient and Medieval Technique*. Oxford.

Wilkins, E. (1957) "Descriptions of Pagan Divinities from Petrarch to Chaucer", *Speculum* 32:511–522.

Willers, D. (1967) "Zum Hermes Propylaios des Alkamenes", *Jahrbuch des deutches archaeologisches* 82:37–109.

Willet, R. (1965) *Cretan Cults and Festivals*. London.

Winter, F. (2013) "A 'Greek God' in a Japanese New Religion: On Hermes in Kōfuko-no- Kagaku", *Numen* 60: 420–446.

Wirshbo, E. (1982) "The Mekone Scene in the Theogony: Prometheus as Prankster", *Greek Roman and Byzantine Studies* 23:101–110.

Wiseman, T. (1995) *Remus: A Roman Myth*. Cambridge.

Witt, R. (1971) "The Guardian Guide and Herald", in *Isis in the Graeco-Roman World*. London, 198–209.

Wolinski, A. (1987) "Egyptian Masks: The Priest and His Role", *Archaeology* 40.1:22–29.

Wyler, S. (2006) "Roman Replications of Greek Arts at the Villa Della Farnesina", *Art History* 29:231–232.

Yates, F. (2002) *Giordano Bruno and the Hermetic Tradition*.

London.

Yunis, H. (1996) *Taming Democracy: Models of Political Rhetoric in Classical Athens*. Ithaca, NY.

Zanetto, G., ed. (1996) *Inni Omerici: testo Greco a fronte*. Milan.

Zanker, P. (1965) *Wandel der Hermesgestalt in der attischen Vasenmalerei*. Bonn.

Zanker, P. (1988) *The Power of Images in the Age of Augustus*. Ann Arbor, MI.

Zimmerly, D. (1980) "The Mercury Series", *Anthropos* 75:264–265.

Zografou, A. (2010) "Hermès et Hécate. L'espace survolé ou condensé", in *Chemins d' Hécate: portes, routes, carrefours et autres figures de l'entre-deux*. Liège, 153–201.

索 引

(数字指原书页码)

Aeneas 埃涅阿斯 122, 127—128, 167, 168—169

Aeneas Tacitus 塔西佗 91

Aesop 伊索 55, 61, 64, 66, 73, 80, 82, 83, 89, 98—100, 112—113

Aischylos 埃斯库罗斯 37, 51, 55, 68, 115, 121, 173—174

Aglauros 阿格劳洛斯 74, 81—82, 169

agora 市场 6—7, 16, 44, 46, 56, 58, 78, 80, 86, 92

alchemy 炼金术 157—162, 165, 176, 179

Alkaios 阿尔凯奥斯 20, 88, 100,

allegory 寓言 146, 149—151, 154, 161

Anaxagoras 阿那克萨戈拉 146

anime 动画片 172, 185

animation 动画 170

Anubis　阿努比斯 136—138，141

Apollodoros　阿波罗多洛斯 12—13，18，20，26，28，41，55，75，82，84，84，88

Apuleius　阿普莱乌斯 9，126，140，148，156，170，185

archetype(s)　原型 2，180；Jungian archetypes　荣格原型 178

Argos (city)　阿耳戈斯 27，67，74，97，102，130

Argos Panoptes　阿耳戈斯·帕诺普特斯 7，12，93，111

Aristophanes　阿里斯托芬 1，6，31，37，43，59，61，63—64，78，91，97，102

Arkadia　阿卡迪亚 11—15，29，58，67，74，82，188

Arrian　阿里安 75

Asklepios (Asclepius)　阿斯克莱庇奥斯 13，134，159，171，182

astrology (astrological)　占星术 151，153，161，166，178—179

astronomy　天文学 12，48，51，148，151—152，163

Athens 雅典　xvi，4，7，14，16，26，42，49，58—59，63—64，78，80，83，91，95—96，110，156，166，188

Atlas　阿特拉斯 11，33，103，160—161，183

Augustine 奥古斯丁 147—148

Augustus (Octavian) 奥古斯都（屋大维）123—124, 130—132, 139, 140, 153

Aulus Gellius 奥鲁斯·盖里乌斯 140

Autolykos 奥托吕科斯 26—27, 89

birth charts 出生星象 152, 154; *genethlialogy* 星命学 152; horoscope 星象 152, 163

Boccaccio 薄伽丘 151

Bocchi, Achille 博奇 150—151, 163

Boiotia 波奥提亚 12, 20, 26, 61, 75

Botticelli 波提切利 170, 185

caduceus 节杖 8, 123, 126—127, 131—132, 134, 137—138, 151, 153, 159, 166—169, 171, 182, 185

Caligula 卡里古拉 131, 140

Chaucer 乔叟 149, 154—155, 163, 164, 165

Christian(s) 基督教徒（的）ix, 43, 72, 132, 141, 153—154, 155, 161, 162; Christ 基督 150

Cicero 西塞罗 28, 124—125, 134, 139, 145, 151, 154

cinema 电影 174，191；movie(s) 影片 2，171—175，183

commentaries, allegorical and mythological 评注，寓言的和神话的 148—149，154，162

commerce 商业 78—79，125，129—130，132，139，140，149—150，152，157，180，189

Corinth 科林多 54，78，140

cows 母牛 7，11，25，28—29，31，34，47，53，60，65，71，75，77，81—82，87—88，90，95，99—101，103—104，109，115，128

creative 创造性（的）25，28—30，35，76，89，90，101，119，166，180；creativity 创造性 23，25，28，101，170，180

Crete 克里特 5，14—15，28，67，97，115，171

Crowley, Aleister 克劳利 174

curse tablets 诅咒牌 83，101

dais 筵席 29，69，71，84

Dante 但丁 149，155，163

DC comics DC 漫画 171

Delphi 德尔斐 30，44，46，52，110

dogs (Argos) 狗（阿耳戈斯）67，68，75，85，95，136，

139 (19)

Domitian 图密善 123—124, 13, 140

dreams 梦 1, 44—45, 51, 52, 75, 85, 94, 100

Egypt 埃及 28, 66, 122, 134—135; Egyptian 埃及的 43, 63, 134—138

Eleusis 26, 55, 174; Eleusinian Mysteries 26, 41, 188

ephebes 成年者 64, 68, 94

Euhemeras 欧赫美鲁斯 145, 162

Ephesus 以弗所 133

Etruscan 埃特鲁利亚 123, 139

etymology 词源学 5, 162, 179

Euripides 欧里庇得斯 43—45, 66, 91, 94, 110

exchange 交换 4, 11, 14, 18, 31, 37, 58, 60, 69—73, 76—81, 85, 86, 87, 89, 108, 112, 120, 122, 125—126, 128, 147, 172, 182

Feralia 费拉利亚 123—124, 139

Fourth *Homeric Hymn* 第四首《荷马颂诗》12—15, 20, 28, 32, 39, 44, 46—47, 56, 58—60, 65, 69, 74—75,

77, 81, 87—88, 90, 92, 95, 97, 105, 107, 109, 113, 128, 147, 174—175, 177, 187, 189

Gaul (Roman) 高卢（罗马的）45, 131—133

Giants 巨人 4, 120; *Gigantomachy* 《巨人之战》4

Gorgon(s) 戈耳工 55, 110

Harrison, Tony 哈里森 173—174, 176

Hekatê 赫卡忒 10, 56, 60, 79, 105, 118, 120, 124

Helios 赫利奥斯 111, 153, 163

Henryson 亨利森 155, 164

herald(s) 传令官 1, 4, 8—11, 18, 28, 39—44, 50, 68, 73, 92, 104, 108—109, 114—115, 126, 150, 173, 175, 179 188; (*keryx*) 传令官 10, 26, 40—41, 44, 51, 55, 109; *heirokeryx* 神圣传令官 108

Herakles 赫拉克勒斯 14, 26, 37, 43, 45, 48, 63, 65, 73, 103, 110, 117—118, 138

Hercules 赫库勒斯 131—132, 146; Disney movie 迪士尼影片 171, 181, 185

herm 赫姆石柱 7—8, 15—16, 18, 19, 31, 55—60, 66,

67, 68, 79, 96, 101, 121, 124, 145, 176, 188; *herma* 立柱 6, 105

Hermaia 赫耳墨亚赛会 20, 63—64, 68, 98

Hermanubis 赫耳玛努比斯 136

Hermaphroditos 赫耳玛芙洛狄托斯 97, 154

Hermathena 赫姆雅典娜式的 124, 139, 151

Hermes, cult titles 赫耳墨斯, 崇拜头衔: Agoraios 阿格莱奥斯 6, 77—78, 86; *Akakêa* 阿卡凯亚 58; *Charidotes* (at Samos) 卡利道特斯 (在萨摩斯岛) 87; *Dolios* 多里奥斯 1, 24—25, 91—92, 140; *Einodion* 埃诺迪昂 73; *Enagonios* 埃纳高尼奥斯 1, 63—65, 66; *Hegemonios* 赫盖摩尼奥斯 1, 4, 63, 68; *Katochos* 卡托霍斯 83; *Kleptes* (on Chios) 克莱普特斯 (在凯奥斯岛) 87; *Kriophoros* (at Tanagra) 克里奥弗洛斯 (在塔纳格拉) 61; *Kyllenios* 居勒涅奥斯 6; *Perpheraios* (at Ainos) 佩耳斐莱奥斯 (在埃诺斯) 57, 101; *Promachos* (at Tanagra) 普洛马霍斯 (在塔纳格拉) 63; *Pronaos* 普洛纳奥斯 59; *Propylaios* 普罗庇莱奥斯 59; *Strophaios* 普洛纳奥斯 59.

Hermes, epithets 赫耳墨斯, 绰号: *Angelos Athanatôn* 安盖罗斯·阿塔纳同 39, *Angelos Makarôn* 安盖罗斯·阿塔纳同 39, *Argeiphontes* 7, 45, 50, 75, 115; *Chrysorrhapis* 阿尔盖朋

特斯 6; *Diaktoros* 狄阿克托罗斯 7, 115, 171; *Dôter Eaôn* 道特·艾阿翁 6; *Empolaios* 埃门博莱奥斯 1; *Epimêlios* 埃庇迈里奥斯 6, 61; *Eriounês* 埃里乌内斯 6; *Eukolos* 欧考诺斯 73; *Euskopos* 欧斯考波斯 57; *Hegemonios* 赫盖摩尼奥斯 63; *Klepsiphron* 而克莱普西弗戎 6, 24, 90, 92; *Maiados huios* 迈娅之子 6; *Mêchaniôtes* 麦卡尼奥特斯 6; *Poikilomêtês* 波伊基墨提斯 90, *Polytropos* 波吕特洛珀斯 90, *Pulêdokon* 普莱多孔 59

Hermes Trismegistos 赫耳墨斯·特瑞斯墨吉斯托斯 134, 138, 145, 157, 160, 164, 165, 190

Hermitica 《赫耳墨斯秘籍》145, 158—159, 161, 165, 34

Herodotos 希罗多德 10, 14, 135

H.D. 杜立德 176

Hesiod 赫西俄德 3, 7, 10—12, 20, 23, 26, 40, 42—43, 49—50, 51, 60, 74—75, 81—82, 90, 100, 105—106, 150; Hesiodic 赫西俄德的 87—88

Hipparchos 希帕库斯 7, 19, 24, 31, 56, 59

Homer 荷马 1, 6—11, 14, 16, 34—35, 40, 42—43, 46, 48, 60—62, 71—72, 89, 94—95, 100, 104—105, 107, 109, 117, 149, 162

Homeric Hymns (general) 《荷马颂诗》（总集）39, 53, 147, 187; *to Apollo* 《致阿波罗》37, 63, 90, 105; *to Demeter* 《致德墨忒耳》41, 117; *to Hermes* 《致赫耳墨斯》3, 11, 16, 20, 24, 39, 44, 47, 53, 88, 101, 128, 175; *see also* Fourth *Homeric Hymn* 亦参见第4首《荷马颂诗》; *to Hestia* 《致赫斯提娅》60, 71; *to Pan* 《致潘神》20

Horace 贺拉斯 88, 128—130, 140, 147, 152, 190

Iberia 伊比利亚 140

Indo-European 印欧 5, 179, 190

initiation 成年仪式 62—63, 68, 100, 153, 188

interpreter(s) 解释者 44—47, 50, 52, 148, 129, 153, 188

Interpretatio Romana 罗马式解释 132—133

Iris 伊里斯 40

invisibility 隐身 161; cap of 隐身帽 9, 11, 73

Jenkins, Len 詹金斯 175

Joyce, James 乔伊斯 175

Judgement of Paris 帕里斯的评判 123

Julian 尤利安 131, 140, 153, 163

Jupiter 朱庇特 123，125—126，128，130，132—133，148，150，181

Kallimachos 卡利马霍斯 48，57，95—96

Kalypso 卡吕普索 10，40

Kato Syme 喀陶苏密 14，97

Keats 济慈 150

Kerberos 刻耳贝洛斯 117，138

kerykion 传令节杖 8—9，11；Mount Kerykion 克吕吉昂山 12；亦参见 wand 权杖

Kos 科斯岛 68，82，105

Kratinos 克拉提诺斯 37，54，66

Lakonian 拉哥尼亚 57

Lares 拉莱斯 123—124，131，139，139

Late antiquity 古代晚期 61，147，149，155—156，158，161

laughter 笑 30—32，36，37，43，99—100，102，112，119，128，178，207

Lectisternium 安榻 126，140

Lemura 莱姆拉节 124

Leto 勒托 10,37,106

Livy 李维 122,125—126

logos 逻各斯 134,146,149;Logos 逻各斯 141;Logios 洛基奥斯 49,182

Lucian 路基阿诺斯 41,43,50,54,59,64,97,111—113

Lug (Lugh) 鲁格 132,140

Lugalbanda 卢伽尔班达 141,179

Lyre 竖琴 11,24—25,28,30,34,47—48,60,62—63,70—71,73—74,77—78

Magic 魔法 10,95—96,117,156—158,161,164

magician 魔法师 95,138,189

Maia 迈娅 6,11—12,20,23—25,33—34,37,40,90,100,103,116,124—125,131,145,175

Malderelli 马尔德雷利 148

Mantegna 蒙塔纳 167,184

manga 日本漫画 172,185

Marlowe 马洛 150,163

marriage 婚配 80，126，146，162

Martianus Capella 卡佩拉 148—149，154，162

Marvel comics 漫威漫画 170

maturation 成熟 14,17，62，63—64，189

medieval 中世纪 2，19，145，150，154，158，161，164，164

merchants 商人 78，125，129—130

mercury (metal) 汞（金属）157—159，161，171，176

Mercury (planet) 水星（行星）167

Mercury (Roman Hermes) 墨丘利（罗马的赫耳墨斯）1，2，123—133

Mêtis (goddess) 墨提斯（女神）23，33，90；*mêtis* (quality of mind) 狡猾才智（精神品质）23，25，28，30，35

Mithras 密特拉 153，163

Mnemosyne 摩涅莫绪涅 34，47

Mycenaean 迈锡尼 5，19，115

Myrtilos 密尔提洛斯 27，82，86

Nebo 尼波 133—134，141

Neoplatonic philosophy 新柏拉图派哲学 147，149，158

Nonnos 瑙诺斯 9, 28, 39, 73

nous 努斯 147—148

Nymphs 宁芙 14, 28—29, 55, 66, 72, 74, 110—111

Oaths 誓言 26, 78, 86, 95, 101

Odysseus 奥德修斯 10, 27, 40, 46, 72, 95, 109, 114, 146, 149—150

Offenbach, Jacques 奥芬巴赫 174

Olympians (general) 奥林波斯（总论）1—3, 11, 13, 18, 33—34, 39, 43—44, 51, 58, 65, 69, 98, 100, 104—106, 107, 119, 170—171, 173

Olympians gods 奥林波斯诸神: Apollo 阿波罗 1, 10—11, 13, 16, 24—25, 30—31, 34—35, 37, 38, 44—47, 50, 53, 60, 62, 63—64, 73, 77—78, 81—82, 88, 90, 95, 97, 99—100, 103—106, 109—110, 112, 118, 128, 133, 150, 174, 179; Aphrodite (Venus) 阿芙洛狄忒（维纳斯）5, 13—14, 54, 62, 67; 74, 92, 96—97, 105, 112, 116, 124, 130, 141, 146, 154, 170; Ares (Mars) 阿瑞斯（玛尔斯）55, 62—63, 83, 97, 105—107, 112, 115, 163, 183; Athena (Minerva) 雅典娜（密涅瓦）2, 5, 13—14, 23, 36,

42, 50, 54—55, 58, 74, 110, 124, 149, 151；Demeter (Ceres) 德墨忒耳（凯瑞斯）1, 41, 118 Dionysos (Bacchus) 狄奥尼索斯（巴库斯）2, 13—14, 67, 71, 78, 110—111, 116, 120, 124, 130；Hades (Dis) 哈得斯（狄斯）22, 39, 41, 55, 104, 112, 114—115, 117, 120, 138, 173, 177；Hephaistos (Vulcan) 赫菲斯托斯（瓦尔坎）30, 50, 96, 112, 176；Hera (Juno) 赫拉（朱诺）5, 12, 54, 80, 90, 93, 112, 181；Hestia (Vesta) 赫斯提娅（维斯塔）20, 60, 105, 180, 188；Poseidon (Neptune) 波塞冬（涅普顿）26, 59, 106, 138；Zeus (Jupiter) 宙斯（朱庇特）1, 3—4, 7, 9—13, 16—18, 23—26, 28, 31, 33—36, 39—45, 47, 49—50, 53—55, 59—60, 69, 72, 74—75, 80—81, 83, 90, 98—100, 103—119, 126, 128, 135, 138, 145, 161, 174, 176

Onchestos 昂凯斯托 25

Opera 剧作：*Orpheus in the Underworld*《奥耳弗斯在下界》174；*The Rite of Mercury：A Rock Opera*《墨丘利的祭仪：一部摇滚歌剧》174

Oracle(s) 神谕 11, 44, 46, 57, 63, 78, 92, 98, 105, 156

orator(s) 演说家 28, 48—50, 91, 147, 151, 180；oratory 演说的 45, 49, 52

Orpheus 奥耳弗斯 74, 117, 174, 176—177, 181

Ovid 奥维德 4, 12, 26, 72, 74, 81, 93, 123—125, 128—132, 147, 162

Palatine Anthology 《帕拉廷文选》31, 97, 119, 124

Pan 潘神 28, 32, 36, 61, 67, 122

Pausanias 鲍萨尼阿斯 12—15, 24, 26—28, 41, 44—45, 51, 54, 57—58, 61—63, 66, 66, 74—76, 78, 81—82, 88, 91, 96, 110, 118, 138,

Pelops 伯罗普斯 14, 41, 81—82, 107

Peloponnese 伯罗奔半岛 5, 14, 26—27, 138

Persephone 佩耳塞福涅 39, 41, 55, 116—118

Perseus 佩耳修斯 55, 73—74, 110; in video games 在电子游戏中 172

Petronius 佩特罗尼乌斯 129

Pheneos 佩内奥斯 67

phialê 金碗 32, 奠酒大盘 67, 奉献盘 123

Philostratos 斐洛斯特拉图 43, 48—49, 61, 73, 88, 99—100, 147

Pieria 皮埃里亚 25, 29, 53, 77, 88, 90, 99

Pindar 品达 63, 65, 68

Plato 柏拉图 46, 49—50, 62, 64, 79, 90, 99, 146, 153, 177

Plautus 普劳图斯 128

play(s) 承担/扮演/游戏 1, 9, 31, 37, 43, 45, 51, 64, 66, 88, 90, 96—98, 101, 102, 115, 126, 149, 173—175

playful 顽皮的 1, 31, 35, 46, 100, 150, 172

Pliny (the Elder) 老普林尼 131, 151

Plutarch 普鲁塔克 14, 87, 115, 118—119, 123, 138, 146, 156

Porphyry 波斐利 88, 153

Prometheus 普罗米修斯 3, 11, 17, 24, 30, 33, 35, 49—50, 51, 90, 103—104, 119, 161, 174, 189

Pseudo-Hyginus 托名许吉努斯 20, 26, 28, 50, 55, 73—74, 89, 131

Psyche 普绪克 114, 126—127, 148, 159, 179—180

Pythagoras 毕达哥拉斯 90, 99

quicksilver 水银 157, 176

Ralegh 拉雷 150

reciprocity 互惠 70—74, 77, 80—82, 85, 86, 129, 189

Renaissance 文艺复兴 2, 126, 145, 149, 161, 166, 190

rhetor 修辞家, 参见 orator(s) 演说家

Rilke, Rainer Maria 里尔克 176—177

Rites of Passage 成年礼 62, 65, 189; 亦参见 initiation 成年

Rome 罗马 2, 28, 63, 122—124, 126—128, 132—133, 137, 140, 161, 172, 185

Rosmerta 罗斯梅塔 133, 140

Rubens, Peter Paul 鲁本斯 169

sacrifice 献祭 14, 26, 31, 44, 50, 58—59, 65, 66, 71—72, 75, 82, 84, 89, 108, 115, 119, 179, 187, 188

Samos 萨摩斯岛 14, 87,

Samothrace 萨摩特拉克 28, 79; Samothracian Mysteries 萨摩特拉克密仪 7, 67, 79, 86, 96

Sandys, George 桑兹 150

Santayana, George 桑塔亚纳 177—178

sceptre 权杖 20, 41, 51, 73, 107, 112, 133; *skeptron* 权杖 51

Seneca the Younger 小塞涅卡 146，153

Serres, Michel 塞雷斯 177，185，190

Servius 塞维乌斯 148，153

Shakespeare 莎士比亚 150

Shelley, Percy Bysshe 雪莱 175，185

Sicily 西西里 16，59

Silvestris, Bernardus 塞尔维斯特里斯 149

sleep 睡眠 43，45，93—95，168

Sophokles 索福克勒斯 37，55，66，88，91，105，115

Sokrates 苏格拉底 46，49，146，156，162，162

Sparta 斯巴达 57，62，65，78，100

Spencer 斯宾塞 150，163

Stoic 斯多亚 146，153；Stoics 斯多亚派 162，190

Strabo 斯特拉波 36，58，124

Styx 斯泰克斯 37，138

Suda, the 《苏达辞典》149

Tacitus 塔西佗 91，132

Tanagra 塔纳格拉 12，51，61，63，67，114

Thebes (Greek) 忒拜（希腊）5，51，71，114; (Egyptian)

底比斯 135

 Theokritos　泰奥克里托斯 28，57

 Theophrastos　泰奥弗拉斯托 66，109

 therapon　侍从 109—110

 Theoxenia　诸神的筵席 11，72，84，126

 Titan(s)　提坦神 1，11，33，35，90，103，106，171

 Thoth (Thut)　托特 134—136，138

 Trickster　骗子 24，36，89—91，96—98，100—102

 Turms　图耳姆斯 123，139

 underworld　下界 11，31，35，37，41，45，5，54，104，112，114—118，121，123，136—139，156—157，174，176

 Vernant, J-P.　韦尔南 36，60，86，120，180，188

 video games　电子游戏 172，173，185

 Virgil　维吉尔 12，122，127，147，

 wand　权杖 6，8，81—82，94—95，101，113，115，127，155，168，182

 whips　鞭子 62，67

winged sandals 有翼的靴子 9，11，30，47，73，127，167，17; *pedila* 金靴 9

wings 翼 9，126，149，159，168，171—172，176，181，183，184

wit 机智/风趣 30，36，104，180

Woden (Odin) 沃登（奥丁）132，140

xenia 主客关系 52，73，86，125

Zucchi, Joseph 祖齐 150

附录一：古代世界的诸神与英雄译名表
（希腊语—拉丁语—英语—汉语）

A

Ἄβαι Abae Abae　阿拜

Ἀγαμέμνων Agamemnon Agamemnon　阿伽门农

Ἀγησίλαος Agesilaos Agesilaos　阿盖西劳斯

Ἀγλαΐα Aglaea/Aglaia Aglaea　阿格莱亚

Ἄγλαυρος Aglauros Aglauros　阿格劳洛斯

Ἀγχίσης Anchises Anchises　安喀塞斯

Ἅδης Hades Hades　哈得斯

Ἄδωνις Adonis Adonis　阿多尼斯

Ἀθάμας Athamas Athamas　阿塔马斯

Ἀθηνᾶ Minerva Athena　雅典娜 / 密涅瓦

Αἴας Aiax Aias/Ajax　埃阿斯

Αἴγιστος Aegisthus Aegisthus　埃吉斯托斯

Αἴθρα Aithra Aithra　埃特拉

Αἰνείας Aeneas/Aeneus Aeneas　埃涅阿斯

Ἀλφειός Alpheios Alpheios　阿尔费奥斯

Ἄμμων Ammon Ammon/Amun　阿蒙（古埃及太阳神）

Αμφιτρίτη Amphitrite Amphitrite 安菲特里忒

Anat 阿娜特（闪米特战争女神）

Anaïtis/Anahita 阿娜提斯/阿娜希塔（波斯-亚美尼亚女神）

Ἀνδρομάχη Andromache Andromache 安德洛玛克

Anu 阿努（赫梯天神）

Ἀπέσας Apesas Apesas 阿佩萨斯

Ἀπόλλων Apollo Apollo 阿波罗

Ἀργειφόντης Argeiphontes Argeiphontes 阿耳癸丰忒斯

Ἄρης Mars Ares 阿瑞斯

Ἀριάδνη Ariadne Ariadne 阿里阿德涅

Ἁρμονία Harmonia Harmonia 哈耳摩尼亚

Ἀρισταῖος Aristaeus Aristaeus 阿里斯泰奥斯

Ἄρτεμις Artemis,Diana Artemis 阿耳忒弥斯/狄安娜

Ἀσκληπιός Aesculapius Asclepius 阿斯克勒庇俄斯

Astarte 阿施塔忒（腓尼基女神）

Ἀστερία Asteria Asteria 阿斯忒里亚

Ἄτλας Atlas Atlas 阿特拉斯

Ἀτρεύς Atreus Atreus 阿特柔斯

Ἀφροδίτη Venus Aphrodite 阿芙洛狄忒/维纳斯

Ἀχιλλεύς Achilleus Achilles 阿喀琉斯

Ἄψυρτος Apsyrtus Apsyrtus 阿普绪耳托斯

B

Βελλεροφῶν Bellerophon Bellerophon　柏勒洛丰

Βοώτης Boutes Boutes　布特斯

Βριάρεως Briareos Briareos　布里阿瑞奥斯

Βρισηΐς Briseis Briseis　布里塞伊斯

Βρισῆος Briseus Briseus　布里修斯

Γ

Γαῖα Gaea Gaia　盖娅

Γανυμήδης Catamitus/Ganymedes Ganymede　伽努墨德斯

Γλαυκός Glaucus Glaukos　格劳科斯

Γῆρας Geras Geras　革剌斯

Γίγαντες Gigantes Gigantes　癸干忒斯

Γύγης Gyges Gyges　巨吉斯

Gula　古拉（美索不达米亚治愈女神）

Δ

Δαίδαλος Daedalus Daedalus　代达罗斯

Δαναός Danaus Danaus　达那奥斯

Δάφνη Daphne Daphne　达芙妮

Δελφύς Delphus Delphus　德尔福斯

Δευκαλίων Deucalion Deucalion　丢卡利翁

Δηίφοβος Deiphobos Deiphobos　得伊福玻斯

Δημήτηρ Demeter Demeter　德墨忒耳

Δημοφόων Demophoon Demophoon　德摩福翁

Δίκη Dike Dike　狄刻

Διοκλῆς Diocles Diokles　狄奥克勒斯

Διομήδης Diomedes Diomedes　狄奥墨德斯

Διόσκουροι Dioscuri Dioscuri　狄奥斯库里

Διώνη Dione Dione　狄奥涅

Δόλων Dolon Dolon　多伦

Dyáus Pitar　道斯·彼塔（印度教天父）

Dumuzi/Tammuz　杜穆兹/塔穆兹（苏美尔的英雄/神）

Δύναμις Dynamis Dynamis　丢纳弥斯

E

Εἰλείθυια Eileithyia Eileithyia　埃勒提雅

Εἰρήνη Eirene Eirene　埃瑞涅

Ἑκάτη Hekate Hekate　赫卡忒

Ἕκτωρ Hector Hector　赫克托耳

Ἕλενος Helenus Helenus　赫勒诺斯

Ἕλλη Helle Helle　　赫勒

Enki　　恩基（苏美尔欺诈之神）

Ἐνοδία Enodia Enodia　　埃诺狄亚

Ἐνυώ Enyo Enyo　　厄倪俄

Ἐρεχθεύς Erechtheus Erechtheus　　厄瑞克透斯

Ἔρις Eris Eris　　厄里斯

Ἐριχθόνιος Erichthonios Erichthonios　　厄里克托尼奥斯

Ἑρμῆς Hermes Hermes　　赫耳墨斯

Ἑρμιόνη Hermione Hermione　　赫耳弥奥涅

Ἔρως Eros/Amor Eros　　爱若斯 / 阿莫耳

Ἕσπερος Hesperos Hesperos　　赫斯佩洛斯（昏星）

Ἑστία Hestia/Vesta Hestia　　赫斯提亚 / 维斯塔

Εὐδόρος Eudoros Eudoros　　欧多罗斯

Εὔμαιος Eumaeus Eumaeus　　欧迈奥斯

Εὔμολπος Eumolpos Eumolpos　　欧摩尔波斯

Εὐνομία Eunomia Eunomia　　欧诺弥亚

Εὐρυνόμη Eurynome Eurynome　　欧律诺墨

Εὐρώπη/Εὐρώπα Europa Europa　　欧罗巴

Ευφροσύνη Euphrosyne Euphrosyne　　欧佛洛绪涅

Ἐπιμηθεύς Epimetheus Epimetheus　　厄庇米修斯

Ἕως Eos Eos　　厄俄斯

Εωσφόρος Eosphoros Eosphoros　厄俄斯珀洛斯（晨星）

Z

Ζεύς Zeus Zeus　宙斯

Ζέφυρος Zephyros Zephyros　泽费罗斯

Ζῆθος Zethus Zethus　泽托斯

H

Ἥβη Hebe Hebe　赫柏

Ἥλιος Helios Helios　赫利奥斯

Ἥρα Hera Hera　赫拉

Ἡρακλῆς Herakles Herakles　赫拉克勒斯

Ἥφαιστος Hephaestus Hephaestus　赫菲斯托斯

Θ

Θάλεια Thalia Thalia　塔利亚

Θάνατος Thanatus Thanatos　塔纳托斯

Θέμις Themis Themis　忒弥斯

Θέτις Thetis Thetis　忒提斯

Θησεύς Theseus Theseus　忒修斯

I

Ἰάλεμος Ialemus Ialemus　伊阿勒摩斯

Ἰάσων Jason Jason　伊阿宋

Ἱέρων Hieron Hieron　希耶罗

Ἵμερος Himeros Himeros　希墨洛斯

Inanna　伊南娜（苏美尔爱神）

Ἰξίων Ixion Ixion　伊克西翁

Ἰοδάμα Iodama Iodama　伊奥达玛

Ἰόλαος Iolaos Iolaos　伊俄拉俄斯

Ἱππόλυτος Hippolytus Hippolytus　希波吕托斯

Ἶρις Iris Iris　伊里斯

Ἶσις Isis Isis　伊西斯

Ishtar　伊诗塔

Ἰφιάνασσα Iphianassa Iphianassa　伊菲阿纳萨

Ἰφιγένεια Iphigeneia Iphigeneia　伊菲革涅亚

Ἰφιμέδη Iphimede Iphimedê　伊菲梅德

Ἰώ Io Io　伊娥

Ἴων Ion Ion　伊翁

K

Κάδμος Kadmos Kadmos　卡德摩斯

Καλλιόπη Calliope Calliope　卡利俄佩

Καλυψώ Calypso Calypso　卡吕普索

Καρνεῖος Carneius Carneius　卡内乌斯

Κασσάνδρα Kassandra Kassandra　卡珊德拉

Κάστωρ Castor Castor　卡斯托耳

Κέρβερος Cerberus Cerberus　刻耳贝洛斯

Κλυταιμνήστρα Klytaimnestra Klytaimnestra　克吕泰涅斯特拉

Κορωνίς Coronis Coronis　科洛尼斯

Κρεσφόντης Kresphontes Kresphontes　克瑞斯丰忒斯

Κρόνος Cronus Cronos　克罗诺斯

Κυβέλη,Κυβήβη Cybele Cybele　库柏勒

Κύκνος Kyknos Kyknos　库克诺斯

Κυρήνη Cyrene Cyrene　昔兰尼

Λ

Λάϊος Laius Laius　拉伊俄斯

Λαομέδων Laomedon Laomedon　拉俄墨冬

Λήδα Leda Leda　勒达

Λητώ Leto/Latona Leto　勒托 / 拉托娜

Λῖνος Linus Linus　利诺斯

Λύκτος Lyktos Lyktos　吕克托斯

M

Μαῖα Maia Maia/Maea　迈娅

Marduk　马耳杜克（巴比伦主神）

Μάρπησσα Marpessa Marpessa　玛耳佩萨

Μαρσύας Marsyas Marsyas　玛耳绪阿斯

Μαχάων Machaon Machaon　玛卡翁

Μεγακλῆς Megakles Megakles　麦伽克勒斯

Μέδουσα Medusa Medusa　美杜莎

Μελάνιππος Melanippos Melanippos　美拉尼波斯

Μελίτη Melite Melite　美利忒

Μελπομένη Melpomene Melpomene　美尔波墨涅

Μετάνειρα Metaneira Metaneira　美塔内拉

Μήδεια Medea Medea　美狄亚

Μηριόνης Meriones Meriones　美里奥涅斯

Μῆτις Metis Metis　墨提斯

Μίλητος Miletus Miletus　米勒托斯

Μίνως Minos Minos　米诺斯

Μνημοσύνη Mnemosyne Mnemosyne　摩涅莫绪涅

Μοῖραι Moirai Moirai　莫依赖 / 命运三女神

Μοῦσα,Μοῦσαι Musa,Musae Muse,Muses　缪斯

Μουσαῖος Musaeus Musaeus　缪塞奥斯

N

Nanaya　娜娜雅

Ναυσικᾶ Nausikaa Nausikaa　瑙西卡

Νέμεσις Nemesis Nemesis　涅美西斯

Νηρηΐδες Nereids Nereids　涅瑞伊得斯

Νέστωρ Nestor Nestor　涅斯托尔

Νηλεύς Neleus Neleus　涅琉斯

Νηρεύς Nereus Nereus　涅柔斯

Νιόβη Niobe Niobe　尼俄柏

Νύμφης Nymphs Nymphs　宁芙

O

Ὀδυσσεύς Odysseus/Ulixes/Ulysses Odysseus　奥德修斯/尤利克塞斯/尤利西斯

Οἴαγρος Oeagrus Oeagrus　奥厄阿革洛斯

Οἰδίπους Oedipus Oedipus　俄狄浦斯

Ὅμηρος Homerus Homer　荷马

Ὀρέστης Orestes Orestes　奥瑞斯忒斯

Ὀρφεύς Orpheus Orpheus　俄耳甫斯

Ὄσιρις Osiris Osiris　奥西里斯

Οὐρανός Ouranos Ouranos　乌拉诺斯

Π

Παιών/Παιάν Paeon/Paean Paeon　派翁

Πάλλας Pallas Pallas　帕拉斯

Πάν Pan Pan　潘

Πάνδαρος Pandarus Pandaros　潘达罗斯

Πάνδροσος Pandrosos Pandrosos　潘德罗索斯

Πανδώρα Pandora Pandora　潘多拉

Παρθένος Parthenos Parthenos　帕特诺斯（克里米亚神祇）

Πάρις Paris Paris　帕里斯

Πάτροκλος Patroclus Patroclus　帕特罗克洛斯

Πειρίθοος Peirithoos Peirithoos　佩里图斯

Πέλευς Peleus Peleus　佩琉斯

Πέλοψ Pelops Pelops　佩罗普斯

Περσεύς Perseus Perseus　佩耳修斯

Περσεφόνη Persephone/Proserpina Persephone　佩耳塞福涅

Πήγασος Pegasus/Pegasos Pegasus　佩伽索斯

Πηνειός Peneius Peneius　佩纽斯

Πηνελόπη Penelope Penelope　佩涅洛佩

Πιερίδες Pierides Pierides　庇厄里得斯

Πλούιων Plouton Pluto　普鲁托

Ποδαλείριος Podalirius/Podaleirius Podalirios　波达勒里奥斯

Πολύφημος Polyphemus Polyphemus　波吕斐摩斯

Ποσειδῶν Poseidon/Neptunus Poseidon　波塞冬 / 尼普顿

Πρίαμος Priamos Priam　普里阿摩斯

Προμηθεύς Prometheus Prometheus　普罗米修斯

Πτώιος Ptoios Ptoios　普托伊奥斯

Πυθία Pythia Pythia　皮提亚

Πύθων Python Python　皮同

P

Ῥέα Rhea Rhea　瑞娅

Σ

Σαρπηδών Sarpedon Sarpedon　萨耳佩冬

Σάτυρος Satyrus Satyr　萨蒂尔

Σειρήν Sirens Sirens　塞壬

Σεμέλη Semele Semele　塞墨勒

Σπερχειός Spercheius Spercheius　斯佩耳凯奥斯

Στερόπη Sterope Sterope　斯忒洛佩

Σφίγξ sphinx sphinx　　斯芬克斯

T

Τάρταρος Tartarus Tartarus　　塔耳塔罗斯

Τειρεσίας Teiresias Teiresias　　忒瑞西阿斯

Τεῦκρος Teukros Teukros　　透克洛斯

Τηλεμάχος Telemachos Telemachos　　忒勒玛霍斯

Τήλεφος Telephus Telephos　　忒勒福斯

Τηθύς Tethys Tethys　　泰堤斯

Tiamat　　提亚玛特（巴比伦混沌母神）

Τιθωνός Tithonus Tithonus　　提托诺斯

Τιτᾶνες Titans Titans　　提坦

Τιτυός Tityos Tityos　　提图奥斯

Τρίτων Triton Triton　　特里同

Τρώς Tros Tros　　特洛斯

Τυδεύς Tydeus Tydeus　　提丢斯

Turan　　图兰（伊特鲁里亚爱神）

Τυνδάρεος Tyndareus Tyndareus　　廷达瑞俄斯

Τυρώ Tyro Tyro　　提洛

Τυφῶν Typhon Typhon　　提丰

Y

Ὑάκινθος Hyacinthus Hyacinthus　许阿辛托斯

Ὕδρα Hydra Hydra　许德拉

Ὕλας Hylas Hylas　许拉斯

Ὑμέναιος Hymenaeus/Hymenaios Hymenaeus/Hymen 许墨奈奥斯 / 许门

Ὑπερίων Hyperion Hyperion　许佩里翁

Ushas　乌莎斯（吠陀黎明女神）

Φ

Φαέθων Phaeton Phaeton　法厄同

Φαίδρα Phaedra Phaedra　菲德拉

Φήμιος Phemius Phemius　费弥奥斯

Φιλάμμων Philammon Philammon　菲拉蒙

Φιλήμων Philemon/Philemo Philemon　菲勒蒙

Φινεύς Phineus Phineus　菲内乌斯

Φοίβη Phoibe Phoibe　福柏

X

Χάος Chaos Chaos　卡俄斯

Χάρις Charis Charis　卡里斯

Χάριτες Charites Graces　卡里忒斯/美惠三女神

Χείρων Chiron/Cheiron Chiron　喀戎

Χρυσάωρ Chrysaor Chrysaor　克律萨奥耳

Ω

Ωκεανός Oceanos Oceans　奥刻阿诺斯

Ὧραι Horae Horae　荷莱/时序三女神

Ὠρίων Orion Orion　奥里翁

（张鑫、玛赫更里　编）

附录二：去梦想不可能的梦想……
"古代世界的诸神与英雄"读后

感谢各位编译者共同努力，初步完成了这套"古代世界的诸神与英雄"丛书。为什么说初步？有以下几个理由：

第一，丛书分为两辑，第一辑8册，重点是"诸神"；第二辑9册，重点是"英雄"。两辑之间，彼此有联系。目前出版的是第一辑，第二辑正在紧锣密鼓地筹备中。第二，第一辑的8册中，还有非常重要的两册——《宙斯》和《赫尔墨斯》——没有出版。不过据我所知，已经接近完成，不久将排印问世。第三，丛书英文版主编苏珊·迪西说，这套书从2005年启动以来，至今20年，还没到最后一部的完成。比如说，冥王哈得斯，仍在未来的规划中。那么英文版还在继续进行，可见完成这套丛书的艰辛，也可见出版社和编者持久不懈地推进。

长期以来，我关注中华学术的源流演变，尤其是中国先秦思想的源流演变，而作为比较的对立面，不得不同时关注欧亚大陆另一端，古希腊罗马思想的源流演变，而关注古希腊罗马的思想源流演变，又不得不关注处于源头地位的古代世界的诸神与英雄，以及这些内容和古希腊哲学的联系。

巧合的是，今年7月我刚去过希腊，看见了正在修复的宙斯神庙和只剩下六根柱子的德尔斐阿波罗神庙。回来后我买了一本《阿波罗》，当时并不知道这本书是新书，也不知道它是这套丛书中的一种。当我在网上下单的第二天，就接到了黄瑞成教授的邀请。网上买的新书和出版社寄来的整套书相隔一天收到，我这才发现，原来《阿波罗》就在这套丛书之中。

我陆续阅读这套丛书的时候，巴黎奥运会正在如火如荼地举行。我没有看开幕式，事后听人说，出现了狄奥尼索斯的形象。在闭幕式上，我听到了著名歌唱家和钢琴家合作演出的《阿波罗颂》。奥运会开始和结束，对应酒神和日神，有着浓浓的古希腊元素。这些事几乎同时发生，不能不使人感到有些神奇，也许其中有看不见的联系。

我尝试理解这套丛书的结构和缘起，希望能大致形成相对完整的认知。初步的认知，可以分为两层：首先是丛书的整体结构，其次是某册书的整体结构。讨论的重点是第一层，第二层用简单几句话带过。

第一层，丛书的整体结构可分为三点。

一、"丛书中文版序"是丛书英文版主编苏珊·迪西于2023年1月写的。二、英文版"丛书前言"写于2021年11月。"丛书前言"有一个副标题："为什么要研究古代世界的诸神和英雄？"可以对应具体某册书的开篇"为什么是××？"××是神或英雄的名字，也就是此册的书名，比如说阿波罗，以及雅典娜、普罗米修斯、狄奥尼索斯、阿芙洛狄忒、阿耳忒弥斯、宙斯、赫尔墨斯等。三、丛书中文版中黄瑞成的"跋"写于"癸卯（2023年）春末"。

第二层，某册书的整体结构分为四点。以《阿波罗》为例：一、在"为什么是阿波罗？"标题下，是导言"为什么要写一本关于某一位神的书？"二、"关键主题"分若干节，从各方面介绍这位神的事迹和特点。在《阿波罗》中分六节。三、"阿波罗效应"（afterlives）描述阿波罗神话对后世的影响。好比中文世界里重要人物的年谱，在此人离世后，还要列出他身后发生的相关事件。古希腊神话的时代已经过去了，可是它们对人类的文化还在发生着影响。这种持久的影响力，也可以看成某种不朽的方式。四、"拓展阅读"和"参考文献"是全书的学术支持。

再回到第一层，首先是英文版"丛书前言"。这篇"丛书前言"最初写于2005年，2017年修订，2021年再次修订，可见编者的思想也在不断地严密、深化、更新。

开篇的题词，引用德摩斯泰尼《书简》中一段话：

> 正当的做法，对于开启任何严肃谈话和任务的人而言，就是以诸神为起点。

也就是说，对于任何人严肃言行的认知，最终会上溯至神或者神学。德摩斯泰尼是古希腊的著名演说家，过去被作为励志的榜样。这个人从小口吃，经过刻苦练习，他克服了缺陷，最后辩才无碍。那么，英文版"丛书前言"引用的这段话，我们怎么作现代的理解呢？

我的理解是，如果你想严肃地理解一个人的想法或行为，应该理解此人的"三观"如何形成，理解导致他形成"三观"的真正认知，或者说，他真正相信的是什么？

英文版"丛书前言"还引用亚里士多德引述泰勒斯的话，"这个世界'充满了诸神'"（《论灵魂》，411a8）。一般认为，泰勒斯是古希腊最早的哲学家，是哲学家的"始祖"，而亚里士多德是"三大哲"（其余两位是苏格拉底、柏拉图）中的最后一位。亚里士多德引述泰勒斯，正处于古希腊哲学的首尾。

至于这里的"诸神"是什么？现在应该不用迷信了吧，大体可以看成当时的人，对世界和人性认知的显化。"哲学"这个词，在古希腊语中是"爱智慧"的意思。由于神才有智慧，那么也可以认为，爱智慧就是爱神。至于反命题是否成立，爱神是不是等于爱智慧？这个不一定，还要经过严格的思辨检验。此所以在古希腊神话之后，依然不可缺少古希腊哲学。

再回到卷首的"丛书中文版序"。也许是感受到了中文世界读者的热情和友好，英文版主编苏珊·迪西更加放飞自我。

开篇的题词是:

> 去梦想不可能的梦想……

这句题词没有注明出处,应该来自编者的自撰。序言开门见山的第一句话,提出一个根源性的问题:"什么是神?"文章引用了西摩尼德斯的回应。他最初觉得这个问题很好回答,可思考得越久,越觉得难以回答。根据丛书中文版"跋",这里的典据来自西塞罗《论神性》。

我们应该注意问话方式,"什么是……"这个问法本身是哲学的。这应该是人类最要紧的问题之一,也是最难回答的问题之一。西摩尼德斯的表达,使人想起圣·奥古斯丁《忏悔录》:"什么是时间,人家不问我,我觉得自己是明白的,可是一旦要回答,就越想越糊涂了。"

在西塞罗撰写的对话里,"博学而有智慧"的诗人,对回答这个问题感到"绝望"。如果回到中华文明的角度,我觉得"绝望"可能带有情绪性,比较中性的表达,也许应该无解吧。无解并非没有希望,它可能酝酿着某种解法,甚至可能本身就是解法。

关于"什么是神","丛书中文版序"作者苏珊·迪西的处理是:"丛书采取的视角不是作为宽泛概念的'神'或'神性',

而是专注于作为个体的神圣形象。"也就是说，把形而上的问题转移为形而下，把先验的问题转移为经验的。解释诸神的神性，不能从抽象讨论而来，而是呈现出神具有的千姿百态的形象——存在本身就是最好的回答。既然思辨这条路走不通，那就把这些神是怎么形成的，以及他们做过什么写出来。这样形成一个由著作构成的"万神殿"，也就是这套丛书的目标。

这套丛书是西文编者对"什么是神"的回应之一，我愿意尝试补充回应之二，就是本书的中文版题词："去梦想不可能的梦想……"（to dream the impossible dream …）

苏珊·迪西女士这句话，原意指丛书的编纂。2000年，有位编辑做了一个梦，梦见正在读一套丛书，每本书以某位"奥林波斯"神为主题。梦醒之后，她到处去找，发现世界上并没有这样一套书，于是就发心由自己做出来。这其实就是从无到有的创造，从梦想照进现实。

这里我还想作一个引申：因为现代社会缺乏这种想象，所以"去梦想不可能的梦想"，带有勉励现代人的意思。然而，假设回到古典世界，这样的勉励也许是可以不要的。在那个时代，仿佛天地人神同在，人们"梦想不可能的梦想"，期待着自己所没有的力量，形成了与阿波罗、宙斯、赫耳墨斯等相应的故事和神话。而故事和神话，正是那个时代人生命的养料，是当时生活世界的一部分。

对这个问题，又可以有三个补充。

第一，古希腊神话的形成和塑造，伴随着人类最初对天地万物和人自身的认识和理解，其中所有神的事情，都是人的事情的投射，而天神宙斯、海神波塞冬、冥王哈得斯的分立，不能不包含对时空的认知。我们现在看到的故事，一开始没那么成形，它们由不同来源的成分拼接起来。在故事讲述的过程中，经历多次改编，有过不同的形式，最后才汇聚成相对稳定的形象，形成纷繁复杂的关系网络，如此才展现出一个瑰丽的古希腊神话世界。

第二，从探求人类最高可能性而言，古希腊神话作为那个时代的人们"梦想不可能的梦想"成果，实质上探求的是人类的最高可能性。它和古希腊哲学有共同的指向，所以古希腊神话和古希腊哲学有内在的联系。延伸到今天，它与现代奥运会追求"更高、更快、更强"，探求人类身体的极限，也指向同一方向。因此，古希腊诸神和英雄形成的整体，关联古今，本身来自远古前人的想象，并永远激发后人的创造力。

第三，这个包含彼此对立的万花筒般的整体，可以作为象的组合，模拟人类思想的形成。其中必然会产生矛盾，有很多说不圆的缝隙，如果用单一逻辑来推演，往往会碰到障碍。大家知道有一句歌词："万物皆有裂痕，那是光照进来的地方。"（科恩《颂歌》）正因为说不圆，不得不引导后人作出更深邃的推演。

我们看到的这套丛书，是现在的人所作的推演，它依然补不满所有的缝隙，留下后来者进一步创造的余地。

这使我想起年轻时读过的一本书——德国斯威布的《希腊神话和传说》。此书肯定有种种不足，可是我们那时候对古希腊神话的一知半解，大体都是从这里而来。还记得1978年5月，恢复高考不久，不少书开始解禁，买新书的人，排着很长很长的队，从淮海中路新华书店门口排起，拐弯到思南路，再拐弯到南昌路，黑压压的长龙，一眼望不到头。这是我的亲身经历，当时买的书，印象中就有斯威布的《希腊神话和传说》。买书的地方，离我家不远，离我们今天讲座的地方也不远。

再说第一层第三点，丛书中文版的"跋"，回应"什么是神"，举了两方面例证：一方面来自西方，另一方面来自中国，这背后有着文明互鉴的视角。"文明互鉴"这个词，这些年才开始流行，过去通常是称为"比较"的。但是，既然称为"互鉴"，依然引入了新的思路。你照亮我，我照亮你，彼此通过对方，产生更深的认知。

张文江

2024年8月23日，在思南书局读书会上的发言

10月28日—11月2日修订

跋"古代世界的诸神与英雄"

"古代世界的诸神与英雄"主编苏珊(Susan Deacy)教授,欣然为中文版专文序介丛书缘起,她撰写的"前言"始于这样一个问题:"什么是神?"说的是公元前6世纪古希腊抒情诗人西摩尼德斯(Simonides of Ceos)如何受命回答这个问题。故事源自西塞罗《论神性》(*De Natura Deorum*, 1.22):对话中,学园派科塔(Gaius Cotta)愤而驳斥伊壁鸠鲁派维莱乌斯(Gaius Velleius)"愚蠢的"神性论说,认为就"神的存在或本质(quid aut quale sit deus)"而言,他首推西摩尼德斯;而向诗人提出"什么是神"的人,正是叙拉古僭主希耶罗(tyrannus Hiero);就此提问,诗人再三拖延,终于以"思考越久事情就越模糊"不了了之;按科塔的说法,"博学和有智慧(doctus sapiensque)"的诗人,对回答僭主的问题感到"绝望(desperasse)"。

启蒙哲人莱辛(Lessing)称抒情诗人西摩尼德斯为"希腊的伏尔泰(griechischer Voltaire)",想必因为"西摩尼德斯与希耶罗"的关系有似于"伏尔泰与腓特烈大帝"。1736年,伏尔泰与尚为王储的腓特烈首次书信往还:当年8月8日,腓特烈致信伏尔泰，说他正在将沃尔夫（Chr. Wolff）的文章《对上帝、世界和人类灵魂及万物的理性思考》（"Vernünftige Gedanken von Gott, der Welt und der Seele des Menschen, und allen Dingen überhaupt"）译成法语，一俟完成就立刻寄给伏尔泰阅正。如此，直至1777—1778年间最后一次书信往还，上帝或神学政治问题，一直是两者探讨的重要主题。

尤为值得一提的是，1739年王储腓特烈写成《反马基雅维利》（*Der Antimachiavell*），伏尔泰超常规全面修订，让这本书的作者成为"公开的秘密"，其核心主题之一也是"神学政治论"。譬如，"第六章：君主建国靠的是他的勇气和武器"中，腓特烈或伏尔泰认为，马基雅维利将摩西（Moses）擢升到罗慕路斯（Romulus）、居鲁士（Cyrus）和忒修斯（Theseus）等君主之列，极不明智；因为，如果摩西没有上帝的默示，他就和悲剧诗人的"机械降神"没有两样；如果摩西真有上帝的默示，他无非只是神圣的绝对权力的盲目的奴仆。如果所有神学政治问题都可以还原到"什么是神"，既然从古代城邦僭主到近代开明专制君主都关注这个问题，"什么是神"的问题必定攸关其僭政或专制主权。

中华儒学正宗扬雄《法言·问神》开篇"或问'神'。曰：'心'"。用今人的话说，就是"有人问'什么是神？'答曰：神就是'心'"。中国先哲就"什么是神"设问作答毫不含糊隐晦，与古希腊诗人西摩尼德斯"绝望"差别大矣哉！扬雄有见于"诸子各以其知舛驰，大氐诋訾圣人，即为怪迂"，"故人时有问雄者，常用法应之，撰以为十三卷，象《论语》，号曰《法言》"(《汉书·扬雄传》)。正因孔子"无隐尔乎"(《论语·述而》)，扬雄效法圣人自然直言不讳："潜天而天，潜地而地。天地，神明而不测者也。心之潜也，犹将测之，况于人乎？况于事伦乎？"就"问神"卷大旨，班固著目最为切要："神心叠恍，经纬万方，事系诸道德仁谊礼。"(《汉书·扬雄传》)可见，中国先哲认为，"神"就是可以潜测天地人伦的"心"，这既不同于古希腊诸神，更不同于犹太基督教的上帝。

以现代学术眼光观之，无论《荷马史诗》还是《旧约全书》，西方文明的源始文献就是史诗或叙事，其要害就是"神话（mythos）"。虽然在《牛津古典词典》这样的西方古典学术巨著中竟然找不到"神话"词条（刘小枫《古希腊"神话"词条》），作为叙事的"神话"终究是西方文明正宗。西北大学出版社鼎力支持编译"古代世界的诸神与英雄"丛书，正是着眼全球文明互鉴，开拓古代神话研究的重要举措。

黄瑞成

癸卯春末于渝州九译馆

谷雨改定

著作权合同登记号：陕版出图字 25-2020-192
图书在版编目（CIP）数据

赫耳墨斯 /（加）阿琳·艾伦著；黄瑞成译 .
西安：西北大学出版社，2025.4. --（古代世界的诸神与英雄 / 黄瑞成主编）. -- ISBN 978-7-5604-5636-2

Ⅰ . B933
中国国家版本馆 CIP 数据核字第 2025SD2865 号

Hermes，1 edition By Arlene Allan/9780367496609
Copyright © 2018 Arlene Allan
Authorized translation from English language edition published by Routledge, an imprint of Taylor & Francis Group LLC All Rights Reserved.
本书原版由 Taylor & Francis 出版集团旗下 Routledge 出版公司出版，并经其授权翻译出版。版权所有，侵权必究。
NORTHWEST UNIVERSITY PRESS Co.,Ltd. is authorized to publish and distribute exclusively the Chinese (Simplified Characters) language edition. This edition is authorized for sale throughout Mainland of China. No part of the publication may be reproduced or distributed by any means, or stored in a database or retrieval system, without the prior written permission of the publisher.
本书中文简体翻译版授权由西北大学出版社有限责任公司独家出版并仅限在中国大陆地区销售。未经出版者书面许可，不得以任何方式复制或发行本书的任何部分。
Copies of this book sold without a Taylor & Francis sticker on the cover are unauthorized and illegal.
本书封面贴有 Taylor & Francis 公司防伪标签，无标签者不得销售。

赫耳墨斯

[加]阿琳·艾伦（Arlene Allan）　著　黄瑞成　译
出版发行：西北大学出版社
（西北大学校内　邮编：710069　电话：029-88302621　88303593）

经　　销：全国新华书店
印　　装：陕西博文印务有限责任公司
开　　本：787mm×1092mm　1/32
印　　张：17.25
字　　数：280 千字
版　　次：2025 年 4 月第 1 版
印　　次：2025 年 4 月第 1 次印刷
书　　号：ISBN 978-7-5604-5636-2
定　　价：118.00 元

本版图书如有印装质量问题，请拨打电话 029-88302966 予以调换。

黄明河

曾为广州中医药大学教授及研究生导师、广州中医药大学附属深圳市中医院大内科主任、脾胃科学科带头人。现为主任中医师，国家及广东省中医药管理局老中医药专家学术经验继承指导老师，国家中医药管理局全国名老中医药传承专家，广东省优秀中医，深圳市名中医。曾任中华中医药学会脾胃病分会常委、广东省中医药学会消化病专业委员会副主委、深圳市中医药学会脾胃病专业委员会主任委员、曾两次被评为深圳市十佳医务工作者。在国家级、省级医药杂志上发表学术论文83篇，撰写出版医学著作10部。

黄教授自幼家承祖训，研习歧黄，跟随祖父诊病采药，能辨识并十分熟悉运用中草药数百种。20岁起即在基层医疗单位工作，从事自己钟爱一生的中医药事业。自1975年至1981年先后到广州中山医学院医疗系与广州中医学院研究生班深造学习,得到当时著名的名老中医李仲守、钟耀奎教授谆谆教诲。毕业后先到广州医学院第二附属医院工作,后到深圳市中医院工作至今。在50余年的临床工作过程中,注重研习中医药理论与名老中医经验,重视临床实践与中医学术传承教育,善于总结提高,临床经验丰富。

郭绍举

主任医师,教授。现任深圳市中医院内镜中心主任兼脾胃科主任、硕士研究生导师、博士后合作导师、美国UCLA Health访问学者、国家重点专科脾胃病科学科带头人、中华中医药学会脾胃病分会委员、广东省中西医结合学会内镜专委会副主任委员、广东省保健协会脾胃健康分会副会长、深圳市中医药学会脾胃病专委会主任委员、深圳市脾胃病联盟理事长、深圳市医师协会消化分会副理事长、深圳市医师协会消化内镜分会副理事长、深圳市医师协会内科分会副理事长等。

师从国医大师孙光荣教授,也是全国名老中医药传承专家黄明河教授的学术继承人。临床工作中突出中医特色和优势,能熟练的应用中草药防治疾病。在消化内镜方面积累了丰富的经验。率先在科室开展大量3、4级手术,包括经内镜支架置入术、经内镜胆道介入技术、经内镜微创保胆取石术、经口胆道镜技术、超声内镜技术、ESD及EMR技术等，部分手术达到了省内先进水平。

主持（或做为分中心负责人）包括国家重点研发项目及国自然重点项目在内的课题11项，以第一作者或通讯作者发表SCI5篇、中文核心论文十余篇。出版专著4部（1部主编、3部副主编），获发明专利1项、实用新型专利2项。

曾获2021年中国中西医结合学会科技进步奖二等奖、2021年医院"杰出医务工作者"称号、2020年"深圳市医师奖"。

庄舜庭

执业中医师,毕业于国家"211工程"、"双一流"建设高校北京中医药大学,先后进修于北京协和医院、北京中医药大学第一附属医院东直门医院。现跟随国家中医药管理局全国名老中医药传承专家、深圳市名中医黄明河教授学习进修,为黄明河教授的传承弟子,能熟练地协助黄明河教授进行临床工作及采集应用中草药。行医近10年,热爱中医学及中国传统文化,熟悉多种中草药的临床应用。

擅长脾胃消化系疾病的中西医诊治,包括各种胃痛和腹泻的疾病、胃食管反流病、功能性消化不良等疾病的诊治方法。

深圳常见中草药图谱与临床应用

癸卯夏 吴光弟

黄昏河鹭生杏林耕耘半世纪宏光书

畔上正種月

黄明河教授与弟子们合影

本书三位主编在采集中草药标本

（左起：黄明河，郭绍举，庄舜庭）

本书主编及副主编在采集中草药标本

（左起：黄明河，康建媛，张强）

本书主编及副主编在采集中草药标本

（左起：刘冬厚，黄明河，吴亚宾，张强）

本书主编及副主编在采集中草药标本

(左起:黄明河,刘冬厚,吴亚宾,张竞超,郭绍举,张强)

唐序

"中国医药学是一个伟大的宝库,应当努力发掘,加以提高"。中医药学作为优秀的传统文化,早已融入寻常百姓的日常生活,应用于防病治病之中。我国中草药资源十分丰富,在临床治疗、养生保健中发挥着巨大作用。但是,现实中也有很多隐忧,譬如:很多中医大夫不认识中草药,部分中草药还没有被充分认识和利用,有些中草药的资源已经匮乏,甚至有些常用中药价格昂贵、想用而用不起,等等。从发展角度看,扩大中草药资源,充分认识与发挥中草药的临床功用,没有止境,也是一个刻不容缓的事情。

全国及广东省老中医药专家学术经验继承工作指导老师、国家中医药管理局全国名老中医药传承专家黄明河教授,自幼家承祖训,研习岐黄,跟随祖父诊病采药,能识别运用野生中草药数百种。70年代上山下乡期间,他在农村当过六、七年赤脚医生,在那缺医少药的年代,他应用中草药为群众治病,积累了丰富的中草药临床应用经验。后来经过中山医学院医疗系与广州中医学院研究生的深造学习,更加深了对中草药药性理论与临床实践的认识与掌握。

更为难能可贵的是,在深圳这么一个高楼大厦林立的城市里，黄明河教授为了培养中医后人，带领着郭绍举、庄舜庭，以及康建媛、张强、吴亚宾、刘冬厚等师承弟子，在市区的绿化带和公园中，在市郊的荒坡野岭中，寻觅、拍摄了临床常用的中草药，加以整理分类、注解说明，编撰了此书。这对挖掘中草药的资源，开拓临床医生识别、应用中草药的眼界必将发挥很大的作用。

与其他同类书不同，该书在中草药的临床应用一项中，汇集了黄明河、郭绍举教授多年以来在临床应用中草药的经验总结，是一部结合临床学习中草药使用的实用书册。这些资料与知识在大学教材中往往是比较空缺的，因此特别适用于青年中医的学习与应用。

开卷有益，读之有趣，故乐而为之序。

中国中医科学院原副院长、首席研究员、学部委员
中国中医科学院西苑医院脾胃病研究所所长
中华中医药学会脾胃病分会主任委员

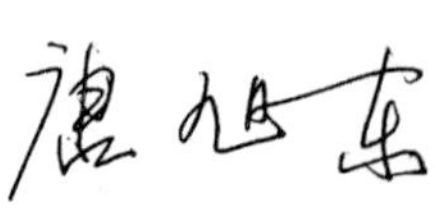

唐旭东

癸卯年中秋于京华双馨斋

在深圳，一眼望去，到处都矗立着高楼大厦。但在这些水泥丛林之间，有着几十个大小不同的公园与山峰，还有大量的坡地、绿地、沼泽地、河流、草木丛林，甚至在马路人行道边、绿化带之间，都蕴藏着众多的中草药。在市场及超市里，也可以轻易地购买到某些中草药品，如果我们能够将之将之后新增"作为药物"四个字。即改为"将之作为药物加以发掘和应用"加以发掘和应用，这对人民群众的健康保健、防病治病，均可发挥良好的作用。

深圳市名中医、广东省与国家中医药管理局老中医药专家学术经验继承指导老师、国家中医药管理局全国名老中医药传承专家黄明河教授，在学医行医的工作中，曾在海南省山区当过六年赤脚医生，行走于海南省的山林乡野间，对各类中草药有丰富的认识和临床使用经验。从医五十余载，亦将这些中草药的知识应用在临床工作当中。

来到深圳后，黄明河教授认为深圳与海南、广西、福建、湖南、江西等地同属岭南地区，终年温度适宜，雨水丰沛，特别是与深圳相邻近的广东省各市县，与深圳的地理气候环境更为相似，其植物拥有类似的生长环境和条件，故都会生长着与深圳相类似的中草药。

黄明河教授根据深圳的环境特点，亲自带着弟子郭绍举、庄舜庭、康建媛、张强、吴亚宾、刘冬厚等走访多条市民常去造访的公园和步行路线，深入本地的公园绿地、山坡丛林等处，寻觅本地能够生长、采摘、或少数种植及在日常生活中容易购买到的中草药，实地采集拍照，并结合对这些中草药的认识，特别着重于临床应用方面的经验，撰成本书，以方便以上各省、市、县地区中医药人员和读者学习、参考应用。

本书的编撰过程中，承蒙庄舜庭、康建媛、张强医师在本书的资料收集和编辑过程中花费了大量的时间精力，名老中医黄明河及郭绍举教授亲自审定每味药的临床应用，以及天津科学技术出版社的鼎力相助，促使了本书顺利付梓，在此致予诚挚的感谢！

编者

2023年7月

目录

第一节　辛凉解表药

薄荷 2

黄牛木 4

桑叶 6

菊花 8

水浮萍 10

大藻 12

桉树 14

第二节　辛温解表药

牡荆 18

紫苏 20

苍耳 22

葱 24

第三节　清热解毒药

贯众 28

鱼腥草 30

虎杖 32

紫茉莉 34

十大功劳（细叶）	36
鸡骨草	38
洋紫荆	40
猪屎豆	42
叶下珠（珍珠草）	44
蓖麻	46
栀子	48
玉叶金花	50
九节木	52
半边莲	54
白花/红花地胆草	56
一点红	58
千里光	60
芦苇	62
竹叶	64
海芋	66
文殊兰	68
凤仙花	70
木芙蓉	72
山芝麻	74
紫花地丁	76
仙人掌	78
了哥王	80

白花丹（一见消）	82
穿心莲	84
龙葵（天灯笼）	86
溪黄草	88
大青叶	90
鬼灯笼（倒地铃）	92
天胡荽（落地金钱、满天星）	94
水蜈蚣（蜈蚣草）	96
白背叶	98
石蒜	100
乌桕	102
排草香（臭薄荷）	104
狗肝菜	106
蟛蜞菊	108
土牛膝（倒扣草）	110
苦瓜	112
磨盘草	114
蒲公英	116
八卦拦路虎（地桃花、肖梵天花）	118
犁头尖（土半夏）	120
瓜子金	122
蛇莓	124
铁海棠	126

第四节　清热祛湿药

- 海金沙 ············ 130
- 小叶海金沙 ············ 132
- 凤尾草 ············ 134
- 石韦 ············ 136
- 火炭母 ············ 138
- 水蓼 ············ 140
- 红蓼 ············ 142
- 鸡冠花 ············ 144
- 野苋菜 ············ 146
- 无头藤 ············ 148
- 广东金钱草 ············ 150
- 葫芦茶 ············ 152
- 酢浆草 ············ 154
- 飞扬草（大飞扬）············ 156
- 地锦草（小飞扬）············ 158
- 车前草 ············ 160
- 鬼针草 ············ 162
- 牛筋草 ············ 164
- 玉米须 ············ 166
- 菝葜 ············ 168
- 土茯苓 ············ 170

木棉花	172
田基黄（地耳草）	174
积雪草	176
马缨丹	178
马齿苋	180
辣蓼	182
刺苋	184
肾蕨	186
垂柳	188
荠菜	190
向日葵	192
黑面神	194
水翁花	196
冰糖草	198

第五节　清肝泻火明目药

青葙子	202
千日红	204
望江南	206

第六节　活血抗癌药

| 三尖杉 | 210 |
| 白花蛇舌草 | 212 |

水线草（广东蛇舌草）	214
猕猴桃根（藤梨根）	216
长春花	218
南非叶（扁桃斑鸠菊）	220

第七节　活血通络药

卷柏	224
苏铁	226
月季花	228
两面针	230
粗叶悬钩子（上/下山虎）	232
红背桂	234
朱砂根	236
丝瓜	238
颠茄	240
马鞭草	242
九里香	244
小叶榕（半天吊）	246

第八节　补气药

五指毛桃（南芪）	250
土人参	252
番荔枝	254

五指山参	256
黄芪	258
党参	260

第九节 补血药

木耳	264
龙眼	266
大枣	268
当归	270

第十节 养阴滋润药

银耳	274
余甘子	276
天门冬	278
美花石斛	280
石仙桃	282

第十一节 温阳散寒药

玉桂（肉桂）	286
辣椒	288
花椒	290
姜	292
鹅不食草	294

第十二节 补肝肾药

骨碎补 …………………………… 298
薜荔（广东王不留行）…………… 300
金樱子 …………………………… 302
山药 ……………………………… 304
金毛狗脊 ………………………… 306
枸杞 ……………………………… 308
黑枸杞 …………………………… 310
千斤拔 …………………………… 312
何首乌 …………………………… 314
桑寄生 …………………………… 316
牛大力 …………………………… 318

第十三节 凉血止血药

侧柏叶 …………………………… 322
落地生根 ………………………… 324
紫珠 ……………………………… 326
茜草 ……………………………… 328
旱莲草 …………………………… 330
白茅 ……………………………… 332
地荃 ……………………………… 334
大蓟 ……………………………… 336

龙血树·················338

罗汉松·················340

第十四节　止咳化痰定喘药

银杏·················344

洋金花（曼陀罗）············346

鸡蛋花·················348

炮仗花·················350

吊兰·················352

百部·················354

三桠苦（三叉苦）············356

杜鹃·················358

南天竹·················360

枇杷·················362

金荞麦·················364

第十五节　祛风除湿药

土荆芥·················368

刺桐·················370

豨莶·················372

防风草·················374

杉·················376

路路通·················378

铁包金	380
马尾松	382
威灵仙	384
樟	386
排钱草	388
臭茉莉（臭牡丹）	390
野牡丹	392
赪桐	394
楤木叶（鹊不踏）	396
无忧花（火焰花）	398

第十六节　健脾开胃消食药

莲	402
扁豆	404
薏苡仁	406
山楂	408
布渣叶	410
番木瓜	412
佛手瓜	414
稻、谷芽	416
石菖蒲	418
独脚金	420
鸡矢藤	422
无花果	424

第十七节 理气药

柚······428

橘······430

黄皮······432

荔枝······434

茉莉花······436

香附······438

假蒟（山蒌叶）······440

第十八节 润肠通便药

桃······444

决明子······446

芦荟······448

油茶······450

萝卜······452

第十九节 镇静安神药

含羞草······456

花生叶······458

百合······460

桑椹······462

灵芝······464

第二十节　杀虫药

使君子 468
南瓜子 470
大蒜 472
苦楝 474

第二十一节　涩肠止泻药

番石榴 478
盐肤木（五倍子） 480
山楂 482
梅 484
芡实 486

第二十二节　利尿消肿药

冬瓜 490
淡竹叶 492
椰子 494
樟柳头（闭鞘姜） 496
鸭跖草 498

索引

第一节 辛凉解表药

薄荷

【形态】 多年生芳香草本。茎多分枝。叶两面被微柔毛,边缘疏生粗大牙齿状锯齿。轮状花序腋生,花萼5等裂,花冠上裂片2裂,雄蕊4,前对较长。小坚果卵球形,具小腺窝。花期7-9月,果期10月。

【生长环境】 生于溪沟边、路旁及山野湿地,或栽培。

【性味功效】 味辛,性凉。疏散风热,清利头目,利咽透疹,疏肝理气。

【临床应用】

1) 风热感冒:症见发热,咽痛,头痛者,用:薄荷10g,银花15g,连翘15g,蔓荆子15g,菊花10g,甘草6g,水煎内服,一日2次,早晚饭后1小时服。

2) 肝郁气滞:症见胁痛,可以用薄荷配柴胡,疏肝解郁,如逍遥散,见《太平惠民和剂局方》。

3) 风疹瘙痒:薄荷10g,苦参15g,白鲜皮20g,地肤子20g,甘草10g,水煎内服,一日2次,早晚饭后1小时服。

【用法用量】 6~10g,后下。

【注意事项】 体虚多汗者慎用。

薄荷

【形态】 灌木或乔木,无毛,树干下部簇生长枝刺,树皮淡黄白色,幼枝淡红色。叶对生,有透明腺点及黑点。聚伞花序,雄蕊束粗短,肉质腺体盔状弯曲。蒴果室背开裂,种子有翅。花期4–5月,果期6月以后。

【生长环境】 生于热带阳坡的山林或灌丛中。

【性味功效】 味干、微苦,性凉。清热解表,化湿消滞,清热解毒。

【临床应用】

风热感冒:症见发热,头痛,咽痛者,用:黄牛木叶30g,牡荆叶15g,桑叶10g,玉叶金花20g,水煎内服,一日2次,早晚饭后1小时服。

【用法用量】 15–30g。

黄牛木(叶)

黄牛木(树)

【形态】 落叶灌木或小乔木。叶大,卵形至广卵形,边缘粗锯齿,有时不规则分裂,雌雄异株,雄花成柔荑花序,雌花成穗状花序,无花柱。聚合瘦果腋生。花期4-5月,果期6-7月。

【生长环境】 生于丘陵、山坡、村旁、田野,有栽培。

【性味功效】 味甘、苦,性寒。疏散风热,清肺润燥,清肝明目,减肥降脂降糖。

【临床应用】

1)外感风热,咳嗽有痰,头目不清,用桑菊饮,见《温病条辨》。

2)减肥降脂降糖方:桑叶15g,荷叶20g,西洋参6g,绞股蓝15g,决明子15-20g,玫瑰花6g,甘草6g(见黄明河《临床病证治疗验方效案精选》),水煎内服,一日2次,早晚饭后1小时服。

3)降血糖方:桑叶15g,苦瓜15g,荷叶10g,水煎或泡茶饮用。

【用法用量】 10-15g。

【注意事项】 解表明目宜生用,健肺止咳蜜制用。

桑叶

【形态】 多年生直立草本。茎被柔毛。叶卵形至披针形,羽状浅裂或半裂,有短柄,下面被白色短柔毛。头状花序直径 2.5–20 cm,大小不一,总苞片多层,外层外面被柔毛,舌状花颜色各种,管状花黄色。

【生长环境】 生于温暖湿润气候、阳光充足之地。

【性味功效】 味辛、甘、苦,性微寒。疏风散热,平肝明目,清热解毒。

【临床应用】

1)风热感冒头痛:菊花 12g,蔓荆子 15g,僵蚕 15g,桑叶 12g,甘草 6g,水煎内服,一日 2 次,早晚饭后 1 小时服。

2)高血压肝阳上亢,头痛眩晕:菊花 15g,石决明 30g,桑叶 15g,鬼针草 15g,夏枯草 15g,甘草 6g。水煎内服,一日 2 次,早晚饭后 1 小时服。

3)痈疽疮疡,疔疮初起:菊花 15g,金银花 15g,丹皮 15g,紫花地丁 15g,甘草 6g。水煎内服,一日 2 次,早晚饭后 1 小时服。

【用法用量】 内服 10–15g。

菊花

【形态】 水生飘浮草本。有多数长而悬垂的根,须根羽状,密集。叶簇生成莲座状,两面被毛,叶脉扇状伸展,背面隆起成折皱状。肉穗花序短于佛焰苞,花单性同序。浆果卵圆形。花期5-11月。

【生长环境】 生于高温多雨地带的平静的淡水池塘、沟渠中。

【性味功效】 味辛、性寒。疏风透疹,利尿除湿。

【临床应用】

1)荨麻疹:水浮萍15g,皂角刺15g,白蒺藜20g,徐长卿15g,生地黄15g,甘草10g,水煎内服,一日2次,早晚饭后1小时服。

2)汗斑:水浮萍全草鲜品捣烂,沾硫磺粉,外涂患处,一天一次,连用三至五日,可治愈。

【用法用量】 10-15g。

水浮萍

【形态】 大藻是天南星科、大藻属水生飘浮草本植物。有长而悬垂的根多数,须根羽状,密集。叶簇生成莲座状,叶片常因发育阶段不同而形异:倒三角形、倒卵形、扇形,以至倒卵状长楔形,二面被毛,基部尤为浓密;叶脉扇状伸展,背面明显隆起成折皱状。佛焰苞白色。

【生长环境】 全球热带及亚热带地区的湖水中,有栽培。

【性味功效】 味辛,性凉。祛风发汗,利尿解毒,透疹止痒。

【临床应用】

1)外感风热,咳嗽痰黄:用大藻15g,薄荷10g,桑叶10g,枇杷叶15g,桑白皮20g,山栀子15g,木蝴蝶6g,甘草6g,水煎内服,一日2次,早晚饭后1小时服。

2)急性风疹:大藻15g,水浮萍10g,防风15g,荆芥15g,徐长卿20g后下,生地黄15g,甘草10g,水煎内服,一日2次,早晚饭后1小时服。

3)汗斑或湿疹:大藻全草适量捣汁,加入硫磺粉少许,混合后外涂患处,一日2次。

【用法用量】 内服10-15g;外用适量。

【注意事项】 孕妇忌服。

大薸

桉树

【形态】 密荫大乔木,高20m;树皮宿存,深褐色,厚2cm,稍软松,有不规则斜裂沟;嫩枝有棱。幼态叶对生,叶片厚革质,卵形,长11cm,宽达7cm,有柄;成熟叶卵状披针形,厚革质,不等侧,长8-17cm,宽3-7cm,侧脉多而明显,以80度开角缓斜走向边缘,两面均有腺点,边脉离边缘1-1.5mm;叶柄长1.5-2.5cm。伞形花序粗大,有花4-8朵,总梗压扁,长2.5cm以内;花梗短、长不过4mm,有时较长,粗而扁平;花蕾长1.4-2cm,宽7-10mm;萼管半球形或倒圆锥形,长7-9mm,宽6-8mm;帽状体约与萼管同长,先端收缩成喙;雄蕊长1-1.2cm,花药椭圆形,纵裂。蒴果卵状壶形,长1-1.5cm,上半部略收缩,蒴口稍扩大,果瓣3-4,深藏于萼管内。花期4-9月。

【生长环境】 在土层深厚、疏松、肥沃、排水良好的山地上。

【性味功效】 味辛、苦,性寒。疏风清热,解毒消炎,杀虫止痒。

【临床应用】

1)防治流感、普通感冒、咽喉肿痛:鲜叶30g,水煮15分钟,加红糖少许,温服,一日2次。

2)肠炎痢疾:鲜叶30g,水煮,空腹服用,一日2次。

3)皮肤脓疱疮、湿疹、疥癣瘙痒:用鲜叶适量煮浓汁,外洗或浓缩外涂于患处。

桉树

桉树叶

第二节 辛温解表药

牡荆

【形态】 落叶灌木或小乔木。掌状复叶对生,小叶5,少3,边缘有粗锯齿,表面绿色,背面淡绿色,常被柔毛。聚伞花序排成圆锥花序式,顶生;花冠二唇形。核果大部被宿萼包裹。花期6-7月,果期8-11月。

【生长环境】 生于山坡路边灌丛中。

【性味功效】 味微苦、辛,性平。散风解表,止咳祛痰。

【临床应用】

1)风寒感冒:症见畏寒,头身痛,鼻流清涕,用:牡荆叶20g,紫苏叶15g,生姜3片,葱白5个(连须),水煎内服,一日2次,早晚饭后1小时服。

2)风热感冒:症见发热,头痛,咽痛,鼻流黄涕,用:牡荆叶20g,桑叶15g,玉叶金花15g,鬼针草15g,水煎内服,一日2次,早晚饭后1小时服。

【用法用量】 15-20g。

牡荆

【形态】 一年生直立芳香草本,全株被柔毛。叶缘具粗锯齿,两面绿色或紫色,或仅下面紫色。轮伞花序2花,组成偏向一侧的假总状花序,花萼二唇形,花冠上唇微缺,雄蕊4。小坚果具网纹。花期8-11月,果期8-12月。

【生长环境】 野生或栽培。

【性味功效】 味辛,性温。解表散寒,理气宽中止呕。

【临床应用】

1)风寒感冒:症见畏寒,头痛,鼻流清涕,头身痛,用:紫苏15g,生姜3片,葱白5个(连须),水煎内服,盖被取汗。

2)慢性支气管炎咳嗽方:见黄明河《临床病证治疗验方效案精选》p111:苏子15g,党参30g,炒白术15g,紫苑15g,丹参20g,桃仁15g,款冬花15g,白芥子15g,莱菔子15g,炙甘草6g

3)妊娠恶疽,胎动不安:陈皮10g,姜半夏12g,苏叶10g,砂仁10g,黄芩10g,炒白术15g,竹茹10g,桑寄生15g,炙甘草6g,水煎内服,一日2次,早晚饭前半小时服。

【用法用量】 5-15g,后下。

紫苏

【形态】 一年生直立草本。茎被灰白色糙伏毛。单叶互生,三角状卵形或心形,近全缘。单性同株。成熟的具瘦果的总苞卵形或椭圆形,连同喙部长 12–15 mm,外被细直钩刺。花期 7–8 月,果期 9–10 月。

【生长环境】 生于平原、丘陵、低山、荒野、路边、沟旁、田边草地、村旁等处。

【性味功效】 味辛、苦,性温。散风除湿,通窍止痛。

【临床应用】

1)慢性鼻窦炎:苍耳子 12g,辛夷花 12g,细辛 5g,白芷 15g,野菊花 15g,鹅不食草 15g,薄荷 10g,黄芩 12–15g,甘草 10g,水煎内服,一日 2 次,早晚饭后 1 小时服。

2)抑郁症:苍耳子 15g,白芷 15g,辛夷 15g,石菖蒲 15g,郁金 15g,合欢皮 30g,首乌藤 30g,山栀子 15g,水煎内服,一日 2 次,早晚饭后 1 小时服。

3)风疹瘙痒:苍耳子 20g,地肤子 20g,马缨丹 30g,大飞扬 30g,水煮外洗,或取浓缩液外涂。

【用法用量】 10–15g,外用可用到 30g。

【注意事项】 有小毒,可损害肝肾内脏。成人用量达 90g 以上,可致急性中毒。故本品忌大剂量或长期服用。肝肾功能障碍者禁用。

苍耳

【产地】 全国均有种植。市场可购得。

【外观】 多年生草本。鳞茎长椭圆形,鳞茎皮成丝网状。叶具长柄,长卵形或长椭圆形,全缘,质软而平滑,稍带粉白色;平行脉。花茎长30-60cm;花小,绿白色乃至淡紫色,簇生于茎顶,成伞形花序排列;花被6;雄蕊6;子房上位,3室,花柱丝状,柱头小。蒴果,室背开裂;种子黑色。

【性味功效】 味辛,性微温。解表散寒。

【临床应用】

风寒感冒,鼻流清涕,头痛畏寒:葱头(带须)10个,生姜片3片,胡椒5粒(打碎),上药水煮温服。

【用法用量】 内服5-10个。

葱

葱

第三节 清热解毒药

【形态】 根茎短而斜升,连同叶柄基部密被大鳞片。叶簇生,奇数一回羽状,羽片镰状披针形,有短柄,边缘有细锯齿,叶脉网状。孢子囊群生于内藏小脉先端,囊群盖圆盾形。

【生长环境】 生于林缘、山谷、田埂、路旁。

【性味功效】 味苦,性微寒,有小毒。清热解毒,凉血止血。

【临床应用】

1)病毒性感染:贯众20g,银花15g,大青叶10g,连翘15g等配合使用。

2)新冠上呼吸道感染:症见发热,畏寒,头身痛者,用:贯众15g,银花15g,大青叶10g,羌活15g,蔓荆子15g,甘草10g,干姜5g,水煎内服,服用3日可愈。如发热超过38.5℃,加石膏30g;如兼有咽痛,加牛蒡子15g,木蝴蝶8g,丹皮12g同煎。

3)崩漏属肝肾阴虚者:症见经期延长,点滴不尽,伴口干舌燥,舌红苔少,可用贯众炭20g,旱莲草20g,水煎内服。

【用法用量】 10-20g。清热解毒宜生用,凉血止血宜炒炭用。

【注意事项】 有毒,避免过量应用,或同时服用油腻食物，因贯众所含绵马酸为其主要毒性物质，脂肪可加速有毒成分的吸收而使毒性增大。

贯众

【形态】 草本,高 15-50cm,揉之有鱼腥臭味。叶心形,长 3-8cm,叶背常紫色。穗状花序生枝顶,总苞 4 片,白色;花无花被。5-6 月开花。

【生长环境】 生于阴湿地或水沟边。

【性味功效】 味辛,性微寒。清热解毒,消痈排脓,利尿通淋。

【临床应用】

1)尿路感染:症见尿频,尿急,尿痛,发热,畏寒,腹痛,腰痛,用:鱼腥草 20g,白花蛇舌草 20g,车前草 20g,海金沙藤 30g,广金钱草 20g,马鞭草 15g,甘草 10g,水煎内服,一日 2 次,早晚饭前半小时服,连服一周。

2)急性支气管炎:鱼腥草 20g,黄芩 15g,桑叶 12g,鸡蛋花 10g,枇杷叶 10g,桔梗 15g,甘草 6,水煎内服,一日 2 次,早晚饭后 1 小时服。

3)盆腔炎:鱼腥草 20g,败酱草 20g,白花蛇舌草 20g,大血藤 30g,蒲公英 30g,三棱 15g,莪术 15g,水煎内服,一日 2 次,早晚饭前半小时服;或浓煎成 100ml,保留灌肠。

【用法用量】 15-30g。

【注意事项】 因作用成分鱼腥草素属挥发油类,不宜久煎。

鱼腥草

虎杖

【形态】 灌木状草本。根茎断面黄色。茎具紫红色斑点。叶阔卵形,长 4-10cm;托叶膜质,抱茎。圆锥花序;花单性,花梗上部有翅;花被片 5;雄蕊 8。瘦果包藏花被内。夏季开花。

【生长环境】 生于山谷、溪旁。

【性味功效】 味微苦,性微寒。清热解毒,利湿退黄,散瘀止痛。

【临床应用】

1)急性黄疸型肝炎:虎杖 15g,茵陈 30g,田基黄 30g,白花蛇舌草 30g,党参 30g,大枣 10g,甘草 10g,黄芪 15g,水煎内服,一日 2 次,早晚饭前半小时服,连服 1 至 2 个月。

2)急性前列腺炎:症见:尿频,尿急,尿痛,尿不净,用虎杖 30g,生大黄 10g,黄柏 12g,败酱草 30g,大血藤 30g,桃仁 12g 打碎,丹皮 15g,甘草 6g,水煎内服,一日 2 次,早晚饭前半小时服。

3)水火烫伤:虎杖 30g,大黄 30g,紫草 30g,青黛 15g,上药水煮,取浓液,加入冰片 15g,亚硝酸钠 10g,先将创面消毒干净,再将药液喷于创面,后用烤灯照射,每日三次,保持创面干燥。

【用法用量】 10-30g。

【注意事项】 大量和长期应用者,需注意复查肝功能。孕妇忌服。

虎杖

【形态】 草本,高40-100cm。主根圆锥形,黑色。茎节膨大。叶卵形,长4-11cm。花单生或3-5朵集生,苞片萼片状;花被漏斗状,白、黄或紫红;雄蕊5-6。7-9月开花。

【生长环境】 多栽培,或野生于村旁、路边。

【性味功效】 味干、淡,性微寒。清热解毒,祛风去湿,活血。

【临床应用】

1)白浊热淋:紫茉莉根30g,海金沙藤30g,白茅根30g,土茯苓20g,水煎内服,一日2次,早晚饭前半小时服。

2)疮疖跌打损伤:取本品鲜叶适量,捣烂敷于患处,每日1次。

【用法用量】 15-30g。

紫茉莉

（细叶）

【形态】 常绿灌木。奇数羽状复叶互生，小叶3-9，革质，披针形，无柄，边缘有6-13刺状锐齿。总状花序4-10个簇生，花瓣先端2浅裂，基部腺体明显。浆果球形，紫黑色，被白粉。花期7-9月，果期9-11月。

【生长环境】 生于山谷、林下湿地。

【性味功效】 味苦，性寒。清热燥湿，泻火解毒。

【临床应用】

1）咽喉肿痛：本品鲜根10g，土牛膝20g，水煎内服，一日2次，早晚饭后1小时服。

2）小儿肺热、疮疡肿毒：本品鲜根30g，冰糖15g，水煎15分钟内服。

【用法用量】 15-30g。

十大功劳(细叶)

【形态】 攀援灌木,各部被短粗毛或柔毛。茎纤细,平滑。偶数羽状复叶,小叶先端截平,具细尖,叶脉两面凸起。总状花序腋生,花冠蝶形,雄蕊9,下部合生成管状。荚果扁平,2瓣裂。花期8月,果期9-12月。

【生长环境】 生于山地、灌丛、疏林。

【性味功效】 味甘、微苦,性凉。清热解毒,利湿退黄,舒肝止痛。

【临床应用】

1)黄疸型肝炎:用于退黄疸,降转氨酶,用:鸡骨草30g,虎杖15g,红枣10g,甘草6g,水煎内服,一日2次,早晚饭前半小时服。需服用一至二个月,至黄疸消除,肝功能正常为止。

2)外感风热:症见发热,口干苦,咽痛,用:鸡骨草60g,牡荆叶15g,地胆头20g,水煎内服,一日2次,早晚饭后1小时服。

【用法用量】 30-60g。

鸡骨草

【形态】 常绿乔木,树高6-10m。叶革质,圆形或阔心形,长10-13cm,宽略超过长,顶端二裂,状如羊蹄,裂片约为全长的1/3,裂片端圆钝。总状花序或有时分枝而呈圆锥花序状;红色或红紫色;花大如掌,10-12cm;花瓣5,其中4瓣分列两侧,两两相对,而另一瓣则翘首于上方,形如兰花状;花香,有近似兰花的清香,故又被称为"兰花树"。花期十一月至翌年四月。为香港特区区旗图案和市花。

【生长环境】 栽种于马路两旁和庭园。

【性味功效】 味苦、涩,性平。消炎止咳,解毒通便。

【临床应用】

1)风热咳嗽:白紫荆花30g,桑叶15g,水煎内服,一日2次,早晚饭后1小时服。

2)便秘:紫荆叶30g,望江南子15g打碎,水煎内服,一日2次,早晚饭前半小时服。

【用法用量】 20-30g。

洋紫荆

【形态】 多年生亚灌木状草本。三出掌状复叶。总状花序顶生,花萼近钟形,花冠蝶形,黄色,远伸出萼外,雄蕊 10,单体,花药 2 型。荚果长圆形,膨账。花、果期 9-12 月。

【生长环境】 生于村边、路旁、田边灌丛中,有栽培。

【性味功效】 味苦、辛,性平。清热利湿,解毒散结。

【临床应用】

1)淋巴结炎:猪屎豆叶 15g,凤尾草 30g,大血藤 30g,丹皮 15g,甘草 10g,水煎内服,一日 2 次,早晚饭后 1 小时服。

2)乳腺炎:猪屎豆叶适量,地胆头 30g,与酒糟捣烂,敷于患处。

【用法用量】 10-15g;外用适量。

【注意事项】 有小毒,孕妇慎用。

猪屎豆

叶下珠（珍珠草）

【形态】 草本。叶排成 2 列，长圆形，长 0.5-1.5cm。花单性，同株，无花瓣；雄蕊、萼片均 6；花盘腺体 6。蒴果扁球形，有瘤状突起。7-8 月开花。

【生长环境】 生于园边草地。

【性味功效】 味苦，性凉。利湿消肿，

【临床应用】

1）急慢性病毒性肝炎，肝硬化：可用本品作为主药，配合其他清热解毒、健脾护肝的中草药配合使用。

2）痢疾、肠炎腹泻：珍珠草 30g，马齿苋 30g，水煎内服，一日 2 次，早晚饭后前半小时服。

【用法用量】 20-30g。

第三节 清热解毒药 | 45

叶下珠(珍珠草)

蓖麻

【形态】 一年生粗壮草本或草质灌木。全株常被白霜,多乳汁。单叶互生,托叶早落,叶柄粗长,中空,顶端和基部具盘状腺体,叶片盾状着生,掌状7-11分裂至中部,具锯齿。雌雄同株,圆锥花序,雄花生于下部,雌花生于上部,均多朵簇生于苞片腋内。花无花瓣和花盘,雄花具多体雄蕊,雌花子房外壁密生软刺。蒴果常具软刺,种子具花纹。花期5-8月,果期7-10月。

【生长环境】 生于村旁疏林或河流两岸冲积地。

【性味功效】 味甘、辛,性平。消肿拔毒,泻下通便。

【临床应用】

1)疗疮痈疽:种子适量,捣烂,加红糖,外敷,每日换药一次。

2)跌打损伤肿痛:蓖麻叶50g,半天吊50g,假蒟30g,打碎捣烂,酒炒外敷,每日换药一次。

【用法用量】 外用适量。

【注意事项】 有毒,不可内服。

蓖麻

栀子

【形态】 常绿灌木。叶草质,两面无毛。花单生,白色,后奶黄色,芳香,花萼裂片长 1–3 cm,花冠裂片旋转状排列,侧膜胎座肉质。蒴果有 5–9 翅状纵棱,顶端有宿萼裂片。花期 3–7 月,果期 5 月至次年 2 月。

【生长环境】 生于低山温暖的疏林中、荒坡、沟旁、路边。

【性味功效】 味苦,性寒。泻火除烦,清热利湿,凉血解毒。

【临床应用】

1)阴虚内热,心烦失寐:炒栀子 15g,桑椹 15g,百合 15g,菊花 5g,合欢花 6g,龙眼肉 10g,甘草 5g,水煎内服,睡前 1 小时服用。

2)急性水肿性胰腺炎:栀子 15g,柴胡 15g,生大黄 10g 后下,赤芍 20g,败酱草 30g,甘草 5g。加水 500ml,水煮 20 分钟后,再加入生大黄煮 5 分钟,取药汁 300ml,分 3 次空腹服用,直至发热、腹痛、诸症消失,大便通畅为止。

【用法用量】 10–15g。

第三节 清热解毒药 | 49

栀子（树）

栀子（果）

【形态】 攀援灌木,小枝被柔毛。叶卵状长圆形,长4-8cm,背面被柔毛。稠密伞房花序,花5数;萼筒陀螺状,裂片条形,有1枚裂片常扩大为叶状,白色;花冠黄色。果球形。夏季开花。

【生长环境】 生于山坡、沟谷或村旁灌木丛中。

【性味功效】 味甘、微苦,性凉。清热解毒,利湿消肿。

【临床应用】

1)感冒、防治中暑:玉叶金花鲜草30-60g,牡荆叶30g,水煮2次分服。

2)咽喉肿痛:本品60g捣烂绞汁,加食盐少许,频频咽下。

【用法用量】 内服30-60g。

玉叶金花

九节木

【形态】 灌木或小乔木。叶对生,基部楔形,全缘,脉腋内常有束毛,侧脉近叶缘处不明显联结,托叶膜质,短鞘状,不裂,脱落。伞房状或圆锥状聚伞花序常顶生。核果球形或宽椭圆形。花、果期全年。

【生长环境】 生于山坡林缘、沟谷疏林下、水边。

【性味功效】 味苦,性寒。清热解毒,祛风除湿,活血止痛。

【临床应用】

1)咽喉肿痛:九节根15g,山芝麻根15,甘草5g,水煎内服,一日2次,早晚饭后1小时服。

2)跌打损伤:九节叶30g,半天吊50g,假蒟30g,打碎酒炒外敷于患处,每日换药一次。

【用法用量】 根15g,叶30g。外用适量。

九节木

半边莲

【形态】 多年生矮小草本，具乳汁，无毛。茎匍匐，分枝直立。叶互生，线形至披针形。花单生叶腋，花冠两侧对称，裂片全部平展于下方，呈一个平面，雄蕊合生。蒴果倒锥状。花、果期5–10月。

【生长环境】 生于水田边、沟边或潮湿草地。

【性味功效】 味辛，性平。清热解毒，利水消肿。主治毒蛇咬伤，疖肿。

【临床应用】

1）毒蛇咬伤：本品鲜品捣烂，绞汁服用，剩余物敷伤口周围。

2）疖肿：半边莲30g，紫花地丁15g，野菊花9g，金银花6g，水煎口服，并取第3次煎汁洗于患处。

【用法用量】 30g。

半边莲

白花/红花地胆草

【形态】 多年生草本。茎坚硬,贴生白色长硬毛。单叶,大部基生,成莲座状,花期生存,叶片匙形,边缘疏具浅钝锯齿,中脉常带紫红色,茎生叶少数且小,均两面被长糙毛,下面有腺点。多数小头状花序组成复头状花序,下具3枚三角形叶状苞片,总梗长,排成伞房状,小头状花序总苞片2层,每层4枚,外层4枚稍短,内具管状花数朵,花冠淡紫色或淡红色,5深裂,裂片偏向一侧,花药基部短箭形,柱头裂片钻形。瘦果具10纵肋,冠毛为5条刚毛,灰白色。花期7-11月,果期11月至次年2月。

【生长环境】 生于山坡、路旁、山谷疏林中。

【性味功效】 味辛、苦,性寒。清热解毒,凉血消肿。

【临床应用】

1)风热感冒,咽喉肿痛:地胆草30-60g,水煎内服,一日2次。

2)乳痈:地胆头鲜草60g,加红糖少许,捣烂外敷。

3)湿热黄疸:地胆草30g,鸡骨草30g,红枣10g,连根洗净,加猪瘦肉水煮,饮汤食肉。

【用法用量】 30-60g。

白花地胆草

红花地胆草

【形态】 一年生草本,常矮小纤弱,分枝少。下部叶密集,大头状羽裂,上面深绿色,中脉处及下面常紫红色,两面被卷毛,上部叶疏而小,无柄,基部箭状抱茎。头状花序近锥形,在枝端排成疏伞房花序,总苞基部无小苞片,总苞片1层,线形,约与小花等长,小花全为管状两性花,花冠紫红色,花药基部钝,顶端有窄附片,柱头裂片顶端具短锥形附器,被短毛。瘦果具5棱,冠毛白色。花期7–11月,果期9–12月。

【生长环境】 生于村旁、路边、田园、旷野草丛中。

【性味功效】 味苦,性凉。清热解毒,散瘀消肿。

【临床应用】

1)急性结膜炎(红眼病):一点红30g,与食盐捣烂,外敷眼部,一两次可愈。

2)泌尿系感染:一点红50g,海金沙30g,水煎内服,一日2次,早晚饭前30分钟服。急性者服用1周,慢性者服用2周。

3)红白痢疾:一点红30g,地锦草30g,水煎内服,一日2次,早晚饭前30分钟服。

【用法用量】 30–60g。

第三节 清热解毒药 | 59

一点红

千里光

【形态】 多年生攀援草本。单叶互生，卵状披针形至长三角形，具短柄。头状花序有舌状花，花序分枝和花序梗宽分叉，总苞具外层苞片。瘦果被柔毛，冠毛白色。花期10月到次年3月，果期2-5月。

【生长环境】 生于路旁及旷野间。

【性味功效】 味苦，性寒。清热解毒，明目。

【临床应用】

1）目赤肿痛：蟛蜞菊30g，千里光60g，水煮，熏洗眼部。

2）皮肤湿疹、溃烂：千里光250g，天灯笼250g，捣烂取汁涂患处，一日2次。

【用法用量】 内服30g。外用适量。

【注意事项】 有小毒。

千里光

芦苇

【形态】 多年生草本。根状茎发达。秆直立,节下被腊粉。叶片披针状线形,无毛,叶鞘长于其节间,叶舌边缘密生短纤毛。圆锥花序分枝多数,小穗稠密下垂,含4花;颖具3脉,雄蕊3。颖果。

【生长环境】 生长于河流、池沼岸边浅水中。

【性味功效】 味甘,性寒。化痰止咳,清热生津,利尿排脓。

【临床应用】

1）痰热咳嗽:芦苇根30,薏仁30,冬瓜仁30,桃仁10g,葶苈子10g,甘草10g,水煎内服,一日2次,早晚饭后1小时服。

2）热病呕吐:芦苇根30g,竹茹15g,陈皮10g,水煎内服,一日2次,早晚饭后1小时服。

3）肺痈伴浓痰:芦苇根30g,炒薏仁30g,冬瓜子30g,金荞麦30g,银花20g,桔梗15g,甘草10g,水煎内服,一日2次,早晚饭后1小时服。

【用法用量】 30g。

芦苇

【形态】 乔木状。幼秆绿色,被白粉和毛,老时灰绿色,秆环和箨环隆起。秆箨密被淡褐色毛,无斑点,箨耳和箨舌发达,箨叶长披针形。穗状花序小枝排列成覆瓦状圆锥花序,柱头3,帚刷状。

【生长环境】 生于林中。

【性味功效】 味甘,性微寒。清热化痰,除烦止呕。

【临床应用】

1)风热感冒、发烧、咽痛:竹叶芯10g,橱柜中蟑螂屎10-15粒,水煎内服,一日2次,早晚饭后1小时服。

2)肺热咳嗽:竹叶芯10g,枇杷叶10g,黄芩10g,桑白皮15g,甘草5g。水煎内服,一日2次,早晚饭后1小时服。

3)妊娠烦躁、口干,胎热不安:竹叶芯10g,黄芩10g,砂仁6g后下,竹茹10g,甘草10g,水煮随服。

【用法用量】 5-10g。

竹叶

海芋

【形态】 大型常绿草本。叶片亚革质,箭状卵形,边缘波状。肉穗花序具圆锥状附属器,花单性,无花被,雄蕊合生,胚珠少数,基底胎座。浆果红色,种子1-2。花期全年。

【生长环境】 生于山野间。

【性味功效】 味辛,性寒。清热解毒,散结消肿。药用根茎部位。

【临床应用】

防治流行性感冒:戴手套切片,与大米同炒至米焦黄后,加水煮至米烂,弃渣饮用(或水煎2小时候后饮用),一日1次,连服3日。

【用法用量】 15-30g。

【注意事项】 有毒,切片时需戴手套,以防接触皮肤过敏。

海芋

文殊兰

【形态】 多年生粗壮草本。鲜茎长柱形。叶基生，带状披针形，顶端渐尖，具1急尖的尖头。伞形花序具佛焰苞状总苞片；花高脚碟状，花被管伸直，花被裂片线形，向顶端渐狭。蒴果近球形。花期夏季。

【生长环境】 生于海滨地区或河旁沙地，亦栽植于庭园。

【性味功效】 味辛、苦，性凉。清热解毒，祛瘀止痛。药用叶和根茎。

【临床应用】

1）虫蛇咬伤：本品鲜叶捣烂，外敷于患处。

2）无名肿毒：文殊兰根、茎适量，捣烂取汁，外敷于患处。

【用法用量】 外用适量。

【注意事项】 有毒，仅供外用，不能内服。

第三节 清热解毒药 | 69

文殊兰

【形态】 一年生草本。茎肉质。叶互生,具柄,披针形,基部楔形,具数对腺体,边缘有镜锯齿。花单生或数朵簇生叶腋,密生短柔毛,唇瓣舟形,基部具距。蒴果纺锤形密生茸毛。花期6-11月,果期10-12月。

【生长环境】 栽培。

【性味功效】 味苦、辛,性微温。叶:消肿解毒。种子(急性子):破血软坚,消积。

【临床应用】

1)疔疮痈疽:凤仙花叶适量,加红糖少许,捣烂外敷,每日换药一次。未成者可消,已成者可破脓生肌。

2)闭经,产后淤血未尽:急性子10g,捣碎,加红糖适量水煎内服,日服一次。

【用法用量】 外用适量,内服10g。

凤仙花

【形态】 落叶灌木或乔木,高达5m,小枝、叶、花梗、花萼密被灰色星状毛。叶片掌状5-7浅裂,基部心形,边缘具钝齿。小苞片8,线形,基部合生,花冠大,白色或淡红色,后变深红色,花柱分枝5,疏被柔毛。蒴果扁球形,被粗长毛。种子背面被长柔毛。花期8-10月,果期12月。

【生长环境】 生于山坡、路旁或水边砂质土壤上。

【性味功效】 味辛,性平。凉血解毒,消肿止痛。

【临床应用】

1)疔疮痈疽:取鲜叶适量,加红糖捣烂外敷。

2)带状疱疹,水火烫伤:木芙蓉花/叶晒干,研磨,食用油调敷。

【用法用量】 外用适量。

木芙蓉

【形态】 小灌木,全株被黄绿色绒毛或星状毛。叶狭长圆形,长3.5-5cm。聚伞花序;小苞片4;萼管状,5裂;花瓣5;雄蕊10。蒴果密被星状毛。夏季开花。

【生长环境】 生于山坡灌木丛中。

【性味功效】 味苦,性凉。消肿止痛,清热解毒。

【临床应用】

1)咽喉肿痛:山芝麻15g,地胆头30g,水煎内服,一日2次,早晚饭后1小时服。

2)风热感冒咳嗽:山芝麻15g,牡荆叶15g,枇杷叶10g,木蝴蝶10g,甘草10g,水煎内服,一日2次,早晚饭后1小时服。

【用法用量】 15g。

【注意事项】 有小毒。

山芝麻

紫花地丁

【形态】 多年生草本。叶莲座状,先端圆钝,基部截形或楔形,边缘具浅圆齿,叶柄上部具狭翅,托叶基部与叶柄合生。花瓣紫色或淡紫色,距管状,末端圆,柱头具短喙。蒴果长圆形。花、果期4-9月。

【生长环境】 生于田间、荒地、山坡草丛、林缘、灌丛中。

【性味功效】 味苦、辛,性寒。清热解毒,凉血消肿。

【临床应用】

1）疗疮痈疽,急性阑尾炎:紫花地丁30g,金银花20g,连翘15g,丹皮15g,甘草10g,水煎内服,一日2次,早晚饭前半小时服。

2）目赤肿痛（红眼病）:紫花地丁30g,一点红30g,桑叶15g,甘草10g,水煎内服,一日2次,早晚饭后1小时服。

【用法用量】 30g。

紫花地丁

【形态】 灌木。茎下部稍木质,上部肉质,扁平,具节;节间散生多数小瘤体;小瘤体密生绵毛及针刺。花生于顶节边缘,花被片多数,鲜黄色;雄蕊多数。夏季开花。

【生长环境】 多栽培于园边。

【性味功效】 味苦,性寒。解毒消肿,行气活血。

【临床应用】

1)乳痈:仙人掌叶适量,去刺,捣烂外敷于患处,每日1次。

2)疔疮痈疽:仙人掌叶适量,去刺,加红糖适量,捣烂外敷予患处,每日1次。

【用法用量】 外用适量。

仙人掌

了哥王

【形态】 灌木,全株平滑无毛。小枝红褐色。单叶对生,侧麻细密。花数朵组成顶生短总状花序,无苞片和花瓣,子房顶端被毛,1室,花盘2-4深裂,鳞片状。核果椭圆形。花、果期在夏秋间。

【生长环境】 生于山坡灌木丛中、路旁、村边。

【性味功效】 味苦、辛,性寒。清热解毒,化痰散结,消肿止痛。

【临床应用】

1)无名肿毒,疔疮痈疽:了哥王鲜叶适量,加红糖适量,捣烂外敷予患处。

2)乳腺炎:了哥王鲜叶适量,仙人掌叶适量去刺,加酒,捣烂外敷于患处。

【用法用量】 外用适量。

【注意事项】 有毒,不可内服。

了哥王

白花丹（一见消）

【形态】 常绿蔓生亚灌木，枝、花轴、萼管全体被腺体而有黏性。叶互生，无毛，全缘。穗状花序，花冠白色或稍带蓝色，高脚碟状，花柱1。蒴果膜质。花期10月至次年3月，果期12月至次年4月。

【生长环境】 常见于阴湿的沟边或村边路旁的旷地。

【性味功效】 味辛、苦、涩，性温。解毒消肿，理气活血。

【临床应用】

1）毒蛇咬伤，疔疮恶疽：鲜叶5片，芦荟叶适量，捣烂外敷于患处，一日1次，15–30分钟取下，否则引起皮肤起泡。

2）跌打损伤：鲜叶3片，蓖麻叶30g，半天吊30g，加酒炒，外敷于患处。

【用法用量】 仅供外用。

【注意事项】 有毒，不可内服。

白花丹(一见消)

穿心莲

【形态】 一年生草本,有苦味。茎方形。叶对生,卵状矩圆形至矩圆状披针形。总状花序集成大型圆锥花序,花冠2唇形,雄蕊2,伸出花冠外。蒴果扁,中有1沟。种子方形,有皱纹。花期9-10月,果期10-11月。

【生长环境】 生于热带、亚热带地区,有栽种

【性味功效】 味苦,性寒。清热解毒,凉血消肿。

【临床应用】

1)风热感冒:穿心莲15-20g,黄牛木叶15g,水煎内服,一日2次,早晚饭后1小时服。

2)急性咽喉炎:穿心莲15g,木蝴蝶10g,地胆草30g,水煎内服,一日2次,早晚饭后1小时服。

【用法用量】 15-20g。

穿心莲

龙葵（天灯笼）

【形态】 草本。茎直立，多分枝。叶卵形，长3-9cm，边缘微波状。伞状花序，腋生，花3-6朵，白色。浆果球形，熟时黑色。春至秋季开花。

【生长环境】 生于荒地、路旁及溪边阴湿处。

【性味功效】 味苦，性寒。清热解毒，活血消肿。

【临床应用】

皮肤湿疹、瘙痒：天灯笼100g，千里光100g，马缨丹100g，水煮外洗，或熬浓汁取之外涂。

【用法用量】 外用适量。

龙葵(天灯笼)

【形态】 多年生草本。叶对生,卵圆形或卵状披针形,边缘具内弯粗锯齿,两面仅脉上被微柔毛。聚伞花序组成顶生圆锥花序,花萼5等裂,萼齿长三角形,与萼筒近等长,雄蕊内藏。小坚果先端具腺点及白色髯毛。花、果期8–10月。

【生长环境】 常丛生于山坡、路旁、田边、溪旁、河岸、草灌丛中。

【性味功效】 味苦,性寒。清热解毒,利湿退黄

【临床应用】

1)急性黄疸性肝炎:溪黄草30g,鸡骨草30g,广金钱草30g,水煎内服,一日2次,早晚服用,连服一个月。

2)急性胆囊炎:溪黄草30g,山栀子15g,赤芍20g,甘草10g,水煎内服,一日2次,早晚饭后1小时服用。

【用法用量】 内服30g。

溪黄草

【形态】 灌木。叶长 6-20cm。聚伞花序,花萼粉红色,结果时增大;花冠白色,顶端 5 裂,雄蕊 4 裂。果球形,包于宿萼内。夏季开花。

【生长环境】 生于丘陵、山地林旁或灌木丛中。

【性味功效】 味苦,性寒。清热解毒,凉血止血。

【临床应用】

1)流行性乙型脑炎,流行性脑脊髓膜炎,冠状病毒感染,腮腺炎:大青叶 15g,金银花 15g,野菊花 15g,桉树叶 15g,甘草 10g,水煎内服,一日 2 次,早晚饭后 1 小时服。

2)风热感冒,咽喉肿痛:大青叶 15g,黄牛木叶 15g,玉叶金花 15g,水煎内服,一日 2 次,早晚饭后 1 小时服。

【用法用量】 内服 15g。

大青叶

鬼灯笼（倒地铃）

【形态】 攀援状草本。小叶卵形或卵状披针形，长2-6cm，聚伞花序腋生；花序柄细长，最下一对花柄卷须状，内弯；花瓣4。蒴果倒卵状三角形。6-12月开花。

【生长环境】 生于山野灌木丛中或栽培。

【性味功效】 味辛，性凉。清热利湿，解毒消肿。

【临床应用】

1）泌尿系感染：倒地铃15g，广金钱草30g，一点红30g，水煎内服，一日2次，早晚饭前半小时服。

2）疔疮肿毒：倒地铃适量，加食盐，捣烂外敷于患处，每日换药一次。

3）咽喉肿痛：倒地铃30g，水煎内服，一日1次，饭后服用。

【用法用量】 内服15-30g。外用适量。

第三节 清热解毒药

鬼灯笼

天胡妥（落地金钱、满天星）

【形态】 匍匐草本。茎纤弱，节生根。叶圆肾形，径 0.6-2.5cm，具 5-7 浅裂。伞形花序单生叶腋；花小，花瓣 5，绿白色。双悬果心状卵形而扁。春季开花。

【生长环境】 生于山坡、路旁潮湿地。

【性味功效】 味苦、辛，性凉。清热解毒。

【临床应用】

1）急性黄疸性肝炎：天胡妥 30g，白英 30g，积雪草 30g，水煎内服，一日 2 次，早晚 1 小时服。

2）口腔炎：天胡妥 30g，金银花 20g，卤地菊 20g，水煎内服，一日 2 次，早晚 1 小时饭后服。

3）蛇头疔：鲜品天胡妥适量，加盐，捣烂外敷于患处。

【用法用量】 内服 30g。外用适量。

天胡荽

水蜈蚣（蜈蚣草）

【形态】 丛生草本。茎三棱形，基部有棕色叶鞘包围。叶条形，长 5-16cm。花序头状，顶生；总苞 3 枚，叶状；小穗绿色，扁平。夏季开花。

【生长环境】 生于田埂、河边、旷野潮湿处。

【性味功效】 味辛，性平。清热利湿，祛瘀消肿。

【临床应用】

1）风湿骨痛：水蜈蚣 50g，藤梨根 50g，水煎内服，一日 2 次，早晚服用。

2）跌打伤痛：水蜈蚣 500g，捣烂，冲酒 120g，水煎内服，每服 60g，一日 2 次。余渣炒熟外敷于患处。

3）跌打骨折：水蜈蚣适量，捣烂酒炒，敷于患处，每日换药一次。

4）疟疾：水蜈蚣 30g，水煎，于疟疾发作前 6 小时服用，顿服。

【用法用量】 内服 30-50g。外用适量。

蜈蚣草

【形态】 灌木,全株有星状毛。叶阔卵形,长7-15cm,基出3脉。穗状花序;花单性,异株,无花瓣;萼3-6裂;雄蕊多数。果球形。8月开花。

【生长环境】 生于山坡灌木丛中。

【性味功效】 味苦,性平。清热平肝。

【临床应用】

1)慢性肝炎:白背叶根30-60g,猪瘦肉50g,煲汤食用。

2)胃痛:白背叶根30-60g,小母鸡一只,煲汤食用。

3)产后关节痛:白背叶根30g,艾叶15g,加酒适量,水煎内服,一日2次,早晚饭前1小时服。

【用法用量】 30-60g。

白背叶

石蒜

【形态】 草本。鳞茎近球形,外被紫褐色薄膜。叶基生,带状,长13-30cm。花葶在叶前抽出;伞形花序有花4-7朵,鲜红色;花被管极短,裂片6,窄长、皱缩和反卷。秋季开花。

【生长环境】 生干阴湿山坡、溪旁。

【性味功效】 味微甘,辛,性微温。解毒散结,消肿。

【临床应用】

1)面神经麻痹,面瘫,口唇歪斜:取石蒜鳞茎适量,蓖麻仁10粒,捣烂外敷于患处。待觉有灼热感后取下。

2)肾炎、胸膜炎,腹膜炎:石蒜1至2个,蓖麻仁10粒,捣烂外敷于涌泉穴或肚脐,每日换药一次。

3)风湿关节痛:取石蒜鳞茎、生姜、葱适量,捣烂外敷患处,日换药一次。

4)疔疮痈疽:石蒜鳞茎加红糖,捣烂外敷,日换药一次。

【用法用量】 仅供外用。

【注意事项】 有小毒。

石蒜

乌桕

【形态】 小乔木,有乳汁。叶卵状椭圆形,长3–10cm,叶背粉绿色。穗状花序;花单性,无花瓣;雄蕊2,花柱3。种子被蜡层。6月开花。

【生长环境】 生于杂木林中。

【性味功效】 味苦,微温,有毒;泻下逐水,消肿散结,解蛇虫毒。

【临床应用】

1)湿疹荨麻疹瘙痒、脓疱疮:乌桕叶250g,煮水外洗。

2)腋臭、疥癣:乌桕叶适量,捣烂取汁外涂。

3)毒虫咬伤:乌桕叶适量,捣烂外敷,每日换药一次。

【用法用量】 仅供外用,视伤口大小选择用量。

【注意事项】 有毒不能内服

乌桕(叶)

排草香（臭薄荷）

【形态】 株高 40-60cm，干后有浓郁香气。茎通常 2 至多条簇生，直立，中部以上分枝，草质，具棱，棱边有时呈狭翅状。叶互生，卵形至卵状披针形，长 1.5-7cm，宽 1-3cm，先端锐尖或有时渐尖，基部短渐狭或钝，很少近圆形或截形，两侧常稍不等称，边缘全缘或微皱呈波状，无毛或上面被极疏的小刚毛，侧脉 4-5 对，在下面稍隆起，网脉不明显；叶柄长 2-8mm。花单出腋生；花梗纤细，丝状，长 1.5-3.5cm；花萼长 2-4mm，深裂近达基部，裂片卵形或披针形，先端渐尖；花冠黄色，长 6-8mm，分裂近达基部，裂片狭长圆形或近线形，宽 1.8-3mm，先端稍钝；花丝基部与花冠合生约 0.5mm，分离部分明显，长约 1.25mm；花药长 3.5-4mm，顶孔开裂；花柱丝状，稍长于雄蕊。蒴果近球形，带白色，直径 3-4mm，比宿存花萼长。花期 6-7 月，果期 8-10 月。

【生长环境】 喜生于山坡草丛中，茂密的林边及林下；可以家庭种植。

【性味功效】 味甘，性平。化痰止咳，祛风除湿，缓急止痛。

【临床应用】

1）咳嗽有痰：排草香 10g，橘红 10g，甘草 6g，水煎内服，一日 2 次。

2）疗疮痈疽：排草香适量，加红糖适量，捣烂外敷。

【用法用量】 内服 10-15 g；外用适量。

排草香（臭薄荷）

狗肝菜

【形态】 草本。茎具棱,节常膨大。叶长卵形,长2-6cm。聚伞花序,苞片2,叶状,内藏数花,常仅1朵发育;花冠二唇形,淡红色;雄蕊2。蒴果卵形,开裂时胎座由蒴果底弹起。秋冬开花。

【生长环境】 生于山坡、旷野阴湿地。

【性味功效】 味苦,性寒。清热解毒,消肿止痛。

【临床应用】

1)感冒咽喉肿痛:狗肝菜30g,地胆草30g,水煎内服,一日2次。

2)胆囊炎:狗肝菜、海金沙、蒲公英各30g,水煎内服,一日2次。

3)尿路感染:狗肝菜、海金沙、车前草、凤尾草各30g,水煎内服,一日2次,急性患者服用够一周,慢性患者服用两周。

4)口腔溃疡:狗肝菜、一点红各30g,水煎内服,一日2次。

【用法用量】 内服15-30g。

第三节 清热解毒药

狗肝菜

蟛蜞菊

【形态】 草本。茎匍匐,被短伏毛。叶倒披针形,长2-7cm,全缘或具疏齿,密被伏毛。头状花序单生枝顶或叶腋,有长梗,花黄色,缘花舌状,雌性;盘花管状,两性。瘦果倒卵形。春夏开花。

【生长环境】 生于田边或湿润草地。

【性味功效】 味苦,性凉。清热凉血,解毒消肿。

【临床应用】

1)急性扁桃体炎:蟛蜞菊30g,金银花15g,穿心莲20g,水煎内服,一日2次。

2)牙龈肿痛:蟛蜞菊30g,玄参15g,牡丹皮15g,甘草5g,水煎内服,一日2次,饭后1小时服。

3)疔疮痈肿、毒虫咬伤:蟛蜞菊适量,捣烂外敷

【用法用量】 内服15-30g;外用适量。

蟛蜞菊

土牛膝（倒扣草）

【形态】 多年生草本。根细长，土黄色。茎四棱形。单叶对生，两面被毛。穗状花序直立，花期后反折，小苞片刺状，基部有2薄膜质翅，退化雄蕊项端撕裂为流苏状长缘毛。花期6-8月，果期10月。

【生长环境】 生于山坡、荒地。

【性味功效】 味苦、酸，性微寒。活血化瘀，清热解表，利尿通淋。

【临床应用】

1）扭伤骨折：土牛膝50g，半天吊50g，蓖麻叶100g，切碎酒炒，外敷。

2）血瘀闭经：土牛膝50g，红花10g，甘草10g，水煎内服，一日2次。

3）高血压：土牛膝30g，夏枯草30g，菊花15g，水煎内服，一日2次

【用法用量】 内服30-50g。外用适量。

土牛膝（倒扣草）

【形态】 一年生攀援草本。卷须不分歧。叶掌状5-7深裂。雌雄同株,花小,单生叶腋,花冠黄色,雄蕊3,离生,药室2回折曲。瓠果纺锤形,多瘤皱。种子具红色假种皮。花果期5-10月。

【生长环境】 栽种。

【性味功效】 味苦,性寒。清热解毒生津。

【临床应用】

1)糖尿病消渴:苦瓜50-100g,山药100g,煲汤服用。

2)痈肿:苦瓜叶适量,捣烂外敷。

【用法用量】 内服50-100 g;外用适量。

苦瓜

磨盘草

【形态】 一年或多年生亚灌木状草本,全株被灰色短柔毛。叶卵形至阔卵形,基部心形,托叶钻形,果如磨盘状。花梗较长,雄蕊管被星状毛。分果爿15-20,顶端芒刺甚短。花期6-12月。

【生长环境】 生于荒坡或村旁旷地上。

【性味功效】 味甘淡,性凉。疏风清热,化痰止咳,通窍活血。

【临床应用】

1)中耳炎:磨盘草50g,苍耳根15g,一点红30g,水煎内服。

2)耳聋听力下降:磨盘草50g,骨碎补30g,猪耳朵1个,煲汤食用。

【用法用量】 30-50g。

磨盘草

蒲公英

【形态】 多年生草本，被毛，具白色乳汁。叶莲座状，边缘浅裂或不规则羽状裂。头状花序单一顶生，全为两性舌状花，总苞片先端具小角状突起，花冠黄色。瘦果具喙和小刺瘤，冠毛白色。花期4-5月，果期6-7月。

【生长环境】 生于山坡草地、路旁、河岸、沙地及田间。

【性味功效】 味苦、甘，性寒。清热解毒，消痈散结。

【临床应用】

1）急性糜烂性胃炎：蒲公英30g，山药30g，田七5g（冲服），党参20g，炒白术15g，元胡20g，枳壳15g，海螵蛸30g，甘草10g，水煎内服，一日2次，连服1月。

2）消化性溃疡（活动期）：蒲公英30g，黄芪30g，山药30g，田七5g（冲服），党参30g，炒白术15g，元胡20g，枳壳15g，海螵蛸30g，白及15g，甘草10g，水煎内服，一日2次，连服2月。

3）急性化脓性乳腺炎：蒲公英30g，忍冬藤60g，甘草10g，水煎内服，饭后1小时服。

【用法用量】 30-50g。

蒲公英

八卦拦路虎
（地桃花、肖梵天花）

【形态】 直立草本或亚灌木，各部被毛。叶片草质，位于茎下部者掌状3-5浅裂，上部者有时不裂，叶缘具锯齿，下面常仅中脉基部具蜜腺。花单生或近簇生叶腋，小苞片（副萼片）基部合生，裂片5，长三角形，花冠粉红色，雄蕊管外部着生花药，花柱分枝10。分果扁球形，分果爿5，被锚状刺和星状毛。花期7月至次年2月。

【生长环境】 生于干热的空旷地、草坡、疏林下。

【性味功效】 味甘、辛，性凉。祛风利湿，活血消肿。

【临床应用】

1）跌打肿痛：八卦拦路虎、半天吊、蓖麻叶、土牛膝、假蒟配合外用治疗。

2）风热感冒：八卦拦路虎（全草）30g，黄牛木叶15g，桑叶15g，水煎内服，饭后服用。

3）急性肾炎水肿：八卦拦路虎根30-60g，鸭跖草30g，凤尾草30g，水煎内服。

【用法用量】 内服15-30 g；外用适量。

八卦拦路虎(地桃花、肖梵天花)

犁头尖(土半夏)

【形态】 多年生草本。块茎近球形。叶戟状三角形,叶脉绿色。佛焰苞檐部展开,后仰,先端旋曲成鞭状,肉穗花序具深紫色鼠尾状附属器,花单性同株,雄蕊分离,中性花线形,两头黄色,腰部红色。浆果。花期5-7月。

【生长环境】 生于田边、草坡、石缝中。

【性味功效】 味苦,性温。解毒散瘀。

【临床应用】

疗疮痈疽、淋巴结核:本品生草15g,蓖麻仁5粒,捣烂外敷于患处,一日1次。

【用法用量】 外用适量。

【注意事项】 有毒,忌内服。

犁头尖（土半夏）

瓜子金

【形态】 多年生草本。根是圆柱形,有皱纹和结节。叶卵形,长1-2.5cm。总状花序;萼片5,2片呈花瓣状;花瓣3,淡紫色;雄蕊8。3-5月开花。

【生长环境】 生于山坡土层深厚的草丛中。

【性味功效】 味甘,辛,性微温。清热解毒消肿。

【临床应用】

1)化脓性中耳炎:先用双氧水清洗外耳道,瓜子金捣烂取汁,滴入耳中。

2)急性扁桃腺炎:瓜子金15g,一点红15g,水煎内服,一日2次饭后服用。

3)百日咳:瓜子金15g,水煎,兑蜂蜜服用。

【用法用量】 内服10-15g。

瓜子金

【形态】 多年生草本，全株有白色柔毛，匍匐茎多数。三出复叶互生，小叶片倒卵形至菱状长圆形，边缘钝锯齿，托叶贴生叶柄，宿存。花单生于叶腋，具长梗，5基数，具副萼片，较萼片大，花瓣黄色，雄蕊及雌蕊多数着生于扁平花托上，花柱侧生或近顶生。聚合果成熟时花托膨大，海绵质，红色，有光泽。瘦果小，红色，光滑。花期6-8月，果期8-10月。

【生长环境】 生于草地上。

【性味功效】 味甘、苦，性寒。清热解毒，凉血散瘀。

【临床应用】

1）疮疡肿毒：蛇莓30g，一点红30g，败酱草30g，红藤30g，甘草10g，水煎内服，一日2次。

2）发热咽痛，痢疾肠鸣：蛇莓30g，鬼针草30g，地胆头30g，凤尾草30g，水煎内服，一日2次。

【用法用量】 20-30g。

蛇莓

铁海棠

【形态】 多年生肉质灌木。茎直立或攀援状,长可达 1m;刺硬而尖,长 1-2.5cm,或 5 行排列于茎的纵棱上。叶互生,通常生于嫩枝上;倒卵形或矩圆状匙形,长 2.5-5cm,先端浑圆而具小凸尖,基部狭楔形而尖,全缘。杯状聚伞花序 2-4 个,排成具长柄的 2 歧聚伞状;苞叶鲜红色,阔卵形或肾形,长约 8mm,径 10-12mm;花单性,无花被,雌雄花同生于萼状总苞内;雄花多数,具雄蕊 1;雌花单生于花序中央,子房上位,花柱 3 枚,柱头 2 裂。蒴果,3 室。花期 5-9 月,果期 6-10 月。

【生长环境】 多栽培。

【性味功效】 味苦,性凉,有毒。排脓解毒。

【临床应用】

1)对口疮:鲜铁海棠茎叶,加红糖,捣烂,外敷于患处,日换一次。

2)痈疮肿毒:铁海棠鲜根适量,捣烂同酒糟炒,外用热敷患处。

3)治竹木刺入肉不出:铁海棠树叶捣烂取汁数滴,滴患处,待竹木刺露出皮肤,即可拔出。

【用法用量】 外用适量。

铁海棠

铁海棠

第四节 清热祛湿药

海金沙

【形态】 多年生草质藤本。叶轴铜褐色,细长,多向左缠绕。羽片对生于叶轴短距两侧,二回羽状,不育羽片末回小羽片纸质,掌状 3 裂,裂片短而阔,边缘有不规则圆齿,能育羽片末回小羽片羽状深裂,边缘生有流苏状孢子囊穗。孢子四面型,表面有小疣。

【生长环境】 生于阴湿山坡灌丛中或路边林缘,有栽培。

【性味功效】 味甘、辛,性寒。清热利湿,通淋止痛。

【临床应用】

泌尿系感染或尿路结石:海金沙、车前草、金钱草各 30g,水煎内服,一日 2 次。结石者服药后半小时跳动或跑步 15 分钟以利排石。

【用法用量】 内服 30-50g。

海金沙

小叶海金沙

【形态】 多年生草质缠绕藤本。叶轴纤细如铜丝。不育羽片奇数羽状,小羽片卵状三角形,薄草质,具短柄,柄端有关节,能育羽片形状和不育羽片近似,小羽片边缘排列流苏状的线形孢子囊穗。

【生长环境】 生于山坡灌丛中。

【性味功效】 味甘,微苦,性寒。清热利湿。

【临床应用】

1)急性肾炎:小叶海金沙 30g,石韦 15g,益母草 30g,一点红 30g,水煎内服,一日 2 次。

2)急性肝炎:小叶海金沙 30g,蒲公英 30g,地胆头 30g,水煎内服,一日 2 次。

【用法用量】 内服 30g。

小叶海金沙

凤尾草

【形态】 陆生。根茎直立。叶二型，不育叶一回羽状，边缘具小尖齿和软骨质的边，下部1-2对常分叉，叶轴两侧具翅。能育叶较大，仅不育部分具小尖齿，余全缘。孢子囊群线形，生于羽片边缘的边脉上。

【生长环境】 生于石灰岩缝内或墙缝、井边。

【性味功效】 味淡，微苦，性寒。清热利湿，解毒消肿。

【临床应用】

1）红白痢疾：凤尾草30g，地锦草30g，水煎内服，一日2次，早晚空腹服。

2）泌尿系感染：凤尾草30g，海金沙30g，金钱草30g，水煎内服，一日2次，连服1周。

【用法用量】 内服30 g。

凤尾草

石韦

【形态】 多年生草本。根状茎细长,密被披针形鳞片,鳞片边缘具睫毛。单叶远生,二型,肉质,不育叶倒卵状椭圆形,上面疏被星状毛,下面密被星状毛,能育叶条形至狭披针形。孢子囊群生于内藏小脉顶端。

【生长环境】 附生于树干或岩石上。

【性味功效】 味甘、苦,性微寒。利尿通淋,清肺止咳,凉血止血。

【临床应用】

1) 慢性支气管炎:石韦 30g,党参 30g,炒白术 15g,橘红 10g,白前 15g,紫菀 15g,甘草 10g,水煎饭后服,一日 2 次。

2) 慢性肾盂肾炎:石韦 15g,冬葵子 15g,瞿麦 15g,车前子 15g,白花蛇舌草 30g,萆薢、猪苓、刘寄奴、牛膝各 15g,熟地黄 20g,黄芪 20g,甘草 10g,水煎饭前服,一日 2 次。

【用法用量】 内服 15-30g。

石韦

火炭母

【形态】 攀援状草本。嫩枝紫红色。叶卵形，长3-10cm，叶面常有V型黑纹；托叶膜质。聚伞花序，序梗有刺毛；花被5裂；雄蕊8。坚果包于宿存花被内。9月开花。

【生长环境】 生于村旁、向阳草坡、林边、路旁湿地。

【性味功效】 味辛、苦，性凉。清热利湿，凉血解毒。

【临床应用】

1）湿热泄泻：火炭母30g，鬼针草30g，水煎空腹服，一日2次。

2）新冠感染呕吐、湿热泄泻：火炭母30g，鬼针草30g，党参30g，炒白术15g，陈皮10g，姜半夏15g，苍术15g，藿香15（后下），茯苓30g，芡实30g，石榴皮20g，甘草10g，水煎内服，一日2次。

3）湿疹：火炭母50g，水煎内服；可外用，火炭母适量，水煮取液外洗。

【用法用量】 内服30-50g；外用适量。

火炭母

【形态】 一年生草本。直立或披散状,茎、叶片、花被具腺点。叶披针形,叶缘具缘毛,具辛辣味,托叶鞘筒状,先端具睫毛。总状花序呈穗状。瘦果卵形,侧扁平或具3棱,密被小点,全包于宿存花被内。花期6-10月,果期6-10月。

【生长环境】 生于湿地、水边。

【性味功效】 味辛苦,性平。化湿消滞,祛风消肿。

【临床应用】

肠炎痢疾:水蓼30g,凤尾草30g,水煎内服,一日2次。

【用法用量】 内服30g。

水蓼

红蓼

【形态】 一年生草本,全株被长柔毛。茎粗壮,中空。叶互生,阔卵形或卵状披针形,基部圆形或近心形,托叶鞘顶端展开成环状翅。总状花序呈穗状,花序轴无腺毛,花被淡红色或白色,雄蕊7。瘦果扁平,两面内凹,黑色有光泽。花期6–9月,果期8–10月。

【生长环境】 生于沟边湿地、村边路旁。

【性味功效】 味辛,性平。祛风除湿,清热解毒。

【临床应用】

1）风湿性关节炎、跌打损伤:红蓼根15g,水煎内服。

2）慢性肝炎、肝硬化腹水:红蓼子15g,大腹皮15g,牵牛子10g,党参30g,炒白术15g,丹参20g,土鳖虫10g,生牡蛎30g,水煎内服。

【用法用量】 内服根、子均15 g。

【注意事项】 根有小毒,孕妇慎用。

红蓼

鸡冠花

【形态】 一年生直立草本,无毛。叶互生,卵状长圆形,全缘。穗状花序顶生,扁平鸡冠状、卷冠状或羽毛状,或分枝呈圆锥状,花被片有紫、红、橙、黄或杂色。胞果盖裂,种子多数。花、果期7-12月。

【生长环境】 生于炎热且干燥土壤。

【性味功效】 味甘、涩,性凉。收敛止血,止带,止痢。

【临床应用】

1)月经过多,崩漏症:鸡冠花20g,仙鹤草15g,海螵蛸30g,水煎内服。

2)赤白带下:鸡冠花30g,椿根皮30g,薏苡仁30g,水煎内服。

3)遗精、滑精:鸡冠花30g,金樱子20g,芡实20g,菟丝子20g,水煎内服。

【用法用量】 内服15-30g。

鸡冠花

【形态】 一年生草本。茎粗壮。叶片卵形、菱状卵形或披针形,全缘或波状缘,无毛。花簇球形,排成穗状花序,雄花和雌花混生,花被片3,雄蕊3。胞果环状横裂,包裹在宿存花被片内。花期5-8月,果期7-9月。

【生长环境】 栽培,有时为半野生。

【性味功效】 味辛,性微寒。清热解毒,利湿止痛。

【临床应用】

1)赤白痢疾:野苋菜全草50g,水煎内服。

2)目赤目痛、咽喉肿痛:野苋菜30-50g,水煎内服。

3)补充营养:含有较高的铁、钙和蛋白质,其不含草酸,所以钙、铁、蛋白质易被吸收利用,可做为蔬菜清炒食用。

【用法用量】 内用30-50g;食用适量。

野苋菜

无头藤

【形态】 寄生草质藤本。茎线状,绿色。叶退化为小鳞片。穗状花序;花被片6,白色;雄蕊9。果球形。7–12月开花结果。

【生长环境】 生于矮灌木丛中或篱边。

【性味功效】 味苦、甘,性凉。清热利湿,凉血解毒。

【临床应用】

1)习惯性鼻衄:无头藤30g,白茅根30g,水煎内服。

2)皮肤湿疹、疮疡溃烂:无头藤100g,龙葵100g,外用水煎,洗患处。

【用法用量】 内服30g;外用适量。

无头藤

广东金钱草

【形态】 直立亚灌木状草本。除老茎及叶上面外,余部被毛。单叶,兼3小叶,小叶近革质,圆形,下面密被贴伏白色丝状毛。总状花序,蝶形花冠紫红色,雄蕊二体。荚果扁平,狭长圆形,荚节近方形。花、果期6-9月。

【生长环境】 生于丘陵地带的荒地草丛中。

【性味功效】 味甘淡,性凉。利湿退黄,利尿通淋。

【临床应用】

1)泌尿系感染:广东金钱草30g,海金沙30g,一点红30g,水煎内服。

2)胆囊炎:广东金钱草30g,鸡内金15g,赤芍20g,水煎内服,饭后1小时服用。

3)胆囊泥沙样结石:柴胡15g,广东金钱草30g,莪术15g,甘草10g,郁金20g,海金沙30g,三棱15g,赤芍20g,枳实20g,党参30g,炒白术15g,鸡内金15g,一日2次,水煎内服,饭后1小时服用。每日第一次服药后半个小时,食用脂肪餐(如油煎鸡蛋2个或五花肉2块),连服20日后复查B超。

【用法用量】 内服30g。

第四节 清热祛湿药 | 151

广东金钱草

葫芦茶

【形态】 亚灌木。茎4棱,叶狭披针形,长6-15cm,基部常心形,叶柄有宽翅。总状花序;花冠蝶形。荚果密生柔毛。7-10月开花结果。

【生长环境】 生于灌木丛中。

【性味功效】 味微苦,涩,性凉。清热解毒,利湿退黄。

【临床应用】

1)肾炎:葫芦茶30g,黑豆100g,水煎内服。

2)咽喉肿痛:葫芦茶60g,水煎内服。

3)流行性感冒:葫芦茶30g,大青叶15g,羌活15g,甘草10g,水煎内服。

【用法用量】 内服15-60g。

第四节 清热祛湿药 | 153

葫芦茶

酢浆草

【形态】 伏地草本。3出复叶,小叶倒心形,长1-1.4cm,先端凹入。伞形花序;萼片、花瓣均5;雄蕊10,5长5短。蒴果有5棱,5月开花。

【生长环境】 生于旷野。

【性味功效】 味甘、酸,性凉。清热解毒,利湿消肿。

【临床应用】

1)扁桃体炎:酢浆草30-60g,加食盐少许,捣烂取汁饮用。

2)带状疱疹:鲜酢浆草50g捣汁加青黛粉5g,外用,调涂患处。

3)牙龈炎:酢浆草、白茅根各60g,水煎内服。

【用法用量】 内服30-60g;外用适量。

酢浆草

飞扬草（大飞扬）

【形态】 一年生草本，具乳汁。茎常斜升，被粗毛。单叶对生，叶柄极短，叶片较大，卵形至长圆形，顶端急尖或钝，基部偏斜，边缘常有细锯齿，两面具柔毛，叶面有时具紫斑。杯状聚伞花序密集成球形，总苞边缘5裂，具4近杯状腺体，腺体附属物侧三角形，白色。蒴果被毛。种子稍具4棱，有横皱纹。花、果期全年。

【生长环境】 生于路旁、旷地、园边、灌木丛下。

【性味功效】 味辛、酸，性凉，有小毒。清热解毒，利湿止痒。

【临床应用】

1）带状疱疹：飞扬草50g，捣烂取汁，加青黛5g，外用调涂患处。

2）湿疹瘙痒：飞扬草50g，龙葵100g，水煮浓煎取液外用，调涂患处。

【用法用量】 外用适量。

【注意事项】 有小毒，孕妇慎用。

飞扬草（大飞扬）

地锦草(小飞扬)

【形态】 伏地小草,具乳汁。叶长圆形,长不及1cm。杯状聚伞花序,花序内具4朵雄花和1朵雌花,雄蕊1,柱头3。果棱上有毛。几乎全年有花。

【生长环境】 生于路旁草地。

【性味功效】 味辛,性平。清热解毒,凉血止血。

【临床应用】

1)小儿消化不良:地锦草15g,鸡矢藤15g,浓煎内服,一日2次。

2)细菌性痢疾:地锦草30g,野苋菜30g,水煎空腹服,一日2次。

3)牙龈出血:地锦草30-50g,水煎取汤反复漱口。

【用法用量】 内服15-60g。

地锦草(小飞扬)

车前草

【形态】 二年生或多年生草本。须根系。叶莲座状，薄纸质或纸质，宽卵形至宽椭圆形，5-7 脉。穗状花序，花具短梗，萼片先端钝圆或钝尖，花冠白色，裂片狭三角形，花药白色。蒴果周裂。种子具角。花期 4-8 月，果期 6-9 月。

【生长环境】 生于山野、路旁、花圃、菜园，河边湿地。

【性味功效】 味甘，性寒。清热通淋，凉血解毒

【临床应用】

1）泌尿系感染尿急、尿黄、尿痛：一点红 30g，车前草 30g，海金沙 30g，白茅根 30g，水煎内服，一日 2 次。

2）血淋：车前草 30g，白茅根 30g，侧伯叶 20g，旱莲草 30g，水煎内服，一日 2 次。

【用法用量】 内服 30-60g。

车前草

鬼针草

【形态】 草本。茎四棱形。叶长15cm,3裂或羽状3-5全裂。头状花序,舌状花白色,管状花黄色。瘦果条状,顶端有钩刺。春至秋季开花。

【生长环境】 生于荒地及路旁。

【性味功效】 味甘,微苦,性平。清热解毒,利湿降压。

【临床应用】

1)湿热腹泻:鬼针草30g,一日2次,水煎内服,服用1到2次可止泻。

2)高血压、高血脂:鬼针草10g,桑叶10g,荷叶10g,开水泡当茶饮,连续服用。

【用法用量】 内服10-30g。

鬼针草

牛筋草

【形态】 一年生草本。秆丛生，基部倾斜。叶顶片平展，线形，叶鞘两侧压扁而具脊。穗状花序 2-7 个顶生，小穗含 3-6 小花，颖披针形，第一外稃和内稃具脊，脊上具狭翼。颖果具波状皱纹。花、果期 6-10 月。

【生长环境】 生于荒芜之地及道路旁。

【性味功效】 味甘、淡，性凉。清热利湿，凉血解毒。

【临床应用】

流行性感冒，流行性乙型脑炎：牛筋草 30g，大青叶 15g，甘草 10g，水煎内服。

【用法用量】 内服 30-60g。

牛筋草

玉米须

【形态】 一年生高大直立草本。基部具支柱根。叶鞘具横脉,叶片线状披针形,中脉粗壮。雄性圆锥花序顶生,雌花序腋生,被鞘状苞片包藏,雌小穗16-30纵行排列于粗壮序轴上,线形花柱长而细弱。花、果期秋季。

【生长环境】 人工栽培。

【性味功效】 味甘、淡,性平。利水消肿,清肝利胆。

【临床应用】

1)各种水肿、小便不利:玉米须15g,薏苡仁30g,鸭趾草30g,水煎内服,一日2次,早晚饭后1小时服。

2)高尿酸血症:玉米须15g,萆薢20g,车前草20g,金钱草20g,水煎内服,连服1个月。

【用法用量】 10-15g。

玉米须

菝契

【形态】 落叶攀援灌木,疏生刺。根茎块状。叶柄具狭鞘和2卷须,叶片圆形或卵形,下面淡绿色或苍白色。伞形花序单生,总花梗长1–2 cm,花序托近球形,花被片6,离生,雄蕊6。浆果红色。花期2–5月,果期9–11月。

【生长环境】 生于山坡、灌木丛林。

【性味功效】 味甘、微苦、涩,性平。利湿除痹,解毒散瘀。

【临床应用】

1)尿路感染,淋漓不尽:盐炒菝契15g,金钱草30g,车前草30g,一点红30g,水煎内服,一日2次,早晚饭后1小时服。

2)湿热痹症:菝契30g,藤梨根60g,千斤拔100g,鸡血藤100g,水煎内服,一日2次,早晚饭后1小时服。

【用法用量】 15–60g。

菝葜

土茯苓

【形态】 攀援灌木,无刺。根状茎块状。叶柄具狭鞘和 2 卷须,叶片下面淡绿色或苍白色,叶脱落点位于叶柄近顶端。伞形花序单生,花序托莲座状,花六棱状球形。浆果紫黑色。花期 5-11 月,果期 11 月至次年 4 月。

【生长环境】 生于山坡、荒山、林边的半阴地。

【性味功效】 味甘、淡,性平。清热解毒利湿。

【临床应用】

1）湿热淋浊,带下:土茯苓 30g,芡实 30g,鸡冠花 30g,薏苡仁 30g,水煎内服,一日 2 次。

2）梅毒或因服汞剂中毒而至肢体拘挛者,单用土茯苓 500g,水煎去渣,煎成浓液,不拘时徐徐服之,如,土萆薢汤,(土萆薢即土茯苓)《景岳全书》)。

3）慢性盆腔炎:土茯苓、薏苡仁、大血藤、鸡冠花、椿根皮各 30g,败酱草 40g,益母草、虎杖、延胡索、黄柏各 15g,芡实、山药各 30g,水煎内服,一日 2 次,早晚饭后 1 小时服。

4）慢性前列腺炎:土茯苓 20g,虎杖 20g,红藤 30g,马鞭草 15g,菟丝子 20g,沙苑子 20g,甘草 10g,水煎内服,一日 2 次。

5）慢性湿疹:土茯苓 30g,薏苡仁 30g,地肤子、白鲜皮各20g,苦参10g,甘草10g。水煎内服,日两次,一日2次。

【用法用量】 15-60g。

土茯苓

【形态】 落叶大乔木。树干常有圆锥状粗刺。掌状复叶。花先叶开放,萼3-5浅裂,内面被绢毛,雄蕊管短,花丝基部粗,向上渐细。蒴果木质,室背5瓣开裂。种子藏于绵毛内。花期春季,果期夏季。

【生长环境】 生于河谷、草原、雨林、沟谷、低山,次生林中及村边、路旁。

【性味功效】 味甘、淡,性凉。清解解毒,散结止痛。

【临床应用】

1）暑夏湿热症：木棉花30g,火炭母30g,葫芦茶15g,水煎内服,一日2次,早晚饭后1小时服,本品为广东王老吉凉茶的主要成分。

2）风湿性关节痛：木棉根50g,藤梨根50g,猪尾巴50g,水煎内服,一日2次。

3）胃癌：带钉的木棉树皮50g,白花蛇舌草30g,藤梨根30g,党参30g,枸杞30g,甘草10g。水煎内服,一日2次。

【用法用量】 内服30-60g。

木棉花

田基黄（地耳草）

【形态】 一年生草本。茎四棱形。叶卵形，长 3-15mm，基部多少有抱茎，两面具黑色腺点，基出 3-5 脉。聚伞花序顶生；花小，花瓣 5，黄色，雄蕊多数，花丝基部合生。蒴果圆柱形。春夏开花。

【生长环境】 生于山坡、田埂、路旁等湿地。

【性味功效】 味甘、微苦，性凉。清热解毒，利湿消肿。

【临床应用】

1）慢性病毒性肝炎，肝功能异常：田基黄 30g，溪黄草 30g，鸡骨草 30g，白背叶根 30g，红枣 15g，党参 30g，炒白术 15g，甘草 10g，水煎内服，一日 2 次，饭后服。

2）急性肠炎腹泻：田基黄 30g，凤尾草 30g，水煎内服，一日 2 次，空腹服。

【用法用量】 15-30g。

田基黄

积雪草

【形态】 匍匐草本。茎细长,节生根。叶丛生,圆肾形,径2-5cm。伞形花序1-4个腋生;花瓣5,紫红色,雄蕊5。双悬果扁圆形。初夏开花。

【生长环境】 生于田埂、沟边湿地。

【性味功效】 味辛、微苦,性凉。清热解毒,利湿行气。

【临床应用】

1)急性泌尿系感染:积雪草30g,金钱草30g,甘草5g。水煎内服,一日2次,早晚饭后1小时服。

2)咽喉肿痛、急性腮腺炎:积雪草30g,板蓝根、大青叶各15g,甘草10g,水煎内服,一日2次。外用:积雪草全草适量,加青黛5g,捣烂外敷。

【用法用量】 内服15-30g。外用适量。

积雪草

【形态】 直立灌木。茎枝方形,有糙毛,常有倒钩刺。单叶对生,边缘有钝齿,揉碎有臭味。头状花序腋生,同一花序花色多种,花冠高脚碟状。核果圆球形,熟时紫黑色。全年开花。

【生长环境】 常生于沙滩、路边、空旷地。

【性味功效】 味辛、苦,性凉,有毒。清热解毒,祛风止痒。

【临床应用】

过敏性皮炎、湿疹:马缨丹50g,天灯笼50g,水煎外洗,或浓煎取汁外涂,一日2次。

【用法用量】 外用适量。

【注意事项】 有毒不能过量过久应用。

马缨丹

马齿苋

【形态】 肉质草本,全体无毛。茎多分枝,伏地。叶倒卵形,长1-2.5cm。花簇生于枝端的叶腋;总苞叶状,4-5枚;萼片2;花瓣5,先端微凹,雄蕊8-12。蒴果圆锥形,盖裂。夏秋开花。

【生长环境】 生于村旁、路边湿地。

【性味功效】 味酸,性寒。清热解毒,凉血止血。

【临床应用】

1)急性痢疾肠炎:马齿苋30g,凤尾草30g,水煎内服,一日2次,早晚饭前半小时服。

2)痔疮便血:马齿苋30g,槐花15g,生地黄15g,椿皮20g,甘草5g,一日2次,水煎内服,空腹服。

【用法用量】 15-30g。

【注意事项】 脾胃虚寒者忌服。

马齿苋

【形态】 草本。茎红褐色。叶披针形,长 3-9cm,两面有腺点;托叶鞘膜质,具缘毛。穗状花序下部花间断,花被有腺点,4-5 裂;雄蕊 6。8 月开花。

【生长环境】 生于田野水边或山谷湿地。

【性味功效】 味辛、苦,性平。祛风化湿,散瘀消肿,杀虫止痒。

【临床应用】

1)急性胃肠炎:辣蓼叶 30g,鬼针草 30g,水煎内服,1-2 次可愈。

2)蛇头疗、无名肿毒、癣疾:辣蓼叶 30g,地胆头 30g,一点红 30g,水煎内服,一日 2 次,早晚饭后 1 小时服。癣疾用辣蓼叶捣烂,加枯矾粉 10g 外涂。

【用法用量】 内服 15-30g。外用适量。

辣蓼

【形态】 草本。茎多分枝。叶菱状卵形,长3-12cm,叶柄基部两侧各有1刺。花单性或杂性;稠密穗状花序;苞片一部分变成尖刺,一部分呈狭披针状;花被片、雄蕊均5。胞果扁球形。春夏开花。

【生长环境】 生于村旁、旷野荒地。

【性味功效】 味甘、微苦,性凉。清热利湿,消肿解毒。

【临床应用】

1)甲状腺肿大:鲜刺苋100g,黄药子10g,瘦猪肉100g,水煎1剂,分两次服。

2)胆道结石:鲜刺苋叶150g,金钱草60g,一日2次,水煎内服,饭后1小时服用。每日第一次服药后半个小时,食用脂肪餐(如油煎鸡蛋2个或五花肉2块),连服20日后复查B超。

3)痔疮肿痛:鲜刺苋100g,红藤60g,水煎熏洗患处,日1-2次。

【用法用量】 内服30-100g;外用适量。

刺苋

【形态】 草本,高 30-60cm。块根圆球形,半透明。叶簇生,披针形,1 回羽状;羽片披针形,长约 2cm。孢子囊群肾形,生近羽叶边缘中脉两旁各 1 行。

【生长环境】 生于溪边林下或石缝中。

【性味功效】 味淡,微酸,性凉。清热利湿,软坚散结。

【临床应用】

1)中耳炎:取肾蕨的块根捣烂取汁,双氧水洗净耳朵后,滴耳内,一日 2 次。

2)泌尿系结石:肾蕨块根 30g,金钱草 60g,水煎内服,服药后原地跳或跑步 15 分钟。

3)睾丸炎、淋巴结核、淋巴炎:肾蕨块根 20g、荔枝核 20g,水煎内服,一日 2 次。

【用法用量】 内服 15-20g;外用适量。

第四节 清热祛湿药

肾蕨

肾蕨（块根）

【形态】 落叶小乔木。小枝下垂。叶条状披针形;长达16cm。柔荑花序;花单性异株;无花被;雄蕊、腺体均2。3-4月开花。

【生长环境】 栽种于池旁、湖边、公园等处。

【性味功效】 味苦,性寒。清热利湿,祛风止痛。

【临床应用】

1)病毒性肝炎:垂柳嫩枝叶30g,鸡骨草30g,水煎内服,连服1月。

2)中耳炎:垂柳树皮10g,枯矾10g,冰片3g,研粉,清洗耳朵后,吹入耳内。

【用法用量】 内服枝、叶15-60g;外用适量。

垂柳

【形态】 草本。基生叶丛生,倒卵状披针形,长达10cm,羽状深裂;茎上叶基部抱茎,耳状。总状花序;花瓣4,白色;雄蕊6,4强。春夏开花结果。

【生长环境】 生于田野草地。

【性味功效】 味甘,性凉。清热解毒,凉血利湿。

【临床应用】

1)乳糜尿:荠菜30g,萆薢30g,水煎内服,一日2次。

2)血尿:荠菜100g,旱莲草30g,茅根30g,水煎内服,一日2次。

3)崩漏:荠菜30g,仙鹤草30g,水煎内服,一日2次。

4)急性结膜炎:荠菜30g,一点红30g,捣烂取汁滴眼,日3次。

【用法用量】 内服15-60g;外用适量。

荠菜

【形态】 一年生高大草本。叶互生,两面被短糙毛,边缘有粗锯齿,具长柄。头状花序极大,单生茎端,总苞片多层,叶质,外围为舌状雌花,金黄色,不结实,中央为管状两性花,棕色或紫色,结实。花期6-7月。

【生长环境】 栽培。

【性味功效】 味苦,性凉。清热平肝,降压止痛。

【临床应用】

1)肾虚耳鸣:向日葵花盘、制何首乌、熟地黄、骨碎补各20g,水煎内服,一日2次,早晚饭后1小时服。

2)高血压:向日葵叶、土牛膝各30g,鬼针草15g,水煎内服,一日2次。

【用法用量】 内服15-30g。

向日葵

黑面神

【形态】 小灌木。叶卵形,长 2.5-4cm,干后变黑。花小,单性,无花瓣;萼 6 浅裂;雄蕊 3;雌花花萼果期扩大成盘状。果球形,红色。4-8 月开花。

【生长环境】 生于山坡灌木丛中。

【性味功效】 味微苦、涩,性寒。清热祛湿化瘀。

【临床应用】

1)急性胃肠炎腹泻:黑面神 30g,鬼针草 15g,石榴叶 15g,水煎内服。

2)油漆过敏、湿疹:黑面神叶 100g,鸡毛 100g,煮水外洗。

3)带状疱疹:黑面神叶捣烂取汁,调雄黄 10g,青黛 5g,涂患处,日 1 次。

【用法用量】 内服 20-30g;外用适量。

【注意事项】 有毒,孕妇慎用。

黑面神

【形态】 乔木,高达15m。其干燥花蕾呈卵形或球形,两端尖,长4-7mm,直径2-4mm。萼筒倒钟形或杯形,棕色至棕黑色,外表皱缩,有4条以上纵队人向棱突起,除去帽状体,见重叠的雄蕊,花丝棕黑色,中央有一锥形花柱。质干硬。气微香,味苦。

【生长环境】 常生水旁。

【性味功效】 味苦、微甘,性凉。 清热解毒,祛暑生津,消滞利湿。

【临床应用】

1)发热感冒伴咽痛:水翁花10g,玉叶金花15g,地胆头15g,蒲公英15g,上药水煎内服,一日2次。

2)夏日暑热症:水翁花15g,淡竹叶15g,鬼针草15g,菊花10g,甘草5g,上药水煎内服,一日2次。

【用法用量】 内服10-15g。

水翁花

【形态】 花小,多数,白色,单生或成对;萼片段,卵状矩圆形;花冠辐状,4裂,裂片椭圆形,花径4-5mm,喉部有毛;雄蕊4,花药箭头形,黄绿色;雌蕊1,花柱细长,柱头盘状。蒴果卵状至球形,直径2-3mm,花柱宿存,熟后开裂。花期夏、秋间。

【生长环境】 生于荒地及村边。

【性味功效】 味甘,性凉。清热利湿,疏风止痒。

【临床应用】

1）细菌性痢疾:冰糖草、羊蹄草各30g,陈仓米9-15g。水煎内服。

2）感冒咳嗽:鲜冰糖草30g,薄荷9g,鱼腥草15g。水煎内服。

【用法用量】 内服15-30g。

冰糖草

冰糖草饮片

第五节 清泻肝火明目药

青箱子

【形态】 一年生直立草本,全株光滑无毛。叶互生,披针形或卵形,全缘。穗状花序圆柱形,不分枝,花被片白色或淡红色,宿存,雄蕊5,花丝基部合生成杯状。胞果盖裂,种子多数。花期5-7月,果期8-9月。

【生长环境】 生于荒野、路边、山沟、沙丘等疏松土壤上。

【性味功效】 味苦,性微寒。明目退翳。

【临床应用】

1）高血压肝阳上亢者:青箱子15g,菊花12g,夏枯草15g,决明子20g,水煎内服,一日2次。

2）夜盲症,视物不清:青箱子15g,夜明砂30g,苍术15g,鸡肝或猪肝50g,水煎食用,连服1-2周。

【用法用量】 内服15-20g

青葙子

千日红

【形态】 一年生草本,密被白色粗毛。叶对生,纸质,长圆形至椭圆形。头状花序球形或长圆形,顶生,紫红色,有时淡紫色或白色;花两性;花药1室,无不育雄蕊;柱头2裂。花、果期6-9月。

【生长环境】 栽培。

【性味功效】 味甘,微咸,性平。止咳平喘,清肝明目。

【临床应用】

1)气喘病:千日红花序20g,白果8-10g(打碎),水煎内服。

2)咯血:千日红花序20g,仙鹤草20g,水煎内服。

【用法用量】 内服15-20g。可作为青葙子的代用品。

第五节　清肝泻火明目药 | 205

千日红

【形态】 灌木状草本。小叶3-5对,椭圆形,长2-10cm。伞房状花序;花冠蝶形,黄色。荚果扁带状,边缘增厚。种子扁卵形。秋季成熟时灰棕色。

【生长环境】 生于向阳山坡沙质地上。

【性味功效】 味甘、苦,性平。消肿解毒,清肝明目,健胃润肠,清热润燥,毒蛇咬伤。

【临床应用】

1)高血压:望江南子5g打碎,鬼针草15g,水煎内服,一日2次,早晚饭前半小时服。

2)功能型便秘(实热型):症见大便干结,口干口苦,舌红苔黄,用:望江南子50g,莱菔子50g,草决明子50g,炒熟打粉,每服10g,一日2次,早晚饭前半小时服。

3)毒蛇咬伤:望江南鲜叶一两,捣烂绞汁内服,渣敷患处,配合毒蛇咬伤治疗。

【用法用量】 内服5-10g;外用适量。

【注意事项】 有小毒,不宜大量、长期应用,中病则止。

望江南

望江南

第六节 活血抗癌药

【形态】 常绿乔木。树皮褐色或红褐色,裂成片状脱落。叶2列,披针状条形,微弯,先端渐尖成长尖头,下面气孔带白色。雄球花总花梗较粗。种子假种皮紫色或红紫色,具小尖头。花期4月,种子8-10月成熟。

【生长环境】 为我国特有树种,生于针、阔叶树混交林中。

【性味功效】 味苦涩,性寒,有毒。抗癌,消肿。三尖杉的枝,叶,根,种子中,均含有生物碱,尤以叶、种子中的生物碱含量较高,其中三尖杉碱型(Cephalotaxine type)生物碱与抗癌有密切关系,含量亦较高,是三尖杉中主要成分。

【临床应用】

恶性肿瘤:三尖杉30g,藤梨根60g,白花蛇舌草30g,半枝莲20g,黄芪30g,枸杞30g,甘草10g。水煎内服,一日2次,作为放化疗配合治疗,或晚期癌症服用。

【用法用量】 15-30g。

【注意事项】 脾胃虚寒便溏者慎用。

三尖杉

白花蛇舌草

【形态】 一年生无毛纤细披散草本。叶对生，无柄，膜质，线形，托叶基部合生，顶部芒尖。花4数，单生或双生于叶腋，萼管球形，花冠白色，管形，花药突出。蒴果膜质，扁球形，顶部室背开裂。花期春季。

【生长环境】 生于潮湿的田边、沟边、路旁、草地。

【性味功效】 味微苦、甘，性寒。清热解毒，利湿通淋。

【临床应用】

1）泌尿系感染：白花蛇舌草30g，金银花20g，海金沙藤30g，凤尾草30g，水煎内服，一日2次，早晚饭前半小时服。急性期用一周，慢性期用二周。

2）化脓性扁桃腺炎，结膜炎：白花蛇舌草30g，一点红30g，水煎内服，一日2次，早晚饭后1小时服。

3）慢性萎缩性胃炎、胃癌前病变：白花蛇舌草30g，藤梨根30g，莪术30g，枸杞30g，黄精20g，黄芪30g，党参30g，炒白术15g，甘草10g，水煎内服，一日2次，早晚饭前半小时服。轻度者服用三个月，中重度者服用五至八个月。

4）恶性肿瘤治疗：白花蛇舌草30g，半枝莲20g，冬凌草15g，藤梨根60g，莪术15g，三棱15g，黄芪30g，党参30g，枸杞30g，仙灵脾20g。水煎内服，一日2次，饭前服用。

【用法用量】 20–30g。

白花蛇舌草

水线草（广东蛇舌草）

【形态】 一年生柔弱披散草本。叶对生，近无柄，膜质，线形，托叶膜质，鞘状。顶端有数条短刺。伞房花序腋生，花1-4朵，总花梗纤细，花4数，花药内藏。蒴果膜质，球形，顶部室背开裂。花、果期几乎全年。

【生长环境】 生于旷野或田边路旁。

【性味功效】 味甘，性平。清热解毒，利湿抗癌。

【临床应用】

1）慢性阑尾炎：水线草30g，败酱草30g，红藤30g，桃仁15g打碎，冬瓜子30g，甘草10g，水煎内服，一日2次，早晚饭前半小时服。

2）可以配合各种抗癌解毒药和补益扶正药，辅助治疗各种癌症。

【用法用量】 内服20-30g。

水线草(广东蛇舌草)

猕猴桃根（藤梨根）

【形态】 落叶藤本。小枝疏被白色茸毛。叶宽倒卵形，顶端截平且内凹，下面密被灰白色星状绒毛，叶柄长3-6cm。聚伞花序1-3花。浆果密被黄棕色有分枝的长柔毛。花期5-6月，果期8-10月。

【生长环境】 生于山地林间或灌丛中，常缠绕于他物上。

【性味功效】 味甘、涩，性凉。清热解毒，活血消肿，祛风利湿

【临床应用】

1）慢性萎缩性胃炎、胃癌前病变：藤梨根60-100g，白花蛇舌草30g，莪术15g，黄芪20g，党参30g，枸杞30g，黄精20g，甘草10g，水煎内服，一日2次，口服3-6月。

2）风湿骨痛：藤梨根60-100g，鸡血藤60g，威灵仙30g，牛膝20g，熟地黄20g，当归15g，甘草10g，水煎内服，一日2次。

3）急性肝炎：藤梨根100g，红枣15g，水煎内服，一日2次，连服1月。

【用法用量】 30-100g。

藤梨根（猕猴桃根）

猕猴桃（果）

长春花

【形态】 多年生草本或半灌木,有水液,无毛。叶对生,膜质,倒印状长圆形,先端圆,聚伞花序,花冠红色,高脚碟状,裂片向左覆盖,花盘为2片舌状腺体。蓇葖双生,直立。花、果期几乎全年。

【生长环境】 生于空旷地、山坡、路旁。

【性味功效】 味苦,性寒,有毒。解毒抗癌,平肝降压。

【临床应用】

1)急性淋巴细胞白血病:长春花15g,水煎内服。

2)高血压(肝阳上亢):长春花10g,夏枯草15g、菊花10g、桑叶12g,水煎内服,一日2次。

【用法用量】 内服10-15g。

长春花

南非叶（扁桃斑鸠菊）

【形态】 旱生型灌木或小乔木，高至6m。叶互生，长卵形，先端尖，叶面亮灰绿色，背面灰白色，有特殊气味和辣味，由于叶子具有独特的气味和苦涩感，因而经常被称之为苦叶。通常具柄或无柄，不下延，全缘或具齿，羽状脉，稀具近基三出脉两面或下面常具腺。

【生长环境】 原产于西非，一般生长在接近水源的草原及森林地区，有栽种。

【性味功效】 味苦、涩，性凉。清热解毒，抗癌，平肝降压。南非叶成分经提取后还可制作为癌症靶向治疗的重要成分。

【临床应用】

1）热性咳嗽，咽喉炎：南非叶5片切碎，泡茶饮用。

2）高血压（肝阳上亢）：南非叶5片切碎，鬼针草6g、开水泡服。

3）癌症：南非叶6-10片切碎，黄芪10g，枸杞10g，开水泡服。

【用法用量】 内服5-10片。

【注意事项】 脾胃虚寒者不可大量应用。

南非叶(扁桃斑鸠菊)

南非叶（扁桃斑鸠菊）

第七节 活血通络药

【形态】 多年生常绿草本,莲座状。主茎直立,粗壮,顶部丛生小枝,小枝二至三回扇形分叉,干时拳卷。叶小,二型,交互排列,叶缘具细齿。大孢子浅黄色,小孢子桔黄色;花期7-9月;果期9-10月。

【生长环境】 生于向阳山坡及岩石缝内,有栽种。

【性味功效】 味辛,性平。活血通经,化瘀止血。

【临床应用】

1)尿血:卷柏15g,茅根30g,旱莲草15g,水煎内服。

2)肺癌咳血:卷柏30g,白花蛇舌草30g,咯血时,水煎内服。

【用法用量】 内服15-30g。

【注意事项】 孕妇慎用。

卷柏

苏铁

【形态】 常绿木本。树干通直。羽状复叶顶生,羽片条形,厚革质,边缘下卷,先端硬而刺手,中脉于背面显著隆起。雌雄异株,雄球花长圆柱形,小孢子叶楔形,雌球花扁球形,大孢子叶密被灰黄色绒毛,柄部两侧着生胚珠数枚,上部顶片羽裂,裂片条状钻形。种子较大,红色。花期 5-7 月,种子 9-10 月成熟。

【生长环境】 生于山坡疏林或灌丛中。

【性味功效】 味甘,性平。活血通络。

【临床应用】

1)跌打损伤:苏铁根 20g,水煮兑酒服。

2)慢性萎缩性胃炎、胃癌前病变:苏铁叶 20g,莪术 15g,白花蛇舌草 20g,藤梨根 30g,黄芪 20g,党参 30g,甘草 10g。连服 90-120 天后,复查胃镜病理。

【用法用量】 根、叶内服 20-30g

苏铁

【形态】 常绿直立灌木。小枝近无毛,有粗壮而略带钩状的皮刺,有时无刺。单数羽状复叶互生,小叶3-5,稀7枚,宽卵形或卵状矩圆形,上面暗绿色,无皱褶,托叶大部贴生于叶柄。花通常数朵簇生,稀单生,大而美丽,花萼裂片常羽裂,花瓣红色或玫瑰色重瓣,香气淡或无,花柱离生,约与雄蕊等长。蔷薇果卵形或陀螺形,较小,红色,光滑,无宿存萼片。花期4-9月,果期6-11月。

【生长环境】 生于山坡或路旁。

【性味功效】 味甘,性温。疏肝解郁,活血调经。

【临床应用】

月经不调、痛经:月季花15g,益母草20g,当归15g,香附12g,甘草5g,水煎内服。

【用法用量】 15-20g。

月季花

【形态】 常绿木质藤本,各部无毛。茎、枝、叶轴及小叶中脉皆具钩刺。单数羽状复叶互生,小叶对生。伞房状圆锥花序腋生,花单性,萼片4,花瓣4,雄蕊4,离生心皮4。蓇葖果多油点。花期3-4月,果期9-10月。

【生长环境】 生于丘陵、山坡灌木丛中、山林中,有栽种。

【性味功效】 味苦、辛,性平,有小毒。活血化瘀,行气止痛,祛风通络,解毒消肿。

【临床应用】

1)慢性胃炎、溃疡病胃痛、胀,属脾虚气滞、血瘀型者:两面针15g,党参30g,元胡20g,三七10g,黄芪30g,山药30g,炒白术15g,枳壳20g,木香10g(后下),海螵蛸30g,甘草10g,水煎内服,一日2次。

2)跌打损伤:两面针20g,半天吊30g,假蒟15g,水煎内服。

3)牙痛:两面针根切片20g,以75%酒精浸泡1周后,用棉球沾药水咬在牙痛处。

【用法用量】 叶、根内服15-20g;外用适量。

两面针

粗叶悬钩子（上/下山虎）

【形态】 粗叶悬钩子是蔷薇科，悬钩子属的落叶灌木，茎直立、具腺毛，叶互生，边缘锯齿，有叶柄；托叶与叶柄合生，不分裂，宿存、离生，较宽大，花两性，聚伞状花序、花萼；萼片直立或反折，果时宿存；花瓣稀缺，白色或红色；雄蕊多数，心皮多数，有时仅数枚，果实为由小核果集生于花托上而成聚合果，种子下垂，种皮膜质，花期4–5月，果期6–7月。

【生长环境】 生长于山坡、杂木林内或沼泽灌丛中，以及路旁岩石间。

【性味功效】 味甘、淡，性平。活血祛瘀。广东地区常作为两面针的代用品。

【临床应用】

1）跌打损伤：内服粗叶悬钩子全草30-60g，捣烂取汁，加新鲜童便或米酒，调服，一日服1-2次。外用鲜全草捣烂，酌加米酒调敷患处，敷药处如感觉灼热，应立即除药，次日再敷，避免皮肤损伤起泡。

2）急慢性肝炎，肝脾肿大：粗叶悬钩子根30g，白背叶根30g，千斤拔根30g，大枣15g，枸杞子30g，水煎内服，一日2次，早晚饭前半小时服。

【用法用量】 内服20-30g；外用适量。

【注意事项】 孕妇忌服。

粗叶悬钩子(上/下山虎)

红背桂

【形态】 常绿灌木,具乳液。单叶常于枝条上部对生,下部兼有互生,叶片长圆形或狭椭圆形,边缘疏生浅细锯齿,上面绿色,下面紫红色,有光泽。花小,单性,雌雄花各组成短小的腋生总状花序,异株。苞片和小苞片各具2腺体,花均无瓣,萼片3,黄绿色,雄花具雄蕊3枚,雌花中雌蕊具3条外反的花柱。蒴果球形,具3圆棱,光滑。花、果期全年。

【生长环境】 生于丘陵灌丛中,亦有栽培。

【性味功效】 味辛苦,性平,有毒,祛风通络,活血止痛。

【临床应用】

风湿肿痛:红背叶6g,藤梨根30g,威灵仙30g,当归15g,甘草10g。水煎内服,一日2次。

【用法用量】 内服6g,有毒,不可大量长期服用。

红背桂

朱砂根

【形态】 灌木。茎、叶无毛。叶缘具皱波状或波状齿,齿尖具腺点。伞形花序或聚伞花序生于侧生花枝顶端,萼片、花瓣、子房、果实具腺点。核果状浆果球形,种子1粒。花期5-6月,果期10-12月,偶2-4月。

【生长环境】 生于林荫下或灌丛中。

【性味功效】 味苦,性平。活血止痛,解毒消肿。

【临床应用】

1）跌打损伤：朱砂根15g,两面针15g,半天吊15g,红花10g,赤芍15g,甘草10g,水煎内服,一日2次。

2）风湿性关节炎：朱砂根20g,桑寄生30g,淫羊藿20g,鹿含草20g,骨碎补20g,巴戟天20g,威灵仙20,甘草10,水煎内服,一日2次。

【用法用量】 内服10-15g。

朱砂根

【形态】 一年生攀援草本。卷须2-4叉。叶片掌状5-7深裂。雌雄同株,雄花组成总状花序,雌花单生,雄蕊5,药室多回折曲。瓠果长圆柱形,具浅纵槽或条纹,无棱,嫩时肉质,老熟时干燥,顶端盖裂。花、果期8-10月。

【生长环境】 栽种。

【性味功效】 味甘,性平。祛风通络

【临床应用】

1)筋骨疼痛:丝瓜络20g,威灵仙20g,当归15g,伸筋草20g,络石藤20g,甘草10g。水煎内服,一日2次。

2)外伤出血:丝瓜叶晒干研粉,撒于出血处。

【用法用量】 内服15-20g;外用适量。

丝瓜

颠茄

【形态】 亚灌木,全株被具节长柔毛和浅黄色粗细不均的直刺。叶宽卵形,长 5-14cm,具 5-7 裂。聚伞花序腋外生,花 5 数;萼杯状;花冠幅状,白色。浆果扁球形,熟时橙黄色。几乎全年开花。

【生长环境】 生于荒路旁灌木丛中。

【性味功效】 味苦、辛,性微温,有毒。活血化瘀,解痉镇痛。

【临床应用】

1)胃痛:颠茄根 3g,海螵蛸 30g,水煎内服,用于制酸解痉止痛。

2)跌打损伤、疔疮肿毒:颠茄叶 15g,蓖麻叶 30g,半天吊 30g,捣烂酒炒,外敷于患处。

3)龋齿痛:颠茄根适量,水浓煎含漱。

【用法用量】 颠茄根内服 1-3g,颠茄叶外用适量。

【注意事项】 有毒,忌长期和大量应用,青光眼禁用。

颠茄

马鞭草

【形态】 草本,高达 1m。茎四方形被白硬毛。叶卵圆形,长 2-8cm。穗状花序;花冠管状,长 4-8m,5 裂;雄蕊 4。蒴果 4 瓣裂。夏季开花。

【生长环境】 生于山坡、溪边或林旁。

【性味功效】 味苦,性温。祛风除湿,散瘀通络。

【临床应用】

1)肝硬化:马鞭草 20g,土鳖虫 10g,鳖甲 20g,牡蛎 30g,黄芪 30g,枸杞 30g,薏苡仁 30g,猪苓 15g,泽泻 15g,麦芽 30g,甘草 6。水煎内服,一日 2 次。

2)前列腺增生肥大:马鞭草 15g,红藤 30g,王不留行 15g,淫羊藿 15g,菟丝子 10g,熟地黄 20g,甘草 6g,水煎内服,一日 2 次。

3)痛经:马鞭草 15g,元胡、香附各 9g,水煎内服。

【用法用量】 内服 15-30g;外用适量。

马鞭草

九里香

【形态】 常绿小乔木,多分枝。单数羽状复叶互生,小叶 3-7 片,互生,倒卵形或倒卵状椭圆形,先端圆或钝。圆锥状聚伞花序近平顶,花白色,芳香,萼片 5,花瓣 5,雄蕊 10。浆果。花期 4-8 月,果期 9-12 月。

【生长环境】 生于平地、缓坡、小丘的灌丛中,有栽种。

【性味功效】 味辛,苦,性温。行气止痛,活血散瘀。

【临床应用】

1)胃脘痛:九里香叶 10g,海螵蛸 30g,两面针 15g,用于止痛消炎,如成药三九胃泰。

2)湿疹:九里香叶、千里光、龙葵各 30g,水煎外洗患处或浓煎取液涂患处。

【用法用量】 内服 10-15g;外用适量。

九里香

小叶榕（半天吊）

【形态】 常绿大乔木，各部无毛。老枝有气生根。叶革质，椭圆形、卵状椭圆形或倒卵形，全缘，基出脉3条，侧脉纤细。隐头花序无总花梗，单个或成对腋生，倒卵球形。花期5-6月，果期9-10月。

【生长环境】 生于山林或旷野，有栽培。

【性味功效】 气根：味苦涩，性平；驱风祛湿，通经络。叶：味甘淡，性平；解毒消肿。

【临床应用】

1）跌打损伤：小叶榕气根（半天吊）50g，假蒟50g，土牛膝50g，切碎酒炒外敷。

2）慢性支气管炎：小叶榕叶50g，陈皮15g，水煎浓缩加糖制成糖浆，每次服30ml，1天3次。

3）盗汗，自汗：小叶榕气根（半天吊）100g，水煮取汁外洗。

4）小儿夜啼：鲜榕树叶5-10g，蝉蜕3-5g，象牙屑6-10g，牡蛎20g，浮小麦15g，红枣6g，甘草5g，水煎内服。

5）风湿性关节炎：榕树气根、土牛膝各30g，牛大力60g，猪骨头100g，水炖服。

【用法用量】 根、叶内服30-50g；外用适量。

小叶榕(半天吊)

小叶榕(半天吊)

第八节 补气药

五指毛桃（南芪）

【形态】 落灌木或小乔木，嫩枝中空，全株被灰色绒毛。叶纸质，常3-5裂或不规则裂，两面粗糙，边缘具锯齿。隐头花序无总花梗，成对腋生或生于已落叶枝的叶腋，球形，被毛。花、果期3-11月。

【生长环境】 生于山坡、沟谷、路旁的灌木丛中，有栽培。

【性味功效】 味甘、苦，性平。益气健脾，祛风除湿。

【临床应用】

1）新冠复原方：用于新冠病的预防和新冠后体力恢复：五指毛桃30g，黄芪20g，炒白术15g，防风15g，干姜5g，甘草10g，水煎内服，一日2次，连服2周。

2）健脾补气，用于虚不受补者，可代黄芪之功效，但无黄芪的升、热作用。有气虚而口干苦者，可用五指毛桃30g，党参30g，北沙参30g，黄精20g，甘草6g，水煎内服。

3）煲汤服用，用于健脾补气：五指毛桃50g，排骨100g，煲汤食用。

【用法用量】 内服15-50g。

五指毛桃

土 人 参

【形态】 一年生直立亚灌木状草本，肉质，无毛。主根粗壮圆锥形。叶互生或近对生，倒卵形或倒卵状长圆形。圆锥花序顶生，花小，淡紫红色，子房上位。蒴果球形，3瓣裂。花期6-7月，果期9-10月。

【生长环境】 生于田野、路边、墙脚石旁、山坡沟边等阴湿处。

【性味功效】 味甘、淡，性平。补气健脾，润肺止咳。

【临床应用】

1）脾虚泄泻：土人参30g，炒白术15g，芡实30g，石榴皮20g，山药30g，水煎内服。

2）劳倦乏力：土人参30g，黄芪20g，黄精20g，当归15g，水煎内服。

【用法用量】 内服30g。

土人参

番荔枝

【形态】 落叶小乔木。叶互生,排成两列,椭圆状披针形或长圆形,下面苍白绿色。花1-4朵顶生或与叶对生,青黄色,下垂,花蕾披针形,内轮花瓣鳞片状。聚合浆果,心皮易于分开。花期5-6月,果期6-11月。

【生长环境】 有栽培。

【性味功效】 果实:味甘,性寒。补脾胃,清热解毒。叶:味苦涩,性寒。收敛涩肠,清热解毒。

【临床应用】

1)厌食纳呆:熟番荔枝果一个,食用,每天1个。

2)慢性肠炎:番荔枝叶20g,党参30g,炒白术15g,石榴叶15g。水煎内服,空腹时服用。

【用法用量】 叶内服15-20g;生食适量。

番荔枝

【形态】 草本。具圆锥状肉质根。小枝被糙硬毛。叶形多样,长 3-10cm,下面被长硬毛。花单生叶腋;小苞片 6-12;花萼佛焰苞状;花瓣 5,红色或黄色;雄蕊柱长约 2cm。蒴果被刺毛。春夏开花。

【生长环境】 生于低丘、草坡、旷野。

【性味功效】 味甘淡,性微温。滋养强壮,安神。

【临床应用】

1)神经衰弱失眠:五指山参 20g,花生叶 30g,含羞草根 15g,水煎内服,睡前 1 小时服用。

2)气虚汗出:五指山参根 30g,黄芪 30g,炒白术 15g,浮小麦 30g,麻黄根 30g,山萸肉 15g,炙甘草 6g。水煎内服,空腹时服用。

【用法用量】 内服 15-30g。

五指山参

五指山参(根)

【产地】 产于我国北方省份,俗称"北芪"。超市可购得。

【外观】 本品呈圆柱形,有的有分枝,上端较粗,长30-90cm,直径1-3.5cm。表面淡棕黄色或淡棕褐色,有不整齐的纵皱纹或纵沟。质硬而韧,不易折断,断面纤维性强,并显粉性,皮部黄白色,木部淡黄色,有放射状纹理和裂隙,老根中心偶呈枯朽状,黑褐色或呈空洞。气微,味微甜,嚼之微有豆腥味。

【性味功效】 味甘,性微温。补气升阳,固表敛汗,利尿消肿,托毒生肌。

【临床应用】

1) 糖尿病:黄芪200g,山药250g,猪胰1-2条,水煎煲汤,分2日服用。

2) 新冠感染前预防或感染后体衰乏力者:黄芪20g,五指毛桃30g,防风15g,干姜5g,炒白术15g,甘草10g水煎内服,有提高免疫力,预防感染和恢复体力的作用。

3) 气虚汗出:黄芪30g,煅牡蛎30g,麻黄根30g,水煎内服,如牡蛎散,见《太平惠民和剂局方》。

4) 痈疮脓成不溃或已溃脓质清晰、排脓不畅:黄芪30g,炮山甲15g,皂角刺15g,水煎内服,如透脓散,见

《外科正宗》。

5)脾虚中气下陷之久泻脱肛,内脏下垂:黄芪30g,党参30g,当归15g,炒白术15g,陈皮10g,升麻15g,柴胡10g,炙甘草6g,水煎内服,如补中益气汤,见《脾胃论》。

【用法用量】 内服15-60 g;食用适量。

【注意事项】 表实或内有积滞、阴虚阳亢者,疮疡属阳实证者,不宜用。妊娠晚期者慎用。

黄芪

党参

【产地】 主产于我国北部省份。超市可购得。

【外观】 根略呈圆柱形、纺锤状圆柱形或长圆锥形,少分枝或中部以下面分枝,长15-45cm,直径0.45-2.5cm。表面灰黄色、灰棕色或红棕色,有不规则纵沟及皱缩,疏生横长皮孔,上部多环状皱纹,近根头处尤密;根头有多数突起的茎痕及芽痕,集成球状,习称"狮子盘头";根破碎处有时可见黑褐色胶状物,系乳汁溢出凝成(俗稀油点)。质柔润或坚硬,断面较平整,有的呈角质样,皮部较厚,黄白色、淡棕色或棕褐色,常有裂隙,与木部交接处有一深棕色环,木部约占根直径的1/3-1/2,淡黄色。气微香,味甜,嚼之无渣。

【性味功效】 味甘,性平。补脾益肺,养血生津。

【临床应用】

1)慢性支气管炎,症见咳嗽日久,痰稀咳喘者:党参30g,紫苑15g,丹参20g,桃仁15g,炒白术15g,苏子15g,白果12g打碎,厚朴15g,款冬花15g,白芥子15g,莱菔子15g打碎,炙甘草6g,水煎内服,一日2次,饭后1小时服用。

2)胃痞,脾虚气滞胃胀:党参30g,茯苓30g,炒白术15g,甘草10g,木香10g后下,砂仁10g后下,陈皮

10g,姜半夏15g,水煎内服,如香砂六君汤,见《古今名医方论》。

3)崩漏(气虚):党参30g,黄芪20g,仙鹤草20g,龟板20g,金樱子20g,海螵蛸30g。水煎内服。

【用法用量】 内服15-30 g。

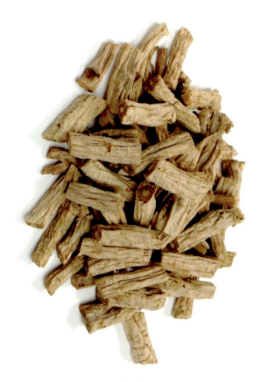

党参

党参

第九节 补血药

木耳

【形态】 子实体丛生,耳状、叶状或近杯状,边缘波状,直径3-12cm,胶质,半透明,背面棕褐色至暗青灰色,疏生短绒毛。腹面凹入,红棕色至褐色,平滑或稍有脉状皱纹。干后收缩,呈黑褐色,角质而硬脆。

【生长环境】 生于栎、榆、杨、槐等阔叶树腐木上,有栽培。超市可购得。

【性味功效】 味甘,性平。补气养血,活血化瘀。

【临床应用】

1)缺铁性贫血:木耳30g,红枣10,水煎内服,每天1次。

2)血管内斑块:木耳30-50g,大蒜泥、酱油和醋适量搅拌食用,连吃2-3月。

3)大便干燥、痔疮出血:木耳15g,柿饼30g,煮烂,随意吃。

4)高血压防止动脉硬化:木耳15g,洋葱20g切片,炒熟后食用。

【用法用量】 内服10-30g;食用适量。

木耳

龙眼

【形态】 常绿乔木。树皮粗糙。偶数羽状复叶,小叶常 4-5 对,无毛,小叶柄短。圆锥花序被星状毛,萼裂片覆瓦状排列,花瓣 5。果核果状,球形,表面稍粗糙,不开裂。假种皮肉质,与种皮分离。花期春季,果期夏季。

【生长环境】 多栽培于堤岸和园圃。

【性味功效】 果肉:味甘,性温;补益心脾,养血安神。种子:味苦涩,性平;散结止血。

【临床应用】

1)心脾两虚,入睡困难:龙眼肉 15g,熟桑椹 15g,合欢花 15g,首乌藤 30g,磁石 30g,水煎内服,睡前 1 小时服,排完小便后睡觉。

2)外伤出血:龙眼核适量,打细粉,装瓶备用,外用撒于出血伤口,一日 1 次。

【用法用量】 龙眼肉内服 15-20g;外用适量。

龙眼饮片

【形态】 落叶小乔木。叶纸质,基部稍偏斜,两面无毛或下面沿脉稍被毛,基生三出脉,托叶刺2。花两性,黄绿色,5基数,无毛,单生或腋生聚伞花序。核果矩圆形或长卵圆形,味甜。花期5-7月,果期8-9月。

【生长环境】 生于山区、丘陵、平原,有栽种。超市可购得。

【性味功效】 味甘,性温。补中益气,养血缓中。

【临床应用】

1) 过敏性紫癜:大枣50g,仙鹤草30g,带衣花生仁30g,水煮30-40分钟,内服,一日2次,连服10天。

2) 小儿多动症:大枣20g,浮小麦30g,龙骨、牡蛎各30g,象牙屑15g,甘草10g,冷水浸泡2小时后,水煮加热,饮汤吃枣,上下午各服1次,连服3月。

【用法用量】 内服10-50g;食用适量。

大枣

当归

【产地】 产于我国西部省份,甘肃为多。超市可购得。

【形态】 根头及主根粗短,略呈圆柱形,长1.5-3.5cm,直径1.5-3cm,下部有3-5条或更多的支根,多弯曲,长短不等,直径0.4-1cm。表面黄棕色或棕褐色,有不规则纵皱纹及椭圆形皮孔;根头部具横纹,顶端残留多层鳞片状叶基。质坚硬,易吸潮亦软,断面黄白色或淡黄棕以,形成层环黄棕色,皮部有多数棕以油点及裂隙,木部射线细密。有浓郁的香气,味甜、辛,微苦。

【性味功效】 味甘、辛,性温。补血调经,活血止痛,润肠通便。

【临床应用】

1)月经不调,痛经:当归15g,益母草30g,香附15g,元胡20g,月季花10g,熟地黄20g,黄精20g,甘草10g,水煎内服,一日2次。

2)贫血眩晕:当归15g,川芎10g,熟地黄20g,白芍10g,如四物汤,见《太平惠民和剂局方》。

3)老年功能性便秘(气血阴亏型):当归15g,生地黄15g,熟地黄15g,白术30g,党参30g,莱菔子20g打碎,郁李仁20g打碎,枳实20g,水煎内服,一日2次,空腹服用。大便通畅后,改为每天一次续服。

【用法用量】 内服15g。

当归

当归

第十节 养阴滋润药

银耳

【形态】 子实体纯白色,胶质,半透明,柔软有弹性,由数片至 10 余片薄而皱褶的瓣片组成,呈菊花状或鸡冠状,直径 3-15 cm。干后收缩,角质,硬而脆,白色或米黄色。

【生长环境】 生于栎及其他阔叶树的腐木上,有栽培。超市可购得。

【性味功效】 味甘淡,性平。滋补生津,润肺养胃。

【临床应用】

1)虚劳咳嗽,阴虚津少,痰少乏力:银耳 15g,五指毛桃 30g,石斛 15g,水煎内服。

2)癌症化放疗后,体虚内热气短乏力:银耳 20g,枸杞 30g,五指毛桃 30g,黄芪 20g,水煎内服,可增强身体免疫力,减少化放疗副作用,防止癌症复发。

【用法用量】 内服 15-20g。

银耳

余甘子

【形态】 一年生草本。小枝具纵棱。单叶互生，2列，排列在近一个平面上，叶片小，纸质，长圆形，先端具小尖头，全缘，有毛，背面灰白色，有时叶缘稍带红色，叶柄极短，托叶刚毛状。花小，雌雄同株，雄花2-4朵簇生于小枝中上部叶腋，常仅1朵开花，雌花单生于同一小枝中下部叶腋。花均无花瓣，花梗短，萼片6，排成2轮，绿白色，雄花雄蕊3，花丝合生，花盘腺体6，雌花花盘环状，子房3室。蒴果具小瘤状突起，悬垂于叶下方。花期5-10月，果期7-11月。

【生长环境】 生于田边、山坡、路旁草地上。

【性味功效】 味酸甘涩，性凉。清热凉血，健胃消食，生津止渴。

【临床应用】

1）感冒咳嗽，咽痛声嘶：余甘子30枚，水煎内服。

2）腹痛食积：余甘子10枚，盐水泡后，嚼服。

【用法用量】 内服10-30枚。

余甘子

【形态】 多年生攀援草本,无毛,具刺。块根肉质。叶状枝常3枚成簇,扁平,略三棱形,镰状弯曲。叶退化成鳞片。雌雄异株,花常2朵簇生叶状枝腋。浆果球形,红色,种子1。花期5-6月,果期8-10月。

【生长环境】 生于山地阴湿处,有栽培。

【性味功效】 味甘、苦,性寒。滋阴润燥,清肺降火。

【临床应用】

1)燥热咳嗽,痰黄咯血:天门冬15g,沙参20g,百合20g,侧柏叶20g,仙鹤草20g,水煎内服,一日2次。

2)燥热伤津便秘:天门冬15g,生地黄15g,莱菔子20g打碎,郁李仁20g,生白术30g,首次使用,水煎内服,一日2次。大便通畅后,上药改煮成2碗,分2日服用,一日1碗。

【用法用量】 内服15g。

天门冬

美花石斛

【形态】 附生草本。茎柔弱,常下垂,细圆柱形。叶2列,互生,叶鞘抱茎。花白色或紫红色,1-2朵发自具叶老茎上部,萼囊近球形,花瓣全缘,唇瓣上面中央金黄色,周边淡紫红色,边缘流苏状。花期4-5月。

【生长环境】 附生于树上或林下岩石上。

【性味功效】 味甘,性微寒。益胃生津,滋阴清热。

【临床应用】

1)热病生津,口干欲饮:美花石斛15g,生地黄、麦冬、沙参各15g,水煎内服。

2)阴虚火旺,筋骨痿软:美花石斛20g,川牛膝20g,牛大力30g,水煎内服。

【用法用量】 内服15-20g。

美花石斛

石仙桃

【形态】 多年生附生草本。根茎匍匐,假鳞茎狭卵状长圆形,基部收狭成柄状,顶生2叶。总状花序发自幼嫩假鳞茎顶端,苞片宿存,唇瓣下半部呈半球形囊。蒴果具6棱,3棱有窄翅。花期4-5月,果期9月至次年1月。

【生长环境】 生于林中或林缘树上、岩壁或岩石上。

【性味功效】 味甘苦,性凉。养阴润肺,清热解毒。

【临床应用】

1)肺炎、肺结核咯血:石仙桃30g,侧柏叶20g,山芝麻15g,百部15g,甘草10g,水煎内服。

2)阴虚不寐:石仙桃30g,夜交藤、百合各30g,熟桑椹20g,水煎内服,睡前1小时服。

【用法用量】 内服15-30g。

石仙桃

石仙桃

第十一节 温阳散寒药

玉桂(肉桂)

【形态】 常绿乔木,芳香。幼枝略四棱形。叶互生或近对生,革质,长椭圆形至近披针形,离基三出脉。圆锥花序腋生,无总苞,花药4室,上下叠置。核果无毛,果托浅杯状。花期6-8月,果期10-12月。

【生长环境】 栽培于砂土及斜坡山地。超市可购得。

【性味功效】 树皮:味辛甘、性大热,补火助阳,散寒止痛,温经通络。树枝:味辛甘,性温,发汗解肌,温通经络。

【临床应用】

1)风寒湿痹症:桂枝15g,附子10g,干姜5g,威灵仙20g,当归15g,鹿衔草20g,仙灵脾20g,羌活15g,独活15g,桑寄生30g,甘草10g,水煎内服,一日2次。

2)太阳中风证,外感风寒汗出:桂枝12g,白芍9g,生姜6g,大枣6g,甘草6g,水煎内服,如桂枝汤,见《伤寒论》。

3)胃寒痛:肉桂10g,元胡10g,打粉混匀,内服,每次3g,一日2次,用于温中止痛。

【用法用量】 肉桂:内服3-10g,煎煮时需后下。桂枝:内服10-30g,。

【注意事项】 有出血倾向者及孕妇慎用。

第十一节 温阳散寒药

玉桂(肉桂)树

玉桂(肉桂)皮

辣椒

【形态】 一年生或有限多年生草本。单叶互生,枝顶端双生或簇生状,全缘。花单生,俯垂,花萼杯状,5齿极短,花冠辐状,白色,花药分离,蓝紫色。浆果少汁液,味辣。种子扁肾形。花、果期5-11月。

【生长环境】 栽培。超市可购得。

【性味功效】 味辛,性热。温中散寒,开胃消食。

【临床应用】

1)做菜佐料,健脾开胃。

2)冻疮初起:辣椒果实适量,煎水外涂。

【用法用量】 食用、外用适量。

【注意事项】 易上火者或咽喉肿痛时慎用。

辣椒

花椒

【形态】 乔木。茎具三角形红褐色皮刺。单数羽状复叶互生；小叶斜方状倒卵形或斜矩圆形。伞房状圆锥花序顶生；花单性，花瓣淡青色。蓇葖果紫红色，有粗大腺点。花期6-8月，果期9-12月。

【生长环境】 生于荒地、山坡、溪谷灌木丛中或疏林中，有栽种。超市可购得。

【性味功效】 味辛，性温。温中止痛，安蛔杀虫。

【临床应用】

1）虚寒性胃脘痛：花椒10g，干姜6g，人参10g，水煎内服，如大建中汤，见《金匮要略》。

2）胆道蛔虫症：花椒10g，乌梅15g，黄连10g，黄柏12g，人参10g，当归15g，桂枝10g，附子10g，干姜5g，细辛5g，水煎内服，如乌梅丸，见《伤寒论》。

3）糖尿病并皮肤感染：花椒50g，五倍子50g，将两者水煮后先熏后洗，连续冲洗患处15分钟，再给创面喷喉风散和云南白药，一日1次。

【用法用量】 内服10g；外用适量。

【注意事项】 阴虚内热者慎用。

第十一节 温阳散寒药 | 291

花椒

【形态】 多年生草本。根茎芳香,辛辣。叶片披针形或线状披针形,无毛,无柄,叶舌长 2-4mm。穗状花序球形,直立,苞片卵形,先端有小尖头,唇瓣具紫色条纹及淡黄色斑点,药隔附属体钻状。蒴果。花期 8 月。

【生长环境】 栽培。超市可购得。

【性味功效】 味辛,性热。解表散寒,温中止呕。

【临床应用】

1)风寒感冒:生姜 6g,葱头 5 个,紫苏 10g,水煎 10 分钟温服,盖被取汗。

2)恶心呕吐:生姜 6g,陈皮 10g,砂仁 10g,水煎频服。

3)胃寒症:生姜 10g,开水冲泡,加蜂蜜少许,调服,每天早上一次。

【用法用量】 内服 5-15g。

【注意事项】 易上火者或咽喉肿痛时慎用。

第十一节 温阳散寒药

姜

干姜片

鹅不食草

【形态】 匍匐草本,揉碎有辛辣味。茎丛生,多分枝,有不定根。叶倒披针形,长7-15mm,边缘有3-5钝齿。头状花序单生叶腋,全为管状花,黄绿色。秋季开花。

【生长环境】 生于路边、田野阴湿处。

【性味功效】 味辛,性温。解表散寒、通窍。

【临床应用】

1)风寒所致鼻炎鼻塞:鹅不食草30-50g,捣烂取汁,滴鼻,一次2-3滴。

2)蛇虫咬伤:鹅不食草适量,望江南叶适量,捣烂取汁外敷,另取汁10ml兑开水服。

【用法用量】 内服10-20g;外用适量。

鹅不食草

鹅不食草

第十二节 补肝肾药

骨碎补

【形态】 附生草本。根状茎密被鳞片,鳞片盾状着生,具齿。叶二型,不育叶基生,厚干膜质,圆形,浅裂,黄绿色或枯棕色,能育叶深羽裂,裂片披针形,叶柄具狭翅。孢子囊群圆形或椭圆形,分布于叶下面。

【生长环境】 附生于树干或岩石上。

【性味功效】 味苦,性温。活血通络,补肾强骨。

【临床应用】

1)肾虚腰痛,风湿腰腿痛:骨碎补 30g,杜仲 15g,川断 15g,桑寄生 15g,猪尾巴 1 个,水煮,食用猪尾巴及药汤。

2)功能性耳聋:骨碎补 30g,磨盘草 30g,枸杞 20g,菟丝子 20g,猪耳朵 1 个,水煮,食用猪耳朵及药汤

【用法用量】 内服 10-30g。

第十二节 补肝肾药

骨碎补

薜荔（广东王不留行）

【形态】 常绿攀援藤本。营养枝生不定根，叶小，纸质，心状卵形，繁殖枝无不定根，叶大，革质，椭圆形，网脉在背面突起。隐头花序大，单个腋生，梨形或倒卵形，总花梗粗大。花期5-6月，果期9-10月。

【生长环境】 生于树上，残垣破壁上，或石灰岩山坡上，有栽培。

【性味功效】 味甘，性平。补肾固精，活血通络。

【临床应用】

1）产后乳汁不通：薜荔果实30g，花生30g，猪蹄50g，水煮食用，一日1次。

2）麻疹不透：薜荔茎藤30-50g，水煮内服，一日2次。

【用法用量】 内服30g。

薜荔（广东王不留行）

【形态】 攀援状灌木,有刺。羽状复叶,小叶椭圆形,长2-7cm。花白色;萼裂片、花瓣均5。果倒卵形,有刺。秋末成熟时橙黄色。

【生长环境】 生于山坡灌木丛中。

【性味功效】 味甘,性平。补肾固摄,壮腰止遗。

【临床应用】

1)肾虚腰痛:金樱子根20g,杜仲15g,川断15g,川牛膝20g,熟地黄20g,水煎内服。

2)遗尿、尿频:金樱子20g,覆盆子20g,桑螵蛸12g,芡实30g,益智仁15g,菟丝子20g,水煎内服。

【用法用量】 内服15-20g。

金樱子

山药

【形态】 草质缠绕藤本。块茎长圆柱形,垂直生长。茎右旋,无毛。单叶互生和对生,偶轮生,卵状三角形至宽卵形或戟形。雌雄异株,穗状花序。蒴果三棱状扁圆形或三棱状圆形。种子生于中轴中部。花期6-9月,果期7-11月。

【生长环境】 生于山野向阳处,有栽培。超市可购得。

【性味功效】 味甘,性平。健脾补肾,益肺生津。

【临床应用】

1)2型糖尿病:山药250g,黄芪150g,猪胰2条,切片水煮,分2天食服完,每周2次。

2)脾肾两虚腹泻:山药30g,黄芪20g,党参30g,炒白术15g,补骨脂15g,菟丝子20g,金樱子20g,芡实30g,石榴皮30g,炙甘草10g,水煎内服。

【用法用量】 内服30g;食用适量。

山药(藤)

山药(薯)

金毛狗脊

【形态】 根茎平卧，短而粗壮，密被金黄色长柔毛，形如狗头。叶丛生，大形，叶柄粗壮，叶片三回羽状深裂，厚纸质，下面灰白色，末回裂片狭披针形，边缘有钝齿。孢子囊群生于裂片下部小脉顶端，囊群盖成熟时二瓣开裂如蚌壳。

【生长环境】 生于山脚沟边及林下阴湿处。

【性味功效】 味苦、甘，性温。补肝肾，强腰膝，去风湿。

【临床应用】

1）肾虚腰痛：狗脊20g，杜仲15g，川断20g，桑寄生30g，川牛膝20g，熟地黄20，菟丝子20g，威灵仙20g，水煎内服，一日2次。

2）骨质疏松症：狗脊20g，川断15g，熟地黄20g，当归15g，黄芪20g，鹿角胶15g，川芎15g，红花10g，土鳖虫10g，水煎内服，一日2次，连服3月。

3）腰肌纤维组织炎：狗脊15g，川断15g，桑寄生20g，杜仲15g，骨碎补20g，当归15g，鸡血藤30g，川芎15g，乳香6g，苏木15g，赤芍20g，桃仁15g（打碎），水煎内服，一日2次。

【用法用量】 内服15-20g。

【注意事项】 阴虚有热，小便不利或短涩黄赤者慎用。

金毛狗脊

枸杞

【产地】 宁夏生产为上品。超市可购得。

【外观】 呈椭圆形或纺锤形,略压扁,长1.5-2cm,直径4-8mm。表面鲜红色至暗红色,具不规则的皱纹,略有光泽,一端有白色果柄痕。肉质柔润,内有多数黄色种子;扁平似肾脏形。无臭,味甜,嚼之唾液染成红黄色。以粒大、肉厚、种子少、色红、质柔软者为佳

【性味功效】 味甘,性平。补肾益精,清肝明目。

【临床应用】

1)增强免疫力,用于病后体虚,癌症患者、体衰者:枸杞15g,黄芪15g,长期泡茶饮用。

2)慢性萎缩性胃炎、胃癌前病变:枸杞30g,空腹嚼服作为食疗,连服2-6个月。

3)老年口干症、2型糖尿病口干者:枸杞15g,麦冬10g,泡水饮用。

【用法用量】 药用10-30g;食用适量。

枸杞

黑枸杞

【产地】 主产于我国西北部。超市可购得。

【外观】 本品呈球形或类球形，皱缩，直径 4-9mm，表面呈紫黑色，顶端略有凹陷，下端带细果柄，果柄黄棕色至棕色。果体柔软，果皮薄。种子 10-30 粒，扁圆形或偏肾形，长 1.5-2cm，宽 0.8-1.5cm，表面棕褐色至紫黑色。气微，味甘。

【性味功效】 味甘，性平。滋补肝肾，益精明目。

【临床应用】

1）早白发、脱发：黑枸杞 30g，侧柏叶 15g，制何首乌 20g，黑芝麻 10g，女贞子 20g，旱莲草 15g，黑豆 20g，核桃仁 15g。水煎内服，一日 2 次。

2）头目眩晕、记忆力下降：黑枸杞 15g，核桃仁 15g，益智仁 15g，黄精 20g，石菖蒲 10g，熟地黄 20g。水煎内服，一日 2 次。

3）贫血头晕：黑枸杞 20g，当归 15g，桑椹 20g，木耳 10g，红枣 10g，龙眼肉 15g。水煎内服，一日 2 次。

【用法用量】 内服 10-30g。

黑枸杞

千斤拔

【形态】 直立灌木,各部密被柔毛。三出复叶,叶柄长 3-6cm,具狭翅,顶生小叶长 8-15cm,宽 4-7cm,两面除脉上外几无毛。总状花序腋生,雄蕊二体。荚果椭圆形。种子 1-2 颗。花期 6-9 月,果期 10-12 月。

【生长环境】 生于空旷山坡上或山溪水边。

【性味功效】 根味甘淡,性平。祛风强骨补肾。

【临床应用】

1)慢性腰腿痛:千斤拔 30g,杜仲 15g,川断 15g,骨碎补 20g,菟丝子 20g,熟地黄 20g,川牛膝 20g,水煎内服。

2)风湿性关节炎:千斤拔 30g,两面针 15g,藤梨根 30g,海风藤 30g,威灵仙 30g,甘草 10g,水煎内服。

【用法用量】 内服 30g。

千斤拔

【形态】 多年生缠绕藤本。块根肥厚。茎中空。叶片卵形或三角状卵形,基部心形,全缘,无毛,托叶鞘膜质,偏斜。大型圆锥花序,花被5深裂,绿白色,外3片较大而具翅。瘦果卵状三棱形,黑褐色,光亮,外包具翅宿存花被。花期8-9月,果期9-10月。

【生长环境】 生于草坡、路边、山坡石隙及灌木丛中。有栽培。

【性味功效】 味苦、甘、涩,性微温。炮制后用:补益精血,固肾乌发。

【临床应用】

1)脱发、白发:制何首乌15g,熟地黄20g,当归15g,女贞子15g,墨旱莲15g,侧伯叶20g,丹参20g,水煎内服,一日2次。

2)高脂血症:制何首乌15g,桑叶15g,荷叶15g,绞股蓝15g,泽泻15g,水煎内服,连续服用至血脂正常。

【用法用量】 生用有毒,忌用。制何首乌内服10-15g,注意损伤肝功能,需慎用。

何首乌(藤)

何首乌(饮片)

【形态】 灌木,嫩枝、叶、花序、花密被锈色星状毛,后脱落变无毛。叶对生或近对生,厚纸质。伞形花序,花常2朵,花蕾顶端卵球形,裂片匙形。浆果密生小瘤体。花、果期4月至次年1月。

【生长环境】 生于平原或低山常绿阔叶林中,寄生于桑树、桃树、李树、龙眼、荔枝、杨桃,油茶、油桐、橡胶树、榕树、木棉、马尾松、水松等多种植物上。

【性味功效】 味甘苦,性平。祛风湿,补肝肾,强筋骨,安胎。

【临床应用】

1)反复先兆流产:桑寄生15g,党参30g,川芎6g,黄芪30g,砂仁6g(后下),川断15g,熟地黄20g,炙甘草6g,炒白术15g,当归15g,杜仲15g,黄芩10g,白芍15g,菟丝子20g,枳壳6g。水煎内服,服至胎儿3个月为止。

2)腰椎间盘突出症:桑寄生30g,杜仲15g,狗脊15g,骨碎补30g,独活15g,熟地黄20g,川牛膝20g,鹿衔草20g,甘草10g,水煎内服,一日2次。

3)胎动不安:炒白术15g,桑寄生15g,砂仁6g(后下),甘草6g。

【用法用量】 内服15-30g。

桑寄生

【形态】 木质藤本。奇数羽状复叶,小叶常为6对。圆锥花序腋生,密被黄褐色绒毛,旗瓣无毛,基部具2胼胝体,二体雄蕊。荚果线形,扁平,具喙,被毛,果瓣木质,开裂花期7–10月,果期次年2月。

【生长环境】 生于灌丛、疏林、旷野。

【性味功效】 根:味甘,性平;滋补肝肾,舒筋活络。

【临床应用】

1)慢性腰腿痛:牛大力根30g,千斤拔30g,两面针15g,木棉树皮30g,当归15g,威灵仙20g,甘草10g,水煎内服,一日2次。

2)风湿关节炎:牛大力根30g,藤梨根30g,威灵仙30g,伸筋草30g,海风藤30g,当归15g,甘草10g,水煎内服,一日2次。

【用法用量】 内服30–60g。

牛大力藤(美丽崖豆藤)

牛大力根

第十三节 凉血止血药

侧柏叶

【形态】 常绿乔木。树皮纵裂成条片,生鳞叶的小枝直展或斜展。叶鳞形,长 1-3mm 先端微钝。球果近卵圆形,成熟后木质,开裂,种鳞 4 对,厚,鳞背有一尖头,种子无翅或翅极窄。花期 3-4 月,球果 10 月成熟。

【生长环境】 生于湿润肥沃地,石灰岩山地也有生长,有栽种。

【性味功效】 种子:味甘,性平。养心安神,润肠通便。叶:味苦涩,性寒,凉血止血,化痰止咳,生发乌发。

【临床应用】

1) 各种出血:侧柏叶 20g,紫珠草 20g,仙鹤草 20g,槐花 15g,水煎内服,一日 2 次。

2) 脱发、白发,头油多:侧柏叶 20g,槐花 15g,桑白皮 20g,花旗参 10g,制何首乌 20g,熟地黄 20g,黑豆 20g(打碎),水煎内服,一日 2 次。其中制何首乌每服用一周,需停用一周。

【用法用量】 内服 15-20g。

【注意事项】 多服久服,易致胃脘不适及食欲减退。

侧柏叶

落地生根

【形态】 多年生肉质草本。羽状复叶,小叶长圆形至椭圆形,边缘有圆齿,齿底易生芽。圆锥花序顶生,花下垂,4基数,花萼钟形,花冠管状,雄蕊着生花冠基部。蓇葖果。花期11月至次年3月。

【生长环境】 生于山坡、沟谷、路旁湿润的草地上,常有栽培。

【性味功效】 味苦酸,性寒。凉血止血,清热解毒。

【临床应用】

1)中耳炎:落地生根叶30-50g,捣烂取汁外用,清洁耳道后滴耳。

2)疔疮痈疽,无名肿毒:落地生根鲜叶30-50g,捣烂取汁外用,调蜜饮服,渣敷患处。

3)吐血:落地生根鲜叶8-10片,捣烂绞汁,加热内服。

【用法用量】 内服10-30g;外用适量。

落地生根

紫珠

【形态】 小灌木。叶、花萼、花冠、子房无毛,叶背和子房具黄色腺点。叶对生,倒卵形或拔针形,基部楔形,边缘上半部疏生锯齿。聚伞花序2-3次分歧,花冠紫色。浆果状核果紫色。花期5-6月,果期7-11月。

【生长环境】 生于低山丘陵灌丛中。

【性味功效】 味苦涩,性凉。凉血收敛,止血散瘀。

【临床应用】

1)各类出血:紫珠叶晒干、研粉,装瓶备用,外伤出血时,撒于伤口止血。

2)功能失调性子宫出血:紫珠叶30g,地苍20g,梵天花30g,月季花10g,水煎内服。

3)胃溃疡出血:紫珠50g,海螵蛸30g,水煎内服。

【用法用量】 内服30-50g;外用适量。

紫珠

茜草

【形态】 多年生攀援草本,无毛,具小皮刺。根茎及须根红色。茎4棱。4叶轮生,纸质,顶端渐尖或钝尖,基出3脉,叶柄长。聚伞花序,花冠裂片镊合状排列,长约1.5mm。果肉质,熟时橘黄色。花、果期9-11月。

【生长环境】 生于山坡岩石旁或沟边草丛中。

【性味功效】 味苦,性寒。止血化瘀。

【临床应用】

1)衄血、咯血、尿血:茜草20g,紫珠20g,茅根30g,水煎内服。

2)崩漏(气虚出血):茜草20g,黄芪30g,炒白术15g,煅龙骨、煅牡蛎各30g,海螵蛸30g,生地黄15g,白芍15g,川断15g,如固冲汤,见《医学衷中参西录》。

【用法用量】 内服15-20g。

茜草

旱莲草

【形态】 一年生草本。全株被白色糙毛,汁液流出后变黑色。茎直立或平卧。单叶对生,线状椭圆形至披针形。头状花序腋生或顶生,外层舌状花雌性,中央管状花两性。瘦果无冠毛。花期7-9月,果期9-10月。

【生长环境】 生于路边、湿地、沟边、田间。

【性味功效】 味甘,性凉。养阴清热,凉血止血。

【临床应用】

1）阴虚口干:旱莲草30g,生地黄20g,水煎内服,代茶饮。

2）带状疱疹:旱莲草鲜品捣烂,外用取汁,涂搽患处。

3）肝肾阴虚、头晕耳鸣,须发早白:旱莲草20g,女贞子20g,制何首乌20g,黑豆20g(打碎),熟地黄20g(二至丸加味),水煎内服。

【用法用量】 内服10-30g;外用适量。

旱莲草

白茅

【形态】 多年生草本。根茎粗长。秆丛生,直立,节无毛,常为叶鞘所包。叶窄线形。圆锥花序稠密,小穗基部的柔毛长于小穗 3 倍以上,雄蕊 2,柱头紫黑色。颖果椭圆形,胚长为颗果之半。花、果期 4-6 月。

【生长环境】 生于低山带平原河岸、草地、沙质草甸、荒漠与海滨。

【性味功效】 味甘,性寒。凉血止血,清热利尿。

【临床应用】

1)泌尿系感染尿血:白茅根 30g,海金沙 30g,金钱草 30g,酢浆草 30g,水煎内服,一日 1 次。

2)热病烦渴:白茅根 30g,菊花 12g,天花粉 30g,水煎内服。

3)急性肾炎尿血、水肿:白茅根 30g,益母草 30g,山药 30g,五指毛桃 20g,栀子 15g,甘草 10g,水煎内服。

【用法用量】 内服 15-30g。

白茅

白茅根

地苓

【形态】 匍匐草本。茎多分枝,疏被粗毛。叶卵形,长1-3.5cm,边缘及背面脉上疏生粗毛,基出3脉。花1-3朵顶生,花5数;花萼钟形;花瓣淡紫色。浆果球形,稍肉质。初夏开花。

【生长环境】 生于山坡、路旁。

【性味功效】 味淡,性平。清热凉血,解毒消肿。

【临床应用】

1) 急性肾盂肾炎:地苓30g,凤尾草30g,车前草20g,积雪草20g,水煎内服,一日2次,服用一周。

2) 急性扁桃体炎:地苓30g,一点红30g,水煎内服。

3) 疔疮痈肿:地苓、一点红各适量加红糖,捣烂外敷。

【用法用量】 内服30g;外用适量。

地菍

【形态】 多年生直立草本。块根纺锤状。基生叶羽状深裂或几全裂。头状花序生茎端,总苞钟状,总苞片覆瓦状排列,外面有微糙毛并沿中肋有黏腺,小花红色或紫色。瘦果压扁,冠毛浅褐色,刚毛长羽毛状。花、果期4-11月。

【生长环境】 生于山坡、草地、路边。

【性味功效】 味甘、苦,性凉。凉血止血,散瘀解毒。

【临床应用】

1）带状疱疹：大蓟叶60g,水浓煎,弃渣,外用涂于患处。

2）痈疮肿毒：大蓟叶30g,金银花30g,水煎内服,一日2次,见《本草汇言》。

3）血热妄行的各种出血：大蓟30g、小蓟30g⋯等药搭配使用,如十灰散,见《十药神书》。

【用法用量】 内服鲜品30-60g;外用适量。

大蓟

龙血树

【形态】 常绿灌木,乔木状,植株高 3-4m。树干粗短,树皮灰褐色,纵裂,枝、叶十分繁茂,墨绿色的带状叶片聚生于茎和枝顶,几呈套叠状,抱茎,无柄,圆锥花序长约 30cm,花每 3-7 朵簇生,绿白色或淡黄色。

【生长环境】 生于林中或干燥沙壤土上。

【性味功效】 味甘、咸,性凉。凉血止血,活血生肌。药用树干的树脂(血竭)。

【临床应用】

1) 跌打损伤的疼痛:血竭 5g,当归 15g,赤芍 15g,红花 10g,没药 10g,甘草 10g,水煎内服,一日 1 次,连服 3 日。

2) 外伤出血:血竭、白及,各等份,研成粉,外敷于伤口。

3) 鼻衄:血竭 3g,蒲黄 3g,等量混合,吹入鼻腔。

【用法用量】 内服 3-5g;外用适量。

龙血树

罗汉松

【形态】 常绿乔木。叶螺旋状散生,条状披针形,中脉明显。雌雄异株,雄球花穗状,常3-5个簇生,雌球花单生叶腋。种子核果状,全部包于肉质假种皮,生于肉质种托上。花期4-5月,种子8-9月成熟。

【生长环境】 多栽培。

【性味功效】 叶:味淡性平,凉血止血。种子:味甘性温,行气止痛。

【临床应用】

1)吐血、咳血:罗汉松叶30g,侧柏叶30g,蜜枣2枚,水煎内服。

2)胃痛:罗汉松种子10g,两面针10g,水煎内服,可解痉止痛。

【用法用量】 叶、种子内服10-30g。

罗汉松

罗汉松

第十四节 止咳化痰定喘药

银杏

【形态】 落叶乔木。叶扇形,有长柄,在一年生长枝上螺旋状散生,常2裂,在短枝上簇生,常具波状缺刻。雌雄异株,雄球花柔荑花序状,雌球花具长梗,梗端有2个杯状心皮。种子核果状。花期3-4月,种子9-10月成熟。

【生长环境】 生于排水良好的天然林中,广泛栽培。

【性味功效】 种子(白果):味甘、苦、涩,性平;敛肺定喘,缩尿止带。银杏叶:味甘、苦、涩,性平;活血化瘀,化浊降脂。

【临床应用】

1)喘息性支气管炎气喘咳嗽,难以平卧:白果12g(打碎),党参30g,炒白术15g,紫菀15g,苏子15g,莱菔子15g(打碎),白芥子15g,桃仁15g(打碎),厚朴15g,煅磁石15g,水煎内服。

2)冠心病、心绞痛:银杏叶15g,丹参15g,瓜蒌15g,田七粉3g(冲服),水煎内服,一日2次。

【用法用量】 内服,种子:10-12g,叶:15-30g。

【注意事项】 种子有小毒,不可长期大量应用。

银杏(叶)

银杏果(白果)

洋金花（曼陀罗）

【形态】 一年生直立草本，半灌木状，全体近无毛。叶卵形或广卵形。花单生，花萼筒状，花冠长漏斗状，长14–20 cm，裂片顶端有小尖头，雄蕊5。蒴果近球状或扁球状，疏生粗短刺，不规则4瓣裂。花、果期3–12月。

【生长环境】 生于山坡、草地附近。

【性味功效】 味辛，性温。定喘，止痛。

【临床应用】

1）哮喘气促：洋金花晒干0.3g，切丝作烟卷，用烟斗燃吸，可平喘。

2）胃痛：洋金花0.3g，水煎内服，可麻醉止痛。

3）化脓伤口：洋金花叶洗净，用热米汤烫熟，外敷于伤口上，每日换药一次。

【用法用量】 内服一分（约0.3g），外用适量。

【注意事项】 有毒，不可多用久用。青光眼禁用。

洋金花(曼陀罗)

【形态】 落叶小乔木,乳汁丰富,无毛。枝条粗壮,稍肉质。叶常集于枝上部。聚伞花序顶生;花冠漏斗状,外面白色,内面黄色;无副花冠;无花盘。蓇葖果双生。花期5-10月,果期7-12月。栽培植物极少结果。

【生长环境】 栽培。

【性味功效】 味甘、微苦,性凉。清热利湿解暑。

【临床应用】

1)风热感冒咳嗽:鸡蛋花15g,玉叶金花30g,枇杷叶12g,黄牛木叶15g,水煎内服。

2)病毒性肝炎转氨酶升高:鸡蛋花15g,鸡骨草30g,田基黄30g,溪黄草15g,水煎内服,可护肝降酶。

3)暑夏口干口苦,尿赤:鸡蛋花10g,枇杷叶10g,葫芦茶10g,泡水代茶饮。

【用法用量】 内服10-20g。

鸡蛋花

炮仗花

【形态】 木质攀援藤本。一回羽状复叶对生，小叶2-3枚，卵形，全缘，顶生小叶变成3叉丝状卷须。圆锥花序顶生，花冠筒状，橙红色，花丝、花柱伸出。蒴果线形，果瓣革质，舟状。种子具翅。花期1-6月。

【生长环境】 常作庭园藤架植物栽培。

【性味功效】 味甘，性平。润肺止咳，清热利咽。

【临床应用】

1）痰热咳嗽：炮仗花15g，金荞麦20g，鱼腥草20g，桔梗15g，甘草10g，水煎内服。

2）咽喉炎肿痛：炮仗花15g，一点红15g，鬼针草15g，酢浆草15g，水煎内服。

【用法用量】 内服15g。

炮仗花

【形态】 多年生草本。根状茎短。叶簇生,剑形,绿色或有黄色条纹。花葶常为匍枝,近顶部具叶簇或幼株,总状或圆锥花序。花被片3脉,花药短于花丝,开裂后常卷曲。蒴果三棱状。花期5月,果期8月。

【生长环境】 栽培。

【性味功效】 味甘、微苦,性凉。化痰止咳,清热解毒。

【临床应用】

1）咽支炎咳嗽:吊兰30g,枇杷叶15g,木蝴蝶10g,水煎内服。

2）疔疮肿毒:吊兰鲜叶适量,加红糖捣烂,外敷,每日换药一次。

【用法用量】 内服15-30g;外用适量。

吊兰

吊兰(金边兰)

【形态】 攀援草本。块根肉质,成簇。茎常有少数分枝。叶对生或轮生,卵形、卵状披针形或卵状长圆形,横脉细密平行。花单生或数朵排成聚伞花序,花序柄贴生于叶片中脉上。蒴果2另开裂。花期5-7月,果期7-10月。

【生长环境】 生于山坡草丛、路旁、林下。

【性味功效】 味甘、苦,性微温。润肺止咳,杀虫灭虱。

【临床应用】

1)风邪咳嗽:百部15g,甘草10g,橘红10g,荆芥15g,紫菀15g,桔梗15g,前胡15g,水煎内服,如止嗽散,见《医学心悟》。

2)蛲虫病:百部50g,浓煎外用,晚上睡前涂肛门,连用1周。

3)头虱:百部100g,浓煎外用,取汁洗头。

【用法用量】 内服15g;外用适量。

百部

（三叉苦）

【形态】 落叶灌木或小乔木，全株味苦。三出复叶对生，小叶长椭圆形，全缘，有腺点，揉碎有香气。伞房状网锥花序腋生，花单性，花瓣4，黄白色。蓇葖果，种子黑色。花期5-6月，果期6-8月。

【生长环境】 生于山谷，溪边，林下，有栽种。

【性味功效】 味甘，性寒。清热解毒，清肺止咳，祛风除湿。

【临床应用】

1）乙型脑炎及流感预防：三桠苦15g，贯众20g，水煎内服，一日2次，早晚饭后1小时服。

2）急性支气管炎、肺炎咳嗽：三桠苦根30g，苇茎30g，鱼腥草20g，甘草10g，水煎内服，一日2次，早晚饭后1小时服。

3）肺热咳嗽：三叉苦干根30-50g，金荞麦20g，金银花15g，水煎，加冰糖调服。

4）慢性支气管炎急性发作：三桠苦叶30g，黄芩15g，浙贝母15g，前胡15g，甘草10g，党参30g，炒白术15g，水煎内服，一日2次，早晚饭后1小时服。

【用法用量】 鲜叶20-30g；根15-30g。

三桠苦(三叉苦)

杜 鹃

【形态】 落叶灌木。小枝密被褐色平伏毛。叶椭圆形，长 2-6cm，两面具粗毛。花 2-6 朵簇生枝顶；花冠阔漏斗形，长 4-5cm，5 深裂，淡红色或红色。蒴果被毛。春季开花。

【生长环境】 生于向阳山坡灌木丛中。

【性味功效】 根：味酸、涩，性微温。祛痰止咳，活血化瘀。

【临床应用】

1）慢性支气管炎：杜鹃根 30g，鸡蛋花 10g，土人参 15g，水煎内服。

2）胃痛：杜鹃根 15g，鸡矢藤 15g，两面针 15g，水煎内服，可解痉止痛。

【用法用量】 内服 15-30g。

杜鹃

南天竹

【形态】 灌木。根和茎横断面黄色;幼枝常为红色。叶常为3回羽状复叶,小叶椭圆形,长1-5cm。圆锥花序顶生;萼片多轮,内轮渐变为花瓣;雄蕊6。浆果球形,熟时红色。夏秋开花。

【生长环境】 生于溪谷、林下或灌木丛中。

【性味功效】 根:味苦,性寒,祛风除湿。果:味酸,性平,敛肺镇咳。

【临床应用】

1)咳嗽气喘、百日咳:南天竹果10g,水煎内服。

2)风湿性关节痛:南天竹根50g,牛大力根30g,加猪脚,酒水同煎服用。

【用法用量】 内服,根30-60g;果3-15g。

【注意事项】 有小毒。

南天竹

枇杷

【形态】 常绿小乔木。小枝密被锈色或灰棕色绒毛。单叶,革质,上面光亮,多皱,下面密被锈色绒毛,毛宿存,侧脉直出,托叶大。圆锥花序,被绒毛,花瓣白色,子房下位,5室,每室胚珠2,花柱5。梨果,黄色,具宿存的萼片。花期9-11月,果期次年4-5月。

【生长环境】 生于村边、平地或坡地。

【性味功效】 味苦,性微寒;清肺止咳,降逆止呕。

【临床应用】

1)胃热呕吐、呃逆:枇杷叶12g,陈皮10g,竹茹15g,水煎内服。如橘皮竹茹汤,见《严氏济生方》。

2)阴虚燥热久咳:枇杷叶10g,冬桑叶10g,石膏20g,党参30g,胡麻仁15g,阿胶10g,麦门冬15g,杏仁12g(打碎),甘草6g,水煎内服。如清燥救肺汤,见《医门法律》。

【用法用量】 内服10-15g。

第十四节 止咳化痰定喘药

枇杷叶

金荞麦

【形态】 多年生草本。根茎结节状,横走。茎多光滑,微带红色。单叶互生,叶片戟状三角形,全缘,托叶鞘顶端截平。伞房状聚伞花序,花梗中部具关节,花被片白色,雄蕊 8,花柱 3,柱头头状。瘦果宽卵形,具 3 棱。花期 7–9 月,果期 8–10 月。

【生长环境】 生于山谷湿地、山坡灌丛。

【性味功效】 味辛、涩,性凉。清热解毒,排脓祛瘀。

【临床应用】

1)咽喉肿痛,急性气管炎:金荞麦 30g,一点红 30g,水煎内服,一日 2 次。

2)肺痈、咳吐脓痰:金荞麦 30g,鱼腥草 30g,冬瓜仁 30g,甘草 10g,水煎内服,一日 2 次。发热者加石膏 30–60g。

【用法用量】 内服 30–50g。

金荞麦

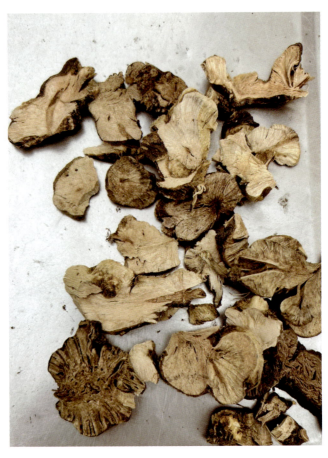

金荞麦

第十五节 祛风除湿药

土荆芥

【形态】 一年或多年生直立草本。叶下面、子房、果实顶部有黄色腺点，有强烈香味。单叶互生，具短柄。花小，绿色，杂性。胞果完全包于花被内。种胚环状。花期8–9月，果期9–10月。

【生长环境】 生于村旁、路边、河岸等。

【性味功效】 全草味辛、苦，性微寒。祛风除湿，杀虫止痒。

【临床应用】

1）钩虫病，蛔虫病：土荆芥叶10g，绞汁内服。

2）湿疹瘙痒：土荆芥叶适量，水煮，外洗患处。

【用法用量】 内服：10g以下；外用适量。

【注意事项】 有大毒，内服慎用。

土荆芥

刺桐

【形态】 大乔木。枝有明显叶痕和黑色圆锥状刺。羽状三出复叶,小叶片阔卵形至菱状卵形。总状花序顶生,萼佛焰苞状,花冠红色,翼瓣与龙骨瓣近等长,雄蕊10,单体。荚果肥厚。种子间稍缢缩。花期3月,果期8月。

【生长环境】 生于近小溪边、路旁,有栽培。

【性味功效】 味苦、辛,性平。祛风湿,通络。

【临床应用】

1) 风湿关节痛:刺桐树皮或根皮30g,木棉树带刺的树皮30g,藤梨根30g,当归15g,鸡血藤60g,桑寄生30g,威灵仙30g,甘草10g,水煎内服。

2) 肝硬化腹水:刺桐树皮或根皮30g,白背叶根30g,黄芪30g,枸杞30g,泽泻30g,薏苡仁30g,土鳖虫12g,甘草5g,水煎内服。

【用法用量】 内服30g。

刺桐

【形态】 一年生直立草本。上部分枝复二歧状。叶对生,中部叶三角状卵圆形。头状花序集成顶生圆锥花序,总苞片2层,背面被紫褐色头状具柄的腺毛,管状花冠黄色。瘦果具4棱。花期4-9月,果期6-11月。

【生长环境】 生于山野、荒草地、灌丛、林下。

【性味功效】 味辛、苦,性寒。祛风湿,利关节。

【临床应用】

1)跌打瘀肿:豨莶50g,红花15g,透骨草15g,假蒟叶50g,捣烂酒炒,外敷,每日换药1次。

2)高血压:豨莶草15g,臭梧桐根皮15g,炒槐花10g,鬼针草10g,水煎内服。

【用法用量】 内服10-15g;外用适量。

豨莶

防风草

【形态】 草本,揉之有臭气。茎粗壮,密被柔毛。叶宽卵形,长 4-9cm,下面被细白短毛。假轮伞花序;花冠唇形,淡紫色,冠筒内面有毛环。小坚果近圆形。夏秋开花。

【生长环境】 生于山坡、荒地、路旁。

【性味功效】 味苦,辛,性凉。祛风除湿,清热解毒。

【临床应用】

1)风热感冒:防风草 15g,牡荆叶 15g,桑叶 15g,黄皮叶 15g,水煎内服。

2)急性肾炎:防风草、白茅根各 30g,猫须草、赤小豆各 15g,蒲公英 20g,水煎内服。

【用法用量】 内服 15-30g。

防风草

【形态】 亚形态常绿乔木。茎皮淡褐色。叶条状披针形,背面有白粉带2条。花单性同株;雄花序圆柱状,雌花序球状。种子有狭翅。春夏开花。

【生长环境】 多见于山坡。

【性味功效】 味辛,微苦,性温。祛风止痛,祛湿解毒。

【临床应用】

1)水火烫伤:杉木灰适量,调油外涂。

2)湿疹、顽固性癣疾:杉木屑烧取馏油,外涂患处。

【用法用量】 外用适量。

杉

【形态】 乔木,树皮灰褐色。叶三角状宽卵形,长达11cm,常掌状3裂,基出3-5脉。雌花排成头状花序;无花瓣。夏秋果序成熟,球形,径达4.5cm。

【生长环境】 生于林中。

【性味功效】 味辛、苦,性平。果:祛风解毒,利痹祛湿,通络;根:祛风止痛。

【临床应用】

1)过敏性鼻炎,流涕,喷嚏:路路通20g,黄芪20g,防风15g,炒白术15g,辛夷花15g,苍耳子15g,白芷15g,甘草10g,水煎内服,一日2次,饭后1小时服用。

2)荨麻疹发作:路路通30g,蒺藜20g,徐长卿15g,防风15g,五味子10g,银柴胡15g,甘草10g,水煎内服,一日2次。

【用法用量】 内服20-30g。

路路通

铁包金

【形态】 藤状灌木。根褐色,断面黄色。小枝稍被毛。叶卵形,长 0.5-1.7cm。花数朵生于叶腋或顶端;花瓣、雄蕊均 5。核果长卵形,熟时黑色。7-9 月开花。

【生长环境】 生于山坡灌木丛中或路旁、田边。

【性味功效】 味苦,性平。益气补肾,祛风消肿解毒。

【临床应用】

1)肺结核:铁包金 30g,百部 15g,白及 15g,水煎内服。

2)糖尿病:铁包金 50g,田基黄 30g,水煎内服。

3)水火烫伤:铁包金叶适量,捣烂调茶油,外敷。

【用法用量】 内服 15-60g;外用适量。

铁包金藤

【形态】 常绿乔木。小枝轮生。针叶多2针一束,长而细柔,叶鞘宿存。雄球花聚生于新枝下部,雌球花1-4个生于新枝顶端。球果卵圆形,种鳞鳞盾平,菱形,鳞脐微凹,无刺。种翅基部具关节,易与种子分离。花期4-5月,果熟期翌年10-12月。

【生长环境】 生于山地。

【性味功效】 瘤状节:味苦,性温,祛风除湿,通络止痛。松香:味苦,性温,祛风除湿。

【临床应用】

1)风湿性关节炎:松节20g,桑枝30g,木瓜15g,威灵仙30g,鸡血藤60g,水煎内服。

2)跌打损伤:松节适量,劈成小块,白酒浸泡半月,外搽患处。

【用法用量】 内服20-30g;外用适量。

马尾松

威灵仙

【形态】 木质藤本，干后变黑。一回羽状复叶对生，小叶5，有时3或7。圆锥状聚伞花序，多花，萼片白色，无花瓣。瘦果扁平，宿存花柱白色羽毛状。花期6-9月，果期8-11月。

【生长环境】 生于山坡、山谷或灌丛中。

【性味功效】 味辛咸，性温。祛风湿，通经络。

【临床应用】

1）手脚肢体麻木、身体任何部位麻木：威灵仙20-30g，鸡血藤45-60g，当归15g，熟地黄20g，红藤30g，黄芪20g，党参30g，木瓜15g，络石藤20g，甘草10g，水煎内服，一日2次，连服1-2周。

2）肾结石：威灵仙60g，金钱草60g，海金沙30g，鸡内金15g（后下），水煎内服，一日2次，连服2周。

3）风湿痹症：威灵仙30g，鸡血藤100g，藤梨根60g，当归15g，黄芪30g，桂枝15g，淫羊藿20g，鹿衔草20g，桑寄生30g，甘草10g，水煎内服。

【用法用量】 内服20-60g。

威灵仙

樟

【形态】 常绿大乔木,有樟脑味。叶互生,卵状椭圆形,离基三出脉,侧脉及支脉脉腋具腺点。圆锥花序无总苞,花药4室,花被筒发育成果托,部分包被果实,果时花被裂片脱落。花期4-5月,果期8-11月。

【生长环境】 生于山坡或沟谷,常有栽培。

【性味功效】 味辛,性温。祛风散寒,温中理气,活血通络。

【临床应用】

1)胃寒胀痛:樟木15g,荔枝核15g,高良姜10g,香附10g,甘草10g,水煎内服,一日2次。

2)风湿痹痛:樟树根30g,威灵仙20g,川断15g,当归15g,独活15g,桑寄生30g,鸡血藤45g,甘草10g,水煎内服。

【用法用量】 内服15-30g。

樟

【形态】 亚灌木。小叶3,顶生小叶长圆形,长4-10cm,叶背网脉明显。总状花序;叶状苞片圆形,每对苞片内有2-6朵白色蝶形花。夏秋开花。

【生长环境】 生于山坡灌木丛中。

【性味功效】 味微甘,性微温。破瘀散结,祛湿通络。

【临床应用】

1)肝脾肿大:排钱草30g,马鞭草30g,白背叶根30g,丹参30g,土鳖虫10g,鳖甲20g,牡蛎30g,甘草10g,水煎内服,一日2次,连服2月。

2)月经不调、闭经:排钱草根30-60g,益母草30g,老母鸡1只,加酒炖服。

【用法用量】 内服30-60g。

排钱草

臭茉莉（臭牡丹）

【形态】 灌木。小枝近四棱形。叶宽卵形，长10-22cm，揉碎有特殊臭气。密集聚伞花序，花冠紫红色。雄蕊与花柱伸出花冠外。核果半包于红色宿萼内。春夏开花。

【生长环境】 生于山坡、沟边或路旁。

【性味功效】 味微辛，性平。祛风除湿，解毒消肿。

【临床应用】

1）风湿关节痛、腰痛：臭茉莉根30-60g，牛大力30-50g，千斤拔30g，鸡血藤60g，当归15g，甘草10g，水煎内服。

2）跌打扭伤：臭茉莉根皮适量，朱砂根30g，马鞭草30g，捣烂酒炒，外敷。

【用法用量】 内服30-60g；外用适量。

臭茉莉(臭牡丹)

野牡丹

【形态】 常绿灌木。茎密被鳞片状粗毛。叶阔卵形，长 4-10cm，上面密被紧贴粗毛，下面密被长柔毛。花大，通常 3 朵聚生枝梢；花瓣 5，紫红色。蒴果壶状，被贴伏鳞片状粗毛。夏季开花。

【生长环境】 生于山坡湿地。

【性味功效】 味微酸，性平。活血通络，解毒消肿。

【临床应用】

1）风湿关节痛：野牡丹根 30g，鸡血藤 60g，威灵仙 30g，甘草 10g，水煎内服。

2）跌打损伤：野牡丹根 30g，盐肤木 30g，两面针 15g，甘草 10g，水煎内服。

3）痈肿：鲜野牡丹叶、鲜龙葵叶各适量，加蜂蜜少许，捣烂外用，敷于患处。

【用法用量】 内服 30g；外用适量。

野牡丹

赪桐

【形态】 灌木。小枝有绒毛。叶心形,长8-25cm,叶背具锈黄色腺体。圆锥花序顶生;花冠红色,先端5裂;雄蕊长为花冠管的3倍。果径7-10mm,宿萼红色。

【生长环境】 生于山坡、山谷、溪旁,或栽培。

【性味功效】 味辛,性微温。祛风除湿,消肿排脓。

【临床应用】

1)偏头痛:赪桐叶60g,花椒15g,甘草10g,酒炒热包于纱布内,外敷。

2)风湿关节痛:鲜赪桐叶、假蒟叶适量,捣烂酒炒加热,外敷患处。

【用法用量】 外用适量。

赪桐

楤木叶（鹊不踏）

【形态】 小乔木。疏生粗壮、直的皮刺，小枝、伞梗、花梗密生黄棕色绒毛，小枝疏生小皮刺。2-3回羽状复叶，小叶上面疏生糙毛，下面被短柔毛，叶缘具锯齿。伞形花序组成圆锥花序。果球形。花期7-9月，果期9-12月。

【生长环境】 生于杂木林中。

【性味功效】 花、叶：味甘、微苦，性平。利水消肿，解毒止痢；根：味辛、苦，性平。祛风除湿，活血通络，解毒散结。

【临床应用】

1）骨髓炎，深部脓肿：楤木叶，一点红，白蔹，紫花地丁，上药等量适量，捣烂外用，敷于患处。

2）吐血，咳血：楤木花30g，侧伯叶30g，水煎内服，一日2次。用于临时止血。

3）风湿性腰腿痛：楤木根50g，牛大力30g，千斤拔30g，威灵仙30g，甘草10g，水煎内服，一日2次。

【用法用量】 内服20-50g；外用适量。

楤木叶

无忧花(火焰花)

【形态】 乔木,高5-20米;胸径达25厘米。叶有小叶5-6对,嫩叶略带紫红色,下垂;小叶近革质,长椭圆形、卵状披针形或长倒卵形,长15-35厘米,宽5-12厘米,基部1对常较小,先端渐尖、急尖或钝,基部楔形,侧脉8-11对;小叶柄长7-12毫米。花序腋生,较大,总轴被毛或近无毛;总苞大,阔卵形,被毛,早落;苞片卵形、披针形或长圆形,长1.5-5厘米,宽6-20毫米。下部的1片最大,往上逐渐变小,被毛或无毛,早落或迟落;小苞片与苞片同形,但远较苞片为小;花黄色,后部分(萼裂片基部及花盘、雄蕊、花柱)变红色,两性或单性;花梗短于萼管,无关节;萼管长1.5-3厘米,裂片长圆形,4片,有时5-6片,具缘毛;雄蕊8-10枚,其中1-2枚常退化呈钻状,花丝突出,花药长圆形,长3-4毫米;子房微弯,无毛或沿两缝线及柄被毛。荚果棕褐色,扁平,长22-30厘米,宽5-7厘米,果瓣卷曲;种子5-9颗,形状不一,扁平,两面中央有一浅凹槽。花期4-5月;果期7-10月。

【生长环境】 普遍生于密林或疏林中,常见于河流或溪谷两旁,有栽种。

【性味功效】 味苦、涩,性平。祛风除湿,消肿止痛。

【临床应用】

1）跌打损伤：无忧花叶或树皮 20-30g，粗叶悬钩子根 30g，马鞭草 30g，甘草 10g，水煎内服，一日 2 次，早晚饭后 1 小时服。

2）风湿疼痛：无忧花 20g，威灵仙 30g，木棉树皮 30g，鸡血藤 60g，藤梨根 30g，桂枝 20g，甘草 10g，水煎内服，一日 2 次，早晚饭后 1 小时服。

【用法用量】 内服 20-30g。

无忧花

无忧花

第十六节 健脾开胃消食药

莲

【形态】 多年生水生草本。根茎横生，肥厚。叶片盾状圆形。花大，单生叶腋，花瓣白色，后变红色，心皮多数，嵌生于倒锥形海绵质花托内。花期6-8月，果期8-10月。

【生长环境】 生于水田或池塘中。

【性味功效】 藕节：味甘涩，性平；收敛止血，化瘀。叶：味苦，性平；清热化湿，降脂减肥。莲子：味甘涩，性平；健脾止泻，益肾摄精，养血安神。

【临床应用】

1）齿衄、鼻衄、尿血：藕节30g，白茅根30g，侧伯叶30g，槐花15g，水煎内服。

2）降脂减肥，用于血脂升高肥胖者：荷叶20g，西洋参6g，桑叶15g，绞股蓝15g，决明子15-20g，玫瑰花6g，甘草6g，水煎内服，连服2月后复查血脂。

3）脾虚泄泻：莲子30g，黄芪30g，石榴皮20g，茯苓30g，炒白术15g，芡实30g，益智仁15g，山药30g，水煎内服，一日2次。

【用法用量】 藕节内服30g；荷叶内服15-20g；莲子内服15-30g。

荷叶（花）

莲子

【形态】 多年生缠绕草质藤本,几无毛。羽状三出复叶,托叶基着。总状花序腋生,蝶形花冠白色或紫色,雄蕊二体,花柱扁平,柱头头状。荚果长圆状镰形,扁平。种子2-5颗,种脐线形。花期6-8月,果期9月。

【生长环境】 多为栽种。

【性味功效】 味甘,性微温。健脾化湿,和中消暑。

【临床应用】

1)赤白带下:扁豆20g,鸡冠花20g,椿根皮20g,芡实30g,薏苡仁30g,水煎内服。

2)烦渴暑热:扁豆花10g,葛根花10g,菊花10g,火炭母15g,甘草5g,水煎内服。

【用法用量】 扁豆内服20-30g;扁豆花10-15g。

扁豆

薏苡仁

【形态】 形态特征一年或多年生草本。秆直立,丛生,分枝多。叶片扁平宽大,先端尖,基部阔心形。总状花序,雌雄同株,雄小穗覆瓦状排列,雌小穗位于雄小穗下方,包被于卵形硬总苞中。花期7-8月,果期9-10月。

【生长环境】 生于肥沃潮湿土壤。

【性味功效】 味甘、淡,性凉。健脾止泻,利水渗湿,化浊散结。

【临床应用】

1)脾虚久泻:炒薏苡仁30g,党参30g,炒白术15g,白扁豆20g,茯苓20g,山药30g,陈皮10g,砂仁10g(后下),桔梗10g,甘草10g,水煎内服,如参苓白术散,见《太平惠民和剂局方》。

2)凡肿瘤、胃癌前病变(肠化生、不典型增生)属浊毒蕴结者均可加:薏苡仁30g,白花蛇舌草20g,半枝莲20g,配合应用。

3)急性阑尾炎:薏苡仁30g,冬瓜子30g,大血藤30g,败酱草30g,大黄10g,甘草10g,水煎内服。3天以观后效。

【用法用量】 内服30g。

薏苡仁

山楂

【产地】 产于我国东南、东北、西北地区。超市可购得。

【形态】 落叶乔木,具刺。单叶互生,三角状卵形至菱状卵形,基部截形至宽楔形,两侧各3-5羽状深裂,裂缘具不规则重锯齿。伞房花序,花白色,花药粉红色。梨果直径1-1.5 cm,深红色,有浅色斑点。花期5-6月,果期9-10月。

【性味功效】 味酸甘,性微温。健胃消食,理气散瘀。

【临床应用】

1)肉食积滞,胃脘胀满:山楂15g,麦芽30g,神曲15g,枳壳15g,鸡矢藤15g,甘草6g,水煎内服。

2)产后瘀阻,恶露不尽:山楂15g,当归15g,香附12g,如通瘀煎,见《景岳全书》。

【用法用量】 内服15-20g。

【注意事项】 反流性食管炎、高酸性胃病忌用。

山楂(果)

山楂(饮片)

布渣叶

【形态】 灌木或小乔木。叶互生,薄草质,卵状长圆形,老叶两面无毛。圆锥花序顶生,花5基数,萼片长圆形,离生,花瓣内面腺体长约为1/2花瓣,子房及核果无毛。花期6-7月,果期冬季。

【生长环境】 生于山谷、平地、斜坡灌丛中。

【性味功效】 味酸,性凉。消食化滞,清热利湿。

【临床应用】

1)消化不良腹胀:布渣叶20g,麦芽30g,山楂15g,枳壳15g,炒白术15g,木香10g(后下),甘草5g,水煎内服。

2)凡外感风寒或风热,伴有消化不良、腹胀者,可在治疗感冒方中加布渣叶20g,陈皮10g,水煎内服。

【用法用量】 内服15-20g。

布渣叶

番木瓜

【形态】 常绿软木质小乔木。茎不分枝,具粗大叶痕。叶大,聚生茎顶,掌状 5–9 深裂,裂片再羽状分裂。花乳黄色,雄花序为下垂圆锥花序,雌花序及杂性花序为聚伞花序。浆果肉质。

【生长环境】 生于村边,路旁。

【性味功效】 果实:味甘,性平;消食下乳。

【临床应用】

1)产后乳汁少:半熟番木瓜 250g,猪蹄 1 个,花生仁 30g,广东王不留行 20g,炖服,一日 1 次,连续食用 1 周。

2)婴儿湿疹:未熟番木瓜切片外用,涂擦患处。

【用法用量】 食用、外用适量。

番木瓜

佛手瓜

【形态】 多年生攀援草质藤本,具块根。叶互生,心形,常 3-5 裂,表面粗糙。花小,单性,雌雄同株,腋生,雄花成总状花序,萼筒半球形,花冠辐状,淡黄色,具雄蕊 3 枚,药室折曲,雌花常单生,萼筒、花冠同雄花,柱头 5 裂。果实肉质,梨形,表面具纵沟。花期 7-9 月,果期 8-10 月。

【生长环境】 栽种。

【性味功效】 味甘,性凉。叶:清热消肿;果实:行气止痛,健脾消食。

【临床应用】

1)小儿腹痛(气滞血瘀):佛手瓜 20g,乌药 10g,香附 10g,木香 5g,延胡索 10g,莪术 10g,炒白术 10g,党参 15g,甘草 5g,水煎内服。

2)疮痈初起:佛手叶 30g,落地生根叶 30g,加红糖捣烂,外敷患处。

【用法用量】 内服 20g;外用适量。

第十六节 健脾开胃消食药

佛手瓜

稻、谷芽

【形态】 一年生水生草本。秆丛生,直立。叶鞘无毛,叶耳新月形,叶舌披针形,叶片线状披针形,无毛。圆锥花序疏展,成熟时下垂,小穗两性,两侧压扁,颖退化,外稃5脉,内稃3脉,雄蕊6。颖果长圆形。

【生长环境】 生于水田或旱田中。

【性味功效】 味甘,性温。和中消食,健脾开胃。

【临床应用】

1）病后胃口欠佳,脾虚食少者:谷芽30g,砂仁10g(后下),炒白术15g,如谷神丸,见《澹寮方》。

2）食少口臭,脾虚湿热症:谷芽30g,麦芽30g,炒白术15g,茵陈20-30g,白花蛇舌草20-30g,甘草10g,水煎内服,连服2周,口臭可愈。

【用法用量】 内服20-30g。

谷芽

【形态】 多年生草本,有香气。叶片薄,线形,无中肋,基部对折,中上部平展。佛焰苞叶状;肉穗花序圆柱形;花两性,花被片白色。浆果倒卵形,熟时黄绿或黄白色。花期5-7月,果期8月。

【生长环境】 生于山沟、溪涧潮湿流水的岩石间,或泉水附近。

【性味功效】 根茎:味辛、苦,性温。开窍醒神,化湿和胃,宁神益智。

【临床应用】

1)抑郁症:石菖蒲根茎15g,柴胡15g,白芍20g,枳壳15g,合欢皮30g,郁金20g,月季花15g,党参30g,炒白术15g,甘草10g,水煎内服。

2)神经性耳鸣、耳聋:石菖蒲根茎15g,骨碎补30g,磨盘草20g,丹参20g,郁金15g,远志15g,熟地黄20g,枸杞20g,菟丝子20g,甘草10g,水煎内服。

【用法用量】 内服15-20g。

石菖蒲

独脚金

【形态】 草本。茎直立,少分枝,被粗毛。茎下部叶对生,常退化成鳞片状,上部叶互生,长 5-7mm。花单生叶腋或成疏穗状花序;花冠高脚碟形,通常黄色。蒴果椭圆形,包藏宿萼内。

【生长环境】 生于荒山、草地。

【性味功效】 味淡,性平。健脾消积,清热平肝。

【临床应用】

1)乙型肝炎:独脚金 20g,虎杖 20g,田基黄 20g,黄芪 20g,枸杞 20g,炒白术 15g,贯众 30g,甘草 10g,水煎内服。

2)消化不良、食欲不振:独脚金 15g,神曲、麦芽、谷芽各 15g,山楂 10g,水煎内服。

3)小儿疳积:独脚金 15g,猪瘦肉适量,炖服,一日 1 次。

【用法用量】 内服 15-20g;食用适量。

第十六节 健脾开胃消食药

独脚金

鸡矢藤

【形态】 藤本，无毛或近无毛。单叶对生，卵形、卵状长圆形至披针形，托叶无毛。圆锥花序式的聚伞花序腋生和顶生，扩展，末次分枝蝎尾状，萼管陀螺形，花冠浅紫色。果球形，小坚果无翅。花期5-7月。

【生长环境】 生于山坡、林中、林缘、沟谷边灌丛中，或缠绕在灌木上。

【性味功效】 味甘、微苦，性平。理气消积，祛风除湿。主治腹胀，食积，关节疼痛。

【临床应用】

1）消化不良的腹胀、食积：鸡矢藤15g，党参30g，茯苓30g，炒白术15，甘草10g，麦芽30g，水煎内服，一日2次，早晚饭前1小时服。

2）风湿关节痛：鸡矢藤30g，藤梨根60g，络石藤30g，鸡血藤60g，水煎内服，一日2次，早晚饭后1小时服。

【用法用量】 内服15-30g。

第十六节 健脾开胃消食药

鸡矢藤

【形态】 落叶灌木或小乔木,具乳汁。叶厚纸质,阔卵形或近圆形,3-5裂,边缘有不规则钝齿,基部浅心形,掌状脉序。雌雄异株,隐头花序有总花梗,单生于叶腋,大而梨形。花、果期8-11月。

【生长环境】 生于温暖向阳的山坡,有栽培。

【性味功效】 味甘、性凉。健脾清肠,消肿解毒。

【临床应用】

1)老年性功能型便秘:熟无花果,每日吃30g,连食一周。

2)咽痛干咳:无花果10g,葡萄干15g,水煎内服,一日2次。

【用法用量】 内服10-30g;食用适量。

无花果

无花果

第十七节 理气药

柚

【形态】 常绿乔木,有或无刺。嫩枝、叶背、花梗、花萼、子房密被短柔毛。单身复叶,翼阔。总状花序。柑果,直径 10cm 以上,果皮厚,黄色。种子多数,具脊棱,单胚,子叶乳白色。花期 4-5 月,果期 9-12 月。

【生长环境】 栽种。

【性味功效】 果皮:味辛、苦,性温;理气宽中,燥湿化痰。种子(柚核):味辛、苦,性温;疏肝理气,宣肺止咳。

【临床应用】

1)咳嗽气喘:柚果皮 15g,法半夏 15g,苏子 15g,厚朴 15g,白果 12g,僵蚕 12g,白芥子 12g,甘草 10g,水煎内服,饭后 1 小时服。

2)疝气疼痛:柚核 15g,荔枝核 15g,橘子核 15g,青皮 10g,水煎内服。

【用法用量】 内服 15g。

【注意事项】 服降压药后 6 小时内不能食用柚子肉,否则易引起血压下降过低。

柚

橘

【形态】 常绿小乔木或灌木,分枝多,刺少。单身复叶,翼叶甚窄或仅存痕迹。花单生或2-3朵簇生。柑果,果皮橙黄色或橙红色,易剥离。种子卵圆形,多胚,子叶绿色。花期3-4月,果期10-12月。

【生长环境】 生于丘陵、低山地带、江河湖泊沿岸、平原,有栽种。

【性味功效】 果皮(陈皮/橘红):味辛、苦,性温。理气健脾,燥湿化痰。未成熟果实果皮(青皮):味辛、苦,性温;疏肝破气,消积化滞。

【临床应用】

1)痰湿咳嗽:陈皮10g,法半夏15g,茯苓20g,甘草10g,水煎内服,如二陈汤,见《医学正传》。

2)肝郁气滞、胸胁疼痛:青皮10g,香附12g,枳壳15g,白芍20g,柴胡15g,郁金20g,甘草10g,水煎内服。

【用法用量】 内服10g。

橘

黄皮

【形态】 常绿灌木或小乔木。小枝、叶轴、花序轴、小叶背脉具突起油点且密被短直毛,有香味。奇数羽状复叶互生。聚伞状圆锥花序,花瓣5,黄白色。柑果黄褐色。花期4-5月,果期7-8月。

【生长环境】 生于荒地、山坡或疏林中,有栽种。

【性味功效】 果实:味辛、甘、酸,性微温;消食、理气、化痰。叶:味苦、辛,性平;解表散热。

【临床应用】

1)胃痛属于肝胃气滞者:黄皮果15g,荔枝核15g,两面针15g,香附12g,甘草10g,水煎内服。

2)外感风热咳嗽:黄皮叶15g,黄牛木叶15g,桑叶15g,地胆头20g,甘草10g,水煎内服。

【用法用量】 内服10-15g。

黄皮

荔枝

【形态】 常绿乔木。树皮不裂。偶数羽状复叶,小叶 2-4 对,无毛,具柄,侧脉纤细。聚伞圆锥花序被短绒毛,萼裂片镊合状排列,无花瓣。果核果状,近球形,具小瘤体。种子全部被肉质假种皮包裹。花期 3-4 月,果期 5-8 月。

【生长环境】 多为栽种。

【性味功效】 种子(荔枝核):味甘、苦,性温。行气散结,散寒止痛。

【临床应用】

疝气疼痛:荔枝核 20g(打碎),小茴香 15g,八角茴香 10g,橘核 10g,甘草 10g,水煎内服。

【用法用量】 内服 15-20g。

荔枝

【形态】 直立或攀援灌木。小枝、叶柄、花序、花萼多少被毛。单叶对生,羽状脉,叶柄具关节。聚伞花序顶生,常有花3朵,花香气浓郁,花萼裂片线形,花冠白色,裂片先端钝圆。浆果球形。花期5-8月,果期7-9月。

【生长环境】 多为栽种。

【性味功效】 味辛、微甘,性温;理气健脾,辟秽开郁。

【临床应用】

外感风邪,血郁头痛:茉莉花15g,天麻15g,川芎15g,僵蚕15g,甘草10g,水煎内服。

【用法用量】 内服10-15g。

茉莉花

香附

【形态】 多年生草本。具长的匍匐根状茎和椭圆形块茎。杆锐三棱形，平滑。叶平张。长侧枝聚伞花序简单或复出，穗状花序陀螺形，小穗轴具翅，鳞片卵形或长圆状卵形，雄蕊3，花柱长，柱头3。小坚果三棱形。花、果期5–11月。

【生长环境】 生于山坡草地、耕地、路旁水边潮湿处。

【性味功效】 味辛、微甘苦，性平。疏肝理气，调经止痛。

【临床应用】

1）肝气犯胃，胃寒疼痛：香附12g，高良姜10g，如良附丸，见《良方集腋》。

2）脘腹疼痛、妇女经期产后腹痛：香附15g，乌药15g，如青囊丸，见《韩氏医通》。

3）气滞血瘀致胁痛、头痛：香附15g，川芎20g，加入配方应用，见《医学入门》。

【用法用量】 内服10–15g。

第十七节 理气药 | 439

香附草

香附根茎

假蒟(山蒌叶)

【形态】 多年生匍匐草本,揉之有香气。茎节膨大。单叶互生,叶脉7条,最内1对离基由中脉发出。雌雄异株,无花被,穗状花序与叶对生。子房和浆果无毛,基部嵌生于花序轴并与其合生。花期4–11月。

【生长环境】 生于山谷密林中或村旁湿润处。

【性味功效】 味苦,性温。祛风散寒,活络消肿,行气止痛。

【临床应用】

1)气滞腹痛:假蒟叶15g,香附15g,水煎内服。

2)风湿痹痛:假蒟叶15g,千斤拔30g,威灵仙20g,鸡血藤60g,当归15g,甘草10g,水煎内服。

3)本品药食两用,常可用来做菜。可用于煎蛋、熬汤、与肉类煎炒等方式进行烹饪。

【用法用量】 内服15–20g。

假蒟

假蒟

第十八节 润肠通便药

桃

【形态】 落叶乔木。树干常见树胶泌出。侧芽3，具顶芽，幼叶在芽中对折。单叶互生，叶片椭圆状披针形至倒卵状披针形，边缘具锯齿，下面脉腋有少数柔毛，叶柄常具1至数枚腺体。花单生，先叶开放，花萼被柔毛。核果大，密被短绒毛，侧面具浅沟，肉质多汁，味美可食，果肉多粘核，核两侧扁平，项端尖，具不规则沟槽和孔穴。花期3-4月，果期6-7月。

【生长环境】 栽培于向阳丘陵、平野。超市可购得。

【性味功效】 桃仁：味苦，甘，性平。活血祛瘀，润肠通便，止咳平喘。

【临床应用】

1）血瘀所致之月经不调、闭经、痛经：桃仁15g（打碎），香附12g，红花10g，枳壳15g，五灵脂15g，当归15g，川芎15g，牡丹皮15g，赤芍15g，乌药15g，元胡15g，甘草10g，水煎内服，如膈下逐瘀汤，见《医林改错》。

2）瘀热互结之肠痈：桃仁15g（打碎），大黄10-15g，牡丹皮15g，冬瓜仁30g，芒硝6-10g（冲服），如大黄牡丹汤，见《金匮要略》。

3）咳嗽气喘，肺气上逆：桃仁、杏仁各12g，打碎水煎内服。如双仁汤，见《圣济总录》。

【用法用量】 内服 10-12g。

【注意事项】 有毒,不能过量使用,便溏者慎用,孕妇忌用。

桃仁

决明子

【形态】 一年生亚灌木状直立粗壮草本。偶数羽状复叶,小叶3对,顶端圆钝而具小尖头,每对小叶间的叶轴上具棒状腺体1。花黄色,常2朵聚生叶腋,发育雄蕊7。荚果纤细,近四棱形。花、果期8-11月。

【生长环境】 生于山坡、旷野、河滩沙地、村边荒地上。

【性味功效】 味甘、苦,性微寒。清热明目,润肠通便。

【临床应用】

1)实热便秘:决明子20-30g(打碎),生地黄20g,枳实20g,水煎内服,便通则止。

2)高血压、高血脂:决明子15g(打碎),荷叶15g,桑叶15g,鬼针草15g,水煎代茶饮,有降压降脂减肥功效。

3)夜盲症:决明子20g,枸杞30g,猪肝2两,炖煮食用,连食两周。

【用法用量】 内服15-30g。

决明

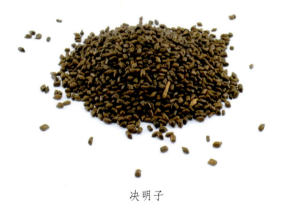

决明子

【形态】 多年生草本。茎较短。叶肉质,近簇生,条状披针形,具白色斑纹,边缘疏生刺齿。花葶从叶丛中抽出,总状花序,苞片近披针形,花被筒状,淡黄色而有红斑,雄蕊与花被近等长或略长,花柱细长。蒴果具多数种子。

【生长环境】 栽培。

【性味功效】 味苦,性寒。清肝泻火,泻下通便。

【临床应用】

1)老人或久病后的便秘:芦荟30g(去其外硬皮和刺),熟地黄20g,莱菔子20g(打碎),水煎内服。

2)带状疱疹或癣疮:芦荟去其硬皮,沾枯矾粉,外涂于患处。一日1-2次。

3)青春痘或头部毛囊炎:芦荟去其硬皮,外擦于患处。一日2次。

【用法用量】 内服15-30g;外用适量。

第十八节 润肠通便药

芦荟

【形态】 常绿灌木或小乔木。嫩枝被毛。叶革质,长 4-7cm。花两性,白色,直径 3-5 cm,无梗,苞片与萼片 10,子房上位,花柱先端 3 裂。蒴果球形,果皮厚,木质。花期 10-11 月,果期次年 10 月。

【生长环境】 多栽培

【性味功效】 味苦、干,性平。解毒,润肠理气。药用叶和种子。

【临床应用】

1)肠燥便秘:油茶种子 15g,火麻仁 15g,捣烂,兑蜂蜜调服。

2)嘴角糜烂、口角炎:油茶叶适量,桃树叶适量,捣烂,加红糖适量,外涂于患处。

【用法用量】 种子内服 15g。外用适量。

油茶(果)

萝卜

【形态】 一年或二年生草本。直根肉质肥大。茎无毛,稍具粉霜。上部叶长圆形,基生叶和下部茎生叶大头羽状半裂。总状花序。长角果,不开裂,种子间缢缩成串珠状,横隔海绵质。花期4-5月,果期5-6月。

【生长环境】 栽培。

【性味功效】 味辛、甘,性平,种子(莱菔子):消食除胀,降气化痰。根:消食下气,解渴生津。

【临床应用】

1)小儿便秘:炒莱菔子15g打碎,每天分两次,蜂蜜调服。

2)服用人参后上火,口干苦臭者:生萝卜半个,捣烂取汁,内服。

3)降气化痰:莱菔子15g打碎,苏子15g,白芥子10g,水煎内服,如三子养亲汤,见《皆效方》。

4)老人、孕妇功能性便秘:用滋补润通方,选莱菔子20g打碎,党参30g,白术45g,熟地黄20g,生地黄20g,锁阳20g,郁李仁30g打碎,枳实20g,水煎内服,或做成膏方药丸内服,为黄明河经验方。

【用法用量】 种子内服10-20g。

萝卜

莱菔子

第十九节 镇静安神药

含羞草

【形态】 披散亚灌木状草本,遍体散生钩刺及倒生刺毛。茎圆柱状。二回羽状复叶,羽片2对,触之羽片及小叶即闭合而下垂。头状花序球形,雄蕊4。荚果扁弯,成熟时荚节脱落,荚缘宿存,每节1种子。花期3–10月,果期5–11月。

【生长环境】 生于潮湿地、山坡丛林中、路旁。

【性味功效】 味甘、涩、微苦,性微寒。镇静安神,凉血解毒。

【临床应用】

1)失眠症:含羞草叶30–60g,花生叶30–60g,水煎内服,睡前1小时服。

2)小儿高热症:含羞草根10g,金银花10g,石膏20g,生地黄15g,水煎内服,热退则止。

【用法用量】 内服叶30–60g,根10g。

【注意事项】 根有毒,忌大量使用。

第十九节 镇静安神药

含羞草

【形态】 花生叶互生,为4小叶偶数羽状复叶,某些品种也可见多小叶的畸形叶,有叶柄和托叶,小叶片椭圆、长椭圆、倒卵和宽倒卵形,也有细长披针形小叶,叶面较光滑,叶背略显灰色,主脉明显,有茸毛,叶柄和小叶基部都有叶枕,可以感受光线的刺激而使叶枕薄壁细胞的膨压发生变化,导致小叶昼开夜闭,闭合时叶柄下垂。

【生长环境】 多栽种。

【性味功效】 味甘,性平。镇静安神、补益心脾。

【临床应用】

1)失眠、多梦:花生叶30g,红枣10粒,浮小麦30g,水煎内服,睡前服用,连用7日。用药期间,下午4点后,忌服浓茶、咖啡。

2)阴血不足、难以入眠:花生叶30g,炒酸枣仁20g(打碎)或柏子仁30g(打碎),首乌藤30g,百合20g,合欢花15g,黄精20g,桑椹20g,龙眼肉15g,水煎内服。

【用法用量】 内服20-100g。

花生叶

【形态】 多年生草本。鳞茎球形。叶散生,倒披针形至倒卵形,全缘,无毛。花单生或几朵排成近伞形;花喇叭形,乳白色,无斑点,蜜腺两边具乳头状突起,雄蕊向上弯。蒴果矩圆形。花期5-6月,果期9-10月。

【生长环境】 生于土壤深肥的林边或草丛中,有栽培。

【性味功效】 味甘,性寒。养阴润肺止咳,清心安神。

【临床应用】

1)心烦难寐:百合15g,桑椹15g,菊花5g,龙眼肉10g,合欢花15g,甜叶菊1g,开水浸泡15分钟,睡前1小时服用150ml。

2)阴虚肺燥咳嗽:百合15g,麦冬15g,浙贝母15g,桔梗15g,玄参15g,生地黄15g,熟地黄15g,白芍15g,当归6g,甘草6g,水煎内服,如百合固金汤,见《慎斋遗书》。

3)带状疱疹:新鲜百合全草捣烂取汁外用,敷涂于皮疹患处,每日3次,直至水泡干固结痂为止。

【用法用量】 内服10-30g;外用适量。

【注意事项】 含有秋水仙碱,故不可大量、长期应用。

第十九节 镇静安神药

百合(花)

百合(饮片)

桑椹

【形态】 多数密集成一卵圆形或长圆形的聚花果，由多数小核果集合而成，呈长圆形，长 2–3cm，直径 1.2–1.8cm。初熟时为绿色，成熟后变肉质、黑紫色或红色，种子小，花期 3–5 月，果期 5–6 月。也会出现黄棕色、棕红色至暗紫色（比较少见的颜色成熟后呈乳白色），有短果序梗。小核果卵圆形，稍扁，长约 2mm，宽约 1mm，外具肉质花被片 4 枚。气味微酸而甜,。

【生长环境】 桑树的成熟果实，详见于第一节"桑"。

【性味功效】 味甘、酸，性寒。滋阴补血，生津润肠，养血安神。

【临床应用】

1）肝肾不足导致的头晕眼花，耳鸣健忘，腰膝无力，夜尿频多，须发早白：桑椹 20g，制何首乌 20g，豨莶草 10g，菟丝子 20g，杜仲 15g，川牛膝 15g，女贞子 20g，黑芝麻 15g，金樱子 15g，旱莲草 15g，桑叶 10g，忍冬藤 10g，生地黄 15g，如延寿丹，见《世补斋医书》。

2）阴血不足之入眠困难：桑椹 20g，酸枣仁 20g 打碎，首乌藤 30g，百合 30g，磁石 30g 打碎，延胡索 20g，合欢花 15g，甜叶菊 1g。如安眠三方，见黄明河《临床病证治疗验方效案精选》。

【用法用量】 内服 15–30g。

桑椹

【形态】 全株由半圆形或肾形的菌盖和侧生的菌柄组成,木栓质。菌盖上表面褐黄色或红褐色,盖边渐趋淡黄,呈漆样光泽,具同心环状棱纹和辐射状皱纹,下表面淡黄至浅褐色,有许多细孔,断面可见菌肉白色至淡褐色。菌柄较粗壮,红褐色而有光泽,亦有中生或无菌柄。孢子顶端平截,内壁具小刺。一般秋季成熟。

【生长环境】 生于向阳的壳斗科和松科松属植物等根际或枯树桩上,有栽培。

【性味功效】 味苦,性平。安神活血,健胃祛痰。

【临床应用】

1)失眠属阴血不足者:灵芝30g,合欢花15g,百合30g,桑椹30g,首乌藤30g,水煎内服,睡前1小时服用。

2)慢性支气管炎:灵芝30g,党参30g,炒白术15g,橘红10g,法半夏15g,紫苑15g,甘草10g,水煎内服,一日2次,饭后1小时服用。

【用法用量】 内服:30-50g。

灵芝

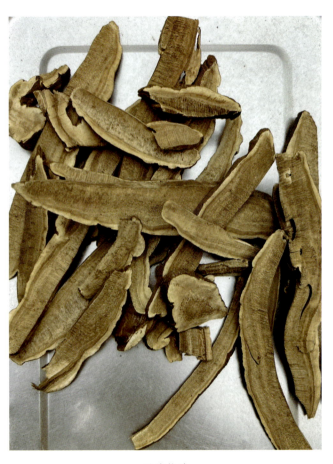

灵芝饮片

第二十节 杀虫药

使君子

【形态】 落叶攀援状灌木。叶对生,薄纸质,卵形或椭圆形。伞房状穗状花序顶生,萼筒细长,花瓣 5,白色后变红色,无花盘,雄蕊内藏,子房下位,1 室。假蒴果纺锤形,具 5 棱。花期 5-9 月,果期 6-10 月。

【生长环境】 生于平原灌木丛或路旁。

【性味功效】 味甘,性温。杀虫,消积。

【临床应用】

1)小儿蛔虫症:使君子炒香,嚼服,小儿每岁 1 粒,成人 15-20 粒,空腹食用,连服 3 天。

2)绕虫病:使君子、百部各 15g,加水 200ml 浸泡半小时,煮沸后小火煎 30 分钟,保留灌肠,6 岁以下用 25ml,6-13 岁用 25-50ml,14 岁以上用 100ml,次日如法再灌 1 次,一周后再灌第 3 次。

【用法用量】 内服 10-12g 捣碎入煎剂;外用适量。

【注意事项】 有毒,不可过量服用,不可与茶同饮。

使君子(藤)

使君子(果)

南瓜子

【形态】 一年生蔓生草本。卷须3-5歧。叶5角形或5浅裂，两面被微硬毛。花单生，雌雄同株，花萼裂片条形，顶端扩大成叶状，花冠黄色，钟状，5中裂，雄蕊3，药室折曲。瓠果，瓜蒂扩大成喇叭状。花、果期夏秋季。

【生长环境】 栽种。超市可购得。

【性味功效】 味甘，性平。杀虫、下乳。

【临床应用】

1）绦虫病：带壳南瓜子200g，炒熟后去壳，研成细末，晨起空腹先服南瓜子；2小时后，取槟榔30g，水煎至100ml，顿服；半小时后，再服用50%的硫酸镁50ml。儿童减半。一般服药后4-6小时绦虫可排出。

2）慢性前列腺炎：晒干的南瓜子，每日剥壳嚼服30g，同时顺、逆时钟按摩关元穴100次，连用30天为一疗程。（南瓜子含锌量较多，经常食用有防治前列腺疾病的作用）。

【用法用量】 内服30g；外用适量。

南瓜

南瓜子

大蒜

【形态】 越年生草本,具特殊臭味。鳞茎球形至扁球形,由数个瓣状小鳞茎轮生排列而成。叶基生,条形。伞形花序密集珠芽,间有数花,内轮花丝基部扩大,每侧各具1齿,齿端长丝状。子房每室2胚珠。花期7月。

【生长环境】 栽培。超市可购得。

【性味功效】 味辛,性温。解毒消肿,杀虫止痢。

【临床应用】

1)小儿百日咳:大蒜15g,红糖10g,生姜3片,水煎内服,一日1次。

2)风寒感冒:大蒜瓣5个,葱头5个,茶叶5g,开水泡服。

3)大蒜数瓣,切片放置几分钟,至蒜瓣片变黑后再食用,可抑制幽门螺杆菌生长,亦可减少胃癌的发生。

【用法用量】 内服5–10g。

大蒜

苦楝

【形态】 落叶乔木。二至三回奇数羽状复叶互生,小叶具钝锯齿。圆锥花序约与叶等长,花瓣5,淡紫色,雄蕊管紫色,子房每室胚珠2。核果长1.5-2cm。种子无翅。花期4-5月,果期10-12月。

【生长环境】 生于旷野或路旁,有栽培。

【性味功效】 味苦,性寒,有毒。杀虫,疗癣。

【临床应用】

1)肠道蛔虫:苦楝根皮10-15g,甘草10g,水煎内服。

2)肝气郁热胃痛:苦楝子15g,白芍15g,柴胡15g,元胡15g,玫瑰花15g,麦芽30g,甘草10g,水煎内服,一日2次。

3)皮肤瘙痒、湿疹:苦楝叶200g,水煎外用,泡洗患处。

【用法用量】 内服根、皮、果5-15g,外用叶适量。

【注意事项】 有毒,脾胃虚寒禁服,忌过量和长期服用。

苦楝

苦楝饮片

第二十一节 涩肠止泻药

番石榴

【形态】 乔木,树皮平滑,片状削落。叶对生,革质,网脉明显。花白色,单生或 2-3 朵排成聚伞花序,萼片开花时不规则裂开,宿存。浆果,种子多数。花期 5-8 月,果期 8-11 月。

【生长环境】 生于荒地或低丘陵上。

【性味功效】 叶:味苦、涩,性平;燥湿健脾,清热解毒。果:味甘、涩,性平;健脾燥湿,涩肠止泻。

【临床应用】

1)小儿急性腹泻:番石榴叶 15g,地锦草 15g,凤尾草 15g,甘草 5g,水煎内服。

2)成人腹泻便溏:番石榴果,每日食用 1 个。

【用法用量】 叶内服 15-30g;果食用适量。

【注意事项】 果实不宜多食,否则易导致便秘。

番石榴(叶)

盐肤木（五倍子）

【形态】 灌木。枝、叶、萼片、子房有毛。小叶7-13，椭圆形，长5-15cm。叶轴有翅。花淡黄；萼片及花瓣雄蕊均5；花柱3。7-9月开花。角倍蚜寄生树上而形成的虫瘿，即五倍子。

【生长环境】 生于山坡灌木丛中。

【性味功效】 虫瘿：味酸、涩，性寒；敛肺涩肠，止泻敛汗，收敛生肌。叶：酸，微苦，性凉；止咳止血，收敛解毒。

【临床应用】

1）疮疡久溃不收口：五倍子15g，血竭10g，田七粉10g，打粉混合装瓶备用，洗净后撒于疮口处。

2）婴儿腹泻：五倍子15g，吴茱萸15g，打粉食醋调匀，外敷脐部，一日1次。

3）湿疹皮炎，疮疽：盐肤木鲜叶适量，捣烂外敷。

【用法用量】 虫瘿：内服5-10g；外用适量。叶：外用适量。

盐肤木(五倍子)

山 棯

【形态】 常绿灌木。嫩枝被灰白色柔毛。单叶对生，革质，椭圆形或倒卵形，上面初被毛，后变无毛，下面被灰色柔毛，离基三出脉。花常单生，紫红色，5数，子房2室浆果卵状壶形。花期4-5月。

【生长环境】 生于丘陵坡地，为酸性土指示植物。

【性味功效】 果实：味甘、涩，性平；养血止血，涩肠固精。叶：味甘，性平；化湿止泻，生肌止血。

【临床应用】

1）血虚眩晕：熟山棯果实30g，熟地黄20g，当归15g，水煎内服。

2）慢性肠炎泄泻：山棯叶20g，五指毛桃30g，山药30g，莲子30g，芡实30g，水煎内服。

【用法用量】 果：内服30g；叶：内服15-20g。

【注意事项】 果实不宜多食，否则易导致便秘。

山稔(果)

梅

【形态】 落叶乔木。树皮灰棕色,小枝绿色,侧芽单生,无顶芽。幼叶在芽中席卷状,叶片卵形或椭圆形,先端尾尖,边缘有细密锯齿,叶柄常有腺体。花1-2朵腋生,先叶开放,花梗短。核果,被柔毛,熟时黄或绿白色,果肉粘核,味酸,核具沟槽和窝孔。花期冬春季,果期5-6月。

【生长环境】 生于温暖湿润、光照充足的地方,有栽种。

【性味功效】 果实:味酸、涩,性平。生津敛肺,止咳涩肠。

【临床应用】

1)久咳不止:乌梅15g,陈皮10g,百部15g,紫苑15g,桔梗15g,前胡15g,甘草6g,水煎内服,饭后1小时服。

2)妊娠呕吐:梅花6-10g,陈皮10g,竹茹10g,姜半夏12g,砂仁10g,甘草6g,水煎内服。

【用法用量】 果实内服10-15g,花内服6-10g。

梅

芡实

【产地】 全国有分布,多有种植。超市可购得。

【外观】 呈类球形,多为破粒,完整者直径 5-8mm。表面有棕红色内种皮,一端黄白色,约占全体 1/3,有凹点状的种脐痕,除去内种皮显白色。质较硬,断面白色,粉性。气微,味淡。

【性味功效】 味甘、涩,性平。益肾固精,补脾止泻,祛湿止带。

【临床应用】

1) 慢性肠炎泄泻:芡实 30g,山药 30g,党参 30g,炒白术 15g,石榴皮 20g,茯苓 30g,黄芪 20g,甘草 10g,水煎内服,一日 2 次。

2) 遗精,小便失禁:芡实 30g,益智仁 15g,桑螵蛸 12g,金樱子 20g,覆盆子 20g,山药 30g,沙苑子 20g,水煎内服,一日 2 次。

【用法用量】 内服 20-30g。

第二十一节 涩肠止泻药

芡实

芡实

第二十二节 利尿消肿药

【形态】 一年生蔓生或架生草本。茎密被黄褐色毛，具棱，卷须2-3叉。叶片掌斗5-7浅裂。雌雄同株，花单生叶腋，雄蕊3，药室多回折曲。瓠果大型，肉质，有硬毛和白霜。花期5-6月，果期6-8月。

【生长环境】 栽种。超市可购得。

【性味功效】 皮：味甘，性凉；利湿消肿。子：味甘，性寒；清肺、化痰、排脓。

【临床应用】

1）水肿胀满，小便不利：冬瓜皮30g，鸭跖草30g，车前草30g，水煎内服。

2）肺热咳痰：冬瓜子30g，鱼腥草30g，金荞麦15g，炮仗花15g，甘草10g，水煎内服，一日2次，连服一周。

【用法用量】 内服30g。

冬瓜

冬瓜子

【形态】 多年生草本。根茎短缩木化。须根中部膨大为纺锤形。秆直立。叶片广披针形,脉平行并有小横脉,叶鞘平滑或边缘具纤毛。圆锥花序顶生,小穗狭披针形,雄蕊2。颖果深褐色。花期7–9月,果期10月。

【生长环境】 生于山坡林下及阴湿处。

【性味功效】 味甘、淡,性寒。清热泻火,利尿除烦。

【临床应用】

1)热病烦渴:淡竹叶15g,芦根30g,石膏20g,白茅根30g,水煎内服。

2)特发性水肿:淡竹叶15g,葫芦茶15g,热水冲服,代茶饮用。

【用法用量】 内服10–15g。

淡竹叶

椰子

【形态】 植株高大，乔木状，高 15-30m，茎粗壮，有环状叶痕，基部增粗，常有簇生小根。叶羽状全裂，长 3-4m；裂片多数，外向折叠，革质，线状披针形，长 65-100cm 或更长，宽 3-4cm，顶端渐尖；叶柄粗壮，长达 1m 以上。

花序腋生，长 1.5-2m，多分枝；佛焰苞纺锤形，厚木质，最下部的长 60-100cm 或更长，老时脱落；雄花萼片 3 片，鳞片状，长 3-4mm，花瓣 3 枚，卵状长圆形，长 1-1.5cm，雄蕊 6 枚，花丝长 1mm，花药长 3mm；雌花基部有小苞片数枚；萼片阔圆形，宽约 2.5cm，花瓣与萼片相似，但较小。

果卵球状或近球形，顶端微具三棱，长约 15-25cm，外果皮薄，中果皮厚纤维质，内果皮木质坚硬，基部有 3 孔，其中的 1 孔与胚相对，萌发时即由此孔穿出，其余 2 孔坚实，果腔含有胚乳（即"果肉"或种仁），胚和汁液（椰子水）。花果期主要在秋季。

【生长环境】 生于海边或路旁，多栽种。

【性味功效】 固体胚乳：味甘，性平；益气健脾。果壳：味苦，性平；利湿杀虫、止痒。

【临床应用】

1）气血两虚眩晕：椰子果肉 1 个，小乌鸡 1 只，红枣

15g，炖煮食用。

2）皮肤真菌感染：椰子外壳燃烧，盖上锅盖馏取椰油，外用涂于患处。

椰子

樟柳头（闭鞘姜）

【形态】 多年生草本。根茎块状。茎顶部分枝旋卷。叶长圆形或披针形，叶背密被绢毛。穗状花序顶生，苞片被短柔毛，顶端具短硬尖头。唇瓣宽喇叭形，纯白色，顶端具裂齿及皱波状。蒴果稍木质。花期7-9月，果来9-11月。

【生长环境】 多生疏林下、山谷阴湿地、路边草丛、荒坡、水沟边。

【性味功效】 味辛，性寒。利湿消肿，清热解毒。

【临床应用】

1）急性肾炎水肿：樟柳头15g，益母草15g，忍冬藤30g，水煎内服。

2）中耳炎：樟柳头适量，捣烂取汁，清洗耳内后，外用滴入耳内，一日2-3次。

【用法用量】 内服10-15g；外用适量。

樟柳头（闭鞘姜）

【形态】 草本。茎多分枝,下部匍匐状,节上生根。叶披针形,长 4-8cm;叶鞘抱茎,鞘口疏生长毛。聚伞花序有花 1-4 朵;苞片蚌壳状;花瓣 3,不等大,深蓝色。蒴果椭圆形。春夏开花。

【生长环境】 生于田埂、山沟湿地。

【性味功效】 味甘、淡,性寒。清热解毒,利湿消肿。

【临床应用】

1)肾炎水肿:鸭跖草 30g,白茅根 30g,车前草、地胆头各 20g,水煎内服。

2)尿路感染:鸭跖草 30g,蒲公英 30g,凤尾草 30g,水煎内服。

3)麦粒肿:鸭跖草茎 1 条,折断两头节眼,其中间用小火烧,取两头流出的浆液,外用,迅速点在麦粒肿上。

【用法用量】 内服 30g;外用适量。

第二十二节 利尿消肿药

鸭跖草

鸭跖草

索引

A
桉树 …… 14

B
八卦拦路虎(地桃花、肖梵天花) …… 118
菝葜 …… 168
白背叶 …… 98
白花/红花地胆草 …… 56
白花丹（一见消） …… 82
白花蛇舌草 …… 212
白茅 …… 332
百部 …… 354
百合 …… 460
半边莲 …… 54
薄荷 …… 2
蓖麻 …… 46
薜荔（广东王不留行） …… 300
扁豆 …… 404
冰糖草 …… 198
布渣叶 …… 410

C
苍耳 …… 22
侧柏叶 …… 322
车前草 …… 160
赪桐 …… 394
臭茉莉（臭牡丹） …… 390
穿心莲 …… 84
垂柳 …… 188
刺桐 …… 370
刺苋 …… 184
葱 …… 24
楤木叶（鹊不踏） …… 396
粗叶悬钩子（上/下山虎） …… 232

D
大蓟 …… 336
大藻 …… 12
大青叶 …… 90
大蒜 …… 472
大枣 …… 268
淡竹叶 …… 492
当归 …… 270
党参 …… 260
稻、谷芽 …… 416
地锦草（小飞扬） …… 158
地菍 …… 334
颠茄 …… 240
吊兰 …… 352
冬瓜 …… 490
独脚金 …… 420
杜鹃 …… 358

E
鹅不食草 …… 294

F
番荔枝 …… 254
番木瓜 …… 412
番石榴 …… 478
防风草 …… 374
飞扬草（大飞扬） …… 156
凤尾草 …… 134
凤仙花 …… 70
佛手瓜 …… 414

G
狗肝菜 …… 106
枸杞 …… 308
骨碎补 …… 298
瓜子金 …… 122
贯众 …… 28

广东金钱草	150	姜	292	罗汉松	340
鬼灯笼（倒地铃）	92	金毛狗脊	306	萝卜	452
鬼针草	162	金荞麦	364	落地生根	324
		金樱子	302		

H

		九节木	52	**M**	
海金沙	130	九里香	244	马鞭草	242
海芋	66	菊花	8	马齿苋	180
含羞草	456	橘	430	马尾松	382
旱莲草	330	卷柏	224	马缨丹	178
何首乌	314	决明子	446	梅	484
黑枸杞	310			美花石斛	280
黑面神	194	**K**		猕猴桃根（藤梨根）	216
红背桂	234	苦瓜	112	磨盘草	114
红蓼	142	苦楝	474	茉莉花	436
葫芦茶	152			牡荆	18
虎杖	32	**L**		木耳	264
花椒	290	辣椒	288	木芙蓉	72
花生叶	458	辣蓼	182	木棉花	172
黄牛木	4	了哥王	80		
黄皮	432	犁头尖（土半夏）	120	**N**	
黄芪	258	荔枝	434	南非叶（扁桃斑鸠菊）	220
火炭母	138	莲	402	南瓜子	470
		两面针	230	南天竹	360
J		灵芝	464	牛大力	318
鸡蛋花	348	龙葵（天灯笼）	86	牛筋草	164
鸡骨草	38	龙血树	338		
鸡冠花	144	龙眼	266	**P**	
鸡矢藤	422	芦荟	448		
积雪草	176	芦苇	62		
假蒟（山蒟叶）	440	路路通	378	排草香（臭薄荷）	104

排钱草	388	石蒜	100	乌桕	102
炮仗花	350	石韦	136	无花果	424
蟛蜞菊	108	石仙桃	282	无头藤	148
枇杷	362	使君子	468	无忧花（火焰花）	398
蒲公英	116	水浮萍	10	五指毛桃（南芪）	250
		水蓼	140	五指山参	256
Q		水翁花	196		
荠菜	190	水蜈蚣（蜈蚣草）	96	**X**	
千斤拔	312	水线草（广东蛇舌草）	214	溪黄草	88
千里光	60			豨莶	372
千日红	204	丝瓜	238	仙人掌	78
芡实	486	苏铁	226	香附	438
茜草	328			向日葵	192
青葙子	202	**T**		小叶海金沙	132
		桃	444	小叶榕（半天吊）	246
S		天胡荽（落地金钱、满天星）	94		
三尖杉	210			**Y**	
三桠苦（三叉苦）	356	天门冬	278	鸭跖草	498
桑寄生	316	田基黄（地耳草）	174	盐肤木（五倍子）	480
桑椹	462	铁包金	380	洋金花（曼陀罗）	346
桑叶	6	铁海棠	126	洋紫荆	40
山稔	482	土茯苓	170	椰子	494
山药	304	土荆芥	368	野牡丹	392
山楂	408	土牛膝（倒扣草）	110	野苋菜	146
山芝麻	74	土人参	252	叶下珠（珍珠草）	44
杉	376			一点红	58
蛇莓	124	**W**		薏苡仁	406
肾蕨	186	望江南	206	银耳	274
十大功劳（细叶）	36	威灵仙	384	银杏	344
石菖蒲	418	文殊兰	68	油茶	450

柚…………	428
余甘子………	276
鱼腥草………	30
玉桂（肉桂）…	286
玉米须………	166
玉叶金花……	50
月季花………	228

Z

樟……………	386
樟柳头（闭鞘姜）	496
长春花………	218
栀子…………	48
朱砂根………	236
猪屎豆………	42
竹叶…………	64
紫花地丁……	76
紫茉莉………	34
紫苏…………	20
紫珠…………	326
酢浆草………	154